V&R Academic

Research in Contemporary Religion

Edited by
Hans-Günter Heimbrock, Stefanie Knauss, Jens Kreinath,
Daria Pezzoli-Olgiati, Hans-Joachim Sander, Trygve Wyller

In co-operation with
Hanan Alexander (Haifa), Carla Danani (Macerata),
Wanda Deifelt (Decorah), Siebren Miedema (Amsterdam),
Bonnie J. Miller-McLemore (Nashville), Garbi Schmidt (Roskilde),
Claire Wolfteich (Boston)

Volume 20

Vandenhoeck & Ruprecht

Heinz Streib / Barbara Keller

Was bedeutet Spiritualität?

Befunde, Analysen und Fallstudien aus Deutschland

Vandenhoeck & Ruprecht

Mit 72 überwiegend farbigen Grafiken und 43 Tabellen

Bibliografische Information der Deutschen Nationalbibliothek

Die Deutsche Nationalbibliothek verzeichnet diese Publikation in der
Deutschen Nationalbibliografie; detaillierte bibliografische Daten sind
im Internet über http://dnb.d-nb.de abrufbar.

ISSN 2198-7556
ISBN 978-3-525-60453-3

Weitere Ausgaben und Online-Angebote sind erhältlich unter: www.v-r.de

© 2015, Vandenhoeck & Ruprecht GmbH & Co. KG, Theaterstraße 13, 37073 Göttingen /
Vandenhoeck & Ruprecht LLC, Bristol, CT, U.S.A.
www.v-r.de

Satz: textformart, Göttingen
Druck und Bindung: Memminger MedienCentrum,
Fraunhoferstraße 19, 87700 Memmingen

Gedruckt auf alterungsbeständigem Papier.

Inhalt

I.
Ausgangsperspektiven und quantitative Analysen

II.
Fallstudien

III.
Zusammenfassung und Schlussfolgerungen

Anhang

Vorwort

Dieses Buch stellt die Ergebnisse unserer Studie zur Semantik und Psychologie von „Spiritualität" für Deutschland vor.[1] Datengrundlage ist ein Forschungsprojekt, in dem, von 2009 bis 2012 von der Deutschen Forschungsgemeinschaft gefördert, Feldforschung in den USA und in Deutschland durchgeführt wurde. Zwei Forschungsteams, eines an der Universität Bielefeld das andere an der University of Tennessee at Chattanooga, haben mit einem Fragebogen ca. 2000 Personen befragt und mit ca. 100 Personen ein Faith-Development-Interview und ein Experiment durchgeführt. Die Zeit bis zur Drucklegung war mit Datenaufbereitung, statistischen Analysen, Auswertung der Interviews und Erarbeitung von Fallstudien und nicht zuletzt der Verschriftlichung der Ergebnisse gefüllt. Beide Teams haben sehr gute Arbeit geleistet und so ist die Liste der Danksagungen umfangreich.

An erster Stelle gebührt unser Dank den sehr zahlreichen Teilnehmerinnen und Teilnehmern an unserer Studie, die durch das Ausfüllen des Fragebogens und ihre Bereitschaft für ein persönliches Interview zum Gelingen dieser Studie Grundlegendes beigetragen haben. Ohne ihre Bereitschaft, auch sehr persönliche Erfahrungen und Überzeugungen offen mitzuteilen, wäre diese Studie niemals erfolgreich gewesen. Selbstverständlich haben wir personbezogene Daten entfernt oder verändert. Die Namen in den Falldarstellungen sind Pseudonyme.

Zum Forschungsteam an der Universität Bielefeld unter der Leitung von H. Streib und B. Keller als Primary Researcher, Mit-Designerin und Koordinatorin des Gesamtprojekts gehörten:[2] A. Swhajor-Biesemann als Mitarbeiterin in der Feldarbeit und Datenadministration, D. Ticu und S. Luhmann als Hilfskräfte, die unverzichtbare Arbeit für Feldarbeit, Fragebogenaufbau sowie Daten- und Interview-Verwaltung geleistet haben, und zahlreiche Studierende und DoktorandInnen, die sich in der Interviewführung, Interviewauswertung und der Auswertung von freien Texteintragungen engagiert haben: S. Albrecht,

---

1   Die Ergebnisse aus den USA in stetem Vergleich mit Deutschland, Fallstudien US-amerikanischer Interviewees sowie Zusammenfassungen und Schlussfolgerungen, die im Blick auf das internationale, besonders das religionspsychologische, Fachpublikum unsere Ergebnisse diskutieren, sind an anderer Stelle veröffentlicht (Streib/Hood: 2016a).

2   Für die Danksagung an die zahlreichen MitarbeiterInnen im Chattanooga-Team unter der Leitung von R. W. Hood siehe das Vorwort in der englischen Publikation (Streib/Hood: 2016a).

U. Drexelius, C. Eisenmann, C. Herzig, R. Hörmann, C. Kroll, S. Özisik, S. Romanci. C. Kroll hat überdies Vorarbeiten zu den Fallanalysen geleistet. Datenaufbereitung, Aufbau und Auswertung des Experiments, sowie viele statistische Analysen verdanken sich dem besonderen Engagement von C. Klein. Für zahlreiche Aufgaben während der gesamten Projektlaufzeit, besonders aber für die Korrektur der Texte dieses Buchs hat R. Bullik sehr wertvolle Arbeit geleistet. Für die Korpusanalyse der freien Texteintragungen in unserem Fragebogen konnten wir S. Altmeyer (Bonn) gewinnen. Ihnen allen gilt unserer besonderer Dank und unsere Anerkennung für die hervorragende Arbeit.

Wir danken der Deutschen Forschungsgemeinschaft für die Förderung dieser Forschung, der Universität Bielefeld für die finanzielle Administration sowie dem Verlag Vandenhoeck & Ruprecht und dem Herausgeberteam der Reihe *Research in Contemporary Religion* für die Aufnahme dieses Bandes.

im Juni 2015
B. Keller
H. Streib

Einleitung

Das hier präsentierte Forschungsprojekt zur Semantik und Psychologie der „Spiritualität" wäre nie zustande gekommen, wären wir nicht in einer vorhergehenden Studie mit einem überraschenden Ergebnis konfrontiert worden. In den Jahren 2002 bis 2005 haben wir, ebenfalls in Kooperation von Teams an der University of Tennessee at Chattanooga und an der Universität Bielefeld, Biographieverläufe von Dekonvertiten untersucht. Die Ergebnisse wurden in Band 5 dieser Reihe *Research in Contemporary Religion* veröffentlicht (Streib/Hood/ Keller et al.: 2009).

Im Rahmen jener „Bielefeld-based Cross-cultural Study on Deconversion" haben wir – quasi nebenbei, aber erstmalig in größerem Umfang in Deutschland – nach der Selbsteinschätzung als „spirituell" gefragt. Dafür wurde ein Frageformat eingesetzt, das die TeilnehmerInnen zur Selbsteinschätzung einlädt, ob sie sich „mehr religiös als spirituell", „gleichermaßen religiös und spirituell", „mehr spirituell als religiös" oder „weder spirituell noch religiös" bezeichnen. Was wir nicht erwartet haben und uns bei den statistischen Analysen zunächst sehr viele Fragen aufgegeben hat, ist, dass der Anteil der „mehr Spirituellen als Religiösen" bei den Dekonvertiten doppelt so hoch war wie bei den Nicht-Dekonvertiten. Dieses Ergebnis der doppelt so hohen Präferenz für „Spiritualität" bei Dekonvertiten, was interessanterweise sowohl für die USA als auch für Deutschland gilt (wenn auch auf verschieden hohem Niveau), hat die Frage ins Bewusstsein gerückt, was die Menschen, die wir befragt hatten, wohl unter „Spiritualität" verstehen. Dieses mit unseren damaligen Daten unbeantwortbare und auch sonst sehr wenig untersuchte Desideratum war der Impuls, die Untersuchung der Semantik und Psychologie von „Spiritualität" auf dem Weg zu bringen, deren Ergebnisse für Deutschland in diesem Buch vorgestellt werden.

Eher spekulativ haben wir seinerzeit die Vermutung notiert, dass „Spiritualität" als Selbstbezeichnung für viele Menschen damit zusammenhängt, dass Glaubenssysteme überprüft, Bindungen an religiöse Traditionen gelöst und neue Wege gesucht und beschritten werden. Hinzu kommt die Vermutung, dass die Selbstbezeichnung „Spiritualität", besonders für Dekonvertiten, einen „Mehrwert" haben könnte, der in der Eröffnung einer Sprachmöglichkeit für eine veränderte, aber fortbestehende religiöse Identität oder für die Suche danach besteht. Dies gehört nun auch zu den hypothetischen Annahmen, welche die in diesem Buch präsentierte Studie geleitet haben.

Dank einer neuen Förderung der Deutschen Forschungsgemeinschaft war es möglich, die Untersuchung zur Semantik und Psychologie von „Spiritua-

lität" in der eingespielten Kooperation zwischen dem von R. W. Hood gelei-
teten Team an der University of Tennessee at Chattanooga und einem For-
schungs- und Leitungsteam an der Universität Bielefeld durchzuführen. Dem
Forschungsgegenstand angemessen ist die interdisziplinäre Zusammensetzung
des Forschungsteams. Dazu gehört freilich in erster Linie die Expertise in
Psychologie/Religionspsychologie, Psychoanalyse sowie in Theologie/Religious
Studies. Aber auch die Expertisen in Soziologie und in Linguistik haben für das
Gelingen der Studie eine Rolle gespielt. Ohne eine solche interdisziplinäre Ver-
netzung von Kompetenzen wäre es nicht möglich gewesen, das, was die Menschen auf der Straße „Spiritualität" nennen, konzeptionell im Rahmen eines Religionsbegriffs zu verorten, eine Lokalisierung von „Spiritualität" im religiösen
Feld zu vorzuschlagen (siehe dazu Kapitel 1) und zugleich unter Anwendung
von Methoden sozialwissenschaftlich-empirischer Forschung sowohl Faith-Development-Interviews (FDI) auszuwerten und Fallstudien zu erarbeiten (die in
Kapiteln 6 bis 10 vorgestellt werden), als auch statistische Berechnungen durchzuführen, die von einfachen Häufigkeiten und Kreuztabellierungen bis hin zu
Faktor- und Varianzanalysen sowie Strukturgleichungsmodellen reichen (siehe
Kapitel 2 bis 5). Mehr noch: Für die Untersuchung der Semantik von „Spiritualität" haben wir eine für die empirische Religionsforschung innovative Kombination von Methoden zusammengestellt bzw. entwickelt (deren Ergebnisse
aus Platzgründen in diesem Buch nicht alle präsentiert werden können); zu diesen Methoden gehören: ein experimentelles Vorgehen, das sich der Reaktions-
zeiterfassung bedient (Implicit Association Test),[3] das gut bewährte, allerdings
nicht mehr so häufig eingesetzte semantische Differenzial (siehe dazu Kapitel 2),
und schließlich für die Interpretation von freien Texteintragungen das linguis-
tische Verfahren der Korpusanalyse[4], sowie nicht zuletzt eine innovative Verbindung von Inhaltsanalyse und Faktorenanalyse, die die semantischen Dimensionen von „Spiritualität" aufzeigt (die Ergebnisse werden ausführlich in
Kapitel 2 dargestellt).

Dieser methodisch vielfältige und komplexe Zugang zur Semantik und Psychologie von „Spiritualität" (vgl. auch die Zusammenstellung der Instrumente
in Anhang 1), besonders etwa auch für die Analyse von freien Texteintragungen, zeigt eine Grundentscheidung unserer Studie, einen Perspektivenwechsel, der im Rahmen dieser Einleitung vorab deutlich expliziert werden sollte:
Dies ist kein Buch über die Theorie, den Begriff oder die religionsgeschichtliche
Entwicklung von Spiritualität. Wir propagieren auch nicht den Gebrauch von

---

3 Unsere Ergebnisse werden detailliert präsentiert und diskutiert von Klein, Hood, Silver
   et al. (2016).
4 Die Ergebnisse der korpusanalytischen Untersuchung der freien Texteintragungen zu
   „Religion" und „Spiritualität" werden ausführlich dargestellt von Altmeyer et al. (2015;
   2016).

‚Spiritualität' als wissenschaftlichen Begriff; vielmehr beschränken sich unsere konzeptionellen Überlegungen auf ein Minimum (siehe Kapitel 1). Im Gegenteil: Wir gehen entschieden von den „Menschen auf der Straße" aus, von ihren Selbstbezeichnungen, ihrem Selbstverständnis und ihren erzählten Erfahrungen. Die doppelten Anführungszeichen für „Spiritualität" sollen jeweils daran erinnern, dass hier die „Spiritualität" der Menschen im alltäglichen Sprachgebrauch, „Spiritualität" als Selbstattribution – und damit in einer potentiell breiten Bedeutungsvielfalt – gemeint ist.

Die hier in ihrem deutschen Teil präsentierte Studie umfasst (nach Bereinigung der Daten) 1886 Fragebogenbeantwortungen und 104 Faith-Development-Interviews, die in den Jahren 2010 und 2012 erhoben wurden (siehe Projektskizze in Anhang 1). Datengrundlage der Untersuchung in Deutschland und der in diesem Buch präsentieren Ergebnisse sind 773 Fragebogenbeantwortungen und 48 Faith-Development-Interviews, von denen hier zehn als Fallstudien aufgearbeitet und präsentiert werden.

Aus dem Perspektivenwechsel hin zu dem, was die „Menschen auf der Straße" unter „Spiritualität" verstehen, was sie davon halten, mit welchen Erfahrungen dies zusammenhängt und welche psychologischen und biographischen Folgen die Präferenz für „Spiritualität" mit sich bringt, begründet sich auch die Struktur unserer Studie (siehe auch das hypothetische Modell in Anhang 1) und ihrer Darstellung in diesem Buch. Die beiden zentralen Instrumente, der Fragebogen und das Faith-Development-Interview, erfordern je besondere Analysen, die man grob in quantitative und qualitative Evaluation unterteilen kann. Und dies schlägt sich nieder in einer Zweiteilung des Buchs: in einem ersten Teil, in dem Ausgangsperspektiven und quantitative Analysen präsentiert werden, und einem zweiten großen Teil mit zehn ausgewählten Fallstudien in fünf Kapiteln.

Bei den quantitativen Analysen aus unserer Studie beschränken wir uns auf die wichtigsten und für die Situation in Deutschland aufschlussreichsten Ergebnisse zur Semantik von „Spiritualität" (Kapitel 2), zum Zusammenhang von Mystik und „Spiritualität" (Kapitel 3) und zu den Zusammenhängen von „Spiritualität" mit religiöser Entwicklung und mit Offenheit für Erfahrung (Kapitel 4). In der Zusammenschau der Erkenntnisse aus diesen drei Kapiteln ist der Grund gelegt für eine innovative typologische Darstellungsweise, die sich erst im Lauf unserer Analysen herauskristallisiert hat und in Kapitel 5 vorgestellt wird: In einem aus Mystizismus und Offenheit für Erfahrung gebildeten Koordinatensystem können „Spiritualität", die Semantik von „Spiritualität" und die auf „Spiritualität" bezogenen religiösen Stile dargestellt werden.

Die Fallstudien nehmen mindestens die Hälfte ein in diesem Buch (Kapitel 6 bis 10). Hier zeigt sich unsere Fokussierung auf den Einzelnen, unser idiographisches Vorgehen mit der größten Deutlichkeit. Zentrale Grundlage für diese Fallanalysen sind die Faith-Development-Interviews. Jedoch werden für diese Fallanalysen stets alle verfügbaren Ergebnisse aus den Fragebogen-Daten genutzt und somit die quantitativen und qualitativen Daten triangulatorisch verknüpft: Die Skalenwerte für den einzelnen Fall werden den Mittelwerten für die zugehörige Fokusgruppe gegenübergestellt und das semantische Differenzial des Einzelfalls kann mit dem (in Anhang 3 präsentierten) entsprechenden semantischen Differenzial für die Fokusgruppe verglichen werden. So kann der Einzelfall anhand der Fragebogenergebnisse profiliert werden.

Die Faith-Development-Interviews, die ja die zentrale Grundlage der Fallstudien bilden, werden einerseits klassisch anhand des *Manual for Faith Development Research* (Fowler/Streib/Keller: 2004) ausgewertet, andererseits haben wir neue Auswertungsperspektiven eingeführt, die die Analysen vertiefen. Dazu gehört insbesondere die Beachtung der Narrativität, die spezielle Auswertung aufschlussreicher narrativer Segmente im Interview. Dazu gehört jedoch auch die Analyse z. B. von Aspekten von Mentalisierung und von Weisheit. Die Fallanalysen thematisieren die Lebensgeschichte, die Beziehungen in Vergangenheit und Gegenwart, die gegenwärtigen Werte und Verpflichtungen und schließlich Religiosität und religiösen Einstellungen; sie nehmen somit Inhaltsdimensionen in die Interpretation mit auf und ziehen auch die Sequenz der Fragenabschnitte im Faith-Development-Interview-Leitfaden zum Verständnis des „Falls" in Erwägung.

Gegliedert sind die fünf Kapitel mit Fallanalysen nach einem typologischen Muster, das konzeptionell entworfen wurde und sich nach den Selbstzuordnungen der Interviewten strukturiert, ob sie sich im Fragebogen als „mehr religiös als spirituell", „gleichermaßen religiös und spirituell", „mehr spirituell als religiös" oder „weder religiös noch spirituell" bezeichnen; und besondere Beachtung finden in einen eigenen Kapitel die „mehr spirituellen Atheisten/Nicht-Theisten". Unsere Studie wäre nicht missverstanden, wenn in der Rezeption dieses Buches in den Vordergrund rücken würde, was in Sachen „Spiritualität" der „Fall" ist.

I.
Ausgangsperspektiven und quantitative Analysen

1. Was ist „Spiritualität"?
Konzeptionelle und empirische Perspektiven auf ein neues Phänomen im religiösen Feld

Was ist „Spiritualität"? Was soll in diesem Buch darunter verstanden werden? Man darf erwarten, dass wir gleich zu Beginn mit einer klaren Definition aufwarten und ‚Spiritualität' auf den Begriff bringen. Wer nun eine Definition von ‚Spiritualität' als eigenständigen, von ‚Religion' getrennten oder ihr entgegengesetzten Begriff erwartet, wird allerdings enttäuscht. Denn die Ausführungen hier entsprechen der an anderer Stelle (Streib/Hood: 2011; 2016b) vorgestellten und begründeten, eher sparsamen Definition von ‚Spiritualität' als „privatisierte, erfahrungsorientierte Religion". Und das soll im Weiteren auch detailliert und begründet werden.

Bereits zu Beginn wollen wir klar und deutlich herausstellen, dass im Design der empirischen Studie, deren Ergebnisse zur Semantik, zu psychologischen Korrelaten und zur biographischen Kontextualisierung von „Spiritualität" in den folgenden Kapiteln vorgestellt werden, konsequent ein Perspektivenwechsel vollzogen, ein ganz anderer Ausgangspunkt gewählt wird: Wir gehen entschieden von den „Menschen auf der Straße" aus, von ihren Selbstbezeichnungen, ihrem Selbstverständnis und ihren erzählten Erfahrungen. Die doppelten Anführungszeichen für „Spiritualität" sollen jeweils daran erinnern, dass hier die „Spiritualität" der Menschen im alltäglichen Sprachgebrauch, „Spiritualität" als Selbstattribution – und damit in einer potentiell breiten Bedeutungsvielfalt – gemeint ist.[5] Somit beschränken sich die Ausführungen in diesem ersten Kapitel darauf, den eher sparsamen, deswegen aber nicht weniger theoretisch anspruchsvollen Theorierahmen abzustecken und in religionstheoretischen, religionspsychologischen und religionssoziologischen Überlegungen zu entfalten.

Ausgangspunkt und Ziel der hier vorgestellten Forschung sind, wie gesagt, die Selbst-Identifikationen und Selbst-Einstufungen der „Menschen auf der Straße" als „spirituell", auch im Kontext von „religiös", „gläubig", „atheistisch" oder was immer sie als Selbstbezeichnung bevorzugen. Diesen Ausgangspunkt skizzieren und quantifizieren wir anhand von Surveys und beginnen mit einem Blick in neueste Umfrageergebnisse.

---

5 Notiz zur Schreibweise: „Spiritualität" als Selbstbezeichnung der Menschen auf der Straße (*first-order construction*) setzen wir in doppelten Anführungszeichen; dagegen werden einfache Anführungszeichen verwendet, wenn ‚Spiritualität' als wissenschaftlicher Begriff in Theorie und Forschung (*second-order construction*) gemeint ist.

„Spiritualität" als Selbstbezeichnung

Survey-Ergebnisse zur „Spiritualität" in Deutschland

Als neueste Ergebnisse zur Lage der „Spiritualität" in Deutschland präsentieren wir die im Religionsmonitor (2013) der Bertelsmann-Stiftung im Jahr 2012 erhobenen Antworten auf die Fragen „Als wie religiös würden Sie sich bezeichnen?" und „Als wie spirituell würden Sie sich bezeichnen?"[6] In Tabelle 1.1 sind die Ergebnisse für Gesamtdeutschland zusammengefasst.

Der Spalte ganz rechts ist zu entnehmen, dass sich ein Drittel der befragten Deutschen als „überhaupt nicht spirituell" bezeichnen. Selbst wenn man den „etwas Spirituellen" eine eher geringe Neigung zu „Spiritualität" unterstellt und der Nein-Seite zuschlägt, bleiben auf der anderen Seite 38 %, denen man eine moderate bis hohe Präferenz für „Spiritualität" unterstellen darf. Als „ziemlich spirituell" und „sehr spirituell" stufen sich 14,2 % der für den Religionsmonitor Befragten ein. Die selbst-zugeschriebene „Spiritualität" bleibt freilich immer noch deutlich unter der selbst-zugeschriebenen „Religiosität" (in den USA ist dieses Verhältnis genau entgegengesetzt); doch kann man bereits aus den einfachen Häufigkeiten der „spirituellen" Selbsteinstufungen erkennen, dass „Spiritualität" auch in Deutschland eine Rolle im religiösen Feld spielt.

Tabelle 1.1 Selbst-Einstufungen als „spirituell" und „religiös" in Deutschland (Religionsmonitor 2012)

	überhaupt nicht religiös	etwas religiös	mittel religiös	ziemlich religiös	sehr religiös	Summen
überhaupt nicht spirituell	14,5 %	6,5 %	8,3 %	2,4 %	0,9 %	32,7 %
etwas spirituell	5,6 %	8,4 %	10,9 %	3,7 %	0,6 %	29,2 %
mittel spirituell	1,4 %	3,4 %	12,6 %	5,3 %	1,3 %	23,9 %
ziemlich spirituell	0,7 %	0,6 %	2,4 %	4,6 %	1,0 %	9,3 %
sehr spirituell	0,6 %	0,4 %	0,9 %	1,3 %	1,7 %	4,9 %
Summen	22,8 %	19,3 %	35,1 %	17,3 %	5,6 %	100,0 %

Anmerkung: Diese Kreuztabelle basiert auf $N = 1.922$ Fällen; bivariate Korrelation zwischen den Selbst-Einstufungen als „spirituell" und „religiös" beträgt $r = 0,45$ ($p \leq 0,001$).

6 Ähnlich sind die Ergebnisse der Allgemeinen Bevölkerungsumfrage für Sozialwissenschaften (ALLBUS: 2013). Ausführlicher und im Kulturvergleich vorgestellt und diskutiert sind diese Ergebnisse in (Streib/Klein/Hood: 2016a).

Die Daten werden noch etwas plastischer, wenn man die in der Tabelle wiedergegebene Kreuztabellierung von „Spiritualität" mit „Religiosität" genauer betrachtet. Zur leichteren Lektüre haben wir eine abgestufte Einfärbung der Tabelle gewählt. Die mittlere Diagonale von oben links nach unten rechts enthält alle Prozentangaben, wenn die Probanden – auf höherem oder niedrigerem Niveau – sich selbst als *gleichermaßen* „spirituell" wie „religiös" eingestuft haben. Gleiche Ratings für „Spiritualität" und „Religiosität" identifizieren wir bei etwas über 40 %, darunter sind die weder „religiösen" noch „spirituellen" Probanden in der oberen Hälfte (wir nehmen dafür die zwei Zellen oben links zusammen), aber auch mit 18,9 % diejenigen, denen man unterstellen darf, dass für sie „Religiosität" und „Spiritualität" als Selbstbezeichnung eine gleichermaßen eher positive Bedeutung hat.

Im Segment der Tabelle *über* der mittleren Diagonalen sind diejenigen mit der Selbsteinschätzung „etwas mehr religiös als spirituell" und – mit zwei Rating-Stufen Differenz – die Probanden mit der Selbsteinschätzung „eindeutig mehr religiös als spirituell" zu finden. Die hohe Zustimmung zu den Selbstaussagen „etwas mehr religiös als spirituell" (23,7 %) und „eindeutig mehr religiös als spirituell" (17,2 %) zeigt eine klare Präferenz für die Selbstbezeichnung als „religiös" in Deutschland. Hingegen – siehe Tabellensegment *unter* der mittleren Diagonalen – ist mit 12,7 % („etwas mehr spirituell als religiös") und 4,6 % („eindeutig mehr spirituell als religiös") die Anzahl der Befragten, die das Adjektiv „spirituell" bevorzugen, eindeutig kleiner. Auch wenn zwei von fünf Deutschen sich eher als „religiös" denn als „spirituell" bezeichnen, neigt jeder Fünfte dazu, „spirituell" gegenüber „religiös" als Selbstbezeichnung zu bevorzugen; das ist beachtlich.

Ein interessantes Detail ergibt sich aus dem Vergleich der alten und neuen Bundesländer (nicht in der Tabelle dargestellt): Trotz bekanntermaßen niedriger Kirchenmitgliedschaft und generell sehr niedrigen Selbstbezeichnungen als „religiös" und als „spirituell", ist in den neuen Bundesländern der Anteil derjenigen, die als „etwas mehr spirituell als religiös" oder „eindeutig mehr spirituell als religiös" gelten können, nur um wenige Prozentpunkte niedriger als in den alten Bundesländern.[7] Offensichtlich ist ein etwas kleinerer, aber nicht zu ignorierender Teil der Menschen auch in den neuen Bundesländern der Selbstbezeichnung „spirituell" zugeneigt. Das leitet zur Frage über: Wer sind die Menschen, die sich als „spirituell" bezeichnen?

---

7 Dies kann man einigermaßen zuverlässig aus den Daten des ALLBUS 2012 errechnen, wie wir an anderer Stelle gezeigt haben (Streib/Klein/Hood: 2016a).

Wer bezeichnet sich als „spirituell"?

Unterscheiden sich Kirchenmitglieder, Konfessionslose, Angehörige religiöser Minderheiten und AtheistInnen in Bezug auf die Präferenz von „spiritueller" bzw. „religiöser" Selbstbezeichnung? Wir haben ebenfalls auf der Datengrundlage des Religionsmonitors aus dem Jahr 2012 die in Tabelle 1.1 präsentierten Verhältnisse nach Religionszugehörigkeit aufgefächert. Dabei wurden die Fälle mit gleichen Ratings für „Spiritualität" und „Religiosität" aufgeteilt in „weder religiöse noch spirituelle" (die beiden Zellen oben links in Tabelle 1.1) und „gleichermaßen religiöse wie spirituelle" Fälle (die restlichen drei Zellen der Diagonale). Abbildung 1.1 zeigt auf dieser Grundlage die Unterschiede nach Religionszugehörigkeiten.

Bereits bei den christlichen Religionsgemeinschaften fallen durchaus Unterschiede auf. Während Mitglieder der beiden großen christlichen Kirchen zu etwas mehr als 10 % „mehr spirituell als religiös" sind, finden wir unter den Katholiken weniger „weder religiöse noch spirituelle" und deutlich mehr „gleichermaßen religiöse wie spirituelle" Fälle. Die Mitglieder von Freikirchen fallen durch einen stärkeren Anteil bei der Option „mehr spirituell als religiös" und einen sehr geringen Anteil von „weder religiösen noch spirituellen" Mitgliedern auf.

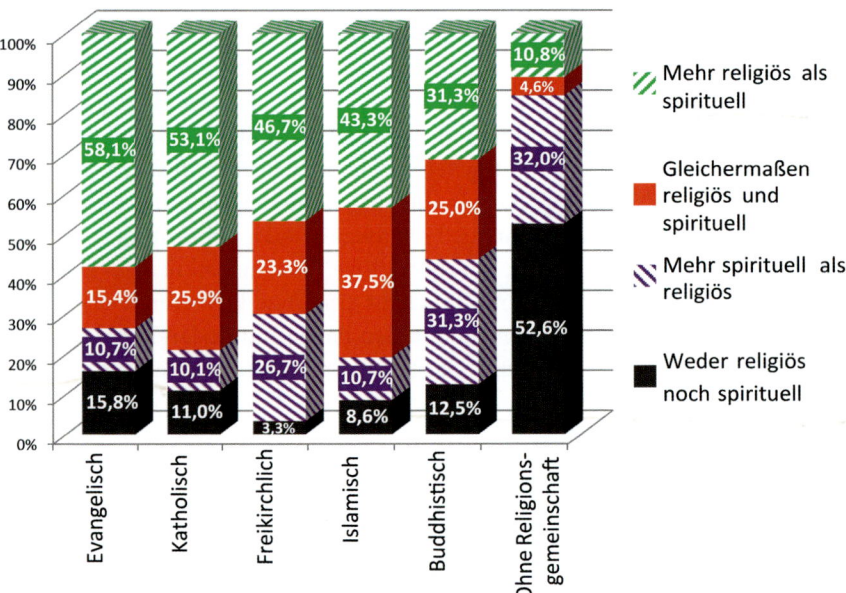

Abb. 1.1 „Religiöse" und „spirituelle" Präferenz und Religionszugehörigkeit

Bei den Muslimen ist ebenfalls die Zahl der ProbandInnen mit der Selbstaussage „weder religiös noch spirituell" relativ gering, doch ergibt die Analyse einen den christlichen Kirchenmitgliedern vergleichbaren Anteil von ca. 10 % Fällen, die sich als „mehr spirituell als religiös" bezeichnen und einen – erstaunlich hohen – Anteil von über 37 % ProbandInnen, die „gleichermaßen religiös wie spirituell" sind.

Bei den Konfessionslosen schließlich ist weniger der hohe Anteil von Menschen, die sich als „weder religiös noch spirituell" bezeichnen, als vielmehr die hohe Zustimmung zu der Selbstaussage „mehr spirituell als religiös" (32 % der Befragten) beachtlich. „Spiritualität" als Selbstbezeichnung scheint demnach bei einem Drittel der Menschen ohne Bindung an eine Religionsgemeinschaft in Gebrauch zu sein – „Spiritualität" außerhalb der Kirchen und Religionsgemeinschaften. Diese „mehr spirituellen Nones" sind eine statistisch ernstzunehmende Gruppe.

„Spirituell und Atheistisch"?

Nicht alle „Nones" sind AtheistInnen; und nicht alle AtheistInnen sind konfessionslos. Die Daten des Religionsmonitors ermöglichen jedoch die Menschen, die dazu neigen, sich als „AtheistIn" zu bezeichnen, nach ihrer „religiösen" und „spirituellen" Selbstidentifikation zu untersuchen, und dabei die – auf den ersten Blick überraschende – Gruppe der „mehr spirituellen AtheistInnen" zu identifizieren. In Abbildung 1.2. sind die Ergebnisse dargestellt.[8]

„Spiritualität" als Selbstbezeichnung kann demnach bei einem Viertel (Ost) und einem Drittel (West) der AtheistInnen in Deutschland vermutet werden. Die Ergebnisse sind für die alten und die neuen Bundesländer nebeneinander gestellt, um zu demonstrieren, dass die Unterschiede nicht gravierend sind und wir eben auch in der säkularen Situation der neuen Bundesländer mit einem Viertel von „mehr Spirituellen als Religiösen" unter den „AtheistInnen" rechnen können. Auf die gesamtdeutsche Stichprobe des Religionsmonitors bezogen liegt die Gruppe der „mehr spirituellen als religiösen AtheistInnen" bei 7,5 % und ist damit statistisch nicht sehr groß, aber eben auch nicht marginal. Diese „mehr spirituellen AtheistInnen" sind eine sehr interessante Gruppe, die wir auch in den Daten unserer eigenen Studie identifiziert und beachtet haben, wie Analysen in den weiteren Kapiteln dieses Buchs zeigen.

---

8 Um generell die Größe der Gruppe selbsterklärter Atheisten in der Bundesrepublik einzuschätzen: Die Anteile der Fälle im Religionsmonitor, die dem Satz „ich würde mich als Atheist bezeichnen" eher oder voll zustimmen, liegen bei 19,8 % der ($n = 1658$) Probanden in den alten Bundesländern und bei 45,4 % der ($n = 271$) Probanden in den neuen Bundesländern.

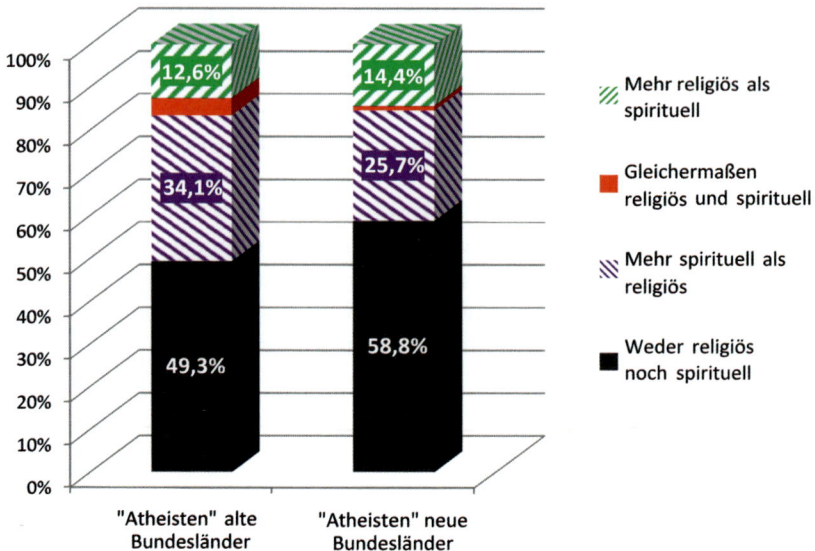

Abb. 1.2 Selbsteinschätzungen als „religiös" und „spirituell"
bei selbsterklärten „Atheisten" in Ost- und Westdeutschland

Mit diesen statistischen Einblicken ist ein Rahmen aufgezeigt, in dem die Ergebnisse unserer eigenen Studie kontextualisiert werden können. Im Rahmen dieses Kapitels soll darüber hinaus unsere dezidiert emische Fragerichtung verdeutlicht werden, die von „Spiritualität" als Selbstbezeichnung der „Menschen auf der Straße" ausgeht, zurückhaltend vorgefertigte Definitionen und Konzeptionen ins Spiel bringt und darum offen ist für eine potentielle Bedeutungsvielfalt von „Spiritualität". Einige Einsichten aus dieser kurzen Präsentation von Survey-Ergebnissen sind wichtig genug, um noch einmal zusammenfassend notiert zu werden: „Spiritualität" ist offenkundig eine attraktive Selbstbezeichnung sowohl für Menschen innerhalb, als auch außerhalb der Grenzen der Kirchen und Religionsgemeinschaften. Und bei einem Viertel (Ost) bzw. einem Drittel (West) der AtheistInnen in Deutschland scheint „Spiritualität" als Selbstbezeichnung gegenüber „Religion" präferiert zu werden.

Allerdings lassen die großen Umfragen viele der wirklich spannenden Fragen offen: So erfahren wir kaum etwas darüber, was genau die Probanden unter „Spiritualität" verstehen, die Semantik von „Spiritualität" bleibt weitgehend im Dunkel; es lässt sich in Surveys kaum ermessen, mit welchen Erfahrungen „Spiritualität" zusammenhängt und welche psychologischen und biographischen Folgen mit „Spiritualität" verbunden sind. Eingehende religionspsychologische und semantische Untersuchungen sind darum notwendig und können Antworten vorlegen, die das – eher rätselhafte – Phänomen

„Spiritualität" besser verstehen lassen, wie die weiteren Kapitel dieses Buchs zeigen werden.

Freilich: Unsere Studie und unsere Analysen sind keinesfalls konzeptionslos. Dies gilt bereits für die in Tabelle 1.1 sowie den Abbildungen 1.1 und 1.2 präsentierten Analysen; denn diese beruhen zumindest auf der minimalen Annahme, dass „Spiritualität" und „Religion" einem gemeinsamen Feld zugehören und zwischen diesen beiden Selbstbezeichnungen ein semantisches Konkurrenzverhältnis besteht. Je mehr jedoch „Spiritualität" für sich allein genommen in den Fokus rückt und je mehr über potentielle Motive und über potentielle Folgen der Selbstbezeichnung „spirituell" gesagt werden soll, desto deutlicher stellt sich die Notwendigkeit einer konzeptionellen Klärung.

‚Spiritualität' als eigenständiger wissenschaftlicher Begriff?

Darüber, dass „Spiritualität" und „Religion" als Selbstbezeichnungen einem gemeinsamen Feld angehören, herrscht breiter Konsens. Differenzen und problematische konzeptionelle Verhältnisse entstehen, sobald dies auf der Ebene wissenschaftlicher Begriffsbestimmungen reflektiert wird.

Die Illusion, das Rad neu zu erfinden

‚Spiritualität' als eigenständigen, der ‚Religion' entgegengesetzten Begriff im Wissenschaftsdiskurs zu etablieren, ist ein Trend, der vor allem in der englischsprachigen Diskussion, und dabei ganz besonders in der Religionspsychologie und Gesundheitswissenschaft, zu beobachten ist. Während in der deutschsprachigen Theologie und Religionswissenschaft eher Zurückhaltung und Skepsis gegenüber der Etablierung von ‚Spiritualität' als wissenschaftlichem Begriff zu beobachten ist, hat ‚Spiritualität' in der englischsprachigen Literatur in relativ kurzer Zeit enorme Attraktivität erreicht und ‚Religion' klar in den Schatten und teils ins Abseits gestellt. Dafür gibt es vielfältige Belege.[9]

---

9 So ist die Anzahl der religionspsychologischen Publikationen, die das Wort ‚spirituality' im Titel führen, zwischen 1970 und 2005 um den Faktor 39 explosiv angewachsen (Oman: 2013). Die Division 36 der American Psychological Association, die vormals als *Psychology of Religion* firmierte, hat sich umbenannt in *Psychology of Religion and Spirituality* und ihre Zeitschrift trägt den Namen *Psychology of Religion and Spirituality*. Die neuesten religionspsychologischen Handbücher (Pargament: 2013; Paloutzian/ Park: 2013) tragen ‚spirituality' im Titel.

Sofern ‚Spiritualität' zum umfassenden Konstrukt erklärt wird, entstehen jedoch erhebliche Probleme und Risiken. Der in Theologie, Soziologie, Religionswissenschaft und anderen Disziplinen seit Langem und streitbar geführte Diskurs über den Religionsbegriff wird ignoriert oder gar abgeschnitten – um unter dem neuen Label ‚Spiritualität' das Rad neu zu erfinden. ‚Spiritualität' wird dann nur allzu schnell und kurzschlüssig zum ausschließlich positiven Begriff, während mit ‚Religion' institutioneller Zwang, dogmatische Engstirnigkeit und moralischer Rigorismus verbunden wird. Sicher: Solche *good-guy/ bad-guy*-Polarisierungen finden wir bei nicht wenigen unserer Probanden. Aber ist es guter wissenschaftlicher Stil, diese Polarisierung in die wissenschaftliche Begriffsbildung zu übernehmen? Es erscheint eher geschichtsvergessen, ‚Spiritualität' als eigenständigen, der ‚Religion' entgegengesetzten Begriff im Wissenschaftsdiskurs zu etablieren. Und: Die Definitionsvorschläge von ‚Spiritualität' sind bislang eher unscharf geblieben.

Der Vorschlag: Unfuzzying the Fuzzy

Trotz zahlreicher Versuche, ‚Spiritualität' zu definieren, und trotz der Entwicklung von Instrumenten für ihre empirische Erforschung hat die Etablierung von ‚Spiritualität' als konzeptionelles und empirisches Konstrukt eher zur Verwirrung als zur Klärung beigetragen. Spilka (1993) hat bereits in der Anfangszeit der Diskussion ‚Spiritualität' als *„fuzzy concept"* bezeichnet. Dieser Schatten der Verschwommenheit ist offensichtlich bis heute kaum gewichen. In der Praxis akademischen Forschens und Schreibens – auch in renommierten Handbüchern[10] – sind ‚Religion' und ‚Spiritualität' für viele AutorInnen quasi austauschbar, oder ‚Religion' wird schlicht durch ‚Spiritualität' ersetzt.

Dabei liegen durchaus Vorschläge vor, die auf eine Reduzierung der Unschärfe („unfuzzying the fuzzy", Zinnbauer/Pargament/Cole et al.: 1997) zielen. Eine der einflussreicheren Definitionen von ‚Spiritualität' mit diesem Ziel ist von Pargament vorgelegt worden. Pargament (1997; vgl. Zinnbauer/Pargament/Scott: 1999) definiert ‚Spiritualität' als *„search for the sacred"* und ‚Religion' als *„search for significance in ways related to the sacred"* (Pargament: 1992; 1999a). Die enge Verflechtung beider Begriffe wird nicht allein von Kritikern („Can anybody tell the difference?", Beit-Hallahmi: 2014, S. 1) wahrgenommen, sondern von Pargament (1999a, S. 12) selbst klar expliziert, wenn er ‚Spirituali-

---

10 Am Beispiel des Handbuchs von Paloutzian und Park (2013) hat Stausberg (2014) aufgezeigt, dass die einzelnen Kapitel zwischen ‚Religion' und ‚Spiritualität' keineswegs konzeptionell klar unterscheiden, vielmehr „fail to provide either conceptual clarity on the distinction between the two concepts or sufficient detail to make conceptual choices comprehensible" (S. 37).

tät' als „most central function of religion" und als „heart and soul of religion" bezeichnet. Das Heilige ist der Kern von ‚Religion' *und* ‚Spiritualität' (Zinnbauer/-Pargament: 2005) und dies verweist auf Gott oder das Göttliche.[11]

Pargaments Vorschlag ist ein prominentes und gutes Beispiel dafür, dass die Definitionen von ‚Religion' und ‚Spiritualität' einander so ähnlich[12] sind, dass Zweifel an der Eigenständigkeit von ‚Spiritualität' verstärkt werden und nicht so ganz einleuchtet, warum wir uns die Mühe machen sollten, in der wissenschaftlichen Begriffsbestimmung quasi nochmal von vorn zu beginnen und separate Messinstrumente für die empirische Forschung zu produzieren.[13] An Pargaments Vorschlag können wir durchaus anknüpfen; allerdings bleibt nicht allein das Verhältnis beider Begriffe klärungsbedürftig, sondern auch die Frage speziell nach dem Begriff von ‚Religion'. Im Folgenden entfalten wir also unsere Definition von ‚Religion', die auch ‚Spiritualität' einschließt – als unseren Beitrag zum Projekt *„unfuzzying the fuzzy"*.

‚Spiritualität' ist eine Variante von Religion

Wie bereits angedeutet, verstehen wir ‚Spiritualität' als eine Variante von ‚Religion'. Wenn jedoch ‚Religion' als umfassender Oberbegriff verstanden wird, dann ist das Verständnis von ‚Spiritualität' sehr stark an das Verständnis von ‚Religion' gekoppelt – und ‚Religion' muss so weit gefasst sein, dass ‚Spiritualität' in all ihren Varianten in ‚Religion' aufgehoben ist. Somit muss das Verständ-

---

11 Das Heilige sieht Pargament (1999b, S. 38) „clearly derived from the divine". Dennoch kann Pargament von „heiligen Objekten" sprechen, die zwar keinen Bezug auf Gott oder das Göttliche haben, jedoch eine Art funktionale Äquivalenz zum Gottesbezug. Zum Beispiel: „(F)or atheists and others as well, it might be useful to think of sacred objects as ‚functionally autonomous' from God. The sacred object is no longer directly associated with the divine, however it continues to be imbued with divine-like qualities" (ebd., S. 39).

12 Im Bezug auf das Heilige konstruiert Pargament einen Unterschied zwischen ‚Religion' und ‚Spiritualität': „Spirituality focuses on the search for one particular object of significance – the sacred"; ‚Religion' dagegen „encompasses the search for many objects of significance" (Pargament: 1999b, S. 13; cf. Zinnbauer/Pargament: 2005, S. 36). Es ist jedoch nicht ganz nachvollziehbar, warum der besondere Bezug zum Heiligen insbesondere und vor allem der ‚Spiritualität' zugeschrieben wird, während ‚Religion' *auch* mit vielerlei anderen, mehr oder weniger auf das Heilige bezogenen bedeutungsvollen Objekten zu tun hat.

13 Ist es nicht Zeitverschwendung spezielle Spiritualitäts-Skalen zu entwickeln, wenn diese, wie Pargament (1999a, S. 8) selbst notiert, „look suspiciously like old measures of religiousness"? In der Tat operieren die meisten Spiritualitäts-Skalen empirisch wie Messinstrumente für religiöse Erfahrung (Gorsuch/Miller: 1999; Hood: 2003; Hood/Hill/Spilka: 2009; Klein/Silver/Coleman et al.: 2016).

nis von ‚Religion' thematisiert werden, um auf die Frage, was ‚Spiritualität' ist, eine Antwort zu geben.

Klassische Ansätze[14] in Theologie, Psychologie und Soziologie zeigen uns Wege auf, wie ‚Religion' ausgehend von der Erfahrung des Einzelnen und grundsätzlich offen für eine Vielfalt von Gestalten und Symbolisierungen bestimmt werden kann. In Erfahrung gegründet kommt ‚Religion' allen substantialen und funktionalen Bestimmungen und Engführungen zuvor, sie liegt diesen voraus. Substantiale und funktionale Charakteristika sollen daher auch für die Bestimmung von ‚Religion' zunächst sistiert werden, um der Erfahrungsbasiertheit von ‚Religion' Priorität einzuräumen. ‚Religion' wird dann auch grundsätzlich reflexiv und diskursiv gestaltbar konzipiert.[15] Auf zwei Klassiker (Luckmann; Tillich) gründen wir unsere Bestimmung von ‚Religion'.

Transzendierung und *Ultimate Concern* als grundlegende Bestimmungen von ‚Religion'

Im Folgenden stellen wir eine Bestimmung von ‚Religion' vor, die auf zwei grundlegende Charakteristika rekurriert:[16] Transzendenzerfahrung und *ultimate concern*. ‚Transzendenzerfahrung' als Grundbestimmung von ‚Religion' verdankt sich der sozial-phänomenologischen Tradition von Schütz (1989) und Luckmann (1967; vgl. Knoblauch: 1991). *Ultimate concern* nimmt die Bestimmung von Tillichs (1925; 1951; 1957) Religionsphilosophie und Systematischer Theologie auf.

Für die Transzendenzerfahrungen behauptet Luckmann, dass diese erst sekundär versprachlicht, kommuniziert, in Symbolisierungen gefasst werden (und im Lauf der Zeit auch ontologisiert und dogmatisiert werden können). Die explizite soziale Konstruktion der Wirklichkeit ist sekundär. Damit ist keineswegs behauptet, dass die Transzendierungserfahrungen solitär entstehen, vielmehr

---

14 Dies kann beispielsweise an der „Empfänglichkeit", der „Anschauung" des Universums, dem „Sinn und Geschmack fürs Unendliche" bei Schleiermacher (1799) verdeutlicht werden (wobei hier kein Platz für weitere Details ist, was aber an anderem Ort ausgeführt wurde, siehe Streib/Hood: 2016b). Erfahrungsbasiertheit und sehr weite Vielfalt religiöser Erfahrungen, die mystische – und heute würden wir sagen: spirituelle – Erfahrungen einschließt, ist das klassische Thema auch von James (1902) .

15 Dies wurde auch an anderer Stelle ausgeführt, siehe Streib/Gennerich (2011) und Streib/Hood (2016b). Für einen diskursiven Religionsbegriff siehe Matthes (1992) und Feige (1998; 2010).

16 Unsere Zusammenstellung dieser beiden elementaren Kriterien für Religion wurde erstmals publiziert in Streib und Gennerich (2011) und Streib und Hood (2011); die Bedeutung und Triftigkeit der Transzendierung nach Luckmann für den Religionsbegriff wurde bereits in Streib (1998b) vertreten.

ist mit Knoblauch (2009; 2014) darauf hinzuweisen, dass diese bereits interpersonale Interaktion voraussetzen, für die – typisch präverbal – der ausgestreckte Zeigefinger eines Kleinkindes, der zur Übernahme der Perspektive einlädt, beispielhaft ist. Besonders wichtig an diesem Ansatz also ist die Unterscheidung zwischen primärer Transzendenzerfahrung und deren nachfolgender, expliziter Interpretation und Symbolisierung (vgl. Hood: 2006; Hood/Hill/Spilka: 2009, Kap. 10, 11). Denn nur so wird die Interpretationsoffenheit der Transzendierungserfahrung deutlich.

Die Transzendierungen des Alltags sind vielfältig und multidirektional. Für ‚Religion' einschlägig sind, wie Schütz/Luckmann (1989, S. 117–130) und Luckmann (1991, S. 164–182) ausführen, die „großen" Transzendenzen, die im Schlaf und in Träumen, in Tagträumen und der Ekstase, in Krisen und Begegnung mit dem Tod und nicht zuletzt in der theoretischen Orientierung stattfinden. Es wäre jedoch eine Fehlinterpretation, jede Form der Transzendenzerfahrung, auch der „großen" Transzendenzen, *als* religiöse Erfahrung zu verstehen. „Transzendenz ist keineswegs schon Religion" (Knoblauch: 2009, S. 69). Die Verbindung der Transzendenzerfahrung mit ‚Religion' hängt davon ab, ob das Deutungs- und Symbolsystem, das dem Subjekt aus der sozialen Umwelt verfügbar ist, religiös ist oder nicht.[17] Mit einer solchen Bestimmung von ‚Religion' auf der Grundlage von Transzendenz ist somit auch ein substantialistisches Verständnis von Transzendenz – und des Heiligen – als a priori bestehender Raum nicht vorausgesetzt.[18]

Der Ansatz des Religionsbegriffs in den Transzendenzerfahrungen ist für unser Verständnis von ‚Religion' und von ‚Spiritualität' grundlegend. Denn deren entschiedene Begründung in der subjektiven Alltagserfahrung und vor jeder Unterscheidung von natürlichen und übernatürlichen Symbolisierungen ist besonders für das Verstehen von ‚Spiritualität' wichtig, wenn, wie weiter unten ausgeführt, nicht nur Symbolisierungen in der Semantik „vertikaler" Transzendenz in den Blick kommen sollen, sondern auch Symbolisierungen „horizontaler" Transzendenz.

Eine gewisse Unterbestimmheit dieser Begriffsbestimmung tritt zutage, wenn man die Frage nach der Zentralität von ‚Religion' bzw. von ‚Spiritualität' stellt. Ob Transzendierungserfahrungen und deren Symbolisierungen eher flüchtige Phänomene sind oder das Leben und die Identität des Einzelnen prägen, muss näher bestimmt werden.

---

17 Knoblauch (1999) hat dies eindrücklich an der unterschiedlichen Interpretation von Nah-Tod-Erfahrungen in Deutschland Ost und West aufgezeigt.

18 Mit einem solchen nicht-substantialistischen Verständnis von Transzendenz könnte auch Pargaments o.g. Rede vom Heiligen als zentralem Definitionskriterium aufgegriffen, aber eben auch re-interpretiert werden.

Darum bringen wir mit Tillichs Rede vom *ultimate concern* ein zweites grundlegendes Kriterium ins Spiel, das, eben weil es in religionsphilosophischer Reflexion gegründet ist, den *religiösen* Charakter der Symbolisierung bestimmen lässt – und dies, ohne auf substantiale oder funktionale Charakeristika abzuheben. Die religionsphilosophische Argumentationsfigur Tillichs impliziert einen hierarchischen Komparativ: religiös sind Anliegen und Beziehungshorizonte nicht dadurch, dass sie uns irgendwie – und dabei möglicherweise marginal – angehen; nur was uns *unbedingt* angeht, kann als religiös gelten, wie folgende Zitate aus *Dynamics of Faith* zeigen:

Faith is the state of being ultimately concerned: the dynamics of faith are the dynamics of man's ultimate concern. Man, like every living being, is concerned about many things, above all about those which condition his very existence, such as food and shelter. But man, in contrast to other living beings, has spiritual concerns – cognitive, aesthetic, social, political. Some of them are urgent, often extremely urgent, and each of them as well as the vital concerns can claim ultimacy for a human life or the life of a social group. (Tillich: 1957, S. 1)

Zum hierarchischen Komparativ führt Tillich aus:

If faith is the state of being ultimately concerned, all preliminary concerns are subject to it. The ultimate concern gives depth, direction and unity to all other concerns and, with them, to the whole personality. (Tillich: 1957, S. 105)

Die Argumentationsfigur des „Unbedingten" zieht sich durch Tillichs Werk wie ein roter Faden: von der Religionsphilosophie (1925) bis in die Systematische Theologie, wo dieser Gedanke den Grund für die Gotteslehre legt (Tillich: 1951). Und immer ist dabei festgehalten, dass es prinzipiell offen ist, was dem Menschen zum *ultimate concern* wird bzw. was dem Menschen „heilig" wird, denn: „(W)hat concerns one ultimately becomes holy" (Tillich: 1957, S. 12–13). Darum können eben auch Gegenstände oder Menschen zum *ultimate concern* bzw. „heilig" werden – wobei nach Tillich das Heilige auch zum Dämonischen und destruktiv werden kann, wie er in explizitem Bezug auf den deutschen Faschismus und Hitlerkult immer wieder ausgeführt hat (vgl. auch Tillich: 1926a; 1926b).
Dabei sind für Tillich, wie auch das oben wiedergegebene Zitat zeigt, nicht alle Anliegen (*concerns*), die sich auf „weltliche" vitale und spirituelle Bedürfnisse richten, verwerflich oder Pervertierungen des Heiligen. Nach Tillich läuft die polare Grenze zwischen Kreativität und Destruktivität. Festzuhalten ist an dieser Denkfigur in Tillichs Werk, dass es prinzipiell offen ist, wovon sich der Mensch „vorwiegend" oder „unbedingt" angehen lässt. Dies öffnet den Blick für eine Vielfalt von religiösen Orientierungen – und darunter auch solche, bei denen eine explizite traditionelle religiöse Semantik fehlt.

Vertikale und horizontale Symbolisierungen von Transzendenz

An diesem Grundgedanken Tillichs kann unmittelbar eine weitere Überlegung angeschlossen werden, die jedoch auch die Grundlegung des Religionsbegriffs in der Transzendierung weiterführt: die Unterscheidung zwischen vertikaler und horizontaler Symbolisierung von Transzendenz. Diese Unterscheidung hat sich in unserer Interpretation der Vielfalt von „religiösen" und/oder „spirituellen" Biographien sowie von quantitativen Daten als aufschlussreich und tragfähig erwiesen. Denn mit dieser Unterscheidung kann klar und explizit festgehalten werden, dass und inwiefern Varianten von „Spiritualität", die keine Symbolisierungen von Gott, Himmel und einer jenseitigen höheren Welt beinhalten, sondern in denen wir uns von Anliegen und Handlungszielen in „dieser" Welt „unbedingt angehen" lassen, *als* ‚Religion' verstanden werden können. Dazu gehört beispielsweise, was Kalton (2000) „green spirituality" nennt.

Die Unterscheidung zwischen vertikaler und horizontaler Transzendenz wurde in religionspsychologischer Literatur maßgeblich von Hood und Kollegen (2009, S. 282 ff.) vorgeschlagen. Entsprechungen finden sich z. B. auch in Taylors (2007) Rede von einer „immanenten Transzendenz". Sachlich gibt es auch Entsprechungen zwischen horizontaler Transzendenz und „unsichtbarer Religion" in Luckmanns (1991), als auch zu „impliziter Religion" in Schnells (2004) Verständnis. Schnell und Keenan haben „spirituelle AtheistInnen" in mehreren Studien untersucht (Schnell/Keenan: 2011; Schnell: 2012; Schnell/Keenan: 2013). Die im Religionsmonitor identifizierten „mehr spirituellen AtheistInnen" (siehe Abbildung 1.2) passen vermutlich überwiegend in diese Kategorie.

Das damit verbundene Ziel ist, das Missverstehen von Menschen zu vermeiden, die keine theistische, sondern etwa eine agnostische oder atheistische Weltanschauung zeigen, aber sich zugleich als „spirituell" verstehen und/oder ihre Transzendenzerfahrungen in „nicht-vertikaler" Symbolisierung kommunizieren. In herkömmlicher religionssoziologische Klassifizierung landen diese Fälle meist da, wo sie nicht hingehören: bei den Nicht-religiösen, im säkularen Bereich, außerhalb des religiösen Feldes. Als Fälle horizontaler Transzendenz, zumal wenn sie sich als „spirituell" identifizieren, sind sie jedoch zum religiösen Feld zu rechnen.

‚Spiritualität' ist unmittelbare, mystische Erfahrung

Der soweit entfaltete Religionsbegriff mit den Grundelementen Transzendierungserfahrung und *ultimate concern* ermöglicht, ‚Spiritualität' als eine Variante von ‚Religion' zu verstehen. Wenn nun ‚Religion' der Oberbegriff (*genus proximum*) ist, durch welche *differentia specifica* ist ‚Spiritualität' gekennzeichnet?

Unsere These ist, dass die spezifische Differenz von anderen Formen von Religion durch Erfahrungsorientierung und Privatisierung charakterisiert werden kann. Und Erfahrungsorientierung und Privatisierung sind nach Troeltsch Merkmale der Mystik.

Unsere These, gegenwärtige ‚Spiritualität' sei ‚Religion', die durch Erfahrungsorientierung und Privatisierung als spezifische Differenz gekennzeichnet ist und somit der Mystik entspricht, findet Bestätigung bei Troeltsch, wenn er schreibt: „Die Mystik im weitesten Sinne des Wortes ist nichts anderes als das Drängen auf Unmittelbarkeit, Innerlichkeit und Gegenwärtigkeit des religiösen Erlebnisses" (Troeltsch: 1912, II, S. 850). Die „Lebendigkeit der religiösen Produktion" kann leicht zur mystischen Erscheinung werden und sich dann, so Troeltsch (a. a. O.), „als Enthusiasmus und Orgiasmus, als Vision und Halluzination, als religiöser Subjektivismus und Spiritualismus, als Konzentration auf das rein Innerliche und Gefühlsmäßige" äußern.

Troeltsch unterscheidet zwei Varianten der Mystik: Die eine Variante entsteht und entfaltet sich innerhalb der Kirchen und religiösen Gemeinschaften, stellt etablierte Lehren und Autorität nicht infrage und berührt „den vorgefundenen soziologischen Zusammenhang der Religion nicht wesentlich" (S. 854). Die andere Variante hingegen empfindet sich

als selbständiges religiöses Prinzip, als eigentlichen allgemeinen Kern aller religiösen Vorgänge, der sich in den verschiedenen mythischen Aeußerungen nur verkleidet. Sie empfindet sich als Herstellung einer unmittelbaren Gotteinigung, fühlt sich selbständig gegenüber aller konkreten Religion und hat eine völlig individuelle Gewißheit, die sie gegen jede religiöse Gemeinschaft gleichgültig macht, einerlei ob sie äußerlich sie mitmacht oder ob sie eine solche radikal verwirft. Dann wird die Gotteinigung, die Vergottung, die Entwerdung das eigentliche und einzige Thema der Religion. (Troeltsch: 1912, II, S. 854)

Troeltsch zeichnet die Geschichte der Mystik durch die Kirchengeschichte mit vielen Details. Es wird jedoch in seiner Darstellung zunehmend deutlicher, dass es ihm besonders auf die Variante der Kultus-, Dogmen- und Kirchen-kritischen Mystik ankommt. Dazu passt auch, dass Troeltsch ‚Spiritualismus' und ‚Mystik' quasi synonym gebraucht oder auch von „spiritualistischer Mystik" sprechen kann. Und selbst in der „modernen Theologie" seiner Zeit sieht Troeltsch „auf der ganzen Linie die Erneuerung des alten Spiritualismus" (S. 934).

Im Blick auf die soziologische Bedeutung der Mystik sagt Troeltsch lapidar: „Spiritualismus und Mystik (ist) überhaupt ohne Organisationsbetrieb. … Sie pflegen an sich lediglich das Individuum und sein Heilsinteresse und glauben zugleich an die allgemeine Geistes- und Liebesgemeinschaft" (S. 940).

Troeltschs Darstellung fokussiert vorwiegend auf den Protestantismus und ist klar kirchenhistorisch ausgerichtet. Und nicht zu überhören ist freilich auch ein eher abwertendes Urteil über Spiritualismus und Mystik in Reinkultur. Die auffälligen Parallelen zu Troeltschs Charakterisierung der Mystik legen es nahe, von einer Kontinuität zu gegenwärtiger „Spiritualität" zu sprechen. Mit unserer Definition von ‚Spiritualität' als erfahrungsorientierte, privatisierte Religion berufen wir uns also zu Recht auf Troeltsch.

Freilich muss im Blick auf die gegenwärtige Situation beachtet werden, dass sich das religiöse Feld noch einmal gravierend verändert hat: Selbstverständliche Kirchen- und Traditionsbindung ist zurückgegangen, die Präsenz und Attraktivität von nicht-christlichen Religionen hat zugenommen und darum muss nicht allein mit „häretischen" (Berger: 1979), sondern auch mit „akkumulativ-häretischen"[19] religiösen Identitätsbildungen gerechnet werden. Hinzu kommt, wie oben dokumentiert, ein nicht zu ignorierender Anteil von selbsterklärten AtheistInnen und darunter eben auch von „mehr spirituellen AtheistInnen" – deren Verortung im religiösen Feld das Modell von Weber und Bourdieu vor eine größere Herausforderung stellt. Dies alles ist Grund genug, die Konstruktion des religiösen Feldes zu überdenken.

Neu-Konstruktion des religiösen Feldes

Webers Zauberer und die Mystik bei Troeltsch

Nach Weber besteht die Dynamik des religiösen Feldes hauptsächlich in der Konkurrenz zweier Typen von Akteuren: den Kirchen (Priester etc.) auf der einen und den Sekten (Propheten) auf der anderen Seite. Bei genauerer Lektüre von Webers (1921) religionssoziologischem Schlüsseltext tritt jedoch ein dritter, in der Diskussion meist nicht so stark beachteter Typus von Akteuren vor Augen: der Magier. Bourdieu (1971) hat alle drei Akteure und ihre Konkurrenz um die Laien in einen Entwurf des religiösen Feldes eingezeichnet. Über die soziologische Bedeutung der Magier freilich kann man streiten, besonders wenn diese als Kleinstunternehmer mit Praxis im Hinterhof charakterisiert werden – ein Urteil, das Bourdieu unwidersprochen von Weber übernimmt.

Interessant ist die Entsprechung dieser Trias von Akteuren bei Troeltsch (1911; 1912). Auch Troeltsch sieht die Konkurrenz von Kirchen und Sekten. Der dritte Akteurs-Typus jedoch ist für ihn der Mystiker bzw. die Mystik. Seine Version dieser Trias trägt Troeltsch (1911) auf dem Ersten Deutschen Soziologentag

---

19 Von der These Bergers (1979) abweichend und über diese hinausgehend schlägt Soeffner (2013, S. 298) vor, von der „temporären Polyhäresie" des „pragmatisch Alltagsreligiösen – dem Vertreter der Mehrheit" zu sprechen. Den Terminus „akkumulativer Häretiker" hat Streib (1998a; vgl. auch Streib/Hood/Keller et al.: 2009) geprägt im Rahmen der Arbeit an den Fällen für ein Gutachten über Dekonvertiten aus christlich-fundamentalistischen Gruppen für die Enquete-Kommission des Deutschen Bundestags.

1910 in Tübingen vor. Simmel, Weber und andere bleiben eher skeptisch, was die soziologische Bedeutung der Mystik angeht (vgl. Simmel: 1911). Jedoch wird in der jüngeren Forschung zunehmend darauf aufmerksam gemacht, dass gegenwärtige „Spiritualität" viele Gemeinsamkeiten mit Troeltschs Mystik hat und in Kontinuität mit dieser stehen könnte (vgl. Daiber: 2002; Knoblauch: 2009; Streib/Hood: 2016b). Troeltschs Darstellung ist sehr aufschlussreich, weil sie neben Kirche und Sekte die Mystik als dritten Akteurs-Typus im religiösen Feld profiliert und plausibilisiert. Überlegungen zur Revision eines Entwurfs des von Weber und Bourdieu entworfenen religiösen Feldes könnten daran anschließen.

‚Spiritualität' setzt auf Unmittelbarkeit, nicht auf institutionelle oder charismatische Vermittlung

Wenn als dritter Akteurs-Typ im religiösen Feld mit Troeltsch die Mystik ins Spiel gebracht wird, wird eine systematische Unterscheidung der Akteure möglich, die plausibler ist als Webers und Bourdieus Trias von Kirche, Sekte und Magier.[20] Insofern ist Troeltschs Entwurf ein erheblicher Fortschritt. Denn nun können die Akteure als Konkurrenten um die „Vermittlung der Gnadengaben", die Vermittlung des Zugangs zur Transzendenz und zu dem, was „uns unbedingt angeht" (*ultimate concern*) klassifiziert werden. Damit wird auch klarer fassbar, was, wenn man an Bourdieu angelehnt ein Modell des religiösen Felds konzipiert, unter ‚religiösem Kapital' zu verstehen ist: Religiöses Kapital eines Akteurs im religiösen Feld kann danach bemessen werden, wie plausibel und vertrauenswürdig seine Vermittlung zu Transzendenz und *ultimate concern* ist.

Im Blick auf jeden einzelnen der drei Akteure im religiösen Feld: Die Kirchen bieten solche Vermittlung *institutionell* an, nämlich durch Partizipation am Kultus, an einer Tradition, Vermittlung durch Sakramente und Geistliche, die die Sakramente spenden und das Wort Gottes schrift- und traditionsgebunden verkündigen. Hingegen bieten die Sekten diese Vermittlung *charismatisch* und personbezogen: Das Charisma des Predigers oder Propheten, vor allem das Charisma der richtigen Schriftauslegung und die moralischen Regeln sind der Weg zum Heil. Wenn wir nun mit Troeltsch die Mystik als dritten Akteur im religiösen Feld einsetzen, stoßen wir auf das Phänomen, dass hier eine Vermittlung, sei es durch eine Institution oder durch das Charisma einer Person gerade

---

20 Wenn wir Webers Magier durch Troeltschs Mystik ersetzen, bedeutet dies keineswegs ein Plädoyer für die Eliminierung von Magie aus dem religiösen Feld. Im Gegenteil: Der Diskurs über Magie und Religion ist aktueller und notwendiger denn je. Allein: die Grenzlinien zwischen Magie und Religion lassen sich nicht so schlicht zwischen den Akteuren im religiösen Feld aufteilen (Heimbrock/Streib: 1994; Streib: 1996; 2002; vgl. auch Sørensen: 2007; 2013).

abgelehnt wird. Die Mystik setzt eben *nicht* auf Vermittlung, sondern auf *Unmittelbarkeit* der Individuen zu Transzendenz und *ultimate concern*.

„Spiritualität" als privatisierte, erfahrungsbezogene Religion

Nach dieser Profilierung der Akteure im religiösen Feld ist auch der Definitionsbaum plausibel, in dem außer ‚Religion' als umfassendem Oberbegriff die drei idealtypischen Formen unter Angabe ihrer spezifischen Differenz angeordnet werden können.

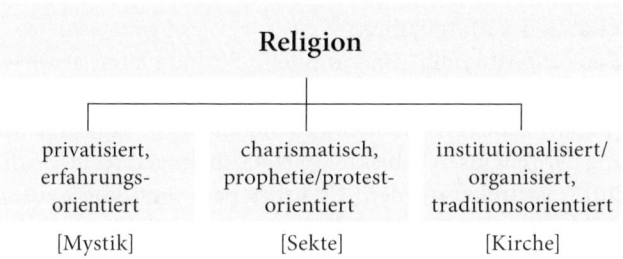

Abb. 1.3 Religion und ihre drei Varianten in Anlehnung an Troeltsch

Nach allem, was wir von Troeltsch gelernt haben und schlussfolgern können, gehört das, was gegenwärtig viele Menschen als „Spiritualität" bezeichnen, zur Kategorie ‚Mystik' als privatisierte, erfahrungsorientierte Religion. Konzeptionell arbeiten wir daher mit einer Definition von ‚Spiritualität' als privatisierte, erfahrungsorientierte Religion. Für die empirische Forschung empfiehlt sich der Einsatz einer Skala für Mystizismus, von der dann hohe Korrelation mit „Spiritualität" und großes Prädiktionspotential für ‚Spiritualität' bzw. „Spiritualität" als Selbstbezeichnung zu erwarten wäre. In der Tat zeigen unsere Ergebnisse mit Hoods (1975) Mysticism Scale, die in Kapitel 3 vorgestellt wird, dass sich diese Annahmen empirisch bestätigen.

„Spiritualität" als Laien-Bewegung –
eine Herausforderung für das Feldmodell

Auch dies hat die von Troeltsch beschriebene Mystik mit der gegenwärtigen „Spiritualität" in Deutschland (und ebenso in den USA und einigen anderen europäischen Ländern) gemein: Sie entsprang und entspringt den Bedürfnissen und Präferenzen der Laien und gehört nicht zu den Gütern, die die etablierten Akteure im religiösen Feld ihrem Klientel gewähren. Freilich gibt es fließende Übergänge zwischen Sekten und mystischen Gruppen, die sich um besonders begnadete Mystiker gebildet haben oder bilden. Aber besonders die Bewegungen, die in den letzten Jahrzehnten in den USA und Teilen Europas mit „Spiritualität" als Selbstbezeichnung entstanden sind, sind Initiativen von Laien und nicht der Eliten in Religionsgemeinschaften, Theologie bzw. anderen Wissenschaftszweigen – wenn auch unverkennbar, und besonders deutlich in den USA, die Religionsgemeinschaften und die Wissenschaft diesen neuen semantischen Trend aufgegriffen und sich zu eigen gemacht haben.

Soziologisch betrachtet ist dies eine Herausforderung für die Modellierung des religiösen Feldes. Sofern die Feld-Dynamik des religiösen Feldes exklusiv als Konkurrenz zwischen etablierten religiösen Akteuren um die Gunst und Anhängerschaft der Laien verstanden wird, verschwinden privatisierte Gestalten von Religiosität in der Marginalität.[21]

Im Blick auf „Spiritualität" und ähnliche Formen alternativer – „hybrider" (Berger/Hock/Klie: 2013), „populärer" (Knoblauch: 2009) – Religiosität ist die These von der in diesen Varianten von Religion zu Tage tretenden „Selbstermächtigung der religiösen Subjekte" (Gebhardt/Engelbrecht/Bochinger: 2005; Gebhardt: 2013) vertreten worden. Und dies passt gut damit zusammen, dass „Spiritualität" und entsprechende Religiositätsformen weitgehend unterhalb der Schwelle von regelmäßiger Partizipation, Mitgliedschaft oder Gruppenbindung realisiert werden und allenfalls Workshops besucht und/oder temporäre Zugehörigkeiten zu Netzwerken oder Szenen, etwa im Internet, gepflegt werden. „Spiritualität", so unsere These, die sich, wie oben ausgeführt, auf Troeltsch berufen kann, gehört zum religiösen Feld, findet jedoch weitgehend un-organisiert, im un-organisierten Segment des religiösen Feldes statt. Und dies gilt auch für die „Spiritualität" der „spirituellen Atheisten".

---

21 Dieses Problem war uns bereits in der Studie über Dekonversion (Streib/Hood/Keller et al.: 2009) aufgefallen: Die DekonvertitInnen, die sich keiner neuen Gemeinschaft anschließen und ihre Religiosität entweder kontinuierlich in ihrer Privatsphäre weiterpflegen (*privatizing exiter*) oder in einer neuen patchwork-artigen Mischung allenfalls den einen oder anderen Workshop besuchen (*heretical exiter*) haben keinen Ort im strikt nach Weber und Bourdieu konstruierten religiösen Feld – es sei denn, wir erweitern das religiöse Feld um ein Segment „un-organisierter" Religiosität, in dem das Gefälle zwischen Akteuren und Laien minimal ist oder ganz verschwindet. Erste Entwürfe für eine Neu-Konstruktion des religiösen Feldes haben wir darum bereits 2009 und ohne speziellen Fokus auf „Spiritualität" vorgestellt.

Schluss und Ausblick

Ziel dieses Kapitels war es, den konzeptionellen Rahmen zu skizzieren, der uns zur Hypothesenbildung, Instrumentenauswahl und Interpretation der Ergebnisse der empirischen Studie über „Spiritualität" gedient hat.[22] Für diese empirische Arbeit steht „Spiritualität" als Selbstbezeichnung der „Menschen auf der Straße" im Zentrum, wo sie in großer semantischer Vielfalt begegnet.

„Spiritualität" in ihrer semantischen Vielfalt kann als Variante von ‚Religion' verstanden werden, die sich durch Erfahrungsorientierung und Privatisierung von kirchen- und sektengebundenen Religionsvarianten unterscheidet. Den Grund dafür haben wir gelegt in der Sistierung substantialer und funktionaler Bestimmungen von Religion und dem Rekurs auf strukturelle Charakteristika, die auf Luckmann und Tillich zurückgehen. Mit der Fokussierung auf Transzendierung und *ultimate concern* gewinnt der Religionsbegriff eine größere Offenheit, die es ermöglicht, auch Formen von Religion als solche zu identifizieren und als Teil des religiösen Feld zu verorten, die ansonsten konzeptionell nicht als Religion zu fassen wären. Explizit trifft dies für Formen horizontaler Transzendenz und die „Spiritualität" von selbsterklärten Atheisten zu.

Dieser konzeptionelle Rahmen wird in den folgenden Kapiteln, in denen ausgewählte statistische Ergebnisse aus unserer Studie vorgestellt werden, teils stillschweigend vorausgesetzt. Die Präsentation beginnt mit den Antworten zur Frage der Semantik von „Spiritualität". Eine kurze Beschreibung von Eckdaten, Forschungsdesign und einige Hinweise zur Methodik unserer Studie bieten wir in Anhang 1.

---

22 Dass diese konzeptionellen Überlegungen jedoch über den Bereich der „Spiritualität" weit hinausreichen, dürfte klar geworden sein; dass sie vor unserer empirischen Beschäftigung mit „Spiritualität" entstanden sind, haben wir notiert (siehe Fußnote 16).

2. „Spiritualität" –
Vielfalt ihrer Bedeutungen

Ergebnisse des Religionsmonitor belegen, dass ca. 38 % der Deutschen sich als mittel, ziemlich oder hoch „spirituell" bezeichnen und ca. 17 % „spirituell" als Selbstbezeichnung gegenüber „religiös" bevorzugen (siehe Kapitel 1). Wenn man daraus Rückschlüsse auf die deutsche Bevölkerung ziehen darf, kann man davon ausgehen, dass für mindestens jeden dritten Deutschen „Spiritualität" kein Fremdwort ist, einen positiven Klang hat und auf die eigene Person bezogen werden kann, ja für jeden sechsten Deutschen „Spiritualität" als Selbstbezeichnung inzwischen attraktiver ist als „Religion". Doch was ist hier mit „Spiritualität" gemeint? Dies geht aus den Survey-Ergebnissen nicht hervor.

Freilich: Es ist ein deutlicher Fortschritt, dass große Umfragen in Deutschland seit 2008 wenigstens mit einem Item fragen, wie „spirituell" sich die Befragten einschätzen. Wenn man jedoch der Semantik von „Spiritualität" auf die Spur kommen möchte, muss man weiter gehen. Am besten fragt man die Menschen direkt nach ihrem Verständnis, ihrer Definition von „Spiritualität";[23] oder man wertet Interviews oder andere Texte aus, wenn darin von „Spiritualität" die Rede ist.[24] Auch könnte man danach fragen, wie stark vorgelegte Objekte, z. B. Adjektive, mit „Spiritualität" in Beziehung stehen, „Spiritualität" beschreiben.[25]

---

23 Dies ist das am häufigsten eingesetzte Vorgehen in der – nicht eben üppigen – vorliegenden Forschung (Zinnbauer/Pargament/Cole et al.: 1997; Schlehofer/Omoto/Adelman: 2008; La Cour/Ausker/Hvidt: 2012; Berghuijs/Pieper/Bakker: 2013). Auch wir haben in unserem online-Fragebogen nach dem Verständnis unserer Probanden von „Spiritualität" und „Religion" gefragt und ca. 95 % der TeilnehmerInnen an der Studie haben ihre Definition eingetragen.

24 In jedem unserer 48 Faith-Development-Interviews wird nach der Selbstbezeichnung als „religiös", „spirituell", „gläubig" etc. gefragt. Von einem Verfahren mit (Tagebuch-) Aufzeichnungen von TeilnehmerInnen berichtet Ammermann (2013).

25 Adjective-Ratings haben Greenwald und Harder (2003) in einer Studie über „Spiritualität" eingesetzt. Eine effektive, allerdings inzwischen etwas weniger gebräuchliche, Variante von Adjective-Ratings sind semantische Differenziale; Zinnbauer und KollegInnen (1997) haben in einer Studie über „Spiritualität" damit gearbeitet; in unseren online-Fragebogen haben wir mehrere semantische Differenziale eingebaut – mit sehr guten Ergebnissen, die später in diesem Kapitel vorgestellt werden. Relativ neu in der Erforschung von „Spiritualität" sind experimentelle Verfahren mit Reaktionszeitmessung (Bassett/Thrower/Barclay et al.: 2005); wir haben ein solches Experiment ebenfalls in unserer Studie eingesetzt (vgl. Klein/Hood/Silver et al.: 2016).

Aus den von uns zur Erfassung der Semantik von „Spiritualität" eingesetzten Verfahren und Auswertungsstrategien fokussieren wir im Folgenden auf die in den Fragebogen eingetragenen Definitionen von „Spiritualität" und die daraus resultierenden semantischen Dimensionen. Anschließend stellen wir Ergebnisse zur Gegenüberstellung von „Religion" und „Spiritualität" vor, die sich aus der Auswertung der semantischen Differenziale ergeben.

Was verstehen Sie unter „Spiritualität"? – Subjektive Theorien und die Vielzahl semantischer Komponenten

Von den 773 Personen, die unseren online-Fragebogen ausgefüllt haben, hat eine Mehrheit von $N = 740$ ihre Definition von „Spiritualität" eingetragen. Dies ist eine erfreulich hohe Anzahl.[26] Diese freien Eintragungen sind äußerst interessant und enorm aufschlussreich, allerdings nur wenn das Datenmaterial mit ziemlich hohem Aufwand analysiert wird. Eine dieser Vorgehensweisen war die inhaltsanalytische Codierung jeder einzelnen freien Eintragung und eine anschließende Hauptkomponenten-analytische Identifikation semantischen Dimensionen.[27]

Auf der Grundlage der Hauptkomponentenanalyse kristallisierten sich zehn, teils grundverschiedene, ja gegensätzliche, semantische Komponenten von „Spiritualität" heraus, die wir wie in Tabelle 2.1. wiedergegeben interpretiert haben.

---

26 Mit 1039 freien Eintragungen zu „Spiritualität" bei 1113 TeilnehmerInnen im US-Sample war die Bereitschaft unter den englischsprachigen TeilnehmerInnen ähnlich hoch.

27 Das Auswertungsverfahren ist ausführlich dargestellt von Eisenmann/Klein/Swhajor-Biesemann et al. (2016), soll hier jedoch für interessierte LeserInnen zusammenfassend erläutert werden: Für die inhaltsanalytische Codierung wurde zunächst jede freie Eintragung in Sinneinheiten aufgeteilt und jede dieser Sinneinheiten codiert. Diese Arbeit wurde in Kleingruppen unseres Forschungsteams geleistet und die Liste der Codes wurde regelmäßig verdichtet, um sie überschaubar zu halten. Die Codierung wurde abschließend von C. Eisenmann nach einer 44 Kategorien umfassenden Liste durchgeführt, die aus den zunächst separat erarbeiteten Kategorienlisten für die deutschen ($N = 740$) und englischen ($N = 1039$) freien Eintragungen zu „Spiritualität" gebildet wurde. Wir danken C. Eisenmann auch an dieser Stelle sehr herzlich für die hervorragende Arbeit. Nach der Übertragung der Ergebnisse für alle 1779 Fälle auf 44 Kategorien in unser SPSS-Datenset wurden die so gebildeten 44 dichotomen Variablen einer Hauptkomponentenanalyse unterzogen; dabei hat sich eine 10-Faktoren-Lösung mit 42,11 % Varianzaufklärung als optimal herausgestellt.

Tabelle 2.1 Zehn semantische Komponenten von „Spiritualität"

	Spiritualität ist …
1	… (All-)Verbundenheit und Harmonie mit dem Universum, der Natur und dem Ganzen
2	… Teil von Religion, von christlichem Glauben
3	… innere Suche nach einem (höheren) Selbst, nach Sinn, Frieden und Erleuchtung
4	… Festhalten an und Einhalten von Werten und Moral in Bezug zur Menschheit [Ethik]
5	… Glaube an eine höhere Macht, höhere Mächte, höhere Wesen (Gottheiten, Götter)
6	… Intuition von Sphären/Wesen, die zwar unspezifiziert, aber höher und jenseits sind
7	… Erfahrung von existenzieller Wahrheit, Ziel und Weisheit jenseits rationalen Verstehens
8	… Bewusstsein für eine nicht-materielle, unsichtbare Welt, übernatürliche Energien und Wesen (z. B. Geister) [Esoterik]
9	… Opposition zu Religion, dogmatischen Regeln und Traditionen
10	… individuelle religiöse Praxis, Meditation, Gebet, Gottesdienst

Bereits beim Studieren dieser zehn semantischen Komponenten, die sich aus der Hauptkomponentenanalyse ergeben haben, wird die enorme Vielfalt, ja Unvereinbarkeit der Bedeutungen auf den ersten Blick erkennbar. Schon hier können wir feststellen, dass die TeilnehmerInnen an unserer Studie keineswegs übereinstimmen, was „Spiritualität" für sie bedeutet.

Originalzitate zu „Spiritualität"

Dies wird noch klarer, wenn man diese freien Eintragungen im Original liest – quasi das Rohmaterial vor der statistischen Reduktion der Dimensionen. Wir möchten hier möglichst viele der Original-Antworten vorstellen, präsentieren diese aber sogleich in der Reihenfolge der zehn semantischen Komponenten, wie diese in Tabelle 2.1 zusammengestellt sind.[28]

28 Die für die Tabellen ausgesuchten Originalzitate zeichnen sich durch eine sehr hohe Ladung auf dem entsprechenden Faktor aus, repräsentieren also exponierte Fälle für die jeweilige semantische Komponente. Die Reihenfolge der zehn Komponenten ist statistisch nach der Stärke der Ladung auf dem betreffenden Faktor absteigend sortiert.

Tabelle 2.2 Original-Zitate zur Komponente
„Spiritualität als (All-)Verbundenheit"

Zur Komponente „Spiritualität als (All-)Verbundenheit und Harmonie mit dem Universum, der Natur und dem Ganzen" gerechnete ProbandInnen nennen als ihr Verständnis von „Spiritualität" …

– Mit dem großen und ganzen verbunden sein. Einen Beitrag für die Welt zu machen, dass es allen besser geht und nicht nur einer Minderheit.

– spirituel ist weder religion noch esoterik sondern ohne wertung neutral mit allem verbunden. mir ist bewusst das wir alles sind… und wenn ich alles bin dann darf alles sein… ich selbst entscheide u. sehe in jedem menschen u wesen das göttliche

– Selbstverantwortung im Zusammenhang mit dem Großen Ganzen, gut geerdet in meinem jetzt aktuellen Leben, um mit der Natur und den göttlichen Ressourcen dieser Erde in Einklang zu sein. Alles ist mit Allem verbunden – jedes Lebewesen hat meinen Respekt

– Spiritualität heißt für mich, sich bewußt zu sein, dass die Schöpfung eins ist und ich als Mensch zu dieser Schöpfung gehöre, wie alle Geschöpfe, ob Tiere, Pflanzen oder Insekten. Zu dieser Schöpfung gehört für mich das ganze Universum.

– Vertrauen in die Gesetzmäßigkeiten des Universum und an den ‚inneren Gott', die Liebe in mir. Spiritualität ist eins zu sein mit mir; ich bin Teil des Universums und ich bin das Universum selbst. Das Universum ist Gott, ich (wir) selbst bin Gott.

– In dem Bewußtsein zu leben, dass ALLES miteinander verbunden ist und die Essenz von allem die Liebe ist, die wir uns alle im tiefsten Inneren wünschen.

Dies sind exponierte Originalzitate, in denen das Verständnis von „Spiritualität" als (All-) Verbundenheit und Harmonie mit dem Universum, der Natur und dem Ganzen im Vordergrund steht. Dabei fällt auf, dass die AutorInnen dieser Definitionen bei ihrer Beschreibung der Universa, mit denen sie sich verbunden fühlen, Menschen, Tiere, Lebewesen, ja auch Pflanzen assoziieren und vor Augen haben; dennoch kommt zum Ausdruck, dass es beim Ultimaten um etwas letztlich kaum in Worte zu Fassendes geht.

Diese Variante von „Spiritualität" steht, so kann man daraus ersehen, ziemlich klar in Kontinuität mit der Mystik. In Hoods (1975; Hood/Ghorbani/Watson et al.: 2001; Hood: 2006) konzeptioneller und empirisch validierter Systematik, die (a) extrovertierte, (b) introvertierte Mystik und (c) die mit Interpretation verbundene Mystik unterscheidet, entspricht „Spiritualität als (All-)Verbundenheit" der extrovertierten Komponente; bis in die Wortwahl hinein gibt es Übereinstimmungen zwischen Items der Subskala der M-Scale für extrovertierten Mystizismus und den in Tabelle 2.2 präsentierten Originalzitaten unserer ProbandInnen. Die Verwendung religiöser Semantik ist zwar nicht ausgeschlossen, wird jedoch eher im Passiv als im Aktiv gebraucht: Es ist von Schöpfung und Geschöpfen die Rede, jedoch nicht explizit von einer Beziehung zu Gott oder zum Schöpfer im Sinne vertikaler Transzendenz. „Spiritualität" als (All-) Verbundenheit ist vornehmlich durch horizontale Transzendenz charakterisiert.

Dies ist gänzlich anders in der zweiten Komponente von „Spiritualität" als Teil von Religion und von christlichem Glauben:

Tabelle 2.3 Original-Zitate zur Komponente
„Spiritualität als Teil von Religion"

Zur Komponente „Spiritualität als Teil von Religion, von christlichem Glauben" gerechnete ProbandInnen nennen als ihr Verständnis von „Spiritualität" …

– Gott und die Kraft des Heiligen Geistes zu erleben, zu spüren, sich ihr mit mit dem ganzen Sein, nicht nur denkerisch, auszusetzen. das Evangelium ist Spiritualität, denn Gott kommt den Menschen nahe, die dafür offen sind.

– darauf vertrauen, dass Jesus Christus für mich gestorben und auferstanden ist, mit der Realität des dreieinigen Gottes rechnen u. auf dieser Basis Geborgenheit erleben, Gleichzeitig Verbundenheit mit anderen Menschen, die ähnlich denken

– S. bedeutet für mich einerseits Versenkung in die persönliche Gottesbeziehung, die kaum mit Worten beschreibbar ist. S. kann sich auch plötzlich in einem Augenblick im Alltag ergeben, in dem Gott wirkt. Andererseits ist S. aktives tun im Geiste Jesu

– Spiritualität meint für mich das Sein als Mensch in der Beziehung zu Gott. Weil ich Gottes Liebe erfahren habe, möchte ich IHN mehr erkennen. Darum will ich Zeit mit Seinem Wort (Bibel) verbringen, im Hören auf Seinen Geist (Gebet), in der Nachfolge.

– Spiritualität kennzeichnet für mich die Art und Weise, wie ich zu meiner Religiösität stehe und wie ich sie für mich lebe, wie ich Gott sehe, wie ich das lebe und wie ich das Leben und Wirken Jesu Christi in mich aufnehme und versuche, weiterzugeben

Wie diese exponierten Originalzitate zeigen, ist diese Komponente von „Spiritualität" als Religion von vertikaler Transzendenz geprägt; und diese ist in klar traditionell-christlicher, ja evangelikal geprägter Semantik expliziert. Zwischen den Komponenten „Spiritualität als (All-) Verbundenheit" und „Spiritualität als Teil von (christlicher) Religion" besteht ein Kontrast, ja Gegensatz, wie er deutlicher kaum sein könnte.

Die dritte semantische Komponente von „Spiritualität" ist nicht nach außen oder oben, sondern vielmehr nach innen gerichtet: die Suche nach dem Selbst, nach dem höheren Selbst, nach dem wahren Selbst, der eigenen Bestimmung, der inneren Freiheit. Dieser Erfahrungsweg nach Innen, zu innerem Frieden hat durchaus Züge der „introvertierten Mystik" nach Hood.

Tabelle 2.4 Original-Zitate zur Komponente
„Spiritualität als Suche nach einem (höheren) Selbst"

Zur Komponente „Spiritualität als Suche nach einem (höheren) Selbst, nach Sinn, Frieden und Erleuchtung" gerechnete ProbandInnen nennen als ihr Verständnis von „Spiritualität" …

– Ständiger Prozess der Weiterentwicklung. Innenschau, Rückschau, Erkennen und Aufdecken von Verhaltensmustern, auflösen derselben. Ein Weg, die eigene Bestimmung zu finden. Schritte zu innerer Freiheit, Gleichmut und Mitgefühl.

– Spiritualität ist auch, wenn man völlig im Weltlichen orientiert ist. Es ist die Suche nach dem inneren Frieden, die Suche nach der Freude am und im Leben und im alleinigen oder auch gemeinsamen Tun mit Menschen, Kreativität. Sich dabei rund fühlen.

– Meditation, der Weg nach innen, innere Freiheit, freies Denken

– Spiritualität ist ein Geistlicher innerer Wachstum um in die innere Ruhe zu kommen und natürlich um die göttliche Liebe, die wir alle sind zu erfahren. Es ist die innere Fülle, Harmonie und Ruhe. Es hat nichts mit religiösen Ansichten zu tun.

– Spiritualität bedeutet für mich Innere Wissenschaft. Für mich persönlich ist es auch eine bestimmte Art und Weise zu leben, mit einem bestimmten Lebenssinn: der Suche nach meiner eigenen wahren Natur, meinem Inneren, dem wahren Selbst.

– ist das Streben, einem Zustand inneren Friedens aufrecht zu erhalten und diesem als Maxime des Handelns zu folgen. Dieser Zustand ist konkret erfahrbar und nicht an eine bestimmte Form spiritueller Überlieferung gebunden.

Deutlich wird in diesen Zitaten aber auch, dass in dieser Komponente „Spiritualität" als Suchbewegung, als Streben, als Wachstumsprozess verstanden wird, und dabei die Konsequenzen für das Handeln im Alltag mitbedacht werden. Von Religion und Überlieferung wird diese Variante von „Spiritualität" klar abgegrenzt.

Die ethische Seite von „Spiritualität" wird noch stärker betont in der nun folgenden Komponente:

Tabelle 2.5 Original-Zitate zur Komponente „Spiritualität als Ethik"

Zur Komponente „Spiritualität als Festhalten an und Einhalten von Werten und Moral in Bezug zur Menschheit" gerechnete Probanden nennen als ihr Verständnis von „Spiritualität" …

– Den Alltag aufmerksam u. emphatisch leben, Achtsamkeit in diesem Augenblick, Selbstreflektion, tägliche ZEN-Meditation, für andere Lebewesen da sein (ohne Helfersyndrom), kein Tier töten und essen, den mittleren Weg des Buddha und budd. Psychologie

- Nähe zu Gott suchen, meditieren um gottes Nähe zu spüren austausch mit anderen Christen. Gott in der Natur, in der Musik erfahren. Dem Leben eine höhere Dimension geben. Kraft für den Alltag gewinnen

- Gelebte Religiösität Achtung vor den Lebenskräften Niemandem Schaden zufügen

- Spiritualität heißt für mich, mein Leben selbstverantwortlich zu leben, mich als den Verantwortlichen für mein Leben anzuerkennen und den Menschen die mich umgeben meine Stärken zur Verfügung zu stellen. Egal wo auf der Welt.

- Leben möglichst in Einheit mit der Natur – Der Versuch, anderen Menschen gegenüber tolerant zu sein; sie so zu nehmen wie sie sind – Glauben an eine höhere Macht, die uns liebt und so annimmt wie wir sind, ohne wenn und aber

- In jedem Menschen, in jeder Situation, in jedem Problem das Göttliche erkennen und leben, indem ich mich auf meine göttliche Kraft, nämlich die Kraft meines Herzens konzentriere. Und das ist in jeder Situation an jedem Ort im Alltag möglich.

In diesen Zitaten wird der stringente Zusammenhang zwischen Erfahrung, Meditation und Erkenntnis auf der einen Seite und einer ethischen Haltung im Alltag auf der anderen Seite deutlich, der für diese Variante von „Spiritualität" charakteristisch ist. Es ist jedoch offensichtlich eine bestimmte Ethik gemeint: Diese kann als Achtung von dem Leben oder Liebe zu allen Lebewesen beschrieben werden. Und dieser ethische Habitus kann sowohl in buddhistischen oder christlichen Weltbildvorstellungen, oder auch ohne konkreten Bezug zu einer religiösen Tradition formuliert werden. Diese Variante von „Spiritualität" als Ethik der Achtsamkeit für alles Lebendige hat eine eindeutig primär horizontale Ausrichtung, wenn auch zur Begründung Vorstellungen vertikaler Transzendenz dazugehören können.

Stärker auf der Vorstellungs- und Glaubensebene und etwas klarer hinsichtlich der vertikalen Symbolisierung von Transzendenz ist die folgende Variante von „Spiritualität" als höhere Macht:

Tabelle 2.6 Original-Zitate zur Komponente
„Spiritualität als höhere Macht"

Zur Komponente „Spiritualität als Glaube an höhere Macht oder Mächte, höhere Wesen (Gottheiten, Götter)" gerechnete ProbandInnen nennen als ihr Verständnis von „Spiritualität" …

- Der Glaube an irgendeine Form von nicht erklärbarer, ominöser Kraft oder Macht, die das Leben des Einzelnen oder der Gesellschaft bestimmt bzw. beeinflußt.

- Einen unerschütterlichen Glauben. Die Unterwerfung in Bezug auf eine höhere Macht. Konversation mit Gott und Geistern.

– Das ich an eine Energie glaube die in mir und um mich herum ist. Sie gibt mir Kraft, Zuversicht und Stütze. Ich glaube, dass das, was ich denke und tue, zu mir zurückkommt, und somit habe ich moralische Werte, die ich lebe und vertrete.

– Die Überzeugung, dass jenseits unserer dreidimensionalen Wahrnehmung Kräfte und Realitäten existieren, die für die Existens aller Dinge verantwortlich sind. Ich sehe mich als Teil des universellen Ganzen eingebunden mit freiem Willen zum Handeln.

– Die Gewißheit das es keine Zufälle gibt, das es eine höhere Macht gibt (Energie, Universum, Schöpfer o.a. Bezeichnungen gibt es dafür), Dogmenfreiheit, Liebe, Respekt, Achtung, Verbundenheit, Gemeinsamkeit und Menschlichkeit.

Auch wenn in einigen dieser Originalzitate theistische Vorstellungen (Gott, Schöpfer) vorkommen, wird hier Transzendenz in zwar vertikalen, aber eher unbestimmt-offenen Symbolen wie Kraft, Macht, Energie expliziert. So genau wollen sich diese ProbandInnen nicht festlegen, was die Symbole angeht, die mit ihrer Variante von „Spiritualität" verbunden werden.

Noch offener und weniger bestimmt (aber auf den ersten Blick ziemlich ähnlich) ist die folgende Variante von „Spiritualität", in der Vorstellungen eines Jenseits eine zentrale Rolle spielen, dieses Jenseits aber nicht mit Blick „nach oben", also vertikal gesucht wird, sondern in einer komparativen Logik „größer", nichtrational, unberechenbarer oder ursprünglicher als die alltägliche, mit dem Verstand erfassbare Realitätswahrnehmung gedacht wird.

Im Unterschied von „Spiritualität als höhere Macht" und der folgenden „Spiritualität als unspezifiziertes Jenseits" wird sehr schön der Unterschied zwischen einer eher vertikalen und einer eher horizontalen Symbolisierung von Transzendenz deutlich. Es ist zu vermuten, dass Menschen, die sich sowohl als atheistisch als auch als „mehr spirituell als religiös" bezeichnen, eher dieser Variante von „Spiritualität" zustimmen können.

Tabelle 2.7 Original-Zitate zur Komponente
„Spiritualität als unspezifiziertes Jenseits"

Zur Komponente „Spiritualität als Intuition von Sphären/Wesen, die zwar unspezifiziert, aber höher und jenseits sind" gerechnete ProbandInnen nennen als ihr Verständnis von „Spiritualität" …

– Es gibt eine Realität außerhalb allen Seins, etwas, das größer ist als alle Vorstellungen, alles Denken, alles Fühlen. Es gibt einen Geist (spiritus), der alles Seiende beseelt, umschließt, ausfüllt und miteinander verbindet, die Grundlage allen Sein

– das Akzeptieren von höheren- nicht wissenschaftlich nachweisbaren- Mächten, das Wissen darum, dass alles um uns herum auch eine nichtmaterielle Dimension hat, deshalb die Ehrfurcht vor dem, was uns umgibt und nicht die Arroganz über alles,

– einem höheren Sinn folgen, die Wahrnehmung mit Achtsamkeit schulen – sich einem Großen und Ganzen zuzuordnen, sich als Teil dessen zu fühlen, die Verbundenheit spüren

– Eine Bewusstheit oder zumindest Ahnung von der Einheit allen Seins, davon, dass es etwas, wie auch immer es heisst gibt, was Ursprung, Quelle alles Lebens und Bewusstseins ist. Was ewig ist, reines Bewusstsein, Liebe, etc.

– Spirituell sind ergreifende oder berührende Erlebnisse, die über den Horizont meines Verstandes und meiner Alltagspersönlichkeit hinaus gehen. Kennzeichen ist ihre Unvorhersehbarkeit, die Überraschung, welche ihre Authentizität garantiert.

Ganz eindeutig horizontal ist die nun folgende Variante von „Spiritualität". Zentral ist hier nicht so sehr die eigene Erfahrung oder Praxis, sondern vielmehr Wissen und Erkenntnis – freilich *höheres* Wissen und *höhere* Erkenntnis, die nur auf einem meditativen, kontemplativen oder intuitiven Weg zu haben sind.

Tabelle 2.8 Original-Zitate zur Komponente
„Spiritualität als existenzielle Wahrheit"

Zur Komponente „Spiritualität als Erfahrung von existenzieller Wahrheit, Ziel und Weisheit jenseits rationalen Verstehens" gerechnete ProbandInnen nennen als ihr Verständnis von „Spiritualität" ...

– Spiritualität ist für mich die Suche nach meiner eigenen inneren Wahrheit und der Erforschung und Frage nach dem Wo oder Wer bin ich? innerhalb einer Meditation.

– Spüren und erfahrungsmäßig wissen, dass unser Leben eingebettet ist in einen Zusammenhang, der über das unmittelbar Sicht-, Hör-, Fühl-/Schmeck- und Messbare hinausgeht, und diesem Wissen zu vertrauen.

– Die Welt und das Leben aus einem anderen Blickwinkel betrachten. Sich von rein rationalem Denken zu lösen und alles als eine Einheit wahrnehmen. In sich gehen, sein Bewußtsein erweitern, andere Wahrnehmungen zulassen und akzeptieren. Ganzheitlichkeit

– Sich mit den Fragen nach dem Sinn des Lebens, nach dem Warum und dem Davor und Danach (vor der Geburt/nach dem Tod) zu beschäftigen, wissen zu wollen wer bin ich (und wer oder was bin ich nicht)? und sich auf die Suche zu machen.

– Das zu spüren, was tatsächlich ist (Realität) – ohne dafür Worte und Übersetzungen zu brauchen; die bei allen Menschen bzw. Lebewesen gleiche (göttliche?) Essenz fühlen; Bewusstsein, Gewahrsein und Wertschätzung aller Kreationen (Existenz)

– Die Erkenntnis, dass jeder seine eigene Vorstellung vom Leben, dem Tod, einer Göttlichkeit hat. Das eigene Vermögen diese Ideen zu modifizieren und selbst die (eigene) Wahrheit zu erfahren.

Viel konkreter wird die Symbolisierung von Transzendenz in der folgenden Variante von „Spiritualität als Esoterik". Denn hier spielen Vorstellungen vor allem von Engeln, Lichtwesen, Verstorbenen eine bedeutende Rolle. Auch spiritistische und okkultistische Vorstellungen wie Präkognition können hier zur „Spiritualität" hinzugehören. Daher haben wir zur Interpretation die Bezeichnung „Esoterik" gewählt und verweisen für eine Definition von Esoterik auf Faivre (2001).

Tabelle 2.9 Original-Zitate zur Komponente „Spiritualität als Esoterik"

Zur Komponente „Spiritualität als Bewusstsein für eine nicht-materielle, unsichtbare Welt, übernatürlichen Energien und Wesen (z. B. Geistern) [Esoterik]" gerechnete ProbandInnen nennen als ihr Verständnis von „Spiritualität" …

– Es gibt eine Welt hinter der sichtbaren Welt. Die göttliche Kraft wirkt aber auch in diesem Leben. Wir erkennen sie, wenn wir dafür offen sich. Engel stehen oft an unserer Seite, wir sehen sie nicht, aber wir spüren sie.

– Mit Spiritualität verbinde ich in erster Linie die Überzeugung des Vorhandenseins einer von der materiellen Welt losgelösten Realität und einen aufgrund dieser Überzeugung beeinflussten Lebensstil.

– durchgeistigt sein, Engelglaube, erfahren von übersinnlichen, übersinnliches in die Realität integrieren

– Spiritualität beschreibt für mich das Einbeziehen einer höheren Realität als die sicht- und erforschbare und die Wirkung von dieser auf unser Leben. z. B. Glauben an Horoskope, ein wunscherfüllendes Universum, Kontakt mit Verstorbenen usw.…

– sehen zu können, was andere nicht sehen! Situationen sehen, bevor sie geschehen! Lichtwesen und Engel sehen können und mit ihnen kommunizieren können! Nach seinen Gefühlen und der Intuition leben!

Von allen anderen Varianten von „Spiritualität" unterschieden ist die folgende Komponente; denn hier steht die Abgrenzung gegen Religion im Vordergrund. Und Religion ist für diese Probanden verbunden mit „Strenge", „Dogmen", „Normen", absoluten Wahrheitsansprüchen und Mitgliedschaft. Stattdessen werden hier die eigenen Wege zur Erkenntnis, Selbständigkeit im Denken bzw. das eigene Suchen nach Wahrheit betont.

Tabelle 2.10 Original-Zitate zur Komponente
„Spiritualität als Opposition zu Religion"

Zur Komponente „Spiritualität als Opposition zu Religion, dogmatischen Regeln und Traditionen" gerechnete ProbandInnen nennen als ihr Verständnis von „Spiritualität" …

– Ein Weg seine Kraft woanders als in der Religion aufzutanken, ohne Strenge.

– Spiritualität bedeutet im Unterschied zur kirchlichen Religiosität der Glaube und das Wissen um die Existenz GEISTIGER Gesetze, die nicht von kirchl. Dogmen und Ansichten bestimmt (definiert) werden! Solche Gesetze stehen f.m. üb. den Religionen!

– Sein Leben leben/ausrichten nach der Überzeugung Angebunden sein an bzw. Teil sein von etwas Größeres/m, welches aber keine religiösen Handlungen erfordert noch die Zugehörigkeit an eine aktive Glaubensgemeinschaft.

– Sinnsuche und -Erfüllung jenseits von Religion und Normen, Entwicklungsprozesse, auch: Aufgeschlossenheit gegenüber Dingen und Vorkommnissen, die sich ggf. nicht wissenschaftlich erklären lassen

– Auseinandersetzung mit Sinnfragen unabhängig von Religion, Erfahrungsbereitschaft (Kontemplation ö. Ä.), keinem Dogma anzuhängen, mit dem Denken nicht bei der Wissenschaft aufzuhören, Eigenverantwortung.

– Suche nach Sinn u. Wahrheit ohne gewissheit sie gefunden zu haben. undogmatischer Glaube an hörere Macht, offenheit, Toleranz ggf. Ablehnung einer absoluten Wahrheit. Beispiel: Buddhismus, Esoterik, Philosophie, Parapsychologie, Kosmologie, Quantenp

Den bunten Reigen von Varianten der „Spiritualität" schließt eine Komponente, die der vorangehenden in wenigsten einer Hinsicht diametral entgegensteht: Hier wird die eigene (christlich, evangelikale) Religiosität zum Ausgangspunkt und „Spiritualität" die engagierte Praxis eben dieser Religion; „Spiritualität" als „gelebte Religion". Doch nicht nur christliche Religionsformen gruppieren sich zu dieser Komponente von „Spiritualität", sondern auch das engagierte Praktizieren in Bezug auf eine offener imaginierte „göttliche Realität", „universelle Energie" oder auf „unsichtbare Kräfte" gehört hier dazu. Das Verbindende ist die individuelle Praxis.

Tabelle 2.11 Original-Zitate zur Komponente
„Spiritualität als individuelle religiöse Praxis"

Zur Komponente „Spiritualität als individuelle religiöse Praxis, Meditation, Gebet, Gottesdienst" gerechnete ProbandInnen nennen als ihr Verständnis von „Spiritualität" …

– Spiritualität ist das Praktizieren einer persönlichen Beziehung zu einer göttlichen Realität.

– Spiritualität ist die konkrete Audrucksform einer persönlichen Gottesbeziehung (allein oder in der Gruppe): Gebet, Meditation, Schriftlesung usw.

– Meine Verbundenheit mit der Universellen Energie. Rituale praktizieren. Menschen zu helfen. Mit Verstorbenen Menschen zu sprechen und sie zu spüren. Energieaustausch mit Menschen und Tieren. Im Einklang mit der Natur leben. (Ist nicht immer leicht)

– Gebet und persönliche Beziehung zu dem Gott, der alles geschaffen hat. Lesen in der Bibel als Offenbarung Gottes durch Jesus Christus. Glaube, Handeln und prakt. Alltagsleben sind verquickt mit mir und Gott. Nicht nur ein Denken, sondern ein Leben.

– Spiritualität heißt für mich bereit zu sein, mich für Gott durchlässig zu machen. Ihn durch mich hindurchfließen zu lassen. Mich beim Meditieren leer zu machen und einfach nur in Anbetung und Stille da zu sein. Die unsichtbare(n) Welt/Kräfte zu spüren

---

Diese Varianten von „Spiritualität" erscheinen bunt wie ein Regenbogen, passen teilweise zusammen, bilden jedoch auch diametrale Gegensätze. Es entsteht alles andere als ein kohärentes, harmonisches Gesamtbild. Vielmehr kann und muss hier festgehalten werden, dass die Semantik von „Spiritualität" eine disparate Vielfalt darstellt – und eben auch nach multivariater statistischer Reduktion der Dimensionen immer noch in zehn Komponenten auseinanderfällt, die sich nicht einfach auf *einen* Begriff bringen lassen.

Identifikation von drei sekundären Hauptkomponenten für die Semantik von „Spiritualität"

Dennoch haben wir versucht, diese zehn Komponenten noch weiter zu reduzieren und dabei herauszufinden, wie sich dann die einzelnen Komponenten gruppieren. Der statistische Weg dahin war eine sekundäre Hauptkomponentenanalyse mit den zehn Komponenten aus der primären Hauptkomponentenanalyse. Daraus haben sich drei semantische Dimensionen ergeben, die wir als „mystische vs. humanistische Transzendenz", „theistische vs. nicht-theistische Transzendenz" und „individuelle ‚gelebte' Religion vs. Dogmatismus" interpretiert haben.

Diese drei Dimensionen können als Achsen im dreidimensionalen Raum visualisiert werden, wie Abbildung 2.1 zeigt. Dabei positionieren sich die zehn pri-

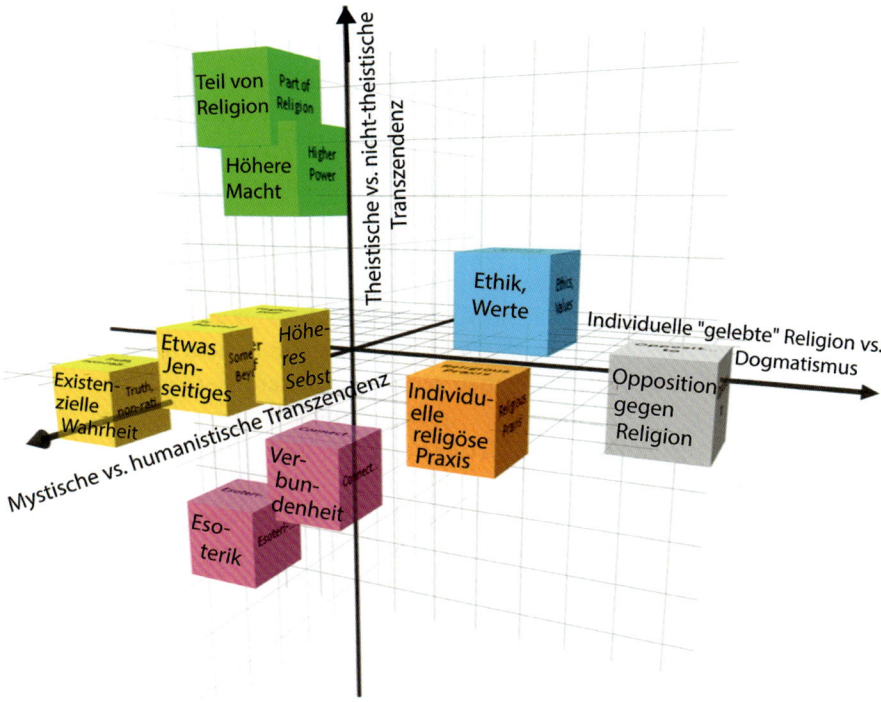

Abb. 2.1 Die zehn semantischen Komponenten von „Spiritualität" im dreidimensionalen, durch eine sekundäre Hauptkomponentenanalyse generierten Raum

mären Komponenten in diesem dreidimensionalen Raum und vermitteln einen Eindruck davon, wie sich diese Komponenten statistisch generiert situieren und gruppieren.

Auf der Achse „theistische vs. nicht-theistische Transzendenz" positioniert sich am einen (theistischen, vertikalen) Pol das eher „religiöse" und traditionelle Verständnis von „Spiritualität"; dazu gehören die beiden Komponenten „Spiritualität als Teil von Religion", aber auch die weniger explizit theistische Symbolisierung von „Spiritualität als höhere Macht". Am anderen (nicht-theistischen, horizontalen) Pol dieser Achse finden wir „Spiritualität als (All-) Verbundenheit" und ganz in der Nähe die Variante von „Spiritualität als Esoterik".

Der Achse „individuelle ‚gelebte' Religion vs. Dogmatismus" werden in der Analyse die beiden Komponenten „Spiritualität als individuelle religiöse Praxis" und „Spiritualität als Opposition gegen Religion" zugeordnet; beide sind durchaus auf Abstand voneinander, also nicht unmittelbar zusammenhängend, laden jedoch auf dieser gemeinsamen sekundären Komponente, in der „Spiritualität" in erster Linie – positiv oder negativ – auf „Religion" bezogen ist.

Die dritte Achse haben wir interpretiert als „mystische vs. humanistische Transzendenz". Hier gruppieren sich drei primäre Komponenten und zeigen sich als zusammenhängend: „Spiritualität als Erfahrung von existenzieller Wahrheit", „Spiritualität als unspezifiziertes Jenseits" sowie „Spiritualität als Suche nach einem (höheren) Selbst" am einen, dem mystischen Pol, während „Spiritualität als Ethik, als Festhalten an und Einhalten von Werten und Moral in Bezug zur Menschheit" sich am entgegengesetzten Pol positioniert.

Diese drei Achsen haben sehr wenig miteinander gemein, was freilich auch daran liegt, dass durch eine Varimax-Rotation der Faktoren statistisch nach den Hauptkomponenten gesucht wird, die im Winkel von 90° zueinander stehen. Auf diese Weise sind jedoch unterschiedliche Dimensionen zutage getreten und diese drei Hauptkomponenten zeigen erneut darauf, dass die Semantik von „Spiritualität", wie sie von den TeilnehmerInnen an unserer online-Befragung in freien Texteintragungen definiert wurde, unterschiedlich verstanden wird.

Diese drei Achsen aus der sekundären Faktoranalyse können vielmehr so interpretiert werden, dass (mindestens) drei Themen, drei Grundfragen in der Semantik von „Spiritualität" zur Debatte stehen: nämlich …

a. ob für Vorstellungen von Transzendenz vertikale oder horizontale, theistische oder nicht-theistische Symbole in Anspruch genommen werden;
b. ob „Spiritualität" die Kontinuität, einen engen Zusammenhang mit „Religion" oder eben eine Opposition zu „Religion" ausdrückt;
c. ob „Spiritualität" eher mystisch nach innen gerichtet ist und ein höheres Selbst, eine non-rationale Wahrheit oder etwas unspezifiziertes Jenseitiges sucht oder sich eher nach außen richtet – auf eine Ethik der Humanität und der Achtung vor dem Leben.

Und alle diese Optionen sind in den zahlreichen subjektiven Theorien von „Spiritualität" in unserem Sample vertreten.

Die Schlussfolgerung aus dieser semantischen Analyse ist, dass große Zurückhaltung geboten ist gegen alle Tendenzen und Versuche, das, was die Menschen auf der Straße „Spiritualität" nennen, auf *einen* Begriff bringen zu wollen. Wer über „Spiritualität" spricht und schreibt, sollte also immer genauer bestimmen, von welcher Variante von „Spiritualität" die Rede ist.[29] Die drei polaren thematischen Grundlinien und die zehn Hauptkomponenten in diesem semantischen Raum sind das Ergebnis auf der Grundlage unseres (mit ca. 50 % überrepräsentativ „spirituellen") Samples. Ob dies für die Bevölkerung der Bundesrepublik Deutschland verallgemeinert werden kann, kann nur in weiteren Studien geprüft werden.

---

29 Vgl. eine ganz entsprechende Schlussfolgerung von la Cour und Kollegen (2012).

Wer spricht? Fokusgruppen-spezifische Semantik von „Spiritualität"

Wir sind noch einen Schritt weiter und der Frage nachgegangen: Wer spricht? Wer bevorzugt die eine oder andere der semantischen Varianten von „Spiritualität"? Eine Möglichkeit, die TeilnehmerInnen an unserer Untersuchung in verschiedene Gruppen einzuteilen, ist die nach ihrer „spirituellen", „religiösen" oder „atheistischen" Selbsteinschätzung. Aus den Antworten auf zwei Fragen in unserem Fragebogen haben wir sechs Fokusgruppen gebildet: 1. die „mehr religiösen als spirituellen", 2. die „gleichermaßen religiösen und spirituellen", 3. die „mehr spirituellen als religiösen" Befragten (ohne selbsterklärte Atheisten/Non-Theisten), 4. die „mehr spirituellen als religiösen Atheisten/Non-Theisten", 5. die „weder Religiösen noch Spirituellen" (ohne selbsterklärte Atheisten/Non-Theisten), 6. die „weder religiösen noch spirituellen Atheisten/Non-Theisten".[30] Für jede Fokusgruppen kann die Präferenz für jede semantische Komponente geschätzt werden; dies ist für das deutsche Sample in Abbildung 2.2 dargestellt.[31] Für die semantische Komponente „Spiritualität als (All-) Verbundenheit und Harmonie mit dem Universum, der Natur und dem Ganzen" ergibt die Analyse die deutlichsten Unterschiede: starke Ablehnung bei den „mehr religiösen als spirituellen" sowie den „weder religiösen noch spirituellen" Probanden; dagegen deutliche Präferenzen bei allen drei Fokusgruppen, die durch die Selbstbezeichnung als „spirituell" charakterisiert sind, wobei die „mehr spirituellen als religiösen Nicht-Atheisten" besonders herausragen. Erwartungsgemäß präferieren „Spiritualität als Teil von Religion, von christlichem Glauben" nur die „mehr religiösen als spirituellen" und die „gleichermaßen religiösen und spirituellen" Probanden, alle anderen lehnen dies ab, am stärksten die selbsterklärten Atheisten. „Spiritualität als Festhalten an und Einhalten von Werten und Moral in Bezug zur Menschheit [Ethik]" wird besonders von den „mehr spirituellen als religiösen Atheisten" präferiert. Die Semantik von „Spiritualität als Erfahrung von existenzieller Wahrheit, Ziel und Weisheit jenseits rationalem Verstehens" wird besonders präferiert von den „mehr spirituellen als religiösen" Probanden, etwas weniger, wenn sie zugleich selbsterklärte Atheisten sind. Die semantische Komponente „Spiritualität als Bewusstsein für eine nicht-materielle, unsichtbare Welt, übernatürlichen Energien und Wesen (z. B. Geistern) [Esoterik]" bietet eine Überraschung: Sie wird präferiert von den „gleichermaßen religiö-

---

30 Für Häufigkeiten siehe Anhang 1; für eine detaillierte Beschreibung der Konstruktion dieser Fokusgruppen siehe Keller/Streib/Silver et al. (2016).

31 Die Graphik basiert auf einer Varianzanalyse (ANOVA mit Post-Hoc-Test) mit den zehn aus der primären Hauptkomponentenanalyse erhobenen semantischen Komponenten. Für die Abbildung wurden die Komponenten mit den höchsten signifikanten Unterschieden ($18{,}797 > F(5, 724) > 4{,}759$, $p < 0{,}001$) ausgewählt.

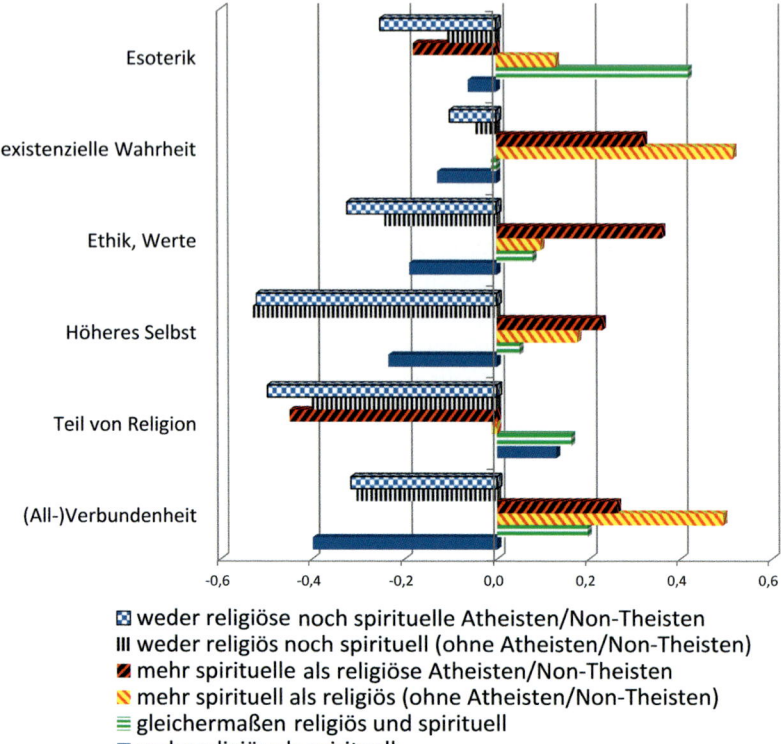

☒ weder religiöse noch spirituelle Atheisten/Non-Theisten
⦀ weder religiös noch spirituell (ohne Atheisten/Non-Theisten)
▨ mehr spirituelle als religiöse Atheisten/Non-Theisten
⦚ mehr spirituell als religiös (ohne Atheisten/Non-Theisten)
≡ gleichermaßen religiös und spirituell
■ mehr religiös als spirituell

Abb. 2.2 Die Präferenzen in den sechs Fokusgruppen
im deutschen Sample für die semantischen Komponenten

sen und spirituellen" und, etwas weniger, von den „mehr spirituellen als religiösen Nicht-Atheisten", während „mehr religiöse" Probanden und besonders auch
die Atheisten diese semantische Variante von „Spiritualität" deutlich ablehnen.
    Für die Fokusgruppen ergeben sich somit klare Profile, was die Semantik von
„Spiritualität" angeht:
– Die „weder Religiösen noch Spirituellen", ob selbsterkläre Atheisten oder
  nicht, sind bei allen semantischen Varianten im negativen Bereich, am wenigsten noch bei der Variante von „Spiritualität als Erfahrung von existenzieller Wahrheit, Ziel und Weisheit jenseits rationalen Verstehens".
– Unter den „mehr Religiösen als Spirituellen" werden ebenfalls fast alle semantischen Varianten von „Spiritualität" abgelehnt – mit Ausnahme der Variante „Spiritualität als Teil von Religion und christlichem Glauben", die eindeutig durch vertikale Transzendenz charakterisiert ist.
– In der Gruppe der „gleichermaßen Religiösen und Spirituellen" finden wir
  mehr oder weniger Zustimmung zu allen semantischen Varianten, am meisten

zur esoterischen Konnotation von „Spiritualität", am wenigsten zur „Spiritualität als Erfahrung von existenzieller Wahrheit, Ziel und Weisheit jenseits rationalen Verstehens".

- Am wichtigsten für unsere Studie sind die „mehr Spirituellen als Religiösen". Für diese Gruppe ragen die beiden semantischen Varianten „Spiritualität als Erfahrung von existenzieller Wahrheit, Ziel und Weisheit jenseits rationalen Verstehens" und „Spiritualität als (All-) Verbundenheit und Harmonie mit dem Universum, der Natur und dem Ganzen" heraus, gefolgt von „Spiritualität als Innere Suche nach einem (höheren) Selbst, nach Sinn, Frieden und Erleuchtung". Dies sind semantische Varianten von „Spiritualität", die – nota bene – durch horizontale Transzendenz charakterisiert sind.

- Den semantischen Präferenzen der kleinen, aber besonders interessanten Gruppe der „mehr spirituellen als religiösen Atheisten" kommt man auf die Spur durch ihre starke Zuneigung – man könnte fast von einem Alleinstellungmerkmal reden – zu „Spiritualität als Festhalten an und Einhalten von Werten und Moral in Bezug zur Menschheit [Ethik]", gefolgt von „Spiritualität als Innere Suche nach einem (höheren) Selbst, nach Sinn, Frieden und Erleuchtung", „Spiritualität als (All-) Verbundenheit" und „Spiritualität als Suche nach dem höheren Selbst". Auch hier wird die klare Präferenz für horizontale Transzendenz deutlich.

Zusammenfassung der Ergebnisse zu den freien Eintragungen

Das Portrait der semantischen Pluralität von „Spiritualität" war besonders effektiv mit den hier dargestellten Verfahren zu entwerfen. Wer sich so ins Detail von Sinneinheiten und deren Interpretation vertieft, mit einer Vielfalt von mehreren Dutzend Kategorien arbeitet und in diesen Kategorien dann behutsam versucht, gemeinsame Linien (Hauptkomponenten) zu bilden, wird einer Pluralität von Perspektiven gerecht. Hinzu kommt die Beachtung der Frage, wer, bzw. welche Gruppe von AutorInnen der freien Eintragungen welche semantischen Varianten bevorzugt. Daraus ergeben sich gruppenspezifische semantische Profile von „Spiritualität", die in unsere Zusammenfassung am Ende dieses Kapitels einfließen.

Freilich: So aufschlussreich diese soweit vorgestellten Analysen auch sind, es gibt auch Begrenzungen und offene Fragen. Multivariate Statistik generalisiert die Einzelfälle und zeigt Trendlinien auf; und Trendlinien bedeuten eben keineswegs, dass alle Einzelfälle diesem Trend folgen. Hier zeigt sich ein Türspalt, eine Option für qualitative Arbeit, evtl. in Verbindung mit Interviews; allerdings wäre die Bearbeitung von über 700 Fällen eine immense Arbeit. Daher haben wir in den Fallanalysen mit zehn ausgewählten Fällen auf diese Ergebnisse Bezug genommen.

Offen bleiben auch Fragen wie diese: Mit welchem bewertenden Unterton sprechen Menschen von „Spiritualität", ist „Spiritualität" eher negativ oder eher positiv konnotiert? Was bewegt Menschen in Deutschland, das semantische Feld von „Religion" zu erweitern und von „Spiritualität" zu sprechen? Was versprechen sie sich von der Selbstbezeichnung als „spirituell"? Gibt es so etwas wie einen „Mehrwert" der Semantik von „Spiritualität"? Wenn man davon ausgehen kann, dass „Spiritualität" und „Religion" zu einem gemeinsamen semantischen Feld gehören, dann liegt es nahe, „Spiritualität" im Vergleich und im Gegenüber zu „Religion" zu untersuchen. Eine optimale Datengrundlage, um diesen Fragen nachzugehen, ergibt sich aus der Analyse der semantischen Differenziale, die wir in unseren Fragebogen eingefügt haben.

„Spiritualität" und „Religion" im Spiegel der semantischen Differenziale

Wir haben zwei semantische Differenziale in unserer Untersuchung eingesetzt, die sich unterscheiden, was Etabliertheit und Zielsetzung angeht. Das von Osgood (1962) entwickelte semantische Differenzial wurde in zahlreichen internationalen Studien eingesetzt. Dieses 18 Adjektivpaare umfassende Instrument zielt auf die Einschätzung von Evaluation, Potenz und Aktivität eines semantischen Untersuchungsgegenstands; und wir wenden es auf „Religion" und auf „Spiritualität" an. Außerdem haben wir ein semantisches Differenzial mit 30 Adjektivpaaren in unserem Team entwickelt. Dies ist ein sogenanntes kontextuelles semantisches Differenzial, dessen Einsatz auf die Erfassung der kontext- und inhaltsbezogenen Assoziationen zu einem semantischen Untersuchungsgegenstand, in unserem Fall von „Religion" und zu „Spiritualität" zielt.

Ergebnisse aus den semantischen Differenzialen

Profil und Umfang der von uns eingesetzten semantischen Differenziale erschließen sich wohl am einfachsten aus den in den Abbildungen 2.3 und 2.4 wiedergegebenen Ergebnissen für die deutsche Stichprobe, wobei man freilich beachten muss, dass hierbei jeweils zwei semantische Differenziale, nämlich für „Religion" und für „Spiritualität", in eine Graphik verdichtet sind.[32]

---

32 Unsere Verwendung zweier semantischer Differenziale ist an anderer Stelle detailliert beschrieben (Keller/Klein/Swhajor-Biesemann et al.: 2013; Keller/Streib/Silver et al.: 2016; Streib/Keller/Klein et al.: 2016). Die in der Liniengraphik dargestellten Ergebnisse basieren auf gepaarten t-Tests (CI = 0,95), um die Mittelwert-Differenzen zwischen

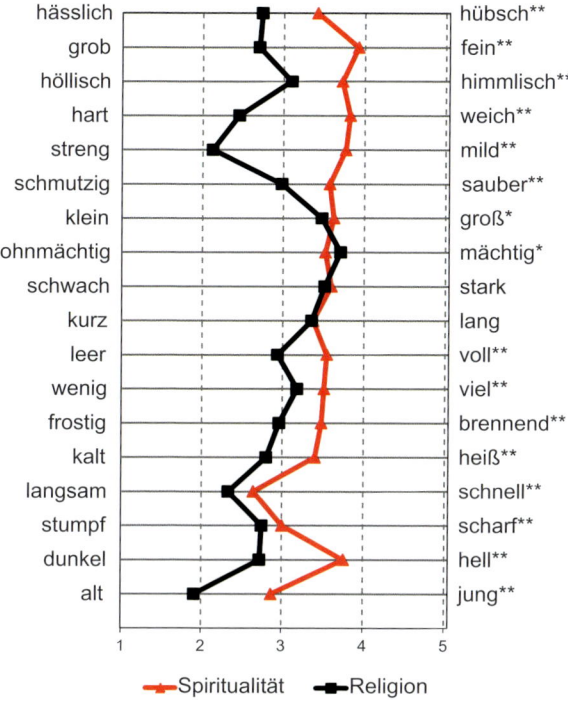

hässlich	hübsch**
grob	fein**
höllisch	himmlisch**
hart	weich**
streng	mild**
schmutzig	sauber**
klein	groß*
ohnmächtig	mächtig*
schwach	stark
kurz	lang
leer	voll**
wenig	viel**
frostig	brennend**
kalt	heiß**
langsam	schnell**
stumpf	scharf**
dunkel	hell**
alt	jung**

1   2   3   4   5

▲ Spiritualität   ■ Religion

Osgood, German total sample (N = 703)

Abb. 2.3 Ratings von „Religion" und „Spiritualität" in Osgoods semantischem Differenzial für die deutsche Gesamtstichprobe

Diese 18 polaren Adjektive sind nach Osgood (1962) in drei Faktoren zu je 6 Adjektiven zu gliedern; die drei Faktoren sind: 1. *Evaluation* (erste sechs Adjektivpaare), 2. *Potenz* (zweite sechs Adjektivpaare) und 3. *Aktivität* (dritte sechs Adjektivpaare). Ganz offensichtlich klafft die *Evaluation* für „Religion" und „Spiritualität" am meisten auseinander, während für die Einschätzung der *Potenz* und auch noch der *Aktivität* von „Religion" und „Spiritualität" die Ratings erheblich näher beieinander liegen. Bei aufmerksamer Betrachtung fällt auf, dass die Bewertungen von „Spiritualität" eher konstant im positiven Bereich (3,0 ist die neutrale Mittellinie) liegen, während „Religion" größere Ausschläge, auch und gerade in den negativen Bereich, aufweist.

„Religion" und „Spiritualität" für jedes polare Adjektivpaar zu analysieren. Die Stichprobe umfasst $N = 703$ Fälle. ** zeigt signifikante Unterschiede auf dem $p < 0,001$-Niveau an, * zeigt signifikante Unterschiede auf dem $p < 0,05$-Niveau an.

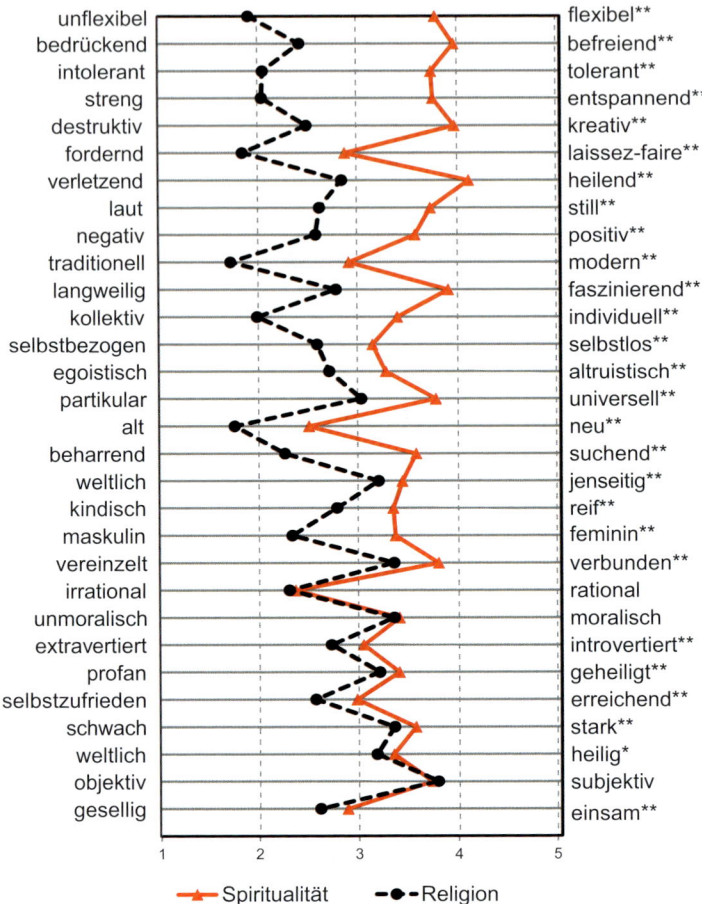

Contextual, Germany total sample (N = 703)

Abb. 2.4 Ratings von „Religion" und „Spiritualität" im kontextuellen semantischen Differenzial für die deutsche Gesamtstichprobe (*N* = 703)

Anmerkung zu Abbildung 2.4 Der leichteren Lesbarkeit wegen stehen in Abbildung 2.4 die eher positiven Pole der Adjektive auf der rechten Seite und die Adjektivpaare mit der größten Differenz oben. Die in der Liniengraphik dargestellten Ergebnisse basieren auf gepaarten *t*-Tests (*CI* = 0,95), um die Mittelwert-Differenzen zwischen „Religion" und „Spiritualität" für jedes polare Adjektivpaar zu analysieren. Die Stichprobe umfasst *N* = 703 Fälle. ** zeigt signifikante Unterschiede auf dem *p* < 0,001-Niveau an, * zeigt signifikante Unterschiede auf dem *p* < 0,05-Niveau an.

Das zweite semantische Differenzial, das wir eingesetzt haben, ist ein sog. kontextuelles semantisches Differenzial, das spezifischer auf den erfragten Kontext eingeht und dessen Adjektivpaare Vorgaben bzw. Vorschläge enthalten, welche semantischen Assoziationen mit „Spiritualität" bzw. „Religion" verbunden werden könnten.

Das kontextuelle semantische Differenzial bietet die besondere Chance, auf den untersuchten Gegenstand inhalts- und kontextbezogen einzugehen. Im vorliegenden Instrument haben wir konnotative Assoziationen eingebaut, etwa zu Transzendenzerfahrungen, Moral und Ethik, Verbundenheit im sozialen und ultimativen Horizont, Autonomie und Freiheit; und die Frage ist, ob die positiven Assoziationen, Erfahrungen und Erwartungen eher mit „Religion" oder mit „Spiritualität" verbunden werden. Es ist aus Abbildung 2.4 offensichtlich, dass etwa Freiheit („befreiend", „tolerant", „entspannend", „kreativ") viel stärker mit „Spiritualität" verbunden werden als mit „Religion".

Fokusgruppen-spezifische Ergebnisse zu „Spiritualität" und „Religion" aus den semantischen Differenzialen

Nun kann man auch für die semantischen Differenziale die Frage stellen: „Wer spricht?"; also, wie mit den semantischen Komponenten in der ersten Hälfte dieses Kapitels geschehen, die Ergebnisse nach Fokusgruppen differenzieren. Dies kann hier nur selektiv und exemplarisch dargestellt werden,[33] wir greifen im Folgenden die wichtigsten Resultate heraus und beginnen (siehe Abbildung 2.5) mit dem Faktor *Evaluation* im semantischen Differenzial von Osgood.[34]

Die *Evaluation* von „Spiritualität" ist über alle Fokusgruppen im positiven Bereich. Wie kaum anders zu erwarten, wird „Spiritualität" am positivsten evaluiert von den „gleichermaßen Spirituellen und Religiösen" und den „mehr Spirituellen als Religiösen" ohne Atheisten/Non-Theisten.

„Religion" hingegen wird im Grunde nur von den „mehr Religiösen als Spirituellen" positiv evaluiert. Bereits die „gleichermaßen Religiösen und Spirituellen" liegen nahe der neutralen Mittellinie. Bei den beiden Gruppen mit „mehr Spirituellen als Religiösen" wird „Religion" eher negativ und bei den beiden Gruppen mit „weder religiösen noch spirituellen" ProbandInnen deutlich negativ evaluiert.

Auf den ersten Blick scheint dieses Portrait der *Evaluation* in den Fokusgruppen generell den Erwartungen zu entsprechen. Bemerkenswert ist dennoch das

---

33 Für eine ausführlichere Darstellung siehe Streib/Keller/Klein et al. (2016).
34 Die graphische Darstellung präsentiert das Ergebnis einer Varianzanalyse des aus den sechs Adjektiven („hübsch", „fein", „himmlisch", „weich", „mild" und „sauber") gebildeten Faktors *Evaluation* mit den sechs Fokusgruppen als unabhängiger Variable.

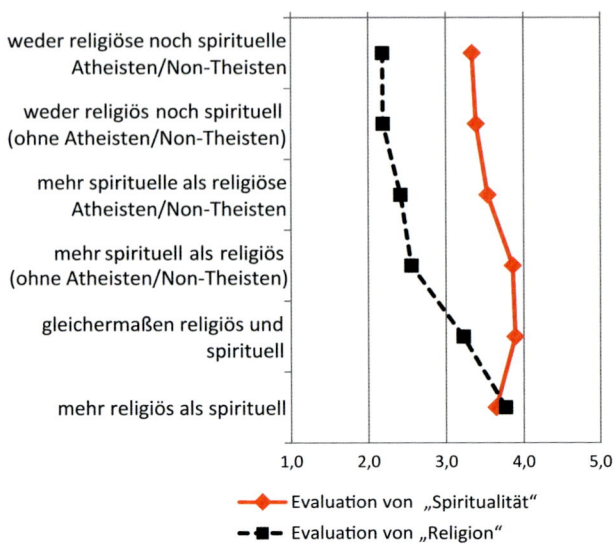

Abb. 2.5 Evaluation von „Spiritualität" und „Religion" in den sechs Fokusgruppen

Resultat, dass für beide Gruppen mit „weder Religiösen noch Spirituellen" „Spiritualität" nicht negativ evaluiert wird, „Religion" hingegen sehr deutlich. Offenkundig wird in dieser Abbildung schließlich auch, dass die Differenz zwischen der *Evaluation* von „Spiritualität" und „Religion" hauptsächlich mit der negativen *Evaluation* von „Religion" zusammenhängt.

Für die Differenzierung nach Fokusgruppen in unserem kontextuellen semantischen Differenzial greifen wir den Aspekt Freiheit heraus und wählen für Abbildung 2.6 der Übersichtlichkeit wegen die Adjektive „befreiend" und „kreativ" aus.[35]

Zur graphischen Darstellung ist noch zu erläutern, dass hier mit den beiden Achsen für „Religion" und „Spiritualität" ein semantischer Raum konstruiert wird. Die Ratings für das positive Adjektiv in den semantischen Differenzialen für „Religion" und „Spiritualität" werden hier als Vektoren interpretiert und bestimmen die Position des Adjektivs in diesem semantischen Feld.

Die Abbildung zeigt für die beiden Adjektive „befreiend" und „kreativ", dass diese von den „mehr Religiösen als Spirituellen" (= Fokusgruppe 1, FG1) positiv sowohl mit „Religion" als auch mit „Spiritualität" assoziiert werden. Im Segment oben rechts positionieren sich die Adjektive, wenn beide Ratings positive Werte

---

35 Auch diese Graphik basiert auf einer Varianzanalyse mit den Ratings für die Adjektive „befreiend" und „kreativ" in den semantischen Differenzialen für „Religion" und für „Spiritualität" mit den sechs Fokusgruppen als unabhängige Variable.

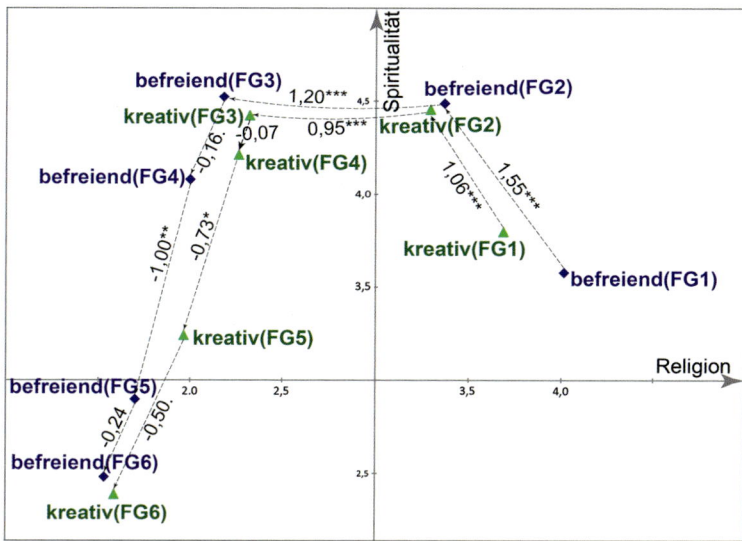

Abb. 2.6 Fokusgruppen-spezifische Positionierung der Adjektive „befreiend"
und „kreativ" im semantischen Feld für „Religion" und „Spiritualität"

Anmerkung zu Abb. 2.6 FG1 = Fokusgruppe der „mehr Religiösen als Spirituellen", FG2
= Fokusgruppe der „gleichermaßen Religiösen und Spirituellen", FG3 = Fokusgruppe der
„mehr Spirituellen als Religiösen" (ohne Atheisten/Non-Theisten), FG4 = Fokusgruppe
der „mehr spirituellen als religiösen Atheisten/Non-Theisten", FG5 = Fokusgruppe der
„weder Religiösen noch Spirituellen" (ohne Atheisten/Non-Theisten), FG6 = Fokusgruppe
der „weder religiösen noch spirituellen Atheisten/Non-Theisten".

haben, also sowohl „Religion" als auch „Spiritualität" als mehr „kreativ" (und
weniger „destruktiv") und mehr „befreiend" (und weniger als „bedrückend")
eingeschätzt werden. Das ist für die Gruppe der „mehr Religiösen als Spirituellen" eindeutig der Fall.

Für die Gruppe der „gleichermaßen Religiösen und Spirituellen" (FG2) positionieren sich zwar die beiden Adjektive auch im Quartil oben rechts, aber die
Assoziation mit „Religion" ist deutlich niedriger und nahe der neutralen Mitte,
während die Assoziation mit „Spiritualität" einen großen und hochsignifikan-
ten Sprung nach oben gemacht hat. Die beiden Adjektive für Freiheit werden
deutlich mehr mit „Spiritualität" assoziiert als mit „Religion".[36]

36 Die Höhe und Signifikanz dieser „Sprünge" im semantischen Feld ist durch einen Wert
   angegeben, der aus einem ANOVA/post-hoc-Test mit den Differenzen der Ratings für
   „Religion" und „Spiritualität" über die sechs Fokusgruppen resultiert; dabei bedeutet
   *** eine Signifikanz auf dem $p \leq 0{,}001$-Niveau, ** eine Signifikanz auf dem $p < 0{,}05$-
   Niveau und * eine Signifikanz auf dem $p < 0{,}10$-Niveau.

Für die Gruppe der „mehr Spirituellen als Religiösen", ob selbsterklärte Atheisten oder nicht (Unterschiede sind nicht signifikant), bleiben die Ratings für „Spiritualität" auf vergleichbar hoch positivem Niveau, hingegen wandert die Assoziation mit „Religion" in den deutlich negativen Bereich. Im Klartext: Für diese Gruppe ist allein „Spiritualität" mit den Adjektiven für Freiheit, „kreativ" und „befreiend" assoziiert, „Religion" hingegen eher mit den Adjektiven „bedrückend" und „destruktiv". Und auch für die „mehr spirituellen als religiösen Atheisten" ist „Spiritualität" als „befreiend" und „kreativ" konnotiert – nur leicht weniger hoch als für die „mehr spirituellen als religiösen" Nicht-Atheisten.

Für die beiden Gruppen der „weder Religiösen noch Spirituellen" wird „Religion" noch etwas stärker mit „bedrückend" und „destruktiv" konnotiert, die Position der Adjektive wandert also noch etwas mehr in den negativen Bereich. Aber auch „Spiritualität" wird nun keineswegs (und mit hoher signifikanter Differenz) mehr positiv als „kreativ" und „befreiend" konnotiert; vielmehr liegt „Spiritualität" für die „weder Religiösen noch Spirituellen" ohne Atheisten und Non-Theisten ungefähr im neutralen Bereich. Für die „weder religiösen noch spirituellen Atheisten" hingegen sind beide Freiheits-Adjektive im negativen Bereich, was bedeutet, dass hier sowohl „Religion" als auch „Spiritualität" als eher „bedrückend" und eher „destruktiv" und weniger als „befreiend" oder „kreativ" gesehen werden.

Zusammenfassung und Schlussfolgerungen

Zur Semantik von „Spiritualität" wurden in diesem Kapitel zwei Analysen vorgestellt: die Ergebnisse der inhalts- und faktoranalytischen Auswertung der freien Eintragungen zu „Spiritualität" und Ergebnisse auf der Grundlage der semantischen Differenziale. Beide methodischen Zugänge haben verschiedene Zielrichtung, die einander jedoch ergänzen: als Identifikation von semantischen Inhaltsdimensionen auf der einen Seite, und als Abschätzung der Bewertung von „Spiritualität" im Gegenüber zu „Religion" auf der anderen Seite. Diese hier auf der Grundlage unseres Samples soweit vorgestellten Ergebnisse geben erste Antworten auf die Frage, was den Deutschen „Spiritualität" bedeutet. Dies lässt sich folgendermaßen zusammenfassen:

„Spiritualität", wie dieses Wort von unseren ProbandInnen – und vermutlich darüber hinaus von vielen Menschen in Deutschland – verwendet wird, hat mehr als *eine* Bedeutung, lässt sich nicht auf *einen* semantischen Punkt bringen. Vielmehr zeigt sich „Spiritualität" als mehrdeutig und wir haben mit Methoden der Dimensionsreduktion die vorgefundene Vielfalt in zehn unterschiedlichen Bedeutungen geordnet, die teils gegensätzlich sind, teils einander nahestehen. Drei thematische Polaritäten haben wir identifizieren können, die dazu beitragen können, die verschiedenen Bedeutungsschwerpunkte zu sortieren:

– „Spiritualität" kann entweder in Kontinuität und engem Zusammenhang mit (meist christlich verstandener) „gelebter" Religion stehen; mit „Spiritualität" kann aber auch, im Gegenteil, eine Opposition gegen Religion ausgedrückt werden.

– Mit „Spiritualität" kann einerseits vertikale Transzendenz, also die Beziehung zu Gott, Göttern oder höheren Mächten gemeint sein, oder aber – gegenteilig – horizontale Transzendenz, die unter „Spiritualität" dann etwa eine Verbundenheit mit dem Universum, der Natur oder dem Ganzen, oder eine Bezogenheit auf eine hinter der natürlichen, sichtbaren Welt liegende Sphäre oder Energie versteht.

– „Spiritualität" kann eher mystisch nach innen gerichtet sein und ein höheres Selbst, eine non-rationale Wahrheit oder etwas unspezifiziertes (und eher innerweltliches) Jenseitiges symbolisieren; „Spiritualität" kann aber auch eher nach außen gerichtet sein und eine Ethik der Achtsamkeit für Mitmenschen und alles Lebendige symbolisieren.

Dieses Portrait der semantischen Pluralität von „Spiritualität" wird noch etwas übersichtlicher und gewinnt an Profil, wenn wir der Frage nachgehen: Wer spricht?

Im Rahmen der Thematik dieses Buches interessiert besonders das semantische Profil der „mehr Spirituellen als Religiösen" und der in einer weiteren Untergliederung separat identifizierten „mehr spirituellen als religiösen Atheisten". Für die Semantik von „Spiritualität" ist ja besonders interessant, welches semantische Profil von „Spiritualität" diejenigen bevorzugen, die sich selbst als besonders „spirituell" bezeichnen. Unsere Untersuchung ermöglicht hier ein besonders verlässliches Bild, denn die „mehr Spirituellen als Religiösen" sind mit 48,8 % die größte Gruppe in unseren Daten (während, wie in Kapitel 1 dargestellt, sich aus den Daten des Religionsmonitor 2013 diese Gruppe auf ca. 17 % der Deutschen schätzen lässt). Gestützt auf die Vergleiche unter den Fokusgruppen deuten unsere Ergebnisse mit ziemlicher Klarheit in eine bestimmte Richtung: Die „Spiritualität" der „mehr Spirituellen als Religiösen", ob selbsterklärte AtheistInnen oder nicht, ist mehrheitlich durch horizontale Transzendenz charakterisiert und erscheint in der Semantik non-rationaler Wahrheit (Erfahrung von existenzieller Wahrheit, Ziel und Weisheit jenseits rationalem Verstehens), Verbundenheit (All-Verbundenheit und Harmonie mit dem Universum, der Natur und dem Ganzen) und der Suche nach dem inneren höheren Selbst (innere Suche nach einem (höheren) Selbst, nach Sinn, Frieden und Erleuchtung). Für diese Gruppe ist „Spiritualität" außerdem mit den Adjektiven „kreativ" und „befreiend" assoziiert, „Religion" hingegen mit „bedrückend" und „destruktiv". Die AtheistInnen in dieser Gruppe zeichnen sich zusätzlich dadurch aus, dass für sie humanistische Werte und die Achtung von dem Lebendigen mit „Spiritualität" verbunden sind.

Für die „mehr Religiösen als Spirituellen" – und das sind in den Daten des Religionsmonitors über 40 %, während in unseren Daten diese Gruppe nur 10,2 % ausmacht – ist „Spiritualität" im Unterschied zu den anderen Fokusgruppen vor allem dadurch charakterisiert, dass sie als Teil von (zumeist christlicher) „Religion" verstanden wird. Alle anderen semantischen Komponenten für „Spiritualität" werden vergleichsweise negativ gesehen, am wenigsten noch „Spiritualität als Esoterik" und „Spiritualität als existenzielle Wahrheit". Die Adjektive „befreiend" und „kreativ" werden gleichermaßen positiv sowohl mit „Spiritualität" als auch mit „Religion" assoziiert.

Die „Spiritualität" der „gleichermaßen Religiösen und Spirituellen" (mit 18,9 % gleichauf in unseren Daten und dem Religionsmonitor) erscheint als eine uneinheitliche Mischung aus den Auffassungen der „mehr Religiösen als Spirituellen" und der „mehr Spirituellen als Religiösen" – gewissermaßen von allem etwas. Markant ist hier allein die hohe Präferenz für „Spiritualität" als Esoterik. Die Adjektive „befreiend" und „kreativ" sind zwar hoch mit „Spiritualität" assoziiert, aber liegen für „Religion" auch im neutralen bis leicht positiven Bereich.

Für die Deutschen, die sich als „weder religiös noch spirituell" bezeichnen (im Religionsmonitor wird diese Gruppe auf ca. 20–30 % quantifiziert; auch in unseren Daten sind dies 22,1 %) finden wir im Vergleich der Fokusgruppen eine rundweg negative Einschätzung aller semantischen Komponenten von „Spiritualität", ob sich die Mitglieder dieser Gruppe als Atheisten bezeichnen oder nicht. Am ehesten können die „weder Religiösen noch Spirituellen" noch der Variante von „Spiritualität als Erfahrung von existenzieller Wahrheit, Ziel und Weisheit jenseits rationalen Verstehens" etwas abgewinnen. Wie S. Altmeyer (siehe Altmeyer/Klein: 2016) in einem korpusanalytischen Fokusgruppenvergleich der freien Eintragungen zu „Spiritualität" in unseren Daten herausgefunden hat, kommen die Wörter „Blah" (sprich: „Spiritualität ist Blah-blah") und „anfangen" (sprich: „ich kann mit Spiritualität nichts anfangen") überaus häufig in den Texten der „weder Religiösen noch Spirituellen" über „Spiritualität" vor. Auch wenn diese Gruppe im Osgood'schen semantischen Differenzial „Spiritualität" immer noch leicht positiv („Religion" dagegen stark negativ) bewertet, zeigt der Fokusgruppenvergleich der Ergebnisse aus den kontextuellen semantischen Differenzial, dass in dieser Gruppe sowohl „Religion" als auch „Spiritualität" als „bedrückend" und „destruktiv" eingestuft werden und nicht als „befreiend" und „kreativ".

Wenn wir abschließend nach dem „Mehrwert" fragen, den die Semantik von „Spiritualität" für die Deutschen haben könnte, so sollte deutlich geworden sein, dass man für die „mehr Religiösen als Spirituellen" nur sehr begrenzt von einem Gewinn sprechen kann, der ihnen durch „Spiritualität" geboten wird; hier wird „Spiritualität" eher zur „gelebten" Religion. Spiegelbildlich scheint „Spiritualität" auch für die „weder Religiösen noch Spirituellen" im Land wenig attraktiv zu sein und kaum einen Mehrwert zu bieten.

Hingegen wird man davon ausgehen dürfen, dass für diejenigen, die sich als „mehr spirituell als religiös" bezeichnen, die Semantik von „Spiritualität" einen Mehrwert bietet, weil sie ermöglicht, Erfahrungen, Weltbildvorstellungen und Suchbewegungen, besonders wenn diese als horizontale Transzendenz symbolisiert werden, zu explizieren und zu kommunizieren. Besonders deutlich wird dieser Mehrwert für die „spirituellen Atheisten".

3. „Spiritualität" und mystische Erfahrungen

In diesem und dem folgenden Kapitel werden Ergebnisse aus unserer Forschung berichtet, die auf den Einsatz von Skalen in unserem Fragebogen aufbauen. Darum notieren wir hier einleitend einige Überlegungen zur Untersuchung von „Spiritualität" mithilfe von Skalen sowie zur Bestimmung der Beziehung zwischen „Spiritualität" und anderen psychometrisch erfassten Konstrukten.

Messinstrumente für „Spiritualität":
Kritik und Lösungsansatz

Der Einsatz von Skalen folgt einer nomothetischen, deduktiven Logik, er setzt also voraus, dass die Konstrukte hinreichend geklärt sind und darum konsequent ins Werk gesetzt werden können. Für die problemlose Operationalisierung von „Spiritualität" wäre also vorauszusetzen, dass das Konstrukt ‚Spiritualität' geklärt ist. Zweifel, dass dies tatsächlich zutrifft, entstehen unvermeidlich, wenn man die empirische und konzeptionelle Literatur recherchiert und reflektiert. Wie bereits in Kapitel 1 notiert, ist ein Konsens über die Definition von ‚Spiritualität' bislang nicht erreicht.

‚Spiritualität' muss jedoch ein eigenständiges Konstrukt sein, wenn es der Mühe wert sein soll, fokussierte Forschung zu „Spiritualität" durchzuführen, Forschungsdesigns zu entwickeln, Forschungsinstrumente auszuwählen und einzusetzen. Die Problemlage kann also präziser beschrieben werden: Es geht um die Frage der konzeptionellen Trennschärfe der Definition von ‚Spiritualität' – und die Konfundierung von ‚Spiritualität' mit ‚Religion' sowie von ‚Spiritualität' etwa auch mit Wohbefinden (well-being) ist ein Problem.

Die meisten Spiritualitäts-Skalen operieren empirisch in der Tat als Messinstrumente für *religiöse* Erfahrung (Gorsuch/Miller: 1999; Hood: 2003; Hood/Hill/Spilka: 2009; Klein/Silver/Coleman et al.: 2016). Viele sind bis hin zur Formulierung der Items von einer *religiösen* Semantik geprägt. Ein klares Beispiel dafür ist das häufig eingesetzte *Spiritual Assessment Inventory* (SAI) (Hall/Edwards: 1996; 2002).

Ein weiteres, teilweise zusätzliches, Problem ist, dass zwischen ‚Spiritualität' und Well-being nicht immer klar unterschieden wird. Eine Reihe von Messinstrumenten erscheinen sogar explizit als Skalen für ‚spiritual well-being', wie z. B. die *Spiritual Well-Being Scale* (SWBS) (Paloutzian/Ellison: 1982), eine der verbreitetsten Skalen zur Erfassung von Wohlbefinden in Bezug auf spirituelles und religiöses Selbstverstehen. Wenn Skalen für spirituelles Wohlbefinden dann zur Messung von „Spiritualität" eingesetzt werden, führt dies dazu, dass Korrelationen zwischen Spiritualität und Well-being enorm ausfallen, die Analysen der Beziehung zwischen Spiritualität und Well-being jedoch im Grunde wertlos sind, weil Prädiktoren und Outcomes konfundiert sind. Koenig (2008; 2011) hat nachdrücklich auf dieses Problem aufmerksam gemacht.

Mit dem Vorschlag von Streib und Hood (2011: 2013; 2016b), ‚Spiritualität' als *privatisierte, erfahrungsorientierte Religion* zu definieren, wird, wie in Kapitel 1 detailliert, nicht allein die Einordnung von ‚Spiritualität' in einen Oberbegriff (‚Religion') postuliert, sondern auch die Eigenständigkeit von ‚Spiritualität' in einer spezifischen Differenz bestimmt. Für diese konzeptionelle Eigenständigkeit kann auf Troeltschs (1912) Beschreibung des Mystizismus als dem, neben Kirchen und Sekten, dritten idealtypischen Akteur im religiösen Feld verwiesen werden. Gegenwärtige „Spiritualität" kann in Kontinuität mit dieser nach innen gewendeten, religiöse Erfahrung und Unmittelbarkeit suchenden, aber in wichtigen Teilen eben auch kirchen- und institutionskritischen Religiosität gesehen werden (vgl. auch Daiber: 2002; Knoblauch: 2009).

Aus diesen Überlegungen zur Eigenständigkeit und zum spezifischen – erfahrungsorientierten und individualisierten – Profil von ‚Spiritualität' ist es naheliegend, für die empirische Erfassung von ‚Spiritualität' den Einsatz eines Instruments zur Erfassung von Mystizismus – konkret: Hoods (1975) *Mystizismus-Skala* – in Erwägung zu ziehen. Dies haben wir als Hypothese in unserem Forschungsdesign (siehe Abbildung A.1 im Anhang) umgesetzt und die *Mystizismus-Skala* in den Fragebogen aufgenommen. Es wird daraus auch deutlich, dass der *Mystizismus-Skala* somit erhebliche „Beweislast" in unserer Untersuchung zukommt.

Die Entscheidung für den Einsatz der Mystizimus-Skala zur Identifikation von „Spiritualität" findet Bestätigung noch aus einem anderen Ergebnis unserer Untersuchung: der Analyse der Semantik von „Spiritualität", aus der in Kapitel 2 einige Details berichtet wurden. Diese Bestätigung kommt freilich nachträglich (konnte also nicht im Forschungsdesign stehen); sie gehört jedoch in einen hermeneutischen Zirkel, der an dieser Stelle kurz beschrieben werden sollte.

Der hermeneutische Zirkel in der Untersuchung von „Spiritualität"

Idealtypisch kann die Operationalisierung von „Spiritualität" als hermeneutischer Zirkel verstanden werden, wie Abbildung 3.1 ihn darstellt. Dass in einer Art deduktiver Logik vom Konstrukt aus die Messinstrumente bestimmt wer-

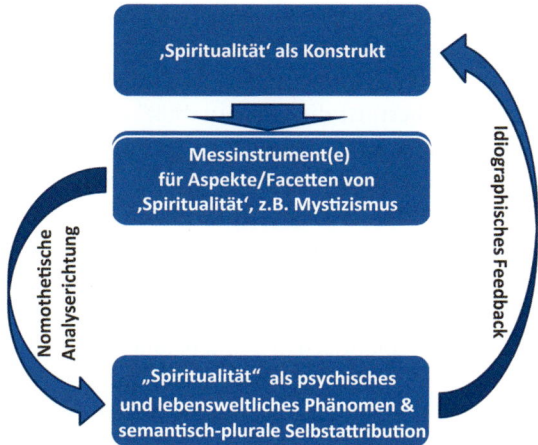

Abb. 3.1 Operationalisierung von Spiritualität im hermeneutischen Zirkel

den, um in nomothetischer Analyse die Phänomene in der Lebenswelt und Psyche der untersuchten Menschen zu erfassen, ist keineswegs innovativ und dürfte kaum Aufsehen oder Widerspruch erregen.

Beachtlicher könnte schon die Erwähnung von „Spiritualität" als Selbstattribution und ihrer semantischen Pluralität sein; denn dadurch wird auch auf den Eigen-Sinn der Menschen, die wir untersuchen, hingewiesen, an dem die Triftigkeit des Konstrukts und die Präzision der Instrumente sich messen lassen muss.

Und dies führt zum eigentlich Innovativen an diesem Modell: dass sich der Kreis nur schließt und zu einem hermeneutischen Zirkel wird, wenn eine kritische und konstruktive Rückkopplung auf die Konstruktebene zustande kommt, die man „idiographisches Feedback" nennen könnte.

Mit diesem Modell haben wir auch einige Besonderheiten unserer eigenen Forschung notiert und die Erfassung von Mystizismus eingefügt. Besonderer Erwähnung wert ist jedoch, wie sich unsere Ergebnisse zur Semantik von „Spiritualität" in dieses Modell einfügen.

Wie in Kapitel 2 dargelegt, haben wir in unseren Untersuchungen zur Semantik von „Spiritualität" einen von der nomothetisch-deduktiven Logik grundlegend verschiedenen, dezidiert idiographischen Weg beschritten: die Analyse der freien Texteintragungen mit den „subjektiven Theorien" unserer Probanden zur „Spiritualität" – deren anschließende statistische Reduktion der Dimensionen mittels Hauptkomponentenanalysen keine Abweichung vom idiographischen Vorgehen darstellt, sondern eine Weiterführung mit dem Ziel der Überschaubarkeit und Präzisierung. Aus diesem Forschungsweg resultierte nicht nur die Dokumentation der beachtlichen Pluralität der Semantik von „Spiritualität", sondern auch eine Profilierung der Semantik der „Spirituellen im Lande". Und die „Spirituellen im Lande" stehen bei der Analyse der Semantik von „Spiritualität" ja zu Recht im Fokus, es interessiert besonders, was „Spiritualität" für diejenigen bedeutet, die sich selbst als besonders „spirituell" bezeichnen.

Wie in Kapitel 2 detailliert, ist die „Spiritualität" der „mehr Spirituellen als Religiösen", ob selbsterklärte Atheisten oder nicht, vor allem durch horizontale Transzendenz charakterisiert und erscheint in der Semantik *non-rationaler Wahrheit* (Erfahrung von existenzieller Wahrheit, Ziel und Weisheit jenseits rationalem Verstehen), *Verbundenheit* (All-Verbundenheit und Harmonie mit dem Universum, der Natur und dem Ganzen) und der *Suche nach dem inneren höheren Selbst* (innere Suche nach einem (höheren) Selbst, nach Sinn, Frieden und Erleuchtung). Diese semantischen Dimensionen von „Spiritualität" sind nun interessanterweise ziemlich nah an dem, was mit der Mystizismus-Skala gemessen wird. Insofern resultiert aus dem „idiographischen Feedback" eine – nachträgliche – Bestätigung unserer Option für den Einsatz der Mystizismus-Skala. Der hermeneutische Zirkel beginnt sich zu schließen.

Die Mystizismus-Skala als Instrument für „Spiritualität"

Wie bereits notiert, finden wir es aufgrund der Definition von „Spiritualität" als privatisierte, erfahrungsorientierte Religion sowie ihrer Verwurzelung in der Mystik naheliegend, für ihre empirische Erfassung den Einsatz von Hoods (1975) *Mystizismus-Skala* in Erwägung zu ziehen und mit dieser Hypothese zu arbeiten. Nach einer Detaillierung der Mystizismus-Skala berichten wir nun die Ergebnisse unserer Analysen.

Die Mystizismus-Skala (Hood, 1975)

Hoods (1975) *Mystizismus-Skala* ist wohl das am häufigsten eingesetzte Instrument zur Erfassung mystischer Erfahrung (Burris: 1999; Hood/Chen: 2013). Unseres Wissens ist unsere Untersuchung die erste, in der Hoods Mystizismus-Skala in deutscher Sprache verwendet wurde; dazu haben wir die Skala durch Rückübersetzung kontrolliert ins Deutsche übertragen.[37] Konzeptionell ist Hoods Skala im Mystizismus-Konzept von Stace (1960) verankert und unterscheidet wie dieses drei Dimensionen

a. *introvertierter Mystizismus,*
b. *extrovertierter Mystizismus* und
c. *Interpretation* (von mystischen Erfahrungen).

---

37 Siehe Anhang A.2 für die vollständige Liste der Items der Mystizismus-Skala in deutscher Übersetzung.

Diese dreidimensionale Struktur konnte in Faktoranalysen aufgewiesen und bestätigt werden (Hood/Morris/Watson: 1993; Hood/Ghorbani/Watson et al.: 2001). Die drei Faktoren der Mystizismus-Skala sind als latente (nicht direkt gemessene, als Ellipse visualisierte) Variablen in das Strukturgleichungsmodell in Abbildung 3.2 aufgenommen.

Diese drei latenten Variablen ergeben sich aus, bzw. beruhen auf, jeweils zwei oder drei Facetten, die mit je vier Fragen aus der insgesamt 32 Fragen umfassenden Mystizismus-Skala erhoben werden. Diese acht Facetten (die in Abbildung 3.2 der Übersichtlichkeit wegen weggelassen wurden) werden im Folgenden mit je einer Beispiel-Frage vorgestellt und nach den drei Faktoren gruppiert:

Introvertierter Mystizismus

- *Raum- und Zeitlosigkeit* (timeless & spaceless) (Beispiel: „Ich habe eine Erfahrung gehabt, in der mir weder Zeit noch Raum bewusst waren.")
- *Ich-Verlust* (ego loss) (Beispiel: „Ich habe eine Erfahrung gehabt, als ob etwas Größeres als ich selbst mich aufnehme.")
- *Unaussprechlichkeit* (ineffability) (Beispiel: „Ich habe eine Erfahrung gehabt, die man nicht mit Worten ausdrücken kann.")

Extrovertierter Mystizismus

- *Innere Subjektivität* aller Dinge (inner subjectivity) (Beispiel: „Ich habe eine Erfahrung gehabt, bei der alle Dinge über Bewusstheit zu verfügen schienen.")
- *Einheit* (unity) (Beispiel: „Ich habe eine Erfahrung gehabt, bei der ich spürte, dass alles, was es auf der Welt gibt, zu einem großen Ganzen gehört.")

Interpretation von mystischen Erfahrungen

- *Positiver Affekt* (positive affect) (Beispiel: „Ich habe eine Erfahrung gehabt, bei der ich die Vollkommenheit von allem spürte.")
- *Heiligkeit* (sacredness) (Beispiel: „Ich habe eine Erfahrung gehabt, die mir ein Gefühl der Ehrfurcht hinterließ.")
- *Noetische Qualität* (noetic quality) (Beispiel: „Ich habe eine Erfahrung gehabt, bei der mir eine neue Sicht der Wirklichkeit enthüllt wurde.")

Diese acht Facetten tragen dazu bei, die drei Faktoren zu detaillieren und zu profilieren; die Facetten sind bei der Interpretation der Strukturgleichungsmodelle jeweils zu assoziieren.

Für unser deutsches Sample ($N = 773$) sind in Tabelle 3.1 die Mittelwerte, die beachtlich hohen Reliabilitäten (Cronbach's Alphas) und die hohen Korrelationen der Mystizismus-Skala und ihrer drei Faktoren zusammengestellt.

Tabelle 3.1 Mittelwerte, Standardabweichung, Reliabilitäten und Korrelationen der Mystizismus-Skala und ihrer Faktoren im deutschen Sample

Skala	M	SD	α	iM	eM	I
introvertierter Mystizismus (iM)	42.5	13.4	0,92	1		
extrovertierter Mystizismus (eM)	27.3	9.6	0,92	0,78**	1	
Interpretation (I)	44.4	11.5	0,90	0,77**	0,77**	1
Mystizismus-Skala (gesamt)	114.2	31.8	0,96	0,93**	0,92**	0,92**

Anmerkung zu Tabelle 3.1 ** = signifikant auf dem $p < 0{,}01$-Niveau.

Ergebnisse zum Zusammenhang zwischen Mystizismus und „Spiritualität"

Unsere Untersuchung ist nicht die erste, die den Zusammenhang von Mystizismus, gemessen mit Hoods *Mystizismus-Skala,* und Spiritualität analysiert hat. Zinnbauer et al. (1997) haben mit einer Kurzversion der *Mysticism Scale* dokumentiert, dass mystische Erfahrungen mit „Spiritualität" korrelieren ($r = 0{,}27$), während Korrelationen mit „Religion" ($r = 0{,}04$) nicht signifikant sind. Hood (2003) berichtet aus einer Studie, in der das Sample in vier Gruppen, nämlich „mehr religiöse als spirituelle", „gleichermaßen religiöse und spirituelle", „mehr spirituelle als religiöse" und „weder religiöse noch spirituelle" Probanden eingeteilt wurde – eine Einteilung, die wir in unserer Studie ebenfalls angewendet haben – hohe Zusammenhänge zwischen Mystizismus und der Selbstidentifikation als „spirituell", besonders in der Gruppe der „mehr Spirituellen als Religiösen".

Unsere Untersuchung kann in Kontinuität mit dieser Forschungslinie gesehen werden. Wir haben allerdings diese Zusammenhänge mit größeren Samples und kulturvergleichend analysiert und stellen spezifische Fragen, nämlich die nach der potentiellen Prädiktion von Mystizismus und der drei Faktoren der Mystizismus-Skala für das Selbstrating als „spirituell" und die nach Ausprägung von Mystizismus in den einzelnen, von uns gebildeten Fokusgruppen.

Um den Zusammenhang zwischen Mystizismus und „Spiritualität" zu analysieren, haben wir Korrelationsanalysen und Regressionsanalysen durchgeführt, in denen die Mystizismus-Skala mit den Selbstratings als „religiös" und als „spirituell" in Beziehung gesetzt wurde, d. h. zu Antworten auf die Frage „Wie würden Sie sich selbst beschreiben? Nicht religiös – religiös; nicht spirituell – spirituell" auf einer 5-Punkte-Rating-Skala. Die Ergebnisse fassen wir hier im Überblick für die deutsche Stichprobe zusammen (detailliert und umfassend berichtet werden die Ergebnisse in: Klein/Silver/Coleman et al.: 2016):

Korrelationen der Mystizismus-Faktoren mit Ratings als „spirituell" liegen im deutschen Subsample ($N = 770$) bei $r = 0,58$ für *introvertierten Mystizismus*, bei $r = 0,61$ für *extrovertierten Mystizismus*, bei $r = 0,66$ (alle $p < 0,01$) für *Interpretation von mystischen Erfahrungen* und bei $r = 0,66$ ($p < 0,01$) für die gesamte Mystizismus-Skala. Korrelationen der Mystizismus-Faktoren mit den Ratings als „religiös" hingegen liegen alle unter $r = 0,33$ und sind jeweils für die einzelnen Faktoren deutlich niedriger als die Korrelationen mit Ratings als „spirituell". Zusammengefasst deutet sich also besonders für das deutsche Sample ein beachtlich hoher Zusammenhang zwischen Mystizismus und Ratings als „spirituell" an. Diese Korrelationen zeigen Trends für das jeweilige Gesamtsample auf. Dabei ist auch zu bedenken, dass in unseren Daten sich etwa die Hälfte der ProbandInnen als „mehr spirituell als religiös" versteht.

Es sind jedoch spezifischere Analysen möglich: Erstens können die potentiellen Prädiktionseffekte der Mystizismus-Skala mit ihren drei Faktoren auf beide Selbst-Ratings, „spirituell" und „religiös" im Vergleich analysiert werden. Zweitens können die „mehr Religiösen als Spirituellen", „gleichermaßen Religiösen und Spirituellen", „mehr Spirituellen als Religiösen" und die „weder Religiösen noch Spirituellen" differenziert betrachtet werden. Eine gute Möglichkeit für eine solche differentielle und kohärente Betrachtung bietet die Analyse mit Strukturgleichungsmodellen. Diese haben wir umfassend durchgeführt (vgl. Klein/Silver/Coleman et al.: 2016), fokussieren unseren Bericht hier jedoch auf die deutsche Gruppe der „mehr Spirituellen als Religiösen". Im Rahmen unseres Beitrags hier interessiert ja insbesondere die Gruppe der deutschen Teilnehmenden, die sich als „mehr spirituell als religiös" zu erkennen gegeben haben (dies ist mit $N = 373$ die größte Gruppe).

Die von uns durchgeführten Strukturgleichungsmodellanalysen[38] zeigen deutliche Prädiktionseffekte der drei Mystizismus-Faktoren, insbesondere des Faktors *Interpretation* von mystischen Erfahrungen, auf das Rating als „spirituell". Wie Abbildung 3.2 zeigt, erklärt die Mystizismus-Skala für diese Gruppe die Ratings als „spirituell" beachtlich ($R^2 = 0,34$), die Ratings als „religiös" hin-

---

38 Die Strukturgleichungs-Analyse wurde als Acht-Gruppen-Modell mit den Gruppen der „mehr Religiösen als Spirituellen", „gleichermaßen Religiösen und Spirituellen", „mehr Spirituellen als Religiösen" und „weder Religiösen noch Spirituellen" in USA ($n = 1106$) und Deutschland ($n = 763$) durchgeführt. Die Modellpassung ($\chi^2 = 1049,660$, $df = 232$, $\chi^2/df = 4,524$, Central Fit Index (CFI) $= 0,903$, Root Mean Square Error of Approximation (RMSEA) $= 0,044$, lower bound $= 0,041$, upper bound $= 0,046$) kann als akzeptabel bis gut bezeichnet werden (Bentler: 1990; Browne/Cudeck: 1992; Hu/Bentler: 1999).

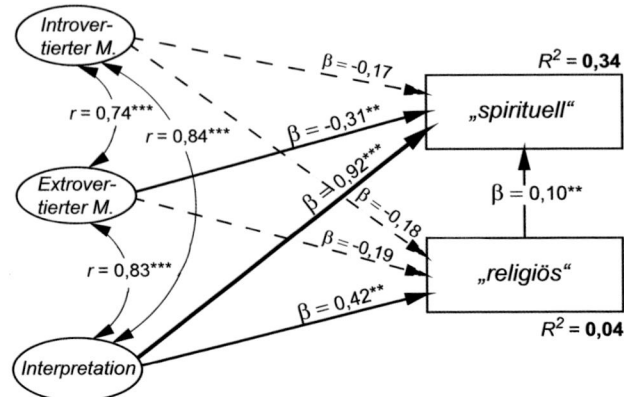

Abb. 3.2 Effekte der Mystizismus-Skala und ihrer drei Faktoren
auf die Ratings als „religiös" und „spirituell" in der Gruppe der
„mehr Spirituellen als Religiösen"

Anmerkungen zu Abb. 3.2 *** = signifikant auf dem $p \leq 0{,}001$-Niveau; ** = signifikant auf
dem $p \leq 0{,}05$-Niveau.

gegen nur marginal ($R^2 = 0{,}04$). Der Beitrag des Ratings als „religiös" zum Rating
als „spirituell" ist dabei relativ gering ($\beta = 0{,}10$, $p = 0{,}047$).

Als Faktor für die Prädiktion des Selbstratings als „spirituell" ragt *Interpretation* mystischer Erfahrungen heraus: Das Regressionsgewicht auf die Ratings als
„spirituell" ist enorm hoch ($\beta = 0{,}92$, $p < 0{,}001$), auf die Ratings als „religiös" hingegen deutlich schwächer ($\beta = 0{,}42$, $p = 0{,}021$). Die übrigen Regressionswerte sind
gering und nicht signifikant – mit Ausnahme eines Regressionspfads: dem von
extrovertiertem Mystizismus auf das Rating als „spirituell" – und dieses Regressionsgewicht ist *negativ* ($\beta = -0{,}31$, $p = 0{,}009$). Dies mag auf den ersten Blick erstaunlich erscheinen. Da jedoch in einer Strukturgleichung alle Variablen zusammenspielen (Regressionsgewichte repräsentieren partielle Kovarianzen) und, wie die
sehr hohen Kovarianzwerte ($r > 0{,}74$) zeigen, die drei Mystizismus-Faktoren in
der Tat sehr viel Gemeinsamkeit haben, ist dieser Sachverhalt so zu interpretieren: Die Varianz von Mystizismus, insbesondere von *extrovertiertem Mystizismus*, die *nicht* über den Faktor *Interpretation* mit dem Rating als „spirituell"
läuft, wird negativ. Und das ergibt Sinn: Es bedeutet, dass Mystizismus sich nur
dann positiv auf „Spiritualität" bezieht, wenn *Interpretation* im Spiel ist, dass *extrovertierter Mystizismus* jedoch für die hier betrachtete Gruppe „Spiritualität"
negativ vorhersagt, wenn sie *ohne Interpretation* bleibt. Konkret: Mystische Erfahrungen der Verbundenheit, Lebendigkeit und Bewusstheit aller Dinge gehören für die „mehr Spirituellen als Religiösen" nur dann zur „Spiritualität", wenn
sie interpretierbar sind und wenn sie nicht mit unaussprechlichen und vielleicht

auch beängstigenden Erfahrungen, vielmehr mit Erfahrungen von Öffnung für eine neue Sicht auf die Welt, Freude oder Ehrfurcht verbunden sind. Noch einmal anders: Wenn *Interpretation* aus der Gleichung gelöscht wird, bekommt *introvertierter Mystizismus* und (wenn auch dieser gelöscht wird) auch *extrovertierter Mystizismus* ein positives Regressionsgewicht auf „spirituell".

Ein ganz entsprechendes Muster zeigt sich auch für die Gruppe der „gleichermaßen Religiösen und Spirituellen", die wir im Vergleich betrachten (Abbildung 3.3). Allerdings stehen für diese Gruppe nicht die Ratings als „spirituell", sondern – naheliegend – die Ratings als „religiös" im Zentrum. Ein Vergleich der beiden Gruppen ist auch darum sinnvoll, weil dadurch das Profil der „mehr Spirituellen als Religiösen" deutlicher hervortritt, aber auch darum, weil sich das Bild erweitert und vervollständigt, indem deutlich hervortritt, dass Mystizismus durchaus auch die Ratings als „religiös" vorhersagen kann – nämlich dann, wenn „Spiritualität" mit „Religion" eng assoziiert wird. Und eben dies ist das Merkmal der Gruppe der „gleichermaßen Religiösen und Spirituellen", die, wie in Kapitel 2 (Abbildung 2.2) gezeigt, die Semantik von „Spiritualität als (All-)Verbundenheit" fast ebenso präferieren wie „Spiritualität als Teil von Religion".

Für diese Gruppe hat Mystizismus fast ebenso große Erklärungskraft für „Religion" ($R^2 = 0{,}21$) wie für „Spiritualität" ($R^2 = 0{,}27$), wobei der Beitrag des Ratings als „religiös" zum Rating als „spirituell" auch beachtlich hoch ist ($\beta = 0{,}31$, $p < 0{,}001$). Von daher ist auch erklärbar, dass das Regressionsgewicht von *Interpretation* mystischer Erfahrung auf das Rating als „spirituell" vergleichsweise bescheiden ausfällt ($\beta = 0{,}38$, $p = 0{,}083$).

Hingegen ist für diese Gruppe das Regressionsgewicht von *Interpretation* auf das Rating als „religiös" sehr hoch ($\beta = 0{,}81$, $p < 0{,}001$), während *extrovertierter* und *introvertierter Mystizismus* negativ sind und sich das oben beschriebene Muster zeigt. Dies bedeutet: Mystische Erfahrungen, *extrovertierte*, aber besonders *introvertierte*, beziehen sich nur dann positiv auf „Religion" und auf „Spiritualität", wenn sie mit *Interpretation* einhergehen.

Diese Ergebnisse können so zusammengefasst werden: Mystizismus, gemessen mit Hoods Mystizismus-Skala, zeigt in unseren Analysen einen sehr deutlichen Zusammenhang mit Selbstbewertungen als „spirituell". Dabei erweist sich die Mystizismus-Skala als trennscharfes Instrument zur Differenzierung von „Spiritualität" und „Religion". Aber man muss wiederum beachten, wer spricht. Denn dieser klare und beachtliche direkte Zusammenhang trifft nur für die Gruppe der „mehr Spirituellen als Religiösen" zu. Diese Gruppe jedoch sollte besondere Beachtung genießen, wenn es um die Frage geht, womit „Spiritualität" zusammenhängt.

Daraus leiten wir den Vorschlag ab, dass – freilich ohne Exklusivität zu beanspruchen – die Erfassung von Mystizismus sich bestens für die Operationalisierung von „Spiritualität" eignet. Die Mystizismus-Skala hat sich als verlässlicher Indikator für „Spiritualität" erwiesen. Ein starkes Argument für die

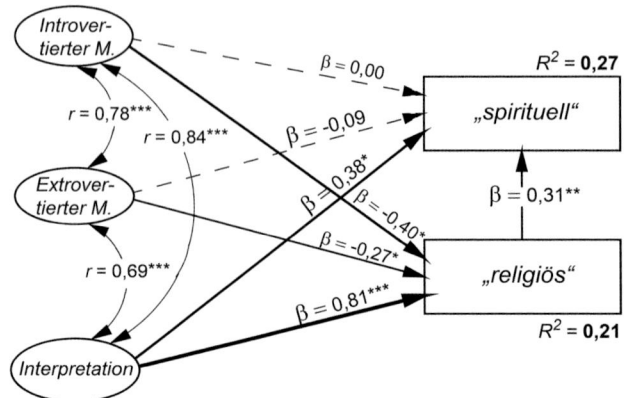

Abb. 3.3 Effekte der Mystizismus-Skala und ihrer drei Faktoren
auf die Ratings als „religiös" und „spirituell" in der Gruppe der
„gleichermaßen Religiösen und Spirituellen"

Anmerkungen zu Abb. 3.3 *** = signifikant auf dem $p \leq 0{,}001$-Niveau; ** = signifikant auf
dem $p \leq 0{,}05$-Niveau; * = signifikant auf dem $p \leq 0{,}10$-Niveau.

Verwendung von Hoods Mystizismus-Skala zur Identifikation von „Spiritualität" ist auch dies, dass auf der Item-Ebene Mystizismus gänzlich unabhängig
von „Spiritualität" erfragt wird und damit das oben notierte Tautologie-Risiko
bei Analysen der Beziehung zwischen ‚Spiritualität' und/oder Well-being gar
nicht entsteht.

Mystizismus Fokusgruppen-spezifisch

Für die Profilierung der Verhältnisse zwischen Mystizismus und „Spiritualität"
fragen wir nun nach den Ausprägungen von Mystizismus und seinen drei Subskalen für alle sechs von uns gebildeten Fokusgruppen.[39] Diese Betrachtung ist
nicht zuletzt im Blick auf die in den Kapiteln 6 bis 10 präsentierten Fallstudien

---

39 Wie bereits in Kapitel 2 erwähnt, haben wir die Fälle in unserem Sample nach ihrer
„spirituellen", „religiösen" oder „atheistischen" Selbsteinschätzung in Fokusgruppen
eingeteilt: 1. die „mehr Religiösen als Spirituellen", 2. die „gleichermaßen Religiösen
und Spirituellen", 3. die „mehr Spirituellen als Religiösen" (ohne selbsterklärte AtheistInnen/Non-TheistInnen), 4. die „mehr spirituellen als religiösen AtheistInnen/Non-
TheistInnen", 5. die „weder Religiösen noch Spirituellen" (ohne selbsterklärte AtheistInnen/Non-TheistInnen), 6. die „weder religiösen noch spirituellen AtheistInnen/
Non-TheistInnen". Für eine detaillierte Beschreibung der Konstruktion dieser Fokusgruppen siehe Keller/Streib/Silver et al. (2016).

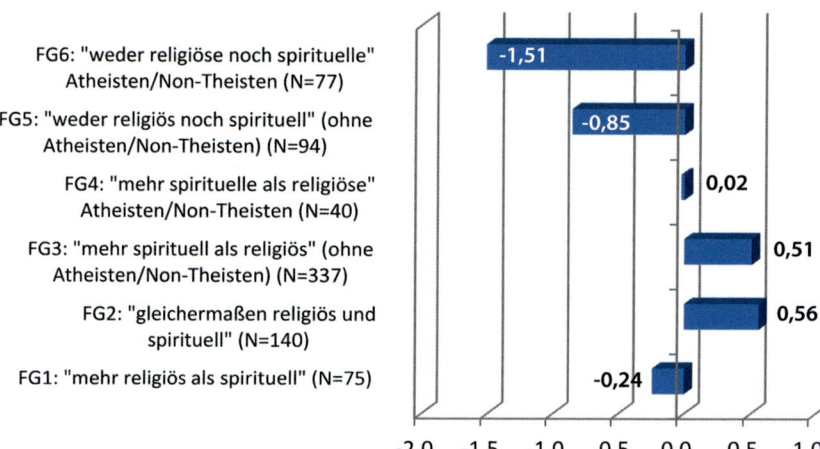

Abb. 3.4 Z-standardisierte Mystizismus-Gesamtwerte für die sechs Fokusgruppen

von Bedeutung, denn auch für die Interpretation der einzelnen Fälle spielen die Werte auf der Mystizismus-Skala eine Rolle.

Abbildung 3.4 verdeutlicht die beachtlichen Unterschiede zwischen den Ausprägungen von Mystizismus als Gesamtwert in den sechs Fokusgruppen. In diesem Überblick werden die Differenzen durch z-standardisierte, d. h. um die Null-Linie als Mittelwert und mit Standardabweichung 1 errechnete, Werte besonders deutlich.

Die „weder Religiösen noch Spirituellen" in den Fokusgruppen 5 und 6, insbesondere die „weder religiösen noch spirituellen" AtheistInnen und Non-TheistInnen (FG6), berichten deutlich weniger von mystischen Erfahrungen. Im Gegensatz dazu berichten ProbandInnen, die sich als „gleichermaßen religiös und spirituell" oder als „mehr spirituell als religiös" (aber nicht atheistisch oder nicht-theistisch) verstehen, überdurchschnittlich viel von mystischen Erfahrungen. Die „mehr spirituellen als religiösen" AtheistInnen und Non-TheistInnen liegen ziemlich genau im Durchschnitt, während die „mehr Religiösen als Spirituellen" unterdurchschnittlich von mystischen Erfahrungen berichten. Der Zusammenhang zwischen Selbsteinstufung als „gleichermaßen" oder „mehr" spirituell geht also mit häufigerem Bericht von mystischen Erfahrungen einher.

Abbildung 3.5 präsentiert die Mystizismus-Werte detailliert nach den drei Komponenten der Mystizismus-Skala für jede Fokusgruppe. Dabei zeigt sich generell, dass in allen Fokusgruppen die drei Komponenten, *introvertierter, extrovertierter Mystizismus* und *Interpretation* von mystischen Erfahrungen nicht sehr auseinanderklaffen, jedenfalls die Unterschiede innerhalb der Fokusgruppen generell wesentlich kleiner sind, als die zwischen den Fokusgruppen.

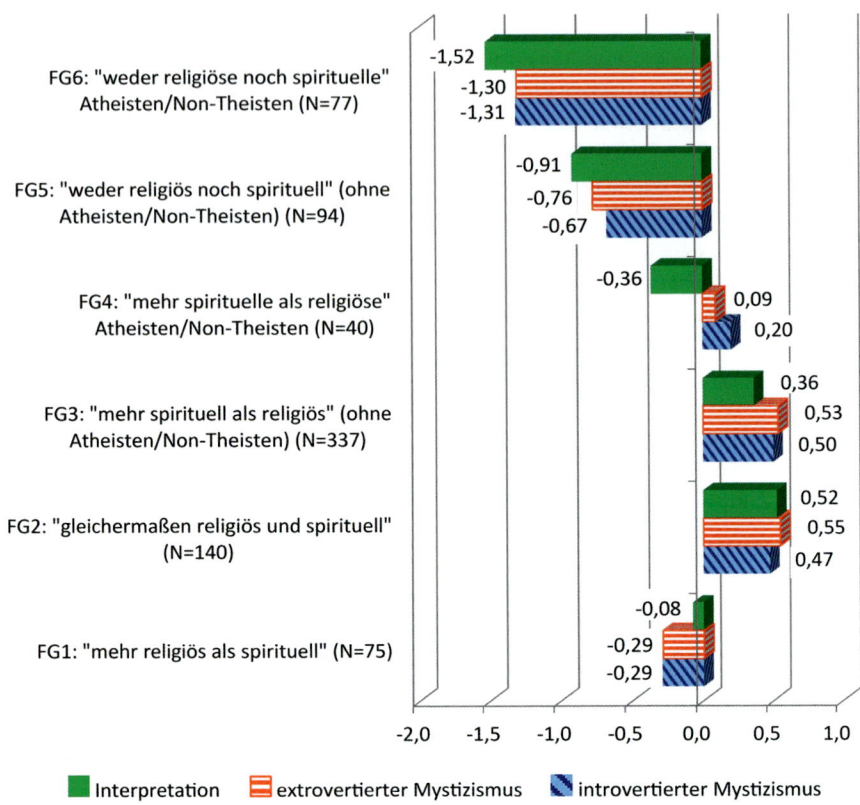

Abb. 3.5 Die Mystizismus-Komponenten (z-standardisierte Werte)
in den Fokusgruppen

Dennoch werden im Vergleich der Fokusgruppen zusätzliche Differenzen deutlich, die die Fokusgruppen noch etwas deutlich profilieren und verstehen helfen. So zeigt sich, dass *Interpretation,* d. h. mystische Erfahrungen, die mit positivem Affekt, der Eröffnung neuer Weltsicht und mit Heiligkeit und Ehrfurcht einhergehen, bei den „weder Religiösen noch Spirituellen" (FG5 und FG6) weniger ausgeprägt ist als die anderen beiden Mystizismus-Faktoren.

Diese Differenz ist bei den „mehr spirituellen als religiösen" Atheisten/Non-Theisten (FG4) am größten; sie berichten mystische Erfahrungen, die mit positivem Affekt, der Eröffnung neuer Weltsicht und mit Heiligkeit und Ehrfurcht einhergehen, sehr deutlich weniger als etwa Erfahrungen von Ich-Verlust, des Verlusts von Raum und Zeit oder unaussprechliche Erfahrungen (*introvertierter Mystizismus*) und etwas weniger von Erfahrungen der Verbundenheit, Lebendigkeit und Bewusstheit aller Dinge (*extrovertierter Mystizismus*).

Im Gegensatz dazu berichten ProbandInnen in den Fokusgruppen der „gleichermaßen Religiösen und Spirituellen" (FG3) und „mehr Spirituellen als Religiösen" ohne die AtheistInnen und Non-TheistInnen (FG3) nicht allein überdurchschnittlich von Erfahrungen der Verbundenheit, Lebendigkeit und Bewusstheit aller Dinge (*extrovertierter Mystizismus*) und Erfahrungen von Ich-Verlust, des Verlusts von Raum und Zeit oder unaussprechliche Erfahrungen (*introvertierter Mystizismus*), sondern auch überdurchschnittlich von Erfahrungen, die mit positivem Affekt, der Eröffnung neuer Weltsicht und mit Heiligkeit und Ehrfurcht einhergehen (*Interpretation*); bei den „mehr Spirituellen als Religiösen" ohne AtheistInnen und Non-TheistInnen (FG3) allerdings spielt *Interpretation* eine etwas geringere Rolle. Auch das passt ins Bild, denn die Identifikation als „mehr" oder „gleichermaßen" religiös geht mit „mehr" oder nahezu „gleichermaßen" viel *Interpretation* einher.

Zusammenfassend kann gesagt werden, dass sich die Mystizismus-Skala als effektiv[40] zur Unterscheidung der sechs Fokusgruppen erwiesen hat. Daher eignet sich Mystizismus auch als Skala für Fokusgruppen-spezifische Darstellungen unserer Daten und auch für die Visualisierung der Verteilung der Einzelfälle (siehe Kapitel 4 und 5). Dabei fungiert die Mystizismus-Skala als Indikator für „Spiritualität" – und wir halten es insbesondere aufgrund der Ergebnisse mit den Strukturgleichungen für gerechtfertigt, die Mystizismus-Skala zur Abschätzung der Folgen von „Spiritualität" einzusetzen, die im Folgenden gezeigt werden soll.

Mystizismus/„Spiritualität" und die Folgen

Es schließt hier gut an, wenn wir exemplarisch den Blick auf die Folgen von „Spiritualität" als Selbstattribution richten. Nach den soweit berichteten und erläuterten Ergebnissen mit der Mystizismus-Skala finden wir es durchaus berechtigt, die Mystizismus-Skala als Indikator für „Spiritualität" einzusetzen und damit zu ermessen, welche Effekte „Spiritualität" auf andere psychologische und soziale Lebens- und Persönlichkeitsbereiche hat, die dann als Outcomes der Selbstbezeichnung als „spirituell" gelten können. Hierbei steht die Frage der Beziehung von „Spiritualität" und psychologischem Wohlbefinden im Vordergrund (für einen Forschungsüberblick und weitere Literaturverweise siehe Klein/Keller/Silver et al.: 2016). Diese Frage steht in vielen Untersuchungen im Zentrum des Interesses. Darum gehen wir zunächst auf den Zusammenhang von Mystizismus/„Spiritualität" und psychologischem Wohlbefinden ein.

---

40 Aus der den Graphiken zugrundeliegenden Varianzanalyse (ANOVA) ergibt sich eine signifikante Differenz zwischen den Fokusgruppen auf allen drei Mystizismus-Komponenten ($F(5, 757) = 70,057$; $F(5, 757) = 86,425$; $F(5, 757) = 91,878$, alle $p < 0,001$) sowie für den Mystizismus-Gesamtscore ($F(5, 757) = 102,045$, $p < 0,001$).

Psychologisches Wohlbefinden und Wachstum wurde in unserem Fragebogen erfasst mit der 42 Items umfassenden Version des von C. Ryff und KollegInnen entwickelten mehrdimensionalen Instruments zur Erfassung von Wohlbefinden und psychologischem Wachstum im Erwachsenenalter (Ryff: 1989; Ryff/ Singer: 1998; Staudinger/Lopez/Baltes: 1997). Im Strukturgleichungsmodell (Abbildung 3.6) ist *Psychologisches Wohlbefinden und Wachstum* eine latente (nicht direkt gemessene) Variable, die sich aus folgenden, mit jeweils 7 Fragen erhobenen Facetten zusammensetzt (die wiederum in der Graphik aus Gründen der Übersichtlichkeit weggelassen wurden, aber für die Interpretation jeweils assoziiert werden sollten):

- *Autonomie* (Beispiel: „Ich bin von meiner Meinung überzeugt, auch wenn sie im Widerspruch steht zu dem, was die Allgemeinheit denkt."),
- *Alltagsbewältigung* (Beispiel: „Ich erledige meine vielen alltäglichen Aufgaben und Pflichten ganz gut."),
- *Persönlichkeitsentwicklung* (Beispiel: „Ich denke es ist wichtig, immer wieder neue Erfahrungen zu machen, die in Frage stellen, wie man über sich und die Welt nachdenkt."),
- *Beziehungen zu anderen* (Beispiel: „Ich bin wohl in den Augen der meisten ein liebevoller und zärtlicher Mensch."),
- *Lebensziele* (Beispiel: „Manche Leute gehen plan- und ziellos durchs Leben, aber zu denen gehöre ich nicht."),
- *Selbstakzeptanz* (Beispiel: „Wenn ich mir so mein Leben anschaue, bin ich eigentlich ganz zufrieden, wie sich die Dinge entwickelt haben.").

Als Ergebnis wird in Abbildung 3.6 wiederum nur ein Detail aus der umfangreicheren Strukturgleichung[41] vorgestellt, nämlich die Analyse für die Gruppe der „mehr Spirituellen als Religiösen".

Psychologisches Wohlbefinden und Wachstum wird für die Gruppe der „mehr Spirituellen als Religiösen" in unserem deutschen Sample zu ca. 26 % erklärt; dies ist zwar nicht enorm viel, aber immerhin ein bemerkenswertes Anzeichen für einen Zusammenhang.

Beachtlich hoch ist das Regressionsgewicht von *Interpretation* mystischer Erfahrung auf *Wohlbefinden* ($\beta = 0{,}61$, $p < 0{,}001$). Die Interpretation mystischer

---

41 Auch diese Strukturgleichungs-Analyse wurde als Acht-Gruppen-Modell mit den Gruppen der „mehr religiösen als spirituellen", „gleichermaßen religiösen und spirituellen", „mehr spirituellen als religiösen" und „weder religiösen noch spirituellen" ProbandInnen in USA ($n = 1103$) und Deutschland ($n = 765$) durchgeführt. Die Modellpassung ($\chi^2 = 1871{,}473$, $df = 584$, $c^2/df = 3{,}38$, Central Fit Index (CFI) = 0,900, Root Mean Square Error of Approximation (RMSEA) = 0,036, lower bound = 0,034, upper bound = 0,037) ist akzeptabel bis gut (Bentler: 1990; Browne/Cudeck: 1992; Hu/ Bentler: 1999).

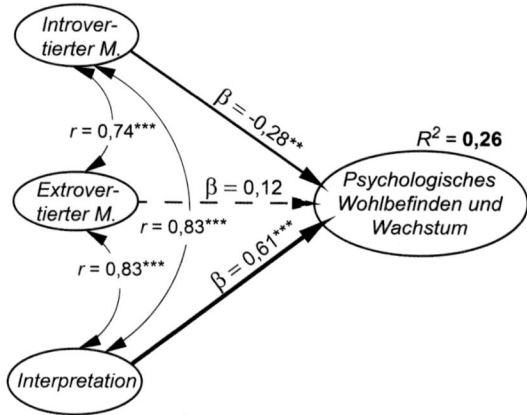

Abb. 3.6 Effekte der Mystizismus-Skala und ihrer drei Faktoren
auf Psychisches Wohlbefinden und Wachstum in der Gruppe
der „mehr Spirituellen als Religiösen"

Anmerkungen zu Abb. 3.6 *** = signifikant auf dem $p \leq 0{,}001$-Niveau; ** = signifikant auf dem $p \leq 0{,}05$-Niveau.

Erfahrung als emotional positiv, heilig und zu neuer Weltsicht führend ist assoziiert mit höherem psychologischem Wohlbefinden.

Dagegen zeigt sich in der Strukturgleichung für *introvertierten Mystizismus* ein negatives Regressionsgewicht (β = -0,28, p < 0,05) auf *Wohlbefinden;* und *extrovertierter Mystizismus* bleibt niedrig und insignifikant. Dieser Befund ist analog zu den Interpretationen zu den in Abbildung 3.2 und 3.3 präsentierten Regressionsmustern folgendermaßen zu verstehen: Ohne Interpretation als emotional positiv, heilig und zu neuer Weltsicht führend wirkt sich *introvertierter Mystizismus* nicht positiv, sondern vielmehr negativ oder gefährdend auf psychologisches Wohlbefinden und Persönlichkeitsentwicklung aus.

Doch zeigen diese Analysen insgesamt, dass häufigere mystische Erfahrungen – und also stärkere Präferenz für „Spiritualität" – mit einiger Wahrscheinlichkeit mit positiven Folgen für psychologisches Wohlbefinden und Persönlichkeitsentwicklung verbunden sind.

Wenn wir wiederum zum Vergleich die andere Gruppe mit Präferenz für „Spiritualität" danebenstellen (Abbildung 3.7), so zeigt sich eine noch stärkere Ausprägung des für die Gruppe der „mehr Spirituellen als Religiösen" identifizierten Musters. Die erklärte Varianz steigt auf 36 %. Das Regressionsgewicht von *Interpretation* mystischer Erfahrung auf *Psychologisches Wohlbefinden und Persönlichkeitsentwicklung* springt gar auf β = 0,91 (p < 0,001), während das Regressionsgewicht für *introvertierten Mystizismus* noch stärker negativ ausfällt (β = -0,50, p < 0,05).

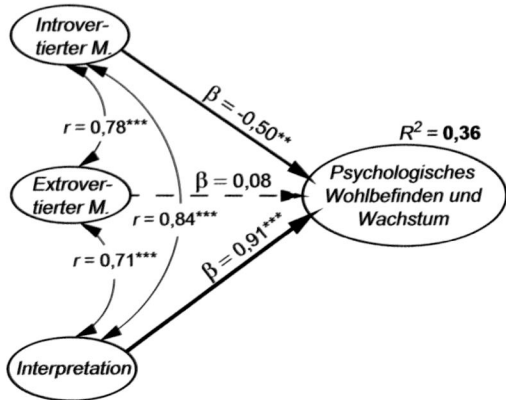

Abb. 3.7 Effekte der Mystizismus-Skala und ihrer drei Faktoren
auf Psychisches Wohlbefinden und Persönlichkeitsentwicklung in
der Gruppe der „gleichermaßen Religiösen und Spirituellen"

Anmerkungen zu Abb. 3.7 *** = signifikant auf dem $p \leq 0{,}001$-Niveau; ** = signifikant auf
dem $p \leq 0{,}05$-Niveau.

Wie ist dieser Befund zu interpretieren? Für diese Gruppe der „gleichermaßen
Religiösen und Spirituellen" steht, wie in der Interpretation der Ergebnisse in
Abbildung 3.3 ausgeführt, „Spiritualität" nicht in Kontrast zu „Religion"; vielmehr läuft die Regression teilweise über „Religion" zu „Spiritualität". Für die
Gruppe der „gleichermaßen Religiösen wie Spirituellen" hat darum *introvertierter Mystizismus* dann die relativ starke Tendenz, psychisches Wohlbefinden
und Persönlichkeitsentwicklung zu gefährden, wenn dieser nicht mit *Interpretation,* d. h. mit positiver Emotion, Heiligkeit und der Eröffnung neuer Weltsich-
ten, assoziiert wird *und* wenn dieser nicht als „Religion", d. h. in religiöser Semantik, expliziert werden kann. Oder umgekehrt: Mystische Erfahrung, die mit
Interpretation assoziiert ist, hat für die „gleichermaßen Religiösen und Spirituellen" deutlich positive Effekte für psychologisches Wohlbefinden und Persönlichkeitsentwicklung. Für diese Gruppe, in deren Semantik von „Spiritualität"
die Variante „Spiritualität als Teil von Religion" bedeutenden Raum einnimmt,
ist dieses Ergebnis also plausibel.

Zusammenfassend: Mystizismus, sofern dieser mit positivem Affekt, Heilig-
keit/Ehrfurcht und noetischer Qualität, also mit *Interpretation* verbunden ist,
hat beachtlichen positiven Effekt auf psychisches Wohlbefinden und Persönlichkeitsentwicklung für die Menschen, die sich als „mehr spirituell als religiös"
oder „gleichermaßen religiös und spirituell" verstehen. Und dies gilt auch für
„Spiritualität", bzw. mit „Spiritualität" assoziierte „Religion", sofern diese durch
Mystizismus erklärt wird.

Zusammenfassung und Schlussfolgerungen

In unseren Analysen hat sich ein enger Zusammenhang zwischen mystischen Erfahrungen und selbstzugeschriebener „Spiritualität" gezeigt. Unser Einsatz der Mystizismus-Skala – der unseres Wissens erste Einsatz von Hoods Instrument in deutscher Übersetzung in einer deutschsprachigen Studie überhaupt – war durchaus erfolgreich und wir können den Einsatz dieser Skala zur Untersuchung von „Spiritualität" klar empfehlen.

Diese Empfehlung ist auch dadurch gerechtfertigt, dass die Mystizismus-Skala weder „Religion" noch „Spiritualität" explizit erwähnt und auch auf der Konstruktebene weder die Erfassung von ‚Religion' noch von ‚Spiritualität' und schon gar nicht von ‚Well-being' intendiert ist, sondern eben ‚Mystizismus' in ihrer von Stace und Hood konzipierten drei-dimensionalen Struktur. Das schließt alle Konfundierungsprobleme, die zu Beginn dieses Kapitels erwähnt wurden, von vornherein aus.

Und erst im Nachhinein verknüpfen wir den mit Hoods Skala erfassten Mystizismus mit „Spiritualität". In den von uns durchgeführten und oben präsentierten Analysen mithilfe von Strukturgleichungsmodellen haben wir genau diese Verknüpfung untersucht. Und dass diese Verknüpfung erfolgreich war, sollte gezeigt werden.

Somit ergibt sich aus den mit unseren Daten durchgeführten Analysen eine empirische Bestätigung für die These (Streib/Hood: 2011), dass „Spiritualität" als privatisierte, erfahrungsorientierte Religion in der Kontinuität mit dem Mystizismus verstanden und operationalisiert werden kann.

Darüber hinaus legen die dargestellten Ergebnisse aus unseren Analysen die Grundlage für weitere Arbeiten mit den qualitativen und quantitativen Daten. Sie stehen in einer Argumentationslinie, die im nächsten und übernächsten Kapitel weitergeführt wird: Mystizismus, erfasst mit der Mystizismus-Skala, ist eine Achse, eine Skala, die unsere mit Fragenbogendaten und Interviews untersuchten Fälle differenziert. Die Fokusgruppen zeigen ihr Profil auf dieser Skala sehr plastisch. Und schließlich kann das hier mit den Analysen zum Mystizismus aufgespannte Netz für die Interpretation der Einzelfälle fruchtbar werden; in den Fallstudien nehmen wir ja explizit Bezug auf die Fragebogendaten – auch auf diejenigen der Mystizismus-Skala.

4. „Spiritualität", religiöse Entwicklung und Offenheit für neue Erfahrungen

In diesem Kapitel betrachten wir einen weiteren Aspekt von „Spiritualität": die Frage nämlich, ob und inwiefern „Spiritualität" mit Veränderung, Entwicklung, und Offenheit für neue Erfahrungen zusammenhängt. Diese Frage hat vor allem einen Bezug zu den Biographien, die in Interviews (Faith-Development-Interviews, FDI) erzählt werden und in denen die Interviewees auf narrative Weise erklären, wie und warum sie im Laufe ihres Lebens „Spiritualität" exploriert und für sich übernommen haben – oder auf Distanz zu „Spiritualität" geblieben sind. Die Fallstudien der Kapitel 6 bis 10 bieten dazu eine typische Auswahl aus unserem umfangreichen deutschen Interviewsample.

Aber auch die Fragebogendaten eröffnen einige Einblicke in die Zusammenhänge von „Spiritualität" und biographischen oder psychologischen Prozessen, die mit Veränderung und religiöser Entwicklung zu tun haben. Besonders interessant sind dafür die Angaben zur Dekonversion, die quantifizierbaren Ergebnisse der Faith-Development-Interview-Auswertung, der Ergebnisse der Religious Schema Scale (RSS), sowie der Skalen zur Persönlichkeit (NEO-FFI), insbesondere der Subskala zur Offenheit für Erfahrung. Damit werden Perspektiven eröffnet auf a. tatsächliche biographische Veränderungen in der Vergangenheit (Dekonversion), b. habituelle Strukturen religiöser Entwicklung (FDI; RSS) und c. persönlichkeitspsychologische Disponiertheit, die insbesondere für künftige Entwicklung bedeutsam werden kann. Wir beginnen mit der Dekonversion.

„Spiritualität" und Dekonversion

Die Inspiration zu dem hier präsentierten Forschungsprojekt zur Semantik und Psychologie der „Spiritualität" verdanken wir, wie bereits in der Einleitung notiert, einem überraschenden Ergebnis aus einer vorhergehenden Studie, in der wir individuelle religiöse Veränderung, Migrationsverläufe im religiösen Feld untersucht haben, genauer: Biographieverläufe von Menschen, die sich von religiösen Gruppen und Organisationen abgewendet haben, Biographieverläufe von DekonvertitInnen. Im Rahmen dieser „Bielefeld-based Cross-cultural Study on Deconversion" haben wir – quasi nebenbei, aber erstmalig in größerem Umfang in Deutschland – nach der Selbsteinschätzung als „spirituell" gefragt. Dafür wurde das bereits mehrfach erwähnte Frageformat eingesetzt, das die TeilnehmerInnen zur Selbsteinschätzung einlädt, ob sie sich „mehr religiös als spirituell", gleichermaßen religiös und spirituell", „mehr spirituell als religiös" oder „weder spirituell noch religiös" bezeichnen.

Bereits in der vorgeschalteten Pilotstudie unter StudienanfängerInnen in Chattanooga und Bielefeld haben sich überraschend hohe Anteile (USA: 32,3 %; Deutschland: 20,7 %) von „mehr spirituellen als religiösen" jungen Erwachsenen gezeigt (Streib: 2005a). Die Ergebnisse der Hauptstudie, die in Band Nr. 5 dieser Buchreihe publiziert wurden (Streib/Hood/Keller et al.: 2009), weisen für Deutschland Anteile von „mehr spirituellen als religiösen" Probanden aus, die leicht höher liegen als die der Surveys (siehe Abbildung 4.1 und für Ergebnisse aus dem Religionsmonitor Kapitel 1) – eine Differenz, die wir für weniger spektakulär und für erklärbar gehalten haben.

Da der Fokus dieser vorhergehenden Studie auf Dekonversion gelegen hat, kann die Frage beantwortet werden, wie die Abwendung von einer religiösen Tradition mit selbsterklärter „Spiritualität" zusammenhängt. Und hier sind die Ergebnisse sehr überraschend, wie Abbildung 4.1 zeigt.

Es ist unschwer nachzuvollziehen, dass der Anteil der „mehr religiösen als spirituellen" Dekonvertiten, von Menschen also, die sich vor nicht allzu langer Zeit von einer religiösen Tradition oder religiösen Gemeinschaft gelöst haben, nur halb so groß ist wie bei den Nicht-Dekonvertiten. Plausibel ist auch, dass unter den Dekonvertiten sich viele als „weder religiös noch spirituell" verstehen; hier könnte man allenthalben fragen, warum dieser Anteil mit 21,2 % relativ gering ist. Überraschend jedoch ist der Anteil der „mehr spirituellen als religiösen" Probanden, der mit 36,5 % bei den Dekonvertiten doppelt so hoch ist wie bei den Nicht-Dekonvertiten. Dieses Ergebnis der doppelt so hohen Präferenz für „Spiritualität" bei Dekonveriten wirft die Frage auf, was diese Menschen mit „Spiritualität" verbinden, was sie darunter verstehen. Dies war das stärkste Motiv, die Untersuchung der Semantik und Psychologie von „Spiritualität" auf dem Weg zu bringen.

Doch liegt in diesem Ergebnis der Dekonversions-Studie bereits eine Erkenntnis zum Zusammenhang von „Spiritualität" und Biographie, sodass zum Thema dieses Kapitels zumindest die folgende Vermutung formuliert werden kann: „Spiritualität" als Selbstbezeichnung hängt für viele Menschen damit zusammen, dass Glaubenssysteme überprüft, Bindungen an religiöse Traditionen gelöst und neue Wege gesucht und beschritten werden. Und – das war unsere tentative Schlussfolgerung für die Ergebnisse der Dekonversions-Studie damals und wird auch durch die Ergebnisse der hier berichteten „Spiritualitäts"-Studie gestützt – die Selbstbezeichnung „Spiritualität" kann hierbei einen „Mehrwert" haben, der in der Eröffnung einer Sprachmöglichkeit für eine veränderte, aber fortbestehende religiöse Identität oder für die Suche danach besteht.

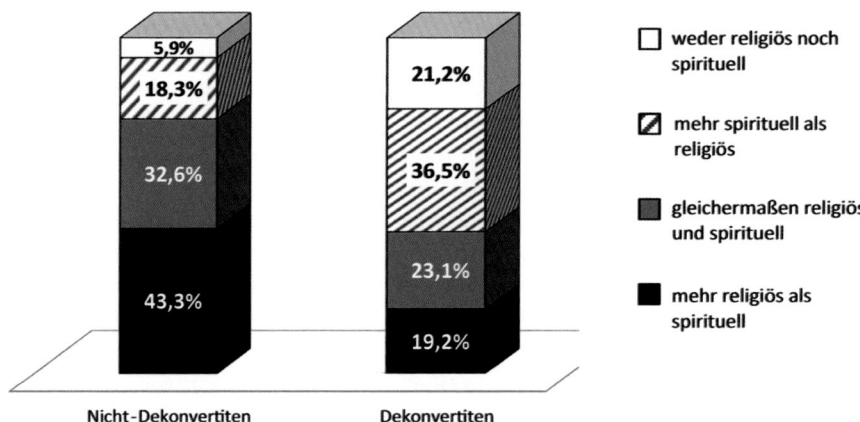

Abb. 4.1 Prozentuale Anteile von „religiöser/spiritueller" Selbsteinschätzung bei Dekonvertiten und Nicht-Dekonvertiten in Deutschland

„Spiritualität" und religiöse Entwicklung

Unsere Analyse zu religiöser Entwicklung bezieht sich auf das von Fowler (1981) entworfene und von Streib (1997; 2001; 2010; 2013) modifizierte und methodisch (Streib: 2005b) weiterentwickelte Modell. Danach wird religiöse Entwicklung als Folge von Präferenzen für bestimmte religiöse Stile verstanden, die auf dem Hintergrund eines verfügbaren Assembles von religiösen Stilen deskriptiv erfasst und im Modell einer präskriptiven Hierarchie von religiösen Stilen interpretiert werden können.

Dieses Modell liegt der empirischen Operationalisierung zugrunde, die sowohl qualitativ mit dem Faith-Development-Interview (FDI), als auch quantitativ mit der Religious Schema Scale (RSS) zentrale Aspekte der religiösen Entwicklung erfasst. Nach einer Vorstellung der Instrumente berichten wir die wichtigsten Ergebnisse zum Zusammenhang religiöser Entwicklung und „Spiritualität".

Instrumente zur Erfassung von religiöser Entwicklung

Das Faith-Development-Interview[42]

Das Faith-Development-Interview (FDI) ist ein halbstrukturiertes, 25 Fragen umfassendes Interview, das in vier Abschnitten a. Lebensrückblick, b. Beziehun-

---

42 Mit Verweis auf ausführliche Beschreibungen aus jüngster Zeit (Keller/Streib: 2013; Keller/Klein/Streib: 2013; Streib/Wollert/Keller: 2016a) halten wir die Darstellung hier eher knapp.

gen, c. Werte und Verpflichtungen und d. Religion und Weltanschauung thematisiert. Durch den Einstieg mit dem Lebensrückblick, insbesondere durch die Frage, „Wenn Sie über Ihr Leben nachdenken, können Sie es in unterschiedliche Abschnitte einteilen? Angenommen, es wäre ein Buch, welche Kapitel müsste es enthalten?" wird der Fokus auf autobiographische Erinnerung gerichtet und autobiographische Erzählung stimuliert.

Das vollständig transkribierte Interview wird, wie dies im *Manual for Faith Development Research* (Fowler/Streib/Keller: 2004) vorgeschlagen wird, Antwort für Antwort nach kognitiv-strukturellen Kriterien ausgewertet. Entsprechend unserer, bereits leicht modifizierten, Vorgehensweise wird die Zuordnung einer der Stufen/Stile zu den einzelnen Antworten im Interviewtext zunächst für alle der sieben Aspekte (Form of Logic; Perspective-Taking; Moral Judgment, Bounds of Social Awareness; Locus of Authority, Form of World Coherence; Symbolic Function) summiert. Danach wird ein Gesamt-Score für das betreffende FDI kalkuliert. Diese Auswertung kann in die quantitative Datenbank für weitere Analysen übernommen werden.

Doch damit ist der Reichtum der im FDI enthaltenen Informationen bei Weitem nicht ausgeschöpft. Es ist die besondere Beachtung von Inhalten und von Narrativität, die, wie von Streib (2005b) vorgeschlagen, inzwischen unsere FDI-Evaluation und unsere Ausarbeitung von Fallstudien prägt (Keller/Coleman/Silver: 2016). So finden Inhaltsaspekte wie Beziehungen, Werte und Verpflichtungen sowie Religion und Weltanschauung (entsprechend den Abschnitten in den FDI-Fragen) besondere Beachtung in den Fallstudien. Ebenso achten wir in der Auswertung auf Perspektiven der Mentalisierung, Bindung (attachment) und Weisheit. Außerdem bietet eine Frage einen qualitativen Zugang zur Semantik von „Spiritualität" im biographischen Kontext – die Frage nämlich, „Halten Sie sich für religiös, spirituell, oder gläubig? (Oder würden Sie eine andere Selbstbeschreibung bevorzugen?)". Die Offenheit dieser Frage ermöglicht den Interviewees, ihre eigene Auffassung von „Spiritualität" zu entfalten.

Und nicht zuletzt eröffnet die bereits erwähnte Stimulation für narrative, autobiographische Antworten die Möglichkeit, spezielle Aufmerksamkeit auf größere und kleinere Erzählungen und deren narrative Struktur zu richten. Das haben wir mittlerweile als neuen Auswertungsschwerpunkt etabliert (Keller/Coleman/Silver: 2016), wie in den Fallstudien zu sehen ist. Insbesondere das autobiographische Narrativ im Interview öffnet Perspektiven auf die religiöse Entwicklung, wie sie die interviewten Personen selbst interpretieren.

Die Religious Schema Scale

Die 15 Items umfassende Religious Schema Scale (RSS, Streib/Hood/Klein: 2010) ist ein quantitatives Instrument zur Erfassung von drei religiösen Schemata, die besonders für die Beziehung der eigenen zu fremden Religionen von Bedeutung sind. Die drei in konfirmatorischer Faktoranalyse bestätigten Subskalen der RSS erfassen a. die Absolutheit der eigenen Religion (*truth of texts and teachings, ttt*), b. Toleranz (*fairness, tolerance and rational choice, ftr*) und Xenosophie (*xeno-sophia/inter-religious dialog, xenos*) – also drei habituelle Strukturen, die auch und besonders in der Diskussion über die Modi der inter-religiösen Kommuni-kation eine Rolle spielen, in ein und derselben Skala. Die RSS wurde anhand der Daten der Dekonversionsstudie entwickelt und validiert.

Trotz bemerkenswerter (Streib/Hood/Keller et al.: 2009) bzw. angesichts mo-derater (Streib/Wollert/Keller: 2016b) Korrelationen der RSS-Subskalen mit FDI-Scores sollte die Eigenständigkeit der RSS beachtet werden. Die RSS sollte nicht als ein (weiterer) Entwurf eines quantitativen Messinstruments für Fow-lers Stufen missverstanden werden. Dennoch weisen die RSS-Subskalen für die einzelnen Stufen/Stile klare Profile auf, z.B. Stufe 2 ist durch hohe Werte auf *ttt* und niedrige auf *xenos* charakterisiert, während auf Stufe 5 *xenos* und *ftr* relativ hohe Werte haben (vgl. Streib/Wollert/Keller: 2016b).

Und dies verbindet beide Zugänge (die RSS und das FDI): Beide bilden eine Klimax religiöser Entwicklung ab. Die RSS-Subskalen *ttt, ftr* und *xenos* sind sinnvoll interpretierbar im Modell einer hierarchischen und präskriptiven Folge von religiösen Stilen (Streib) oder Stufen (Fowler) vom mythisch-wörtlichen und synthetisch-konventionellen über den individuierend-reflektierenden zu einem verbindenden/dialogischen Stil.

Im Rahmen unseres Kapitels interessiert jedoch in erster Linie, wie sich die FDI-Scores und die RSS-Subskalen zur selbsterklärten „Spiritualität" verhalten. Darum berichten wir im Folgenden einige der wichtigsten Ergebnisse.

Ergebnisse zu „Spiritualität" und religiöser Entwicklung

Faith Development Scores und „Spiritualität"

Wie stufen sich die Faith-Development-Interviewees auf den Skalen zur „Reli-giosität" und „Spiritualität" ein? Wie Abbildung 4.2 zeigt, bezeichnen sich die ProbandInnen, deren FDI schwerpunktmäßig einen mythisch-wörtlichen oder synthetisch-konventionellen Stil aufweist, als eher „spirituell" und liegen für „religiös" auf der neutralen Mittellinie.

Hingegen bezeichnen sich alle Interviewees mit schwerpunktmäßig verbin-dendem/dialogischem Stil (Stufe 5) als „spirituell" mit dem höchstmöglichen Rating, während sie ihre „Religiosität" als relativ niedrig (etwas unterhalb der neutralen Mittellinie) einstufen. Interessant sind die Ergebnisse für die Inter-viewees mit vorherrschend individuierend-reflektierendem Stil: Sie stufen sich eher als weder „religiös" noch „spirituell" ein.

Zusammengefasst zeichnet sich in den FDI-Ergebnissen folgendes Bild einer potentiellen Entwicklungslinie für die Selbsteinstufung als „spirituell" ab: Aus

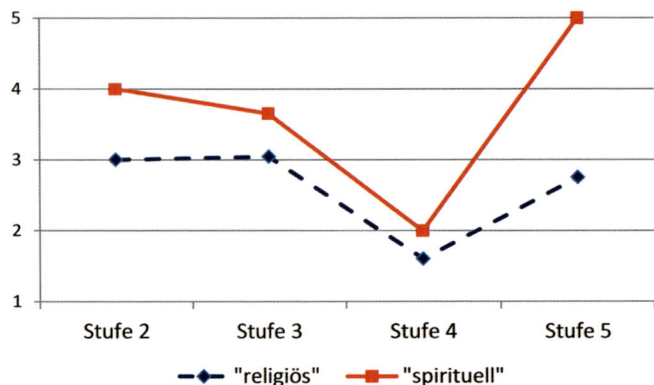

Abb. 4.2 Selbsteinstufungen der deutschen Probanden als „religiös"
und als „spirituell" auf verschiedenen Glaubensstufen

Anmerkung zu Abb. 4.2 $N_{Stufe\ 2} = 4$, $N_{Stufe\ 3} = 23$, $N_{Stufe\ 4} = 14$, $N_{Stufe\ 5} = 4$.

einer „etwas mehr spirituellen als religiösen" Selbsteinschätzung auf Stufe 2 und
3 wird eine „deutlich mehr spirituelle als religiöse" Selbsteinschätzung auf Stufe
5 – allerdings ist diese Entwicklung nicht linear, sondern U-förmig, denn wir sehen ein Intermezzo einer „weder religiösen noch spirituellen" Phase auf Stufe 4.

Freilich bleibt dieses Bild vorläufig und tentativ: Denn erstens darf man die
statistische Aussagekraft dieser Ergebnisse nicht überschätzen, denn sie stützen
sich auf ein relativ kleines Sample (wenn auch für eine qualitative Studie 45 Probanden als relativ umfangreich gelten können). Zweitens kann man mit einiger Verlässlichkeit von einer Entwicklungslinie erst dann sprechen, wenn diese
durch längsschnittliche Reihenuntersuchung, d. h. durch wiederholtes Intervie-
wen derselben Personen mit dem FDI, belegt ist.[43]

Nichtsdestotrotz zeigt sich in diesem Ergebnis durchaus etwas Neues, zuvor
noch nicht Demonstriertes: der Zusammenhang von religiösen Stilen/Schemata,
insbesondere des xenosophischen Schemas, mit selbstindizierter „Spiritualität".
Und dieser Zusammenhang kann aus unseren (weit umfangreicheren) quantitativen Daten genauer geprüft und demonstriert werden.

Religiöse Schemata und „Spiritualität"

Wie hängen religiöse Schemata mit selbstindizierter „Spiritualität" zusammen?
Dies kann in einem Modell, einem Strukturgleichungsmodell, dargestellt und

---

43 An genau diesem Projekt einer umfangreichen Längsschnittuntersuchung mit dem
   Faith Development Interview und Fragebogendaten arbeiten wir derzeit in Bielefeld
   und Chattanooga.

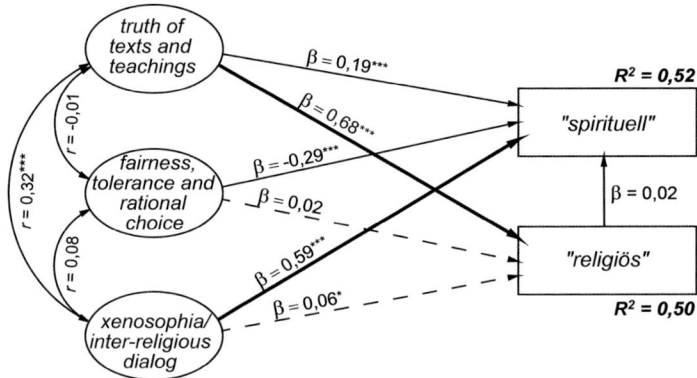

Abb. 4.3 Regressionsmodell der drei Subskalen der Religious Schema
Scale auf die Selbsteinstufungen als „religiös" und „spirituell"

Anmerkungen zu Abb. 4.3 *** = signifikant auf dem $p \leq 0{,}001$-Niveau; * = signifikant auf
dem $p \leq 0{,}10$-Niveau.

überprüft werden. Im Strukturgleichungsmodell der Abbildung 4.3 wurde selbst-
indizierte „Religion" mit in die Gleichung aufgenommen – unter der Annahme,
dass bei der Selbstbezeichnung als „spirituell" die Nähe und Distanz zur Selbstbezeichnung als „religiös" eine Rolle spielt und in diesem Kontrast die Verhältnisse profiliert werden können.[44]

In den Ergebnissen zeigt sich eine beachtlich hohe Varianzaufklärung von
50 % für „religiös" und 52 % für „spirituell". Dies weist darauf hin, dass zwischen den in der RSS dargestellten drei religiösen Schemata einerseits und den
Selbsteinschätzungen als „religiös" und „spirituell" andererseits starke Zusammenhänge bestehen.

Das marginale Regressionsgewicht von „religiös" auf „spirituell" zeigt an, dass
beide eher getrennt prädiziert werden. Und dabei sind die Verhältnisse ziemlich
deutlich: Die Selbsteinstufung als „religiös" wird mit einem relativ hohen Regressionsgewicht von $\beta = 0{,}68$ ($p < 0{,}001$) durch *truth of texts and teachings (ttt)*
prädiziert, während die anderen beiden RSS-Subskalen keine Rolle spielen; die
Selbsteinstufung als „spirituell" ist mit einem Regressionsgewicht von $\beta = 0{,}59$

44 Die Strukturgleichungs-Analyse wurde als Zwei-Gruppen-Modell mit den Gruppen
der US-amerikanischen und deutschen Probanden durchgeführt. Die Modellpassung
($\chi^2 = 1655{,}722$, $df = 192$, Central Fit Index (CFI) = 0,88, Root Mean Square Error of
Approximation (RMSEA) = 0,064, lower bound = 0,061, upper bound = 0,067) kann
als noch akzeptabel angesehen werden (Bentler: 1990; Browne/Cudeck: 1992; Hu/
Bentler: 1999).

(p < 0,001) von *xenosophia/inter-religious dialog (xenos)* bestimmt, aber auch *ttt* (b = 0,19, p < 0,001) und *ftr* (b = -0,29, p < 0,001) spielen eine untergeordnete Rolle.

Somit dokumentiert dieses Strukturgleichungsmodell die effektiven Zusammenhänge zwischen religiösen Schemata und selbstbewerteter eigener „Religiosität" und „Spiritualität" und legt eindeutig nahe, dass die Selbstbewertung als „religiös" mit dem absolutistischen religiösen Schema (*ttt*) zusammenhängt, während die Selbstbewertung als „spirituell" eher durch das verbindend-dialogische Schema (*xenos*) geprägt ist.

Aus einer anderen analytischen Perspektive wird dies bestätigt und zugleich detailliert: Um die Stärke der drei RSS-Subskalen in den einzelnen Fokusgruppen zu bestimmen, haben wir (mit z-standardisierten Werten der RSS-Subskalen) eine Varianzanalyse durchgeführt. So ergibt sich ein anschauliches Bild für die Profile der der RSS-Subskalen in den Fokusgruppen, wie Abbildung 4.4 zeigt.

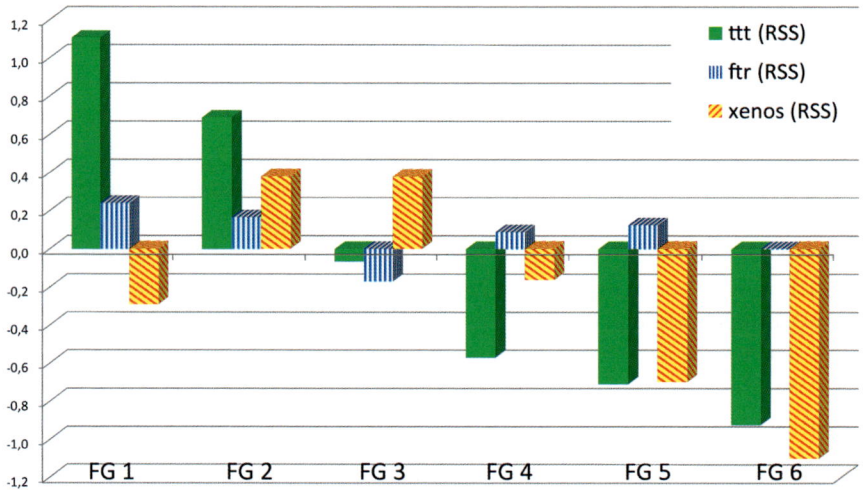

Abb. 4.4 Ausprägungen der religiösen Schemata (z-standardisierte Mittelwerte) in den Fokusgruppen im deutschen Sample

Anmerkung zu Abb. 4.4 ttt = Subskala *truth of texts and teachings* der Religious Schema Scale (RSS), ftr = Subskala *fairness, tolerance & rational choice* der RSS, xenos = Subskala *xenosophia/inter-religious dialog* der RSS; FG 1 = Fokusgruppe der „mehr Religiösen als Spirituellen" (N = 75), FG 2 = Fokusgruppe der „gleichermaßen Religiösen und Spirituellen" (N = 140), FG 3 = Fokusgruppe der „mehr Spirituellen als Religiösen" (ohne Atheisten/Non-Theisten) (N = 337), FG 4 = Fokusgruppe der „mehr spirituellen als religiösen Atheisten/Non-Theisten" (N = 40), FG 5 = Fokusgruppe der „weder Religiösen noch Spirituellen" (ohne Atheisten/Non-Theisten) (N = 94), FG 6 = Fokusgruppe der „weder religiösen noch spirituellen Atheisten/Non-Theisten" (N = 77). Aus der Varianzanalyse ergibt sich, dass die Differenzen zwischen den Fokusgruppen signifikant sind, und zwar mit $F(5, 757)$ = 90,336 (p < 0,001) für ttt, mit $F(5, 757)$ = 4,005 (p < 0,001) für ftr, und mit $F(5, 757)$ = 59,079 (p < 0,001) für xenos.

Am deutlichsten sind die Unterschiede für die RSS-Subskala *truth of texts and teachings (ttt)*: während *ttt* für die Fokusgruppe der „mehr Religiösen als Spirituellen" am höchsten ausgeprägt ist und auch noch für die „gleichermaßen Religiösen und Spirituellen" relativ hoch ist, haben die „weder Religiösen noch Spirituellen" und die selbsterklärten „Atheisten/Non-Theisten" stark negative Werte auf *ttt*. Da *ttt* einen starken Zusammenhang mit der Selbstbewertung als „religiös" aufweist, ist diese Differenzierung zwischen den Fokusgruppen plausibel.

Für die RSS-Subskala *xenosophia/inter-religious dialog* sehen wir starke Unterscheidungseffekte zwischen Fokusgruppen. Allerdings bilden diese Unterschiede nicht eine absteigende Linie wie die Werte für *ttt*, vielmehr erscheint eine Art U-förmiges Muster, das für die „mehr Spirituellen als Religiösen" und die „gleichermaßen Religiösen und Spirituellen" die höchsten Werte ausweist.

In diesem Ergebnis der Varianzanalyse wird sowohl deutlich, wie effektiv die drei religiösen Schemata zwischen den Fokusgruppen unterscheiden, es wird jedoch auch noch einmal bestätigt, wie eindeutig die Präferenz für die Selbstbezeichnung als „spirituell" mit Xenosophie als habitueller Struktur zusammenhängt.

In einem weiteren Analyseschritt wurden drei Gruppen gebildet, die sogenannten Religious-Schema-Gruppen. Die Zuordnung erfolgte nach folgendem Prinzip: Fälle, bei denen der Mittelwert für *ttt* höher ist als der sowohl für *ftr* als auch für *xenos*, wurden den Gruppe der „Absolutisten" ($N = 206$) zugeordnet. Wer auf *ftr* einen höheren Mittelwert hat als auf *ttt* und *xenos*, fällt in die Gruppe der „Toleranten" ($N = 232$). Und wer auf *xenos* einen höheren Mittelwert hat als auf *ttt* und *ftr*, wurde der Gruppe der „Xenosophischen" ($N = 224$) zugewiesen.

Diese Religious-Schema-Gruppen reflektieren, wie bereits erwähnt, eine Klimax religiöser Entwicklung. Freilich entsprechend diese Religious-Schema-Gruppen nicht eins-zu-eins den Stufen des Glaubens nach Fowler, sondern stellen mit dem besonderen Fokus auf religiöse Schemata etwas Eigenes dar. Doch die Annahme einer Entwicklungslinie und hierarchischen Aufschichtung qualifiziert diese Gruppeneinteilung als Indikator für religiöse Entwicklung.

Hier wird offenkundig, dass von den „Absolutisten" zwischen „Religion" und „Spiritualität" kaum ein Unterschied gemacht wird; die Selbsteinstufung sowohl als „religiös" also auch als „spirituell" liegen im leicht positiven Bereich. Die „Toleranten" dagegen bezeichnen sich als eher mäßig „spirituell", doch stehen sie der Selbsteinstufung als „religiös" deutlich negativ gegenüber. Die „Xenosophischen" schließlich favorisierten überaus deutlich die Selbstbewertung als „spirituell" und lehnen das Etikett „religiös" eher ab; dies entspricht einer „mehr spirituellen als religiösen" Selbsteinstufung. Dabei bestätigt sich in etwa das Bild, das für die vier Stufen/Stile in Abbildung 4.2 zutage getreten ist.

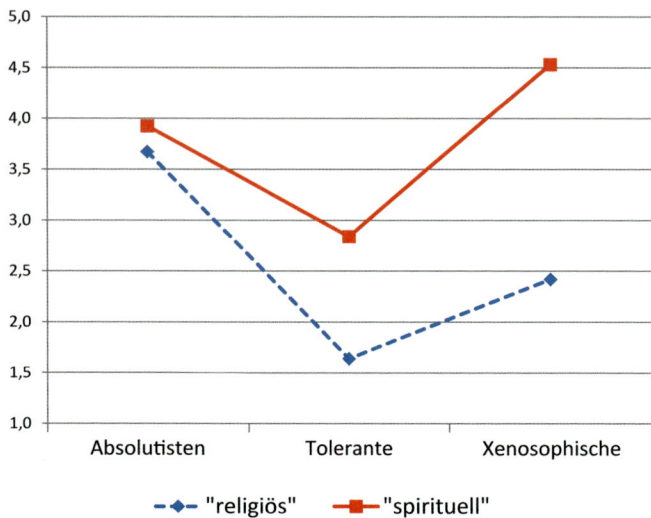

Abb. 4.5 Selbsteinstufungen der deutschen Probanden als „religiös"
und als „spirituell" in den drei Religious-Schema-Gruppen

Anmerkung zu Abb. 4.5 Aus der Varianzanalyse ergibt sich, dass die Differenzen zwischen den Religious-Schema-Gruppen ($N_{Absolutisten}$ = 207, $N_{Tolerante}$ = 233, $N_{Xenosophische}$ = 222) signifikant sind, und zwar mit $F(2, 659) = 136{,}038$ ($p < 0{,}001$) für die Selbsteinstufung als „religiös" und mit $F(2, 665) = 105{,}756$ ($p < 0{,}001$) für die Selbsteinstufung als „spirituell".

Auch die Häufigkeit der Religious-Schema-Group-Mitglieder in den einzelnen Fokusgruppen kann in einer einfachen Kreuztabellierung dargestellt werden (Abbildung 4.6).

Dabei zeigt sich für die Gruppen der „AbsolutistInnen" und der „Xenosophischen" das bekannte Muster einer absteigenden Linie für *ttt* (das für die „Absolutisten" ja das herausragende Merkmal ist) und eine Art U-förmiges Muster für die „Xenosophischen" – dies bestätigt aufs Neue die starke, ja mehrheitliche Präsenz des xenosophischen Schemas bei den „Spirituellen".

Überraschend in dieser Analyse ist das Muster für die „Toleranten". Hier wird aufgezeigt, was in den vorangehenden Analysen nicht erkennbar war: dass das Schema *fairness, tolerance and rational choice* als eines der entscheidenden Merkmale der „weder Religiösen noch Spirituellen" und/oder „Atheisten/Non-Theisten" gelten kann. Damit kann dem – falls er entstanden ist: falschen – Eindruck entgegnet werden, als seien „AtheistInnen", „Non-Theisten" und „weder religiöse noch spirituelle" Menschen nichts weiter als Nein-Sager und hätten in unseren Daten nichts als negative Werte. Das Gegenteil ist richtig: Anstelle der (stark abgelehnten) absolutistisch verstandenen „Religiosität" und der dia-

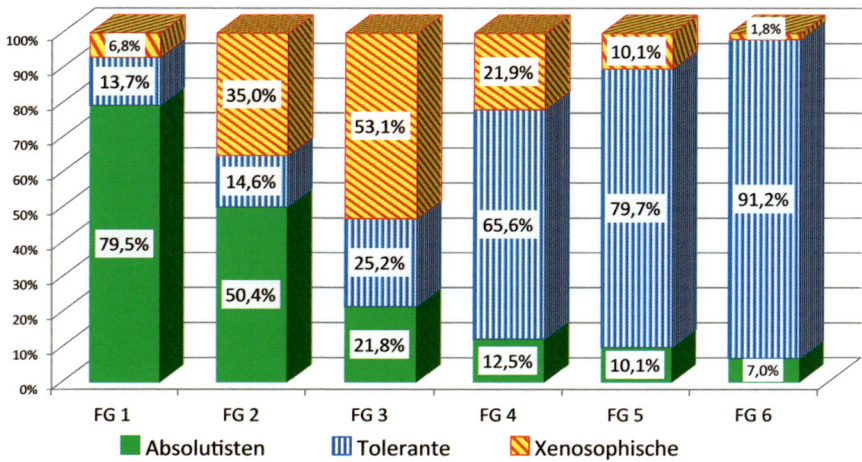

Abb. 4.6 Präsenz der Religious-Schema-Gruppen in den Fokusgruppen

Anmerkung zu Abb. 4.6 FG 1 = Fokusgruppe der „mehr Religiösen als Spirituellen" (N = 73), FG 2 = Fokusgruppe der „gleichermaßen Religiösen und Spirituellen" (N = 137), FG 3 = Fokusgruppe der „mehr Spirituellen als Religiösen" (ohne Atheisten/Non-Theisten) (N = 294), FG 4 = Fokusgruppe der „mehr spirituellen als religiösen Atheisten/Non-Theisten" (N = 32), FG 5 = Fokusgruppe der „weder Religiösen noch Spirituellen" (ohne Atheisten/Non-Theisten) (N = 69), FG 6 = Fokusgruppe der „weder religiösen noch spirituellen Atheisten/Non-Theisten" (N = 57).

logbereiten (teilweise weniger abgelehnten) „Spiritualität" kommt hier die Präferenz für eine tolerante Einstellung deutlich ans Licht.

Abschließend sei noch einmal darauf hingewiesen, dass „Spiritualität" jeweils vom Sprachgebrauch der befragten Menschen abhängt, es geht um ihre Semantik. Und diese ist, wie in Kapitel 2 dargestellt, vielfältig. Wir haben die Vielfalt auf 10 Dimensionen reduziert. Nun könnte es von Interesse sein, diese semantischen Dimensionen für die Religious-Schema-Gruppen darzustellen und zu fragen, welches Profil die einzelne Gruppe hat. Abbildung 4.7 zeigt die Ergebnisse.

In der Gruppe der „Absolutisten" bedeutet „Spiritualität" in erster Linie „Teil von Religion"; in zweiter Reihe stehen die semantischen Dimensionen „existenzielle Wahrheit" und „Ethik, Werte"; scharf abgelehnt hingegen wird die Semantik von „Spiritualität" als „höhere Macht" und „etwas Jenseitiges".

Für die Gruppe der „Toleranten" machen die semantischen Dimensionen einen weniger starken Unterschied, aber „existenzielle Wahrheit" und „Opposition zu Religion" sind immerhin leicht im positiven Bereich.

Für die Gruppe der „Xenosophischen" steht „Spiritualität" als „(All-) Verbundenheit" klar im Vordergrund, gefolgt von „existenzieller Wahrheit", „Oppo-

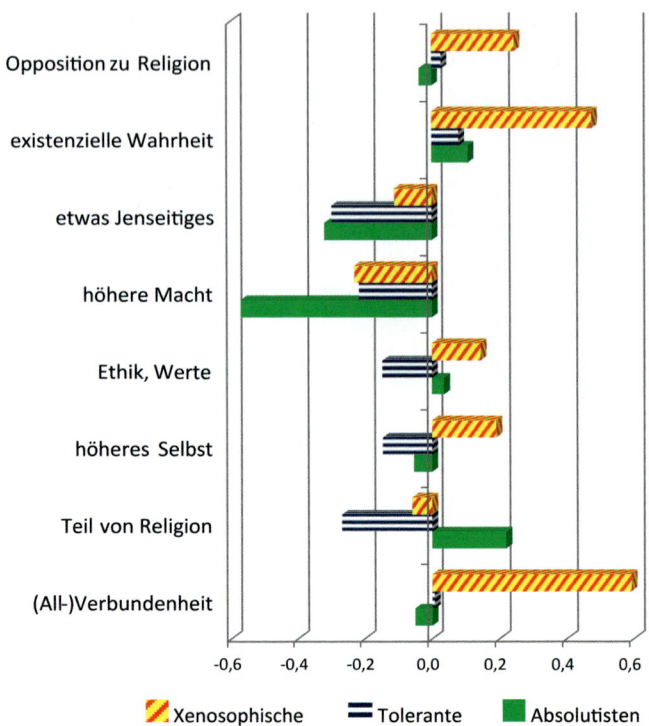

Abb. 4.7 Die semantischen Dimensionen von „Spiritualität"
mit signifikanten Unterschieden zwischen den Religious-Schema-Gruppen

sition zu Religion", und schließlich „Ethik, Werte" und „höheres Selbst"; es ist somit offenkundig, dass die Semantik von „Spiritualität" in der Gruppe der „Xenosophischen" nicht von vertikaler, vielmehr von horizontaler Transzendenz geprägt ist.

Fazit

In den qualitativen und quantitativen Daten des Spiritualitäts-Projekts zeigen sich Anzeichen für religiöse Entwicklung – selbst wenn eine verlässliche Aussage über tatsächlich erfolgte Entwicklung auf Längsschnittdaten warten muss. Jedoch können wir, wie gezeigt, aus den vorliegenden Daten habituelle Strukturen, nämlich Stufen oder Stile der Religiosität und religiöse Schemata identifizieren, die mit einiger Wahrscheinlichkeit religiöse Entwicklung abbilden. Diese zeigt einen klaren Zusammenhang mit „spiritueller" Selbstattribution. Somit kann zusammengefasst werden:

Religiöse Entwicklung, insofern diese mit Faith-Development-Interviews und der Religious Schema Scale in unseren Daten erfasst ist, geht für weite Teile der von uns befragten und interviewten Menschen mit einer semantischen Gewichtsverlagerung von „religiöser" auf „spirituelle" Selbstattribution einher. Oder anders betrachtet: Selbstattributierte „Spiritualität" kann auf religiöse Entwicklung hinweisen – und weist für weite Teile unserer ProbandInnen mit großer Wahrscheinlichkeit auf religiöse Entwicklung hin.

„Spiritualität" und Persönlichkeit

Als dritte Linie von Indikatoren von Veränderung fokussieren wir auf die persönlichkeitspsychologischen Dispositionen. Besonders die Persönlichkeitsdimension der *Offenheit für Erfahrung* hat, wie nun gezeigt werden soll, signifikante Zusammenhänge mit selbstattribuierter „Spiritualität".

Unsere Untersuchung ist freilich nicht die erste, die den Zusammenhang von Persönlichkeit mit Religion und/oder Spiritualität analysiert hat. Persönlichkeit gehört zu den am meisten studierten Bereichen gegenwärtiger psychologischer Forschung. Darum liegen auch zahlreiche Studien zum Verhältnis von Persönlichkeit und Religion vor, die auch teilweise Ergebnisse zum Verhältnis von Persönlichkeit und „Spiritualität" enthalten (Forschungsüberblicke und Meta-Analysen bieten: Saroglou: 2002; 2010; Piedmont/Wilkins: 2013a; 2013b; Ashton/Lee: 2014).

Dabei kann mit Piedmont (Piedmont/Wilkins: 2013a; 2013b) und Saroglou (2010) festgestellt und gleich zu Beginn notiert werden, dass die in den bislang vorliegenden Ergebnissen alle Versuche, Religion oder Spiritualität auf Persönlichkeit per se zurückzuführen und mit Persönlichkeit zu *erklären*, nicht erfolgreich gewesen sind. Wir können hier auch sogleich eine Fehlanzeige hinzufügen: Mit unseren Daten konnten wir eine *Erklärung* von „Spiritualität" und „Religion" aus den Persönlichkeitsdimensionen auch nicht nachweisen (vgl. Streib/Klein/Hood: 2016b).

Dennoch gibt es Anzeichen für klare Korrelationen zwischen bestimmten Persönlichkeitsfaktoren und bestimmten Versionen von Religiosität bzw. Spiritualität. Saucier und Skrzypinska (2006) haben nachgewiesen, dass das, was sie als „traditions-orientierte Religion" bezeichnen, *negativ* mit der Persönlichkeitsdimension *Offenheit für Erfahrung* korreliert und *positiv* mit *Verträglichkeit,* während die von den Autoren identifizierte „subjektive Spiritualität" *positiv* mit der Persönlichkeitsdimension *Offenheit für Erfahrung* ($r = 0,40$) korreliert. Aus seinen sehr umfangreichen Meta-Analysen von über 70 Studien aus 19 Ländern berichtet Saroglou (2002; 2010), dass die Persönlichkeitsdimension *Offenheit für Erfahrung* mit dem Konstrukt „spirituality/mature faith" (das er in sehr vielen Studien identifizieren konnte) und *negativ* mit „religious fundamentalism" korreliert.

Etwas pauschalisierend kann die Tendenz berichtet werden, dass die Persönlichkeitsdimensionen *Verträglichkeit* (und evtl. auch *Gewissenhaftigkeit*) mit Religion in Beziehung stehen, während *Offenheit für Erfahrung* positiv mit Spiritualität korreliert. Einschränkend muss zur korrekten Bewertung dieser Resultate jedoch notiert werden, dass, während für die Messung der Persönlichkeitsdimensionen jeweils das meist eingesetzte und bewährte Fünf-Faktoren-Modell verwendet wird, für die Erfassung von Spiritualität, reifem Glauben und Religiosität sehr unterschiedliche Instrumente gebraucht wurden und Spiritualität ein ziemlich unscharfes Konstrukt bleibt.

Letzteres sind wir, wie bereits wiederholt notiert, radikal anders angegangen, indem wir „Spiritualität" als Selbstattribution erfasst und dabei stets die Vielfalt der Bedeutungen, die „Spiritualität" für unsere Versuchspersonen hat, gewürdigt haben. Für die Erfassung von Persönlichkeit hingegen liegen wir mit all den vorliegenden Studien auf einer Linie, denn wir haben mit dem NEO-Fünf-Faktoren-Inventar (Costa/McCrae: 1992) ein klassisches Instrument gewählt.

Für den deutschsprachigen Fragebogen haben wir zur Erfassung der Persönlichkeitsdimensionen das NEO-Fünf-Faktoren-Inventar (NEO-FFI) in der deutschen Übersetzung von Borkenau und Ostendorf (1993) verwendet. Es ist eine 60 Items umfassende Version der klassischen Fünf-Faktoren-Persönlichkeitsmessung, in der fünf Dimensionen in fünf Subskalen erfasst werden: *Neurotizismus, Extraversion, Offenheit für Erfahrung, Verträglichkeit* und *Gewissenhaftigkeit*. Der Vorteil dieses umfangreich eingesetzten Inventars ist auch der, dass inzwischen aktuelle Normwerte für die deutsche Bevölkerung vorgelegt wurden, mit denen unsere Daten verglichen werden können.

Vergleich mit den Normwerten für Deutschland

Im Vergleich mit den Normwerten treten nur wenige Unterschiede mit großer Effektstärke in Erscheinung. In den Persönlichkeitsdimensionen *Neurotizismus, Extraversion* und *Gewissenhaftigkeit* sind die Unterschiede zu den deutschen Normwerten klein oder nichtsignifikant. Allein für *Offenheit für Erfahrung* und *Verträglichkeit* zeigen sich Unterschiede großer und mittlerer Effektstärke. Und wenn man hier die vier Subgruppen unserer Samples einzeln betrachtet, erkennt man, dass es an den „mehr Spirituellen als Religiösen" und den „weder Religiösen noch Spirituellen" liegt, dass *Offenheit für Erfahrung* erheblich über den Normwerten liegt.

Tabelle 4.1 Mittelwerte der NEO-FFI-Skalen für die deutschen Probanden im Vergleich zu den Normwerten für Deutschland (Borkenau & Ostendorf, 2008)

	Daten des Spiritualitätsprojekts					Norm-werte
	mehr religiös als spirituell ($n = 79$)	gleichermaßen religiös und spirituell ($n = 146$)	mehr spirituell als religiös ($n = 377$)	weder religiös noch spirituell ($n = 171$)	Deutsches Sample insgesamt ($n = 773$)	($N = 871$)
Neurotizismus	19,5 (8.6)	19,1 (8,6)	19,1 (8,4)	17,7 (7,7)	18,8 (8,3)	21,0 (7,9)
	$t = -1,6$	$t = -2,7$	$t = -3,8$	$t = -5,0$	$t = -5,5$	
	$p = 0,109$	$p = 0,008$	$p < 0,001$	$p < 0,001$	$p < 0,001$	
	$d = -0,19$	$d = -0,24$	$d = -0,24$	$d = -0,42$	$d = -0,27$	
Extraversion	27,9 (6,2)	28,7 (6,4)	27,4 (6,4)	26,7 (6,7)	27,6 (6,5)	26,9 (6,5)
	$t = 1,3$	$t = 3,1$	$t = 1,3$	$t = -0,4$	$t = 2,2$	
	$p = 0,189$	$p = 0,002$	$p = 0,210$	$p = 0,714$	$p = 0,029$	
	$d = 0,15$	$d = 0,28$	$d = 0,08$	$d = -0,03$	$d = 0,11$	
Offenheit für Erfahrung	31,6 (5,5)	34,4 (5,8)	35,9 (5,2)	36,0 (5,0)	35,2 (5,5)	29,5 (6,5)
	$t = 2,8$	$t = 8,6$	$t = 16,9$	$t = 12,4$	$t = 19,1$	
	$p = 0,006$	$p < 0,001$	$p < 0,001$	$p < 0,001$	$p < 0,001$	
	$d = 0,33$	$d = 0,77$	$d = 1,04$	$d = 1,04$	$d = 0,94$	
Verträglichkeit	34,4 (5,1)	34,3 (5,9)	33,6 (5,5)	31,2 (5,4)	33,3 (5,6)	30,5 (5,4)
	$t = 6,2$	$t = 7,8$	$t = 9,3$	$t = 1,5$	$t = 10,3$	
	$p < 0,001$	$p < 0,001$	$p < 0,001$	$p = 0,122$	$p < 0,001$	
	$d = 0,72$	$d = 0,69$	$d = 0,57$	$d = 0,13$	$d = 0,51$	
Gewissenhaftigkeit	31,9 (6,2)	32,3 (6,0)	30,3 (6,3)	30,7 (6,8)	31,0 (6,4)	32,6 (6,1)
	$t = -1,0$	$t = -0,6$	$t = -6,1$	$t = -3,7$	$t = -5,2$	
	$p = 0,330$	$p = 0,582$	$p < 0,001$	$p < 0,001$	$p < 0,001$	
	$d = -0,12$	$d = -0,05$	$d = -0,37$	$d = -0,31$	$d = -0,26$	

Anmerkungen Standardabweichungen in Klammern; Variablen für Geschlecht, Alter, kulturelles Kapital und Pro-Kopf-Einkommen wurden in der Analyse der Daten des Spiritualitätsprojekts kontrolliert; t und p basieren auf t-test-Analysen; d berichtet die Effektgröße der Differenzen zu den Normwerten gemäß Cohen's (1988) d-Kalkulationen; dabei werden d-Werte zwischen 0,2 und 0,4 als kleiner, zwischen 0,4 und 0,8 als mittlerer und über 0,8 als großer Effekt gewertet.

Für die Dimension der *Verträglichkeit* hingegen liegt es an der Subgruppe der „mehr Religiösen als Spirituellen" und den „gleichermaßen Religiösen und Spirituellen", dass der Unterschied zum Normwert wenigsten eine mittlere Effektgröße hat. Wenn man dazu noch in Rechnung stellt, dass unser Sample zu etwa der Hälfte aus „mehr Spirituellen als Religiösen" besteht, ist aus dieser Analyse

offenkundig, dass allein *Offenheit für Erfahrung* und „spirituelle" Selbstattribution eng miteinander zusammenhängen.

Persönlichkeitsfaktoren und „Spiritualität" –
Varianzanalyse mit den Fokusgruppen

Noch etwas mehr ins Detail gehen wir mit unserer Analyse der Ausprägung
der fünf Persönlichkeitsdimensionen in den einzelnen Fokusgruppen (Abbildung 4.8).

Mehr Details erhalten wir schon darum, weil in den Fokusgruppen die „Athe-
isten/Non-Theisten" eigens beachtet und berechnet werden. Die besondere Leis-
tung der Varianzanalyse besteht jedoch darin, dass die Variablen – hier die fünf
Persönlichkeitsdimensionen – identifiziert werden können, die den größten Beitrag zur Unterscheidung zwischen den Fokusgruppen leisten.

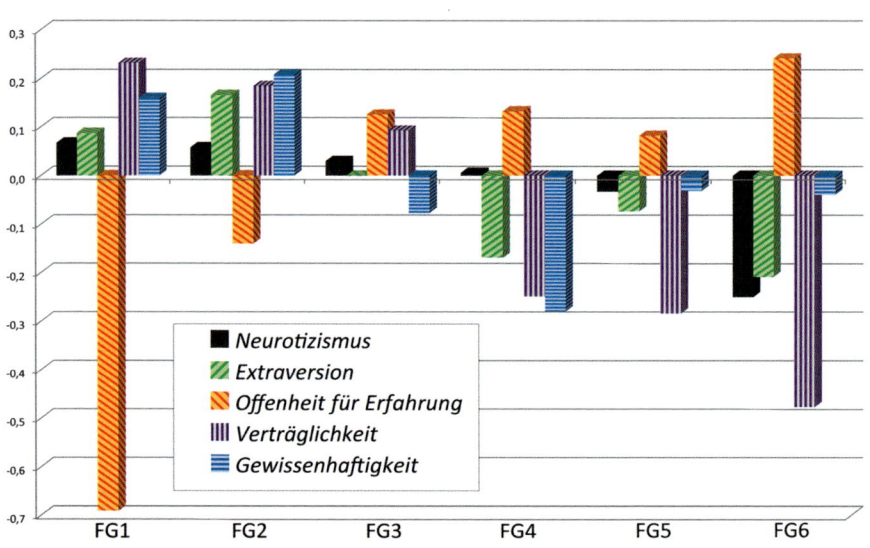

Abb. 4.8 Mittelwerte (z-standardisiert) der fünf NEO-FFI-Skalen
in den sechs Fokusgruppen

Anmerkung zu Abb. 4.8 und Tabelle 4.2 FG1 = Fokusgruppe der „mehr Religiösen als Spirituellen" (*N* = 75), FG 2 = Fokusgruppe der „gleichermaßen Religiösen und Spirituellen"
(*N* = 140), FG 3 = Fokusgruppe der „mehr Spirituellen als Religiösen" (ohne Atheisten/
Non-Theisten) (*N* = 337), FG 4 = Fokusgruppe der „mehr spirituellen als religiösen Athe-
isten/Non-Theisten" (*N* = 40), FG 5 = Fokusgruppe der „weder Religiösen noch Spirituellen" (ohne Atheisten/Non-Theisten) (*N* = 94), FG 6 = Fokusgruppe der „weder religiösen
noch spirituellen Atheisten/Non-Theisten" (*N* = 77).

Dabei interessieren am meisten die Unterschiede zur Fokusgruppe der „mehr Spirituellen als Religiösen, ohne Atheisten/Non-Theisten" (FG3); diese mit Abstand größte Fokusgruppe haben wir darum als Bezugsgröße gewählt und jeweils die Effektstärken der Differenz zu den anderen Fokusgruppen in einer Cohen's-d-Kalkulation ermittelt. Wir präsentieren diese Varianzanalyse mit z-standardisierten Mittelwerten in Abbildung 4.8 sowie mit den Sum-score-Mittelwerten in Tabelle 4.2, um für die einzelnen Fälle in den Fallstudien in späteren Kapiteln eine Vergleichsmöglichkeit zu eröffnen. In der Tabelle werden die Cohen's-d-Werte für die Differenzen der einzelnen Fokusgruppen zur Fokusgruppe 3 der „mehr Religiösen als Spirituellen" berichtet.

Wenn man in der Zusammenschau aller sechs Fokusgruppen die Effektgrößen für die Unterschiede zu FG3 (Cohen's-d-Werte in Tabelle 4.2) beachtet, wird offenkundig, dass mit wenigen Ausnahmen eher kleine oder gar marginale Unterschiede auf das Konto der fünf Persönlichkeitsdimensionen gehen. Aber diese Ausnahmen sind interessant und weiterführend.

Tabelle 4.2 Mittelwerte der fünf NEO-FFI-Skalen in den sechs Fokusgruppen und Vergleich der Fokusgruppe 3 mit den anderen Fokusgruppen

	FG1	FG2	FG3	FG4	FG5	FG6
	($n = 75$)	($n = 140$)	($n = 337$)	($n = 40$)	($n = 94$)	($n = 77$)
Neurotizismus	19.4 (8.1) $d = 0,04$	19,3 (8,7) $d = 0,02$	19,1 (8,4)	18,9 (8,8) $d = -0,02$	18,6 (8,0) $d = -0,06$	16,7 (7,2) $d = -0,29$
Extraversion	28,1 (6,0) $d = 0,08$	28,6 (6,5) $d = 0,16$	27,6 (6,4)	26,5 (6,2) $d = -0,17$	27,1 (6,6) $d = -0,08$	26,2 (6,8) $d = -0,22$
Offenheit für Erfahrung	**31,4 (5,5)** **$d = -0,86$**	34,4 (5,9) $d = -0,28$	35,9 (5,1)	35,9 (5,6) $d = 0,00$	35,6 (5,2) $d = -0,06$	36,5 (4,7) $d = 0,12$
Verträglichkeit	34,6 (5,0) $d = 0,15$	34,3 (5,9) $d = 0,09$	33,8 (5,6)	31,9 (5,2) $d = -0,34$	31,7 (5,3) $d = -0,38$	**30,6 (5,4)** $d = -0,58$
Gewissen-haftigkeit	32,0 (6,1) $d = 0,24$	32,3 (6,2) $d = 0,29$	30,5 (6,3)	29,2 (6,0) $d = 0,21$	30,8 (6,2) $d = 0,05$	30,7 (7,5) $d = 0,03$

In dieser Varianzanalyse bestätigt sich, dass *Offenheit für Erfahrung* die Persönlichkeitsdimension ist, die zwischen der Fokusgruppe der „mehr Religiösen als Spirituellen" (FG1) und den „mehr Spirituellen als Religiösen" (FG3) mit Cohen's $d = -0,86$ den größten Unterschied markiert. Zwischen den Fokusgruppen FG3, FG4, FG5 und FG6 sind die Unterschiede auf der Persönlichkeitsdimension *Offenheit für Erfahrung* wiederum eher gering. Offensichtlich haben diejenigen, die sich von „Religion" abgrenzen und sich als „spirituell", als „atheistisch" oder säkular verstehen, die höchste Offenheit für Erfahrungen.[45]

„Spiritualität" und Offenheit für Erfahrung

Unsere Analysen mit den NEO-Fünf-Faktoren-Inventar haben gezeigt, dass für die Profilierung von „Spiritualität" im Gegenüber und Kontrast zu „Religion" (jeweils als Selbstattribution!) vor allem die Persönlichkeitsdimension *Offenheit für Erfahrung* einen effektiven Beitrag leistet. Dies konnte anhand des Mittelwertevergleichs mit den Normwerten für die deutsche Bevölkerung und anhand der varianzanalytischen Untersuchung der Differenzen zwischen den Fokusgruppen gezeigt werden. Wir ziehen daraus die Schlussfolgerung, dass sich die Variable *Offenheit für Erfahrung* sehr gut als eine Achse eignet, die Fälle unseres Samples in einer Streugraphik darzustellen, wie im folgenden Kapitel gezeigt werden wird.

Auch die Frage des Zusammenhangs von „Spiritualität" als Selbstbezeichnung mit individueller, biographischer Veränderung kann nun positiv beantwortet werden: Wenn, wie gezeigt, „Spiritualität" mit *Offenheit für Erfahrung* eng zusammenhängt, ist damit auch eine persönlichkeitspsychologische Disposition identifiziert, die sich als dritte Perspektive gut in das in diesem Kapitel entfaltete Gesamtbild von „Spiritualität" und ihrem Zusammenhang mit biographischer Veränderung, religiöser Entwicklung einfügt.

---

45 Zumindest notiert werden sollte, dass das Profil der „weder religiösen noch spirituellen Atheisten/Non-Theisten" (FG6) noch leicht höhere Werte in *Offenheit für Erfahrung* und enorm niedrige Werte in *Verträglichkeit* aufweist. Für die Untersuchung der Persönlichkeit von Atheisten und Non-Theisten ist dies ein bemerkenswertes Resultat.

5. „Spiritualität" –
Konturen einer Typologie

Eine einfache und griffige typologische Frage-Struktur für „Spiritualität" als Selbstattribution haben wir bereits 2002 in der Studie über Dekonversion (Streib et al.: 2009) – erstmals in einer Untersuchung in Deutschland – in den Fragebogen aufgenommen. Es handelt sich um eine Frage mit vier Antwort-Optionen: Sind Sie „…mehr religiös als spirituell", „…gleichermaßen religiös und spirituell", „…mehr spirituell als religiös" oder „…weder religiös noch spirituell". Diese Frage haben wir in den Fragebogen der Studie über „Spiritualität", deren Ergebnisse wir hier berichten, übernommen.

Zur Bildung von Fokusgruppen (siehe Kapitel 2)[46] haben wir im Spiritualitäts-Projekt eine weitere Frage hinzugenommen, in der die Selbstbezeichnung als „Atheist" oder „Non-Theist" eine Option war. Dies ermöglichte in der Gruppe der „mehr Spirituellen als Religiösen" und der „weder Religiösen noch Spirituellen" eine weitere Differenzierung: Denn damit konnten die „weder religiösen noch spirituellen Atheisten/Non-Theisten" (Fokusgruppe 6) und die interessante – wenn auch relativ kleine – Gruppe der „mehr spirituellen als religiösen Atheisten/Non-Theisten" (Fokusgruppe 4) in unseren Analysen gesondert berücksichtigt werden. Damit ist die Differenzierung zwischen vertikaler und horizontaler Symbolisierung von Transzendenz zwar nicht zu 100 % abgebildet; aber die UntersuchungsteilnehmerInnen mit einer nicht-vertikalen Symbolisierung von Transzendenz können in den Fokusgruppen 4 und 6 vermutet werden.

Diese Unterscheidung von vier Optionen der „religiösen/spirituellen" Selbstattribution und, darauf aufbauend, von sechs Fokusgruppen ist konzeptionell entworfen. Diese typologische Struktur hat sich in den quantitativen Fragebogendaten als aufschlussreich erwiesen. Wo immer möglich und sinnvoll, haben wir darum unsere quantitativen Ergebnisse in den vorangehenden Kapiteln differenziert nach Fokusgruppen vorgestellt und Varianzanalysen mit den Fokusgruppen gerechnet. Auch die Effektstärke der Gruppendifferenzen spricht für diesen typologischen Ansatz. Ein starkes Argument für diese typologische Einteilung ist, dass sie ausschließlich aus den Selbstbezeichnungen der ProbandInnen („ich bin … mehr religiös/mehr spirituell/gleichermaßen/weder-noch/AtheistIn/Non-Theist") gebildet ist. Dies plausibilisiert, dass auch der Gliede-

---

46 Für Häufigkeiten siehe Anhang 1; für eine detaillierte Beschreibung der Konstruktion dieser Fokusgruppen siehe Keller/Streib/Silver et al. (2016).

rung der Fallstudien in den nun folgenden Kapiteln dieses Buches diese typologische Struktur zugrunde liegt.

Freilich ist mit dieser Vier-Optionen-Frage und den darauf aufbauenden sechs Fokusgruppen nicht alles erfasst und abgebildet, was „Spiritualität" für die Teilnehmenden an unserer Untersuchung bedeuten kann und womit „Spiritualität" als Selbstbezeichnung in Zusammenhang stehen kann. So gibt es durchaus Unterschiede zwischen Fragebogenantworten und Selbstbeschreibungen in den Faith-Development-Interviews; einige Interviewees legen beispielsweise Wert auf die Selbstbezeichnung „gläubig" – teilweise auch in Verbindung mit „spirituell" (Keller/Hood/Streib: 2016).

Auch ist offenkundig, dass in der Vier-Optionen-Frage „Spiritualität" im Gegenüber zu „Religion" erfragt und damit im Fragebogen eine Alternative vorgegeben wird – von der allerdings behauptet werden kann, dass sie der Ansicht vieler Menschen entspricht, die für sich die Selbstbezeichnung als „religiös" weniger passend finden als „spirituell" oder „eher spirituell". Mit Ammerman (2013) kann man dennoch dafür plädieren, die Exklusivität einer binären Logik zwischen „Religion" und „Spiritualität" zu überdenken und andere Wege in den Blick zu nehmen. Und das bedeutet, „Spiritualität" klarer in den Fokus zu rücken.

Das wurde in den auf den freien Texteintragungen basierenden semantischen Analysen auch umgesetzt – mit Beschränkung auf die Semantik von „Spiritualität". Und in der semantischen Analyse der freien Eintragungen zu „Spiritualität" zeigt sich im Ergebnis eine Bedeutungsvielfalt von „Spiritualität", in der sich durchaus grundlegende Strukturen unserer typologischen Differenzierung in vier bzw. sechs Gruppen niederschlagen. Dennoch waren wir mit der Bildung einer Typologie, die exklusiv auf der semantischen Analyse aufbaut, zurückhaltend.

Um die Fälle in unseren Daten aufgrund ihrer „Spiritualität" zu klassifizieren und in einer „Landkarte" darzustellen, sollten zentrale Merkmale von „Spiritualität" herangezogen werden. Schritte in diese Richtung wurden in den Kapiteln 3 und 4 mit den Fragen nach den psychologischen Korrelaten von „Spiritualität" vorbereitet. Dort wurde danach gefragt, womit, mit welchen Erfahrungen, Persönlichkeitsdimensionen oder Einstellungen, selbstattribuierte „Spiritualität" zusammenhängt, bzw. wovon sie eventuell abhängt; und es wurde nach den Folgen von „Spiritualität" etwa für Wohlbefinden gefragt.

Als hoch effektive Korrelate für „Spiritualität" sind dabei besonders Mystizismus (Kapitel 3) und Offenheit für Erfahrungen (Kapitel 4) hervorgetreten. Daraus haben wir (vgl. Streib/Hood: 2016c) den Schluss gezogen, dass diese beiden Korrelate sich besonders als Koordinaten eines Feldes eignen, in dem die verschiedenen Varianten und Ausprägungen von „Spiritualität", wie diese sich in unserem Sample darstellen, verortet werden können. Und damit zeigt sich ein Weg über den binären Gegensatz zu „Religion" hinaus, hin zu einer Perspektive auf „Spiritualität" in einem Koordinatensystem.

Mystizismus und *Offenheit für Erfahrung*
als Koordinaten

Mystizismus (Hood: 1975) und *Offenheit für Erfahrung* (NEO-FFI, Costa/Mc-Crae: 1992) eigenen sich darum besonders als Koordinaten für „Spiritualität", weil sich beide Konstrukte weder mit „Spiritualität" noch mit „Religion" inhaltlich überschneiden. Wegen solcher Überschneidungen wären etwa religiöse Entwicklung oder religiöse Schemata als Koordinaten weniger gut geeignet, auch wenn sie zwischen verschiedenen Varianten von „Spiritualität" ebenfalls deutlich differenzieren.

Mit *Mystizismus* und *Offenheit für Erfahrung* haben wir zwei Koordinaten, die „Spiritualität" in ihren Spielarten gut darstellen und auch zwischen den Fokusgruppen deutlich differenzieren. Die Differenzierung zwischen Fokusgruppen wurde für *Mystizismus* bereits in Abbildung 3.4 und für *Offenheit für Erfahrung* in Abbildung 4.8 gezeigt. Dies kann nun in einer Darstellung (Abbildung 5.1) zusammengeführt werden.

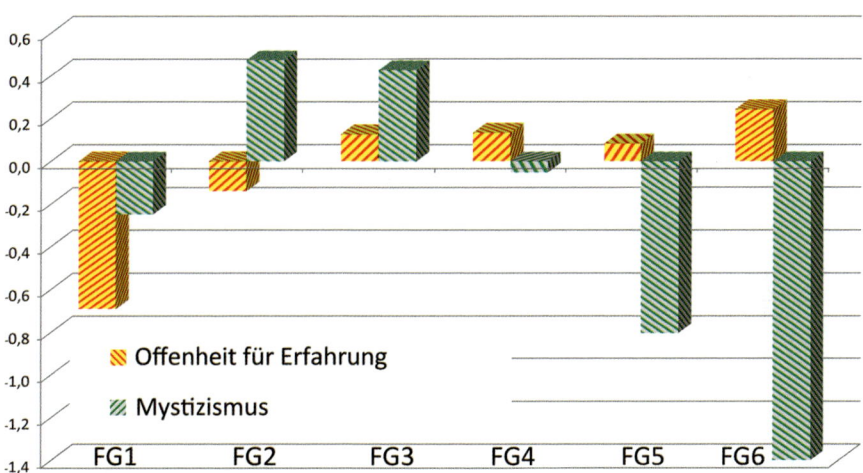

Abb. 5.1 *Mystizismus* und *Offenheit für Erfahrung* in den Fokusgruppen

Anmerkung zu Abb. 5.1 FG1 = Fokusgruppe der „mehr Religiösen als Spirituellen" ($N = 75$), FG2 = Fokusgruppe der „gleichermaßen Religiösen und Spirituellen" ($N = 140$), FG3 = Fokusgruppe der „mehr Spirituellen als Religiösen" (ohne Atheisten/Non-Theisten) ($N = 337$), FG4 = Fokusgruppe der „mehr spirituellen als religiösen Atheisten/Non-Theisten" ($N = 40$), FG5 = Fokusgruppe der „weder Religiösen noch Spirituellen" (ohne Atheisten/Non-Theisten) ($N = 94$), FG6 = Fokusgruppe der „weder religiösen noch spirituellen Atheisten/Non-Theisten" ($N = 77$); Offenheit für Erfahrung = z-standardisierte Mittelwerte der NEO-FFI-Subskala *Offenheit für Erfahrung*, *Mystizismus* = z-standardisierte Mittelwerte des Gesamtwerts der Mystizismus-Skala.

Die Graphik zeigt, wie zwei der in unserer Untersuchung erhobenen Variablen, die weder religiöse oder spirituelle Praxis, noch Glaubensinhalte oder religiöse Vorstellungen erfassen, sondern vielmehr auf Erfahrungen (mystische Erfahrungen) und die Offenheit für Erfahrungen fokussieren, zwischen den Fokusgruppen unterscheiden und somit deren spezifisches Profil zeigen.

Die „mehr Religiösen als Spirituellen" haben als einzige Fokusgruppe unterdurchschnittliche Werte sowohl für *Mystizismus* als auch für *Offenheit für Erfahrung*. Bei den „weder Religiösen noch Spirituellen", besonders bei den „Atheisten/Non-Theisten" unter ihnen, ist *Mystizismus* extrem unterdurchschnittlich, *Offenheit für Erfahrung* hingegen überdurchschnittlich hoch ausgeprägt.

Die Gruppen, mit „gleichermaßen" hoher Präferenz für „Spiritualität" oder „mehr spiritueller" Präferenz liegen überdurchschnittlich hoch in Mystizismus (mit Ausnahme der „mehr spirituellen als religiösen AtheistInnen/Non-Theisten"). Die „gleichermaßen Religiösen wie Spirituellen" sind unterdurchschnittlich offen für Erfahrung und liegen für diesen Wert näher bei der Gruppe der „mehr Religiösen als Spirituellen".

Man kann diese Profilierung der Fokusgruppen auch in einem zwei-dimensionalen Raum darstellen – und damit eine Darstellungsweise vorstellen, die im Folgenden für eine ganze Reihe von Streugraphiken verwendet werden soll. Dabei werden Mystizismus und Offenheit für Erfahrung als zwei Koordinaten dargestellt, die den Raum aufspannen, in dem sich die Fälle entsprechend der Werte auf diesen beiden Variablen verteilen. Die sehr niedrige Korrelation ($r = 0{,}09$, $p < 0{,}01$) zwischen beiden Koordinaten rechtfertigt die orthogonale Anordnung der beiden Achsen.

In Abbildung 5.2 wurde für die Fokusgruppen der jeweilige Zentroid in einer Varianzanalyse ermittelt, die Mittelwerte für die Fokusgruppen als Vektoren interpretiert und also im zwei-dimensionalen Raum der Koordinaten Mystizismus und Offenheit für Erfahrung dargestellt. Dabei wurden die Sumscore-Mittelwerte der jeweiligen Skala zugrunde gelegt und der Schnittpunkt der beiden Achsen auf den jeweiligen Durchschnittswert für die deutsche Gesamtstichprobe justiert. Selbstverständlich streuen die Fokusgruppen weit und überschneiden einander gegenseitig; die Zentroide hingegen zeigen den jeweiligen Schwerpunkt und damit einen Trend in der jeweiligen Gruppe im Unterschied zu den anderen Gruppen.

Die Fokusgruppe der „mehr Spirituellen als Religiösen" ohne Atheisten und Non-Theisten, so wird in Abbildung 5.2 deutlich, ist die einzige mit positiven, überdurchschnittlichen Werten auf beiden Variablen, Offenheit für Erfahrung und Mystizismus. Darum fällt der Zentroid dieser Fokusgrupp ins Segment oben rechts. Der Zentroid der Gruppe der „gleichermaßen Religiösen und Spirituellen" liegt ebenfalls in der oberen Hälfte, jedoch im Segment oben links und zeigt damit an, dass Mystizismus in dieser Gruppe über dem Durchschnitt, ja am höchsten von allen Gruppen, ausgeprägt ist, während sich diese Gruppe im

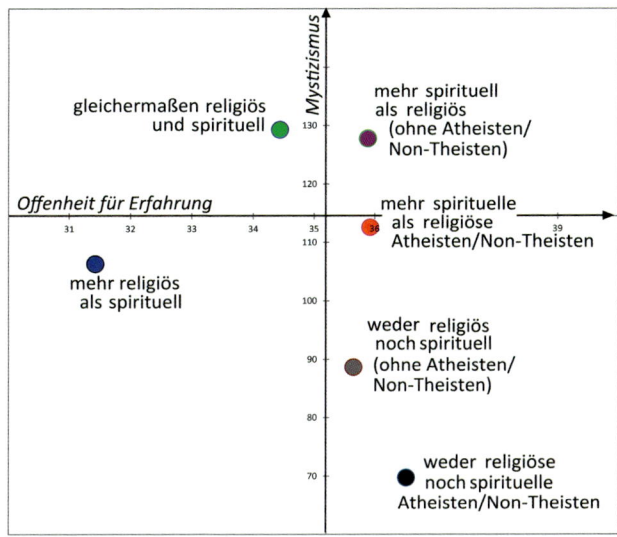

Abb. 5.2 Die Zentroide der Fokusgruppen im Koordinatensystem von *Mystizismus* und *Offenheit für Erfahrung*

Vergleich zu Fokusgruppe 3 durch unterdurchschnittliche Werte in Offenheit für Erfahrung auszeichnet.

Der Zentroid der Fokusgruppe 1 der „mehr Religiösen als Spirituellen" fällt als einziger ins Segment unten links, was anzeigt, dass diese Gruppe generell unterdurchschnittlich niedrige Werte in beiden Koordinaten aufweist. Deutlich werden in Abbildung 5.2 auch die niedrigen bzw. sehr niedrigen Werte für Mystizismus bei gleichzeitig überdurchschnittlichen Werten auf der Skala Offenheit für Erfahrung in den Gruppen der „weder Religiösen noch Spirituellen", ob sie Atheisten/Non-Theisten sind oder nicht.

Das Koordinatensystem mit den beiden Achsen Mystizismus und Offenheit für Erfahrung erweist sich also als effektiv für eine Differenzierung unseres Samples, wenn dieses in die sechs Fokusgruppen eingeteilt wird. Die Mystizismus-Skala, die aufgrund der in Kapitel 3 vorgestellten Ergebnisse als Indikator für „Spiritualität" interpretiert werden darf, differenziert plausibel zwischen den Fokusgruppen.

Mit Offenheit für Erfahrung kommt eine Perspektive ins Bild, die vom Konstrukt her und auch empirisch viel Gemeinsamkeit hat mit Schwartz' (Schwartz et al.: 1987; Schwartz: 1992; 2003) Konstrukt der ‚Offenheit für Wandel' sowie mit der religiösen Entwicklung (religiöser Stile und Schemata) (siehe Kapitel 4). Diese Koordinate eröffnet eine Perspektive auf Veränderung, religiöse Transformation und religiöse Entwicklung, die mit „Spiritualität" einhergeht.

Für zwei zentrale Merkmale von „Spiritualität", nämlich für die (vorgängigen) mystischen Erfahrungen und für die (auch in die Zukunft weisende) Offenheit für neue Erfahrungen, ist also mit diesem Koordinatensystem ein Feld aufgespannt, in dem sich die verschiedenen Varianten von „Spiritualität" differenziert positionieren. Und weil sich die beiden Koordinaten auf Erfahrung beziehen, findet in dieser Darstellung die Erfahrungsorientierung, die wir ja als spezifische Differenz von „Spiritualität" identifiziert haben, besondere Berücksichtigung.

Wir halten es darum für angemessen, mit diesem Koordinatensystem weiterzuarbeiten und weitere Merkmale von „Spiritualität" in diesem Feld zu plotten. An den Anfang in der Reihe dieser „Landkarten" der Merkmale von „Spiritualität" stellen wir die Frage nach der religiösen Entwicklung bzw. nach den religiösen Schemata.

Die religiösen Schemata im Koordinatensystem von *Mystizismus* und *Offenheit für Erfahrung*

Dass „Spiritualität" als Selbstbezeichnung in klarem Zusammenhang mit religiöser Entwicklung, sowohl mit Faith Development Ratings als auch mit religiösen Schemata, steht, wurde in Kapitel 4 aufgezeigt. Hier werden diese Analysen fortgeführt und nach der Verortung der religiösen Schemata im Koordinatensystem von Mystizismus und Offenheit für Erfahrung gefragt. Dies kann besonders deutlich anhand der Religiöse-Schema-Gruppen gezeigt werden, vgl. Abbildung 5.3.

Die Zentroide der Religiöse-Schema-Gruppen, wie diese bereits in Kapitel 4 vorgestellt wurden, können im Koordinatensystem von Mystizismus und Offenheit für Erfahrung dargestellt werden. Sie fallen, wie Abbildung 5.3. zeigt, klar und erwartungsgemäß in bestimmte Segmente: Der Mittelpunkt der Gruppe der „Xenosophischen", also der Fälle, deren Werte auf der RSS-Subskala *xenosophia/inter-religious dialog (xenos)* höher sind als die auf den beiden anderen RSS-Subskalen, *truth of text and teachings (ttt)* und *fairness, tolerance and rationanchoice (ftr),* fällt ins Segment oben rechts mit hohen Werten auf beiden Koordinaten, Mystizismus und Offenheit für Erfahrung.

Der Zentroid der Gruppe der „Toleranten", der Gruppe mit den exklusiv herausragenden Werten für *ftr,* fällt ins Segment unten rechts. Dies zeigt an, dass für diese Gruppe die Offenheit für Erfahrung hoch, die Werte für Mystizismus jedoch sehr niedrig sind. Mit anderen Worten: Mystizismus unterscheidet mit großer Deutlichkeit (ca. eine Standardabweichung, vgl. Tabelle A.2) zwischen den Religiöse-Schema-Gruppen der Xenosophischen und der Toleranten, die sich hinsichtlich der Offenheit für Erfahrung keineswegs unterscheiden.

Der Zentroid der Gruppe der „Absolutisten" (der Gruppe mit exklusiv herausragenden Werten für *ttt*) schließlich fällt ins Segment oben links mit gerade

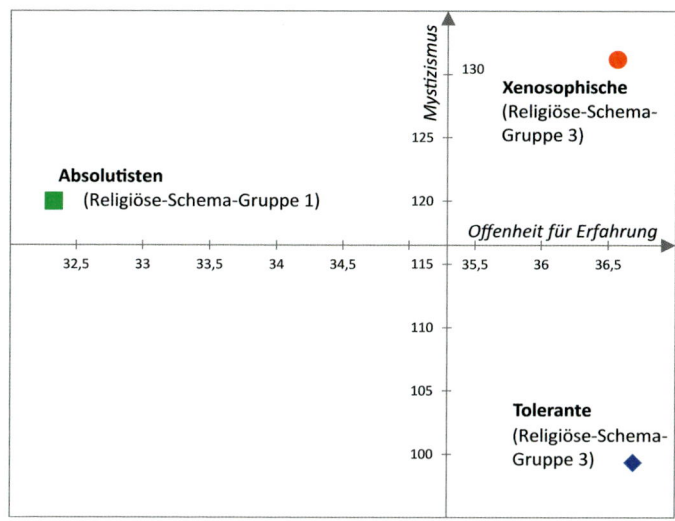

Abb. 5.3 Die Zentroide der Religiöse-Schema-Gruppen
im Koordinatensystem von *Mystizismus* und *Offenheit für Erfahrung*

noch überdurchschnittlichen Werten für Mystizismus und deutlich niedrigen
Werten für Offenheit für Erfahrung.

Diese Verteilung der Religiöse-Schema-Gruppen im Koordinatensystem
stimmt mit den in Kapitel 4 vorgestellten Ergebnissen überein und bestätigt,
dass die Annäherung an „Spiritualität" mithilfe der beiden Variablen Mystizismus und Offenheit für Erfahrung effektiv ist und hinsichtlich religiöser Stile
und religiöser Entwicklung differenziert. Insbesondere wird die enge Beziehung zwischen Xenosophie und „Spiritualität", wie diese bereits in Kapitel 4,
Abbildung 4.3 und 4.6 deutlich geworden ist, auf diese Weise noch einmal unterstrichen.

Die Semantik von „Spiritualität" im Koordinatensystem von *Mystizismus* und *Offenheit für Erfahrung*

Das entwickelte Koordinatensystem mit Mystizismus und Offenheit für Erfahrung führt auch die Analysen zur Semantik von „Spiritualität" vertiefend weiter.
Insofern Mystizismus und Offenheit für Erfahrung als Indikatoren für „Spiritualität" interpretiert werden dürfen, können mit der Feld-Darstellung der Ergebnisse aus den Analysen zur Semantik Interpretationslinien fortgeführt und
die Frage „wer spricht?" weiter detailliert werden.

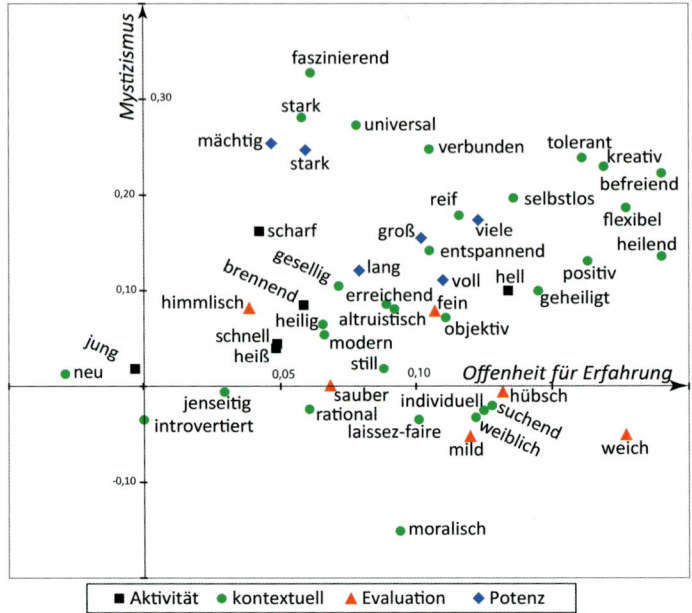

Abb. 5.4 Die von den FragebogenteilnehmerInnen als besonders für „Spiritualität"
zutreffend eingeschätzten Adjektive aus den semantischen Differenzialen
im Koordinatensystem von *Mystizismus* und *Offenheit für Erfahrung*

Anmerkung zu Abb. 5.4 Die präsentierten Adjektive sind die *positiven* Pole der Adjektivpaare aus dem kontextuellen semantischen Differenzial und aus Osgoods semantischem
Differenzial, in dem die Faktoren, Evaluation, Potenz und Aktivität, unterschiedlich markiert sind. Dabei wurden die Werte aus den semantischen Differenzialen für „Religion"
von den semantischen Differenzialen für „Spiritualität" subtrahiert, um zu ermitteln, welche positiven Adjektivpole von den Versuchspersonen als besonders für „Spiritualität"
passend empfunden werden. Die Position der Adjektive im Koordinatensystem beruht auf
den Korrelationen dieser Werte mit den beiden Achsen.

In Abbildung 5.4 sind die Adjektive aus beiden semantischen Differenzialen ge-
plottet, die von den Versuchspersonen als besonders zutreffend für „Spiritualität" und zugleich weniger zutreffend für „Religion" eingeschätzt wurden. Interessant an dieser Darstellung ist, wie diese Adjektive mit eigenen (mystischen)
Erfahrungen in Zusammenhang stehen und welcher Grad an Offenheit für Erfahrung mit ihnen verbunden ist.

   Versuchspersonen, die häufige mystische Erfahrungen berichten und hohe
Werte auf der NEO-FFI-Skala Offenheit für Erfahrung haben, konnotieren
„Spiritualität" mit Adjektiven wie „befreiend", „kreativ" „tolerant", „verbunden", „selbstlos", „flexibel" und „heilend" etc. Sofern mystische Erfahrungen
sehr hoch ausgeprägt, Offenheit für Erfahrung hingegen eher im Mittel liegen,

wird „Spiritualität" mit den Adjektiven „faszinierend", „stark", „mächtig" und „universal" assoziiert.

Wenn dagegen Offenheit für Erfahrung hoch ausgeprägt ist, mystische Erfahrung jedoch unerheblich sind, wird „Spiritualität" mit Adjektiven wie „weich", „hübsch" und „mild" evaluiert und mit Adjektiven wie „suchend", „individuell", „laissez-faire" konnotiert. Dass also auch die Semantik von „Spiritualität" abhängig ist von der eigenen (mystischen) Erfahrung des Sprechers/der Sprecherin und seiner/ihrer Offenheit für neue Erfahrungen, wird durch diese Analyse der semantischen Differenziale eindrücklich aufgezeigt.

Entsprechendes kann auch für die zehn semantischen Dimensionen gezeigt werden, die aus den freien Texteintragungen im Fragebogen („Was verstehen Sie unter Spiritualität?") erhoben wurden und die, wie in Kapitel 2 berichtet, durch Faktorenanalyse auf zehn Dimensionen reduziert werden konnten. Wie sich diese zehn semantischen Faktoren im Koordinatensystem von Mystizismus und Offenheit für Erfahrung verteilen, ist in Abbildung 5.5 dargestellt. Die Zugehörigkeit der zehn semantischen Dimensionen zu den drei Dimensionen aus der sekundären Faktoranalyse ist durch unterschiedliche Markierungen als Punkt („individuelle ‚gelebte' Religion vs. Dogmatismus"), Raute („mystische vs. humanistische Transzendenz") und Quadrat („theistische vs. nicht-theistische Transzendenz") kenntlich gemacht.

Sehr auffällig und exponiert ist die Position der semantischen Dimension „(All-) Verbundenheit" im Segment oben rechts. Von „Spiritualität als (All-) Verbundenheit und Harmonie mit dem Universum, der Natur und dem Ganzen" sprechen offensichtlich besonders diejenigen, die über häufige mystische Erfahrungen berichten und die zugleich eher offen sind für neue Erfahrungen.

Die zur Second-order-Dimension „theistische vs. nicht-theistische Transzendenz" assoziierten semantischen Dimensionen (zu der auch die Dimension der „(All-) Verbundenheit" gehört) sind am weitesten verstreut in unserem Koordinatensystem – was darauf deutet, dass eigene mystische Erfahrung und auch Offenheit für Erfahrung einen großen Unterschied macht zwischen diesen vier Dimensionen. „Spiritualität als Teil von Religion" etwa wird durch die Position in diesem Feld als ungefähr ebenso hoch mit mystischen Erfahrungen verbunden dargestellt wie „(All-) Verbundenheit"; doch die negative Korrelation mit Offenheit für Erfahrung positioniert „Spiritualität als Teil von Religion" deutlich ins Segment oben links. Diejenigen unserer Untersuchungsteilnehmer, die „Spiritualität" als Teil von Religion verstehen, berichten generell von nahezu ebenso häufigen mystischen Erfahrungen wie diejenigen, die mit „Spiritualität" eine „(All-) Verbundenheit" assoziieren; was beide semantischen Präferenzen unterscheidet ist Offenheit für Erfahrung – und diese ist für „Spiritualität als Teil von Religion" niedrig, für „(All-) Verbundenheit" hoch.

Interessant ist auch eine weitere semantische Dimension, die zur Second-order-Dimension „theistische vs. nicht-theistische Transzendenz" assoziiert ist,

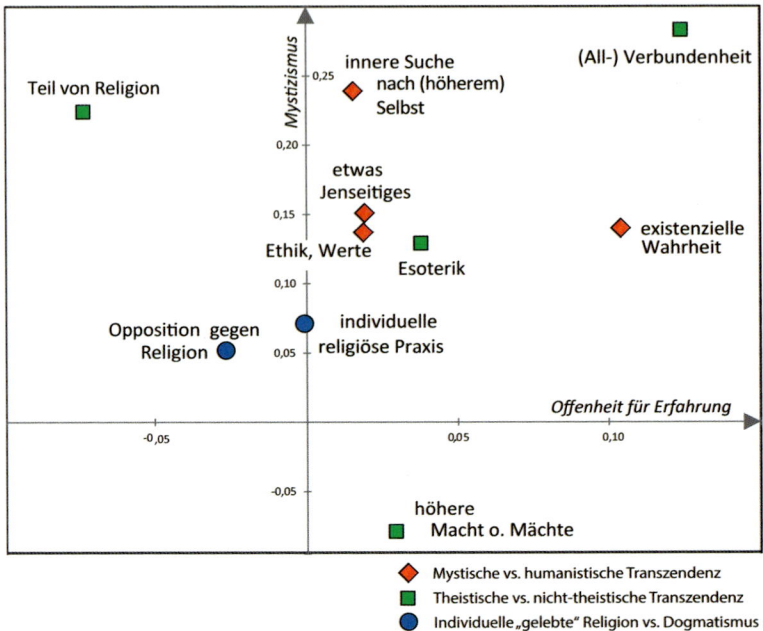

Abb. 5.5 Die zehn semantischen Dimensionen von „Spiritualität" im Koordinatensystem von *Mystizismus* und *Offenheit für Erfahrung*

nämlich „Spiritualität als Glaube an eine höhere Macht, höhere Mächte, höhere Wesen (Gottheiten, Götter)": Sie korreliert *negativ* mit mystischen Erfahrungen. Diese auf den ersten Blick überraschende Positionierung dieser semantischen Dimension von „Spiritualität" ist wohl so zu deuten, dass nicht unbedingt von eigenen (mystischen) Erfahrungen spricht, wer mit „Spiritualität" den Glauben an eine höhere Macht, höhere Mächte, höhere Wesen, Gottheiten oder Götter assoziiert.

Von den Dimensionen der Semantik von „Spiritualität", die zur Second-order-Dimension „mystische vs. humanistische Transzendenz" gerechnet wurden, sind besonders die relativ hohe Korrelation der Interpretation von „Spiritualität" als „innere Suche nach (höherem) Selbst" mit mystischen Erfahrungen auffällig – was jedoch durchaus den Erwartungen entspricht; ebenso ist markant, aber auch zu erwarten, dass die Auffassung von „Spiritualität als existenzielle Wahrheit" positiv mit Offenheit für Erfahrung (und etwas weniger mit Mystizismus) zusammenhängt.

Nicht alle Korrelationen der zehn Dimensionen sind signifikant in Bezug auf beide Achsen, Mystizismus und Offenheit von Erfahrungen. Für zwei Dimensionen sind beide Korrelationen insignifikant, nämlich für „Spiritualität als Opposition gegen Religion" und „Spiritualität als individuelle religiöse Praxis".

Aber auch das ist ein Ergebnis. Es besagt, dass beide semantischen Dimensionen wenig zu tun haben mit mystischen Erfahrungen *und* mit Offenheit für Erfahrung.

So wirft die Verteilung der zehn semantischen Dimensionen in diesem Koordinatensystem neues Licht auf den „spirituellen" Erfahrungsbezug dieser zehn semantischen Dimensionen: Besonders diejenigen semantischen Dimensionen, die am weitesten vom Nullpunkt der beiden Achsen entfernt sind und also relativ hohe Werte aufweisen, sind besonders erfahrungsbezogen: „Spiritualität als existenzielle Wahrheit" ist besonders verbunden mit Offenheit für Erfahrung, „Spiritualität als innere Suche nach (höherem) Selbst" ist besonders verbunden mit mystischen Erfahrungen, und „Spiritualität als (All-) Verbundenheit" mit beidem.

Die Einzelfälle im Koordinatensystem von *Mystizismus* und *Offenheit für Erfahrung*

Das Koordinatensystem von Mystizismus und Offenheit für Erfahrung kann auch genutzt werden, um die Verteilung der Einzelfälle in diesem zwei-dimensionalen Raum darzustellen. Freilich wäre das für alle 773 Fälle ziemlich unübersichtlich. Stattdessen haben wir in Abbildung 5.6 die 48 Fälle ausgewählt, mit denen wir ein Faith-Development-Interview geführt haben. Außerdem sind die 10 Fälle besonders hervorgehoben, die in den folgenden Kapiteln ausführlich als Fallstudien dargestellt werden.

Es wird zuerst auffallen, dass die Fälle ziemlich breit streuen; und auch wenn man die Fokusgruppenzuordnung beachtet, sind die Zentroide aus Abbildung 5.2 nicht klar zu erkennen. Einigermaßen leicht kann man den Schwerpunkt der beiden „weder religiösen noch spirituellen" Fokusgruppen im Segment unten rechts erkennen; vielleicht kann man auch noch nachvollziehen, dass die „mehr Spirituellen als Religiösen" generell höhere Werte auf der Mystizismus-Skala haben. Diese breite Streuung ist nicht anders zu erwarten, wenn man in Rechnung stellt, dass der Einzelfall nicht bloß ein Exempel, ein Repräsentant eines statistisch ermittelten Koordinatenpunkts oder einer statistisch gebildeten Gruppe ist, vielmehr einen Eigen-Sinn hat, der idiographische Annäherung erfordert.

Und eben für die idiographischen Analysen, die in den folgenden Kapiteln präsentiert werden, ist diese Positionierung der Fälle im Koordinatensystem von Mystizismus und Offenheit für Erfahrung ein wichtiger Ausgangspunkt. Auf Abbildung 5.6 wird also in den folgenden Kapiteln immer wieder verwiesen werden. Freilich sind bislang Ursula G. und Philipp R. und all die anderen Namen nichts-sagende Pseudonyme. Aber sie werden in den folgenden Kapiteln durch viele Details aus den Fragebogen-Antworten, den semantischen Differen-

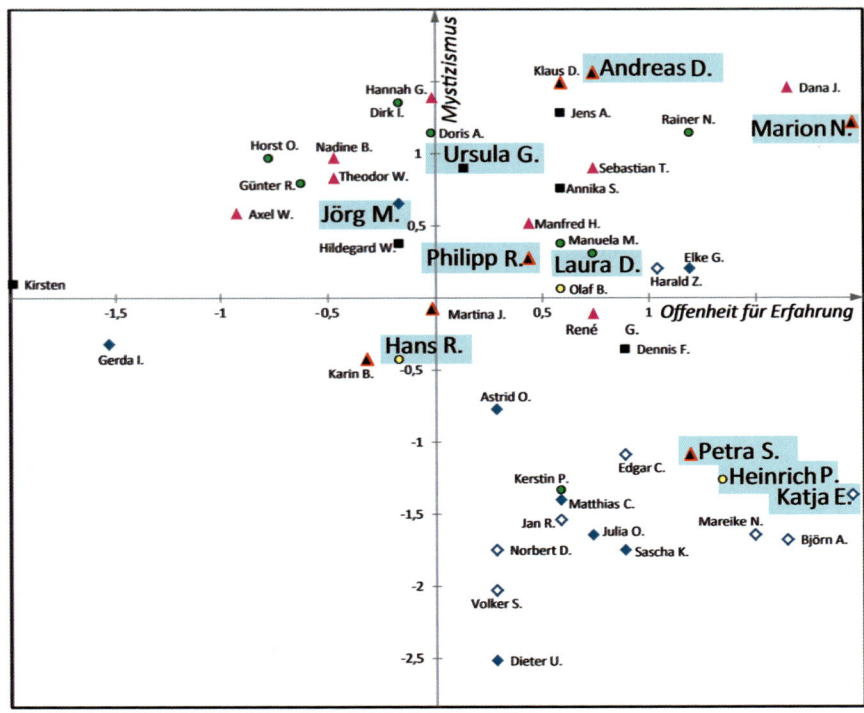

Abb. 5.6 Die Faith-Development-Interviewees und die zu Fallstudien ausgearbeiteten Fälle im Koordinatensystem von *Mystizismus* und *Offenheit für Erfahrung*

zialen und den Analysen der Faith-Development-Interviews mit Leben gefüllt. Was Abbildung 5.6 dazu beiträgt ist folgendes: Hier wird zusammenfassend und anschaulich dargestellt, wie stark sich die Einzelfälle – und auch und gerade die für Fallstudien ausgewählten Einzelfälle – unterscheiden, was ihre mystischen Erfahrungen und ihre Offenheit für Erfahrungen angeht.

Methodologisch betrachtet hat Abbildung 5.6 in unserem Mixed-Method-Design eine Brückenfunktion zwischen den quantitativen Analysen und den Einzelfallstudien. Und das Koordinatensystem mit Mystizismus und Offenheit für Erfahrung ist eine der besonders innovativen und integrierenden Annäherungen an das, was unsere Versuchspersonen als „Spiritualität" bezeichnen.

II.
Fallstudien

6. „Spiritualität" bei lebenslanger Religiosität

In diesem Kapitel beschreiben wir, was „Spiritualität" den Menschen aus unserer Studie bedeutet, die sich als „mehr religiös als spirituell" einschätzen. Das trifft zu für Ursula G., für die „Religion" und „Spiritualität" zusammengehören, und die sich ihrer christlichen Tradition zugehörig fühlt. Das trifft auch zu für Heinrich P., der über seine Art religiös zu sein, berichtet, bei der es um die Wertschätzung der Natur und Bewunderung des Kosmos geht. Wir geben jeweils einen kurzen Überblick über das Leben der Befragten und wenden uns auch dem zu, was sie uns durch ihre Reaktionen auf die Instrumente des Fragebogens über sich mitteilen. Dann gehen wir genauer auf die Instrumente ein, die unterschiedliche Semantiken explorieren: die freien Antworten im Fragebogen, sofern sie vorliegen[47], und die Semantischen Differenziale. Schließlich untersuchen wir die Faith-Development-Interviews der beiden Fälle, die wir dem Manual von Fowler, Streib und Keller (2004) folgend auswerten, und die wir darüber hinaus, wie von Streib in zahlreichen Publikationen angeregt (z. B. Streib: 2001; 2005b) als Narrative betrachten, wobei wir aktuelle Begriffe insbesondere aus der Entwicklungspsychologie, wie Bindung, Mentalisierung, Weisheit, heranziehen (Keller/Streib: 2013; Keller/Coleman/Silver: 2016).

„…ohne Glauben an Gott und seine Liebe und seine Zuneigung hätte ich das die letzten Jahre gar nicht ausgehalten" – Ursula G.

Ursula G. ist 60 Jahre alt, als sie interviewt wird. Im Fragebogen schätzt sie sich als „mehr religiös als spirituell" ein – und so stuft sie rückblickend auch ihre Umgebung im Alter von 12 Jahren ein. Eine Dekonversion hat es in ihrem Lebenslauf nach ihren Angaben nicht gegeben. Aus diesen Daten können wir schließen, dass sie kontinuierlich religiös gewesen ist. Das finden wir später im Interview bestätigt.

Ursula ist bei Eltern aufgewachsen, die den Krieg als junge Erwachsene erlebten. Sie selbst ist Lehrerin geworden, hat auch Religion unterrichtet. Sie war

---

47 Nicht alle TeilnehmerInnen haben die Semantischen Differenziale bearbeitet; s. dazu die Angaben in Keller/Klein/Swhajor-Biesemann/Silver/Hood/Streib: 2013.

verheiratet, ihre Kinder sind inzwischen erwachsen. Ihr Mann ist nach einigen Jahren des Leidens an einer schweren Krankheit verstorben. Zum Zeitpunkt des Interviews liegt sein Tod noch nicht lange zurück. Ursula ist in ihrer Gemeinde engagiert, wo sie auch KonfirmandInnenunterricht gibt.

Ursulas Profil im Fragebogen

Hier betrachten wir Ursulas Werte auf den wichtigsten Skalen im Vergleich zu den Mittelwerten der Fokusgruppe der „mehr Religiösen als Spirituellen" (FG1) (s. Tabelle 6.1). Auf den Persönlichkeitsskalen weicht Ursulas Profil etwas von dem der Fokusgruppe ab: *Offenheit für Erfahrung* und *Extraversion* liegen eine halbe Standardabweichung höher, *Gewissenhaftigkeit* und *Verträglichkeit* nah am Durchschnitt. Einen beachtlichen Unterschied sehen wir allerdings bei *Neurotizismus*, hier liegen Ursulas Werte fast eine Standardabweichung unter dem Gruppendurchschnitt, was für vergleichsweise hohe emotionale Stabilität spricht.

Bei den Subskalen der Ryff-Scales, die psychologisches Wohlbefinden erfassen, liegen Ursulas Werte für *Lebensziele* fast zwei Standardabweichungen höher, für *Beziehungen zu anderen* etwas mehr als eine Standardabweichung höher, und für *Persönlichkeitsentwicklung* fast eine Standardabweichung höher. Ebenfalls über dem Gruppendurchschnitt, aber nicht so weit, liegen die Werte für *Selbstakzeptanz* (mehr als eine halbe Standardabweichung höher), *Alltagsbewältigung* (eine halbe Standardabweichung höher), und *Autonomie* (etwas höher).

Betrachten wir nun die Instrumente, die unterschiedliche Facetten von „Spiritualität" und Positionierungen zu „Religion" erfassen, die Mystizismus-Skala (M-Scale) und die Einstellungen gegenüber Gott (*Attitudes Toward God Scale*, *ATGS*): Die drei Subskalen der Mystizismus-Skala, *introvertierter Mystizismus*, *extrovertierter Mystizismus* und *Interpretation* erfassen unterschiedliche Seiten „spiritueller" Erfahrung (siehe dazu auch Kapitel 3). Die Skala *Attitudes toward God* (ATGS) erfasst die Beziehung zu Gott, einschließlich konflikthafter Gefühle (für weitere Angaben s. den Anhang).

Ursula hat, im Vergleich zum Durchschnitt der Fokusgruppe der „mehr religiösen als spirituellen" UntersuchungsteilnehmerInnen in Deutschland höhere Werte auf allen drei Subskalen, um fast eine Standardabweichung bei *introvertiertem* und mehr als eine Standardabweichung bei *extrovertiertem Mystizismus* und *Interpretation*. Das heißt, dass sie Erfahrungen eines innerlichen Bewusstseins von Eins-Sein jenseits von Raum und Zeit aus eigener tiefer Erfahrung kennt (*introvertierter Mystizismus*), sowie ein nach außen gerichtetes Verschmelzen mit allem, was ist (*extrovertierter Mystizismus*), und ein positiv getöntes Gewahrsein dessen, was sie als heilig empfindet (*Interpretation*).

Auch auf der Skala *Attitudes toward God* (ATGS) liegen Ursulas Werte eine Standardabweichung über dem Durchschnittswert der Fokusgruppe, was eine zuverlässige und positive Beziehung zu Gott anzeigt. Ihre Werte für *Generativität*, erfasst mit der Loyola Generativity Scale (LGS) liegen sogar zwei Standardabweichungen über dem Durchschnitt. Das bedeutet, dass es Ursula äußerst wichtig ist, ihr Wissen und ihre Werte an die folgende Generation weiterzugeben.

Tabelle 6.1 Vergleich der wichtigsten Skalen im Fragebogen
von Ursula G. mit der entsprechenden Fokusgruppe

	Werte von Ursula G.	Mittelwerte der „mehr religiös als spirituellen" Fokusgruppe (BRD)	
		M	*SD*
Persönlichkeit (NEO-FFI)			
Offenheit für Erfahrung	34	31,4	5,5
Extraversion	32	28,1	6,0
Gewissenhaftigkeit	33	32,0	6,1
Verträglichkeit	34	34,6	5,0
Neurotizismus	22	29,4	8,1
Mystizismus			
Intovertierter Mystizismus	49	38,1	10,9
Extrovertierter Mystizismus	35	24,0	8,0
Interpretation	55	44,1	9,6
Psychologisches Wohlbefinden			
Autonomie	23	24,6	3,9
Alltagsbewältigung	28	25,1	4,5
Persönlichkeitsentwicklung	32	29,0	3,2
Beziehungen zu anderen	30	27,4	4,4
Lebensziele	34	27,4	3,7
Selbstakzeptanz	29	26,0	4,3
Generativität	71	56,1	7,6
Attitudes Toward God Scale (ATGS)	98	81,2	16,1
Religiöse Schemata (RSS)			
truth of texts and teachings	18	16,6	4,5
fairness, tolerance and rational choice	24	22,6	2,0
xenosophia/inter-religious dialog	16	16,8	4,2

Anmerkung Alle Mittelwerte sind Ergebnis von Kovarianzanalysen mit den Variablen für Land und Fokusgruppe als Prädiktoren, während Geschlecht, Alter, kulturelles Kapital und Pro-Kopf-Einkommen kontrolliert wurden.

Hinsichtlich religiöser Schemata (RSS) sehen wir bei Ursula etwas höhere Werte für *truth of texts and teachings*, und fast eine Standardabweichung höhere Werte für *fairness, tolerance and rational choice*, während ihr Wert für *xenosophia/ inter-religious dialog* nah beim Gruppendurchschnitt liegt.

Wir sehen in diesen Fragebogen-Werten das Profil einer Frau, die Glauben im Rahmen ihrer sicheren religiösen Bindung erfährt, für die intensive persönliche „spirituelle" Erfahrung und Beziehung zu Gott zusammen gehören und der ihre Tradition wichtig ist. Das schließt auch deren Weitergabe ein. Während sie die Lehren ihrer Tradition schätzt, zeigt sie sich offen für Diskussion und Toleranz. Ihre positiven Abweichungen vom Gruppendurchschnitt bei den Skalen für Persönlichkeit und ihre Werte auf den Skalen für psychologisches Wohlbefinden zeigen eine Person, die ihrer eigenen Einschätzung nach stabil im Leben steht und der Beziehungen zu anderen wichtig sind. Insbesondere die auffällig niedrigen Werte für *Neurotizismus* könnten ein Hinweis darauf sein, dass sie ihren in Tradition, persönlichen Bindungen und persönlicher Erfahrung begründeten Glauben als Ressource erlebt – vielleicht zeigt sich in diesem auffällig positiven Profil aber auch eine Tendenz, Problematisches von sich weg zu halten?

Semantik: Was Ursula unter „Spiritualität" versteht

In den freien Eintragungen definiert Ursula „Religion":

Religion gibt mir Richtung und Werte für mein Leben. Sie ist auf Gott gerichtetund schließt immer das Verhältnis zum Nächsten mit ein. Sie umfasst das Leben hier und jetzt, aber auch das Leben im Jenseits. Religion lebt aus der Gemeinschaft.

Zu „Spiritualität" schreibt sie:

Spiritualität ist für mich etwas Individuelles, das ich nur sehr schwer an andere weitergeben oder anderen erklären kann. Sie ist ein individuelles Erleben. Wenn ich sie erlebe, bezieht sich nur auf mich. Sie ist für mich der Religion untergeordnet.

Aus Ursulas Sicht umfasst „Religion" Werte, die Beziehung zu Gott und die Gemeinschaft mit anderen Menschen, und reicht über das irdische Leben hinaus. „Spiritualität" bezieht sich auf das individuelle Erleben, ist damit partikular und der Religion untergeordnet.

Wir haben zwei unterschiedliche semantische Differenziale verwendet[48]. Die Gegensatzpaare des ersten, das wir beschreiben (s. Abbildung 6.1), haben wir

---

48 Diese Methode wird in Kapitel 2 (S. 47) beschrieben. Die Verwendung semantischer Differenziale als Instrument zur Einzelfallbeschreibung geht zurück auf Osgood (Osgood, Luria, Jeans, & Smith 1976).

von Osgood (1962) übernommen, die des zweiten, „kontextuellen" (Abbildung 6.2), wurden für diese Untersuchung erstellt (s. auch Kapitel 2 und Anhang 3). Das semantische Differenzial nach Osgood zeigt, dass für Ursula „Religion" bis auf wenige „Ausreißer" auf den drei von Osgood eingeführten Dimensionen *Evaluation* (erste sechs Adjektiv-Paare), *Potenz* (zweite sechs Adjektiv-Paare), und *Aktivität* (dritte sechs Adjektiv-Paare) hohe Ausprägungen hat. „Spiritualität" hat dabei auf allen drei Dimensionen weniger ausgeprägte Einstufungen erhalten, die meisten sind moderat positiv oder neutral. Interessant ist, dass abweichend davon bei *Evaluation* Religion als „streng", Spiritualität hingegen als „mild" eingeschätzt wurde, und dass Religion und Spiritualität in Ursulas Einschätzung bei *Aktivität* bzw. „langsam" zusammenfallen. Sie scheint zu konzedieren, dass Religion auch eine abweisende oder dunkle Seite haben kann, während „langsam" vielleicht auf die Traditionsgebundenheit beider Begriffe verweist.

Im kontextuellen semantischen Differenzial sieht Ursula Religion eher auf der Seite des Sozialen, mit anderen verbundenen, auch „heilig", „geheiligt" und „moralisch" charakterisieren aus ihrer Sicht Religion stärker als Spiritualität.

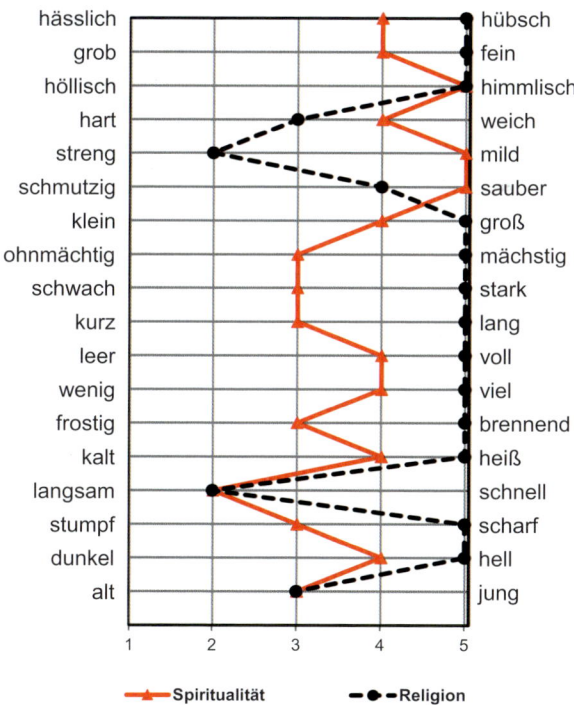

Abb. 6.1 Ursulas Werte auf dem Semantischen Differenzial nach Osgood

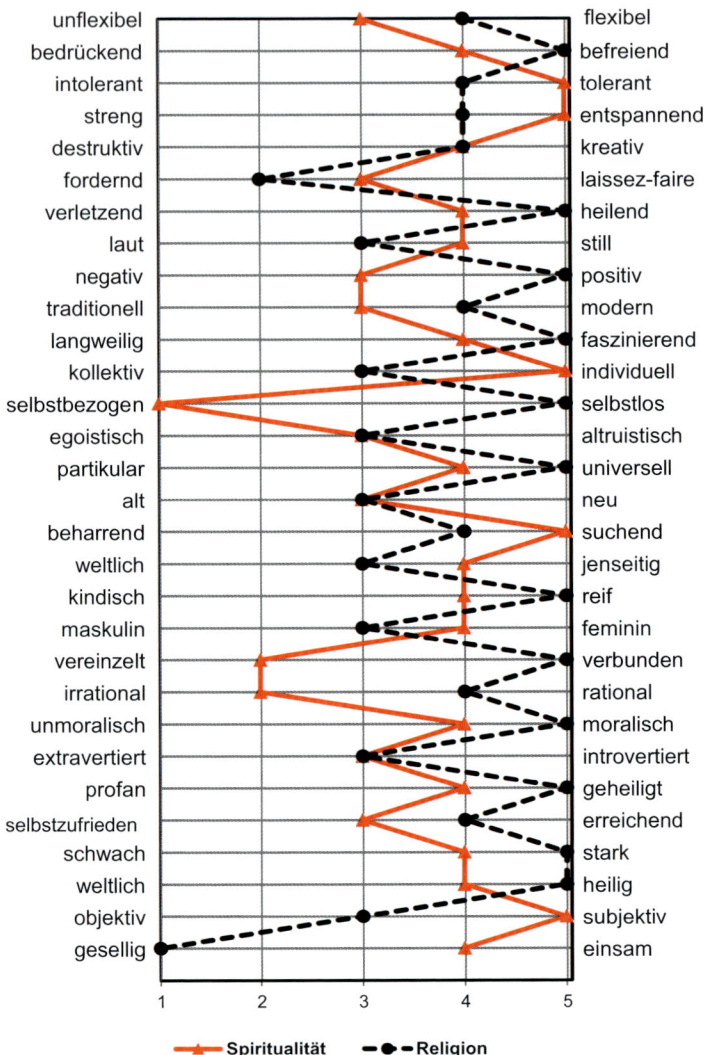

Abb. 6.2 Ursulas Werte auf dem kontextuellen semantischen Differenzial

Spiritualität hingegen ist eher „subjektiv", „individuell" und „suchend", aber auch „einsam", „irrational", vereinzelt" und „selbstbezogen". Religion ist eher „selbstlos" und „universell", dabei auch „fordernd". Während sie Spiritualität eher auf der Seite von „jenseitig" sieht, sieht sie Religion zwischen den Polen dieses Gegensatzpaares. Auch sieht sie Religion eher als „positiv", „modern" und „faszinierend". Hier erscheint „Religion" als keineswegs weltabgewandt, vielmehr gemeinschaftsbezogen, modern und herausfordernd, gleichwohl mit der Tradition, dem Heiligen und der Moral assoziiert. Die subjektive, individuelle, suchende Spiritualität trägt hier auch Züge von Isolation und Selbstsucht.

Ursulas Präferenz für einen religiösen Stil im Faith-Development-Interview

Hinsichtlich ihrer religiösen Entwicklung ist Ursula generell auf Stufe drei (synthetisch-konventioneller Glaube) einzustufen.

Ursula spricht konkret und subjektiv über ihr Leben und ihren Glauben und schildert Beziehungen aus Familie und Gemeinde (s. die Erzählungen weiter unten). Hier ist es wichtig daran zu erinnern, dass Fowlers Stufenmodell einer strukturell-kognitivistischen Hierarchie folgend aufgebaut ist. Religiöse Entwicklung soll durch darunter liegende kognitive Strukturen erklärt werden. Von diesen nahm Fowler an, dass sie einander im Zuge fortschreitender Entwicklung ablösen, und dass diese Entwicklung durch zunehmende kognitive Komplexität bestimmt ist. Ursula spricht offen über ihre Gefühle und ihre Gedanken, sowie über ihre Glaubensvorstellungen, die fest umrissen und in ihrer heiligen Schrift verankert sind: Gottes Wort befolgen, die 10 Gebote zum Beispiel, nach dem Tod zu Gott gehen. Gleichzeitig sagt sie explizit, dass sie in ihrem religiösen Leben nicht alles verstehen muss, sondern dass manches unbestimmt und unerklärt bleiben darf (s. u.). Damit sieht sie sich als eine, die glauben darf, ohne auf alle Fragen menschlicher Existenz eine Antwort zu haben. Das ist jedoch nicht darauf zurückzuführen, dass Ursula Schwierigkeiten mit komplexeren Denkvorgängen hat. Vielmehr erlaubt sie sich, dieses Denken in Bereichen des Glaubens zu suspendieren. Man kann kritisch einwenden, dass sie damit potentiell Beunruhigendes von sich weghält, man kann aber auch ihr Gottvertrauen anerkennen.

Wir werden auf diese Fragen weiter unten zurückkommen, wenn wir Ursulas „Spiritualität" genauer betrachten. Zuvor betrachten wir den Verlauf ihres Interviews, beginnend mit dem Lebensrückblick.

Narrativer Verlauf

Ursula spricht offen über ihr Leben, das sie in Abschnitte unterteilt:

> Ja sagen wir mal Kindheit, Schule bis Abi. Dann Berufstätigkeit, Ehe und das ist leider seit letztem Jahr nicht mehr der Fall, da ist mein Mann gestorben und jetzt, ja, so der Neubeginn, Neustart, neuer Abschnitt, wie auch immer.

Wir sehen hier eine konventionelle Einteilung nach Lebensabschnitten. Der noch nicht lange zurückliegende und frühe Tod ihres Mannes stellt Ursula vor die kommunikative Aufgabe, dieses unerwartete Ereignis in die Erzählung zu integrieren. Sie tut das, indem sie zunächst die Ehe nennt, dann deren Ende, so dass der Bruch in ihrem Leben auch als Bruch in der Aufzählung deutlich wird. Nach einer Bezeichnung für die neue Lebensphase sucht Ursula noch. Mit dem „Neubeginn" muss sie sich noch vertraut machen. Sie erlaubt sich im Rahmen des Interviews ihrem Verlust nachzugehen. Dass sie ein noch nicht lange zurück liegendes kritisches Lebensereignis schon zu Beginn anspricht, mag Offenheit anzeigen, vielleicht auch, dass sie mit der Verarbeitung noch beschäftigt ist.

Etwas später in diesem Abschnitt des Interviews, nach Krisenzeiten gefragt, beschreibt sie, wie sie die Krankheit und das Sterben ihres Mannes erlebt hat:

> Also erst mal das Gefühl, irgendwie in ein Loch zu fallen. Das Gefühl auch ja so von Unwirklichkeit, dass man es also gar nicht begreift, auch gar nicht an sich heranlässt und ich weiß also so ziemlich, in den ersten Tagen, wo es erst mal, wo mein Mann krank geworden war, noch nicht, wo wir wussten, dass es unheilbar war, da war ich mit meiner Tochter in der Stadt und ja, ich hatte irgendwie das Gefühl, ich sehe das alles gar nicht oder krieg gar nicht mit, was so drumrum passiert, ganz merkwürdig irgendwie. Das Gute glaube ich oder das Positive war, dass wir also immer über so was reden konnten, auch alle vier und uns auch hier hinsetzen konnten und zusammen drüber weinen und zusammen verzweifelt sein und aber dann auch irgendwie wieder den Dreh zu kriegen. Und jetzt genießen wir jeden Tag oder machen das Beste aus jedem Tag und natürlich, also, ja über längere Zeit und natürlich auch schwankend, also dass es, alle Weile erwischte und mich das dann wieder, wenn dann irgendwie Chemo wieder dran war und es ihm nicht gut ging und so was dann, war dann schon wieder heftiger also.

Ursula gibt eine lebendige Schilderung ihres Erlebens, die Betäubung, Trauer, Verzweiflung, aber auch Mut und Lebenshunger umfasst. Dabei betont sie die Bedeutung des Teilens dieser aufwühlenden Erfahrungen mit ihrem todkranken Mann und den Kindern. Ursula spricht offen und reflektiert über schwankende und widersprüchliche Gefühlslagen. Wir haben in unseren Auswertungen die Konstrukte „Mentalisierung" und „Weisheit" herangezogen und Ratings dafür ausprobiert. Mit „Mentalisierung[49]" möchten wir einen wichtigen Begriff aus der klinischen Entwicklungspsychologie für den Bereich der Glaubensentwicklung nutzbar machen: „Mentalisieren heißt, in sich selbst und in anderen Gedanken und Gefühle wahrzunehmen und zu erkennen, dass diese mit der äußeren Realität in Verbindung stehen." (Fonagy/Target: 2001, S.963). Wir möchten erfassen, wie sehr sich jemand dessen bewusst ist, dass unsere Erfahrungen, auch die religiösen bzw. spirituellen, durch unser Innenleben vermittelt sind. Bei der Erfassung von „Weisheit" bzw. weisheitsbezogenem Wissen geht es darum, Expertenwissen in fundamentalen Fragen der Bedeutung und Gestaltung des Lebens zu erfassen (s. hierzu Staudinger/Smith/Baltes: 1994). Über unsere Vorschläge, diese Perspektiven für die Auswertung des FDI zu nutzen, haben wir berichtet (Keller/Streib: 2013). Hier möchten wir erwähnen, dass Ursula für unsere Adaptationen von Mentalisierung und Weisheit mittlere bis hohe Werte erhalten hat. Das heißt, dass sie sich der Bedeutung innerer Vorgänge bewusst ist, und dass sie kompetent mit Lebensfragen umgeht. Dass sie im Interview ruhig über aufwühlende Erlebnisse sprechen kann, spricht dafür, dass sie über innere Repräsentanzen, innere Vorstellungen, sichere Bindung verfügt. Entsprechend wurde ihr Bindungsstil – ebenfalls in Annäherung an vorliegende Operationalisierungen (Bartholomew/Horowitz: 1991; Granqvist: 2010; s. auch Keller/Streib: 2013) – als überwiegend sicher eingeschätzt.

Im folgenden Abschnitt „Beziehungen" spricht sie über Gruppen, die ihr wichtig sind.

Also Kirchengemeinde ist für mich ganz wichtig. Innerhalb der Kirchengemeinde die Frauenhilfe ist für mich wichtig. ... Die sind mir eben so wichtig, dass ich sage immer, das ist so meine Mutmachtruppe. Wir sind so eine feste Truppe, die sich trifft und ja, wenn ich mir aber vorstelle, was die so alle mitgemacht haben in ihrem Leben und trotzdem da alle vierzehn Tage sitzen und vergnügt und froh sind und schnattern und Spaß am Leben haben, dann kann ich doch nur sagen: Klasse, das will ich auch! Und da geht es mir ja eigentlich, oder nein nicht eigentlich, dann geht es mir sehr gut, denn mein Mann und ich wir hatten immer Zeit, erst mal konnten wir über alles reden, dann hatten wir auch die Zeit dazu, konnten in Ruhe Abschied nehmen. Ja, nichts mit Krieg und Verfolgung und nicht wissen, wo der andere ist und solche Sachen, und das finde ich an der Frauenhilfe ganz klasse.

Ursula findet Halt in ihrer Gemeinde, insbesondere in der Frauenhilfe, von der sie mit Wertschätzung spricht. Damit hat sie eine wertvolle Ressource. Das Etikett „Mutmachtruppe" weist darauf hin, dass Ursula dort Zuversicht findet. Das mag ihr helfen, ihre Balance von Trauern und Weiterleben zu halten. Die Vergleiche mit dem größeren Leid der anderen Frauen, mit Bedingungen von Krieg

---

49 Für eine genauere Beschreibung des Konzeptes siehe Fonagy/Target/Steele/Steele (1998), Fonagy/Target (2001), kritisch dazu Choi-Kain/Gunderson (2008).

und Verfolgung, denen der Topos des „guten Todes" und des gelungenen Abschiedes von ihrem verstorbenen Ehemannes gegenüber gestellt wird, lassen ihr Leid und Unglück kleiner erscheinen, relativieren das Ausmaß ihrer Trauer, mit der sie möglicherweise auch den Interviewer nicht belasten will.

Im Abschnitt „Werte und Verpflichtungen" des Interviews teilt Ursula mit, wie wichtig für sie ihr Glauben ist. Wieder steht die Bewältigung ihres Verlustes im Mittelpunkt:

Glauben ganz sicher. Ich glaube, ohne Glauben an Gott und seine Liebe und seine Zuneigung hätte ich das die letzten Jahre auch gar nicht ausgehalten. Das ist schon ganz wichtig und jetzt auch in der Zeit jetzt nach dem Tod meines Mannes gibt einem das doch sehr viel Kraft und auch so die Gewissheit, es geht ihm ja gut. Er ist bei Gott, wie auch immer das ist und da ist er gut aufgehoben und da komme ich ja auch hin, hoffe ich, dass wir uns sehen, weiß ich nicht, sehen nicht, aber treffen vielleicht irgendwie. Ich weiß nicht, ob man sich das so konkret wie Sehen vorstellt, aber dass dann alles gut ist, und das hilft schon. Wenn ich mir so vorstelle, ja vorstellen zu müssen, es wäre alles Schluss, dass weiß ich nicht, wie ich damit umgehen würde oder könnte.

Ihr Glauben an ein Aufgehobensein bei Gott nach dem Tod, an ein Wiederzusammenkommen mit ihrem Mann, auch ohne über eine konkrete oder gar wissenschaftlich plausible Vorstellung davon verfügen zu können, hilft Ursula mit ihrem Verlust weiterzuleben. Man kann das illusionär nennen, eine Tröstung, die die Tatsachen des Lebens leugnet, zu denen auch der Tod gehört. Man kann auch anerkennen, dass ihr Glauben Ursula hilft, ihre inneren Vorstellungen sicherer Bindung zu halten, während sie in der Realität ihres Lebens erfahren muss, dass Bindungen endlich sind. Die Rede von der „Mutmachtruppe" könnte auch als Verweis auf Bemühen um Tapferkeit verstanden werden, als Unterstützung in einem Kampf gegen überbordende Gefühle grenzenloser Traurigkeit oder Verlassenheit.

Im folgenden und letzten Abschnitt „Religion und Weltanschauung" erklärt Ursula, dass für sie „Spiritualität" etwas Persönliches ist, etwas, das Erleben und die gefühlte Präsenz eines Gegenübers umfasst. In diesem Abschnitt finden wir Narrative im engeren Sinne. Dabei handelt es sich um kurze Erzählungen, die im Interview zur Glaubensentwicklung meist anhand selbst erlebter Episoden den eigenen Glauben bzw. die eigene Weltsicht illustrieren, die eigene religiöse Identität akzentuieren. Diese Erzählungen zeigen die von Labov und Waletzky (1967) beschriebenen Strukturen von Zusammenfassung, Orientierung, Komplikation, Evaluation/Lösungsversuch und Coda. Wir haben solche Erzählungen als „religious identity narrative" benannt (Keller/Coleman/Silver: 2016, S. 335). Hier schildert Ursula, wie sie Jugendlichen „spirituelle" Erfahrung zugänglich macht, aus ihrer Sicht eine Seite des Glaubens, die mit dem Herzen zu tun hat (Tabelle 6.2).

Tabelle 6.2 Narrativ „Spiritualität ist Glauben erleben"

Titel	Spiritualität ist Glauben erleben
Zusammenfassung	Es ist wohl lange so gewesen, dass, Luther hat immer gesagt mit Herz und Hand, ne mit Herz und Verstand, so ist das und lange war eben der Verstand, denke ich, im Vordergrund und das Herz ist so ein bisschen außen vor geblieben und ich glaube, das ändert sich im Moment und ich glaube auch, dass, dass der Bedarf dafür da ist und zwar in allen Altersklassen, denn ja, so Meditatives und so was, die Konfirmanden machen das auch gerne. Also die trauen sich nicht immer und finden das zu Anfang ein bisschen lächerlich und müssen zu Anfang lachen, aber letzten Endes machen sie das dann alle mit
Orientierung	und ich weiß, wir haben mal einen sehr schönen Gottesdienst gefeiert auf einer Freizeit mit Abendmahl, mit so einer Sache, wir hatten also vorher Hände ausgeschnitten und drauf geschrieben, was so alles schief gelaufen ist
Komplikation	und die haben wir dann da draußen verbrannt und wieder, war also sehr lang, es ging über anderthalb Stunden
Evaluation/ Lösungsversuch	und hinterher kam einer von den größten Chaoten und sagte, ach das war aber schön und das war ja auch viel kürzer als sonst der Gottesdienst.
Resolution	Der geht sonst Dreiviertelstunde. Also, es ist irgendwie ein Bedarf da, finde ich, für das Spirituelle
Coda	und ich finde es auch sehr schön und sehr wichtig.

Indem sie ihre Geschichte mit einem Luther-Zitat einleitet, verbindet Ursula gelebte „Spiritualität" mit ihrer Tradition und stellt sie als eine Möglichkeit vor, das Herz, das immer schon dazu gehörte, wieder mehr zur Geltung zu bringen. Sie zeigt, dass ihre Tradition das, was derzeit wieder verstärkt gebraucht wird, immer schon gehabt hat, dass es nichts Neues ist, sondern etwas, das wieder aufgegriffen und neu gestaltet werden kann. Wer dazu nicht gleich den Zugang findet, wie die KonfirmandInnen, die Ursula zu Ritualen anleitet, wem der Mut dazu fehlt oder wer sich erst einmal distanziert, wird durch das Erleben überzeugt. Ursula belegt das in diesem Narrativ damit, dass einer der „größten Chaoten" unter ihren KonfirmandInnen, traditioneller Religiosität vermutlich eher weniger zugewandt und, so ist angedeutet, von üblichen Gottesdiensten gelangweilt, gar nicht bemerkte, wie während des gemeinsam durchgeführten und aufwändigen Rituals die Zeit verging. So zeigt sie „Spiritualität" einerseits als zeitgemäße Antwort auf noch nicht artikulierte innere Bedarfslagen, andererseits als verankert in ihrer Religion, die Worte des Begründers ihrer Konfession heranziehend.

In nächsten Narrativ (Tabelle 6.3) geht es um Ursulas Umgang mit Symbolen, hier mit dem zentralen Symbol ihres christlichen Glaubens, dem Kreuz. Wieder geht es auch um das Sterben ihres Mannes, um die Entdeckung seiner tödlichen Erkrankung.

Tabelle 6.3 Narrativ „Das verlorene und wiedergefundene Kreuz"

Titel	Das verlorene und wiedergefundene Kreuz
Orientierung	Gut, dann sind wir also zum Arzt gefahren zu einem Notarzt da, der hatte dann gesagt, nein also das ist irgendwie, ich fühle da irgendwie was, das ist gar nicht gut, gehen sie mal ins Krankenhaus. Da muss man natürlich dazu erzählen, die Woche vorher hatten wir den Abschlussgottesdienst von der Konfirmandenfreizeit und da hatten wir so kleine Holzkreuze gebastelt. Die Konfirmanden hatten irgendwie im Wald Äste gesucht und dann mit einem Bindfaden drum und einen hatten wir im Auto. Und dann habe ich meinen Mann zum Krankenhaus gefahren und dann erst mal, wie war das denn, dann bin ich erst mal nach Hause gefahren. … und dann sagten sie, … sie müssen das also jetzt sofort operieren. …
Komplikation	Jedenfalls, wie ich nach Hause fuhr, habe ich, wie ich ihm die Sachen gebracht habe und wusste, was es war, bin ich nach Hause gefahren und das Kreuz war weg.
Evaluation/ Lösungsversuch	Das war schrecklich. Da hatte ich das Gefühl, vielleicht hat er das auch woandershin hingepackt, fällt mir jetzt gerade ein, da hatte ich wirklich das Gefühl, jetzt bist also nicht nur von der Welt, sondern auch von Gott verlassen. Du hast dieses Kreuz verschlurt, das war mir ganz schrecklich. Also das war wirklich, als ob ich irgendwie den Kontakt zu Gott abgebrochen hatte oder ich weiß nicht.
Resolution	Ich habe es dann wiedergefunden. Es lag unten im Fußraum oder so und das war ungeheuer erleichternd irgendwo. Das war so ah, ist doch noch jemand für dich da, du bist nicht alleine.
Coda	Ja und so viel zum Symbol. Und das Kreuz habe ich auch noch.

Das Kreuz, das zentrale Symbol ihrer religiösen Tradition, ist für Ursula einerseits etwas sehr konkretes, ein Gegenstand, der verloren gehen kann und dessen Verlust sie als sehr bedrohlich und belastend empfindet. Was sie verloren zu haben fürchtet ist jedoch nicht nur das hölzerne Artefakt, sondern auch das, wofür es steht und was Ursula benennt als „Kontakt zu Gott". Es könnte jedoch sein, dass darüber hinaus dieses Kreuz mit noch mehr Bedeutung für Ursula aufgeladen ist: Es ist eines der Kreuze, die in einer Konfirmandenfreizeit aus schlichtem verfügbarem Material erstellt wurden, in einer Zeit, in der sie noch nicht wusste, dass ihre Welt bedroht war. Damals war es noch möglich, das jahrhundertealte Symbol rasch mit Vorgefundenem herzustellen, sich mit einer Tradition verlässlich verbunden und im eigenen Leben sicher zu fühlen. Nun fallen in der Erzählung der Verlust des Kreuzes und die Erkenntnis, dass es sich bei der Erkrankung ihres Mannes um etwas Schlimmes handelt, zusammen. Daher könnte sein Verlust auch dafür stehen, dass sie einen vertrauten und fundamentalen Schutz verloren hatte. Das Leben ihres Mannes und ihr gemeinsames Leben sind bedroht, und wo ist Gott? In der Geschichte, die sie erzählt, gewinnt sie das Verlorene, das sie benennen kann, ihre Verbindung zu Gott, wieder, das wieder gefundene Kreuz macht das greifbar. Entsprechend bedeutungsvoll ist, dass Ursula das Kreuz aufbewahrt hat, nachdem sie es wieder gefunden hat.

Deutlich wird, dass ihr Glauben ihr Halt gibt, vielleicht auch Schutz vor eigenen, potentiell überwältigenden Gefühlen? Ihr Glauben scheint Ursula darin zu unterstützen, tapfer zu bleiben (s. auch oben: „Mutmachtruppe"), vielleicht auch darin, Kummer und Schmerz von sich und anderen, auch vor dem Interviewer, weg zu halten.

Ursula verlässt sich auf ihren Glauben und erlaubt sich dabei, manche Fragen offen zu lassen, etwa die nach Gründen für das Böse in der Welt:

Nein, ich denke, ich erkläre es nicht. Ich denke, das gehört irgendwie auch zu dem Gottesbild oder so, dass es eben Sachen gibt, die ich nicht erklären kann und die ich auch nicht erklären muss und da mache ich es mir vielleicht einfach, das kann sein, aber ich denke, dass, das Böse gehört da irgendwie zu und ich hoffe später mal rauszukriegen oder zu hören, warum das so ist. Denn das ist sicher was, was sich so im Laufe des Lebens gezeigt hat, ja, zu akzeptieren, dass Gott also auch eine Seite hat, die ich nicht kenne und auch irgendwo zu, ja lernen eigentlich, dass das durchaus positiv ist. Ich muss nicht alles oder ich brauche nicht alles wissen. Das brauche ich bei anderen Sachen auch nicht und das brauche ich bei Gott auch nicht und ich denke, das ist auch irgendwo ein Schutz oder ja, und hoffe drauf, das irgendwann mal offenbart zu kriegen. Aber erklären kann ich es im Moment nicht, nein. Es ist da, schlimm genug oder vielleicht ist es auch nötig, um das Gute zu erfahren oder das Gute zu leben. Ich weiß es nicht.

Ursula macht deutlich, dass sie nicht weiter fragen möchte, konzediert, dass sie sich vielleicht vor etwas schützt. Offen bleibt, ob sie damit einen möglichen Einwand des Interviewers oder ein Insistieren auf der Beantwortung der Frage zurückweisen möchte oder ob sie mitteilen möchte, dass sie weiß, dass sie möglicherweise Belastendes von sich weg hält. Angedeutet wird eine Seite Gottes, die sie nicht kenne – das könnte mit dem oben diskutierten Befund im semantischen Differenzial nach Osgood darauf verweisen, dass Religion, dass Glauben auch eine Seite haben kann, die den Menschen hart und fordernd begegnet.

Was religiöse oder weltanschauliche Konflikte angeht, so überlegt sie zuerst, dass es leichter wäre sich mit religiösen Menschen zu einigen, denn da gingen alle davon aus, dass sie Geschöpfe Gottes sind. Was aber wäre mit Menschen, die nicht glauben? Dann überlegt sie, würde sie jemandem, der selbst nicht glaubt, dass er Gottes Geschöpf ist, der keine Religion, sondern eine Weltanschauung hat, mit der gleichen Haltung gegenüber treten, ihn als Geschöpf Gottes anerkennen, dann könnte eine Verständigung auch möglich sein. Damit spricht sie die Haltung an, mit der sie als gläubige Christin „Anderen" begegnen kann. „Sprechenden Menschen wird geholfen", sagt sie und deutet damit an, dass sie einen Dialog für möglich hält, den sie selbstverständlich von den Fundamenten ihres Glaubens aus führen würde. Dies entspricht Ursulas Ergebnissen der RSS, in denen sowohl auf die Werte der Subskala *truth of texts and teachings* als auch der Subskala *fairness, tolerance and rational choice* über dem Gruppendurchschnitt liegen:

Denn auch wenn der andere vielleicht, dann müsste es eigentlich auch bei der Weltanschauung klappen, wenn der andere jetzt z. B. nicht glaubt, dass er Gottes Geschöpf ist, wenn ich das glaube, dann trete ich ja ihm mit der Erkenntnis eigentlich gegenüber und dann müsste es auch dann gehen.

Was „Spiritualität" in Ursulas Leben bedeutet

Im Interview gebeten zu beschreiben, mit welcher Art des Glaubens sie sich identifiziert, antwortet Ursula:

Gläubig würde ich mehr so auf die reine Gefühlsebene schieben vom Wort her. Einfach so der Glaube an Gott. Religiös mehr verstandesmäßig, also auch, dass ich Sachen kenne und weiß, was weiß ich, Glaubensbekenntnis auswendig oder solche Sachen. Das würde ich in das Religiöse packen, wenn ich es denn trennen sollte. Ja und jetzt wird es ganz schwierig. Das Spirituelle ist, ja mehr so, also ich muss mich da mehr für oder ich muss was tun, sagen wir mal so, für das Spirituelle, es ist aber, ja ich würde sagen, man hat ein Gegenüber, was man auch spürt. Das Gläubige ist mehr einseitig, finde ich. Also ich glaube an Gott. Während das Spirituelle mir auch ganz viel gibt, von daher ist das schwierig, die so zu trennen, finde ich.

Hier greift Ursula die drei Bezeichnungen „religiös", „spirituell" und „gläubig" auf, die der Interviewer anbietet. Während sie „gläubig" als einseitiges Gefühl desjenigen, der glaubt, beschreibt, Religion mit Kenntnis der eigenen Tradition in Verbindung bringt, damit deren überpersönliche zeitliche Ebene anspricht, verbindet sie das „Spirituelle" mit eigenem Tun, mit einem Bezug auf ein wahrgenommenes Gegenüber. Dass sie die Begriffe eigentlich gar nicht trennen möchte, deutet darauf hin, dass diese für sie unterschiedliche Seiten des Glaubens beschreiben, der ihr Leben strukturiert.

Ursula zeigt einen Glauben, der ihrem Leben einen festen Rahmen gibt und ihren Alltag prägt. Rituale und Symbole haben große Bedeutung, wichtig ist weiterhin Gemeinschaft, ist Gemeinde. Während sie im Interview die Diskussion über mögliche Gründe des Bösen in der Welt verweigert, zeigt sie in ihren Skalenwerten ein bemerkenswert positives Profil, trotz ihres Verlustes. Das könnte darauf hinweisen, dass ihr Glauben sie schützt, aber auch darauf, dass sie Bedrohliches ausblendet, und sie scheint auch zu bemerken, dass ihre Art zu glauben so gesehen werden könnte.

In ihren Überlegungen zu Möglichkeiten, religiöse Konflikte beizulegen, kommt sie zu dem Schluss, dass sie als Geschöpf Gottes und Mensch christlichen Glaubens auch mit jemandem in einen Dialog treten könnte, der diesen Glauben nicht teilt und sich anders bezeichnen würde. Möglicherweise setzt sie eher auf Beziehung und Begegnung als auf allgemeine Überlegungen. Für Ursula ist Glauben Beziehung, „Kontakt" zu Gott, worin auch das Versprechen enthalten ist, dass Bindungen über den Tod hinaus Bestand haben, auch wenn nicht genau vorstellbar ist, wie das gehen könnte oder gar wie es zu erklären wäre. Eine Erklärung braucht Ursula nicht und weist die Frage danach entschieden zurück. Es gibt Bereiche, da kann und muss sie nicht erklären, und das artikuliert sie deutlich und reflektiert.

„Spiritualität" bedeutet für Ursula die subjektive, erlebnisbezogene Seite ihres Glaubens und ist gleichzeitig fest in ihrer religiösen Tradition begründet. Dazu gehört auch ein mit anderen durchgeführtes Ritual, ein Kreuz, das sie anfassen und im Auto mit sich führen kann, die Zugehörigkeit zur Gemeinde, kurz: „Spiritualität" gehört für Ursula zu Religion und Glauben.

„… ein Gottesbild habe ich ja nie kennengelernt, sondern … diese starke Verbindung zur Natur, die hat sich durch mein ganzes Leben gezogen bis heute" – Heinrich P.

Heinrich P. ist zum Interviewzeitpunkt 75 Jahre alt und Rentner. Er war ein „Kriegskind", berichtet gleichwohl von einer harmonischen Kindheit, von einer naturgebundenen Religiosität, die er von seiner Mutter übernommen hat. Er war nach seinem Studium in einem technischen Beruf tätig, hat nach dem Tod seiner ersten Frau wieder geheiratet. Im Fragebogen ordnet auch er sich als „mehr religiös" ein und stuft auch seine Umgebung im Alter von 12 Jahren als „mehr religiös" ein. Auch hier dürfen wir, wie bei Ursula, eine kontinuierlich religiöse Identität vermuten.

Heinrichs Profil im Fragebogen

In Tabelle 6.4 zeigen wir die Skalenwerte von Heinrich P., wieder im Vergleich zur Fokusgruppe der anderen Menschen in unserer deutschen Teilstichprobe, die sich als „mehr religiös als spirituell" (FG1) einschätzten.

Wenn wir die Persönlichkeitsdimensionen betrachten, sehen wir, dass Heinrich sehr niedrige Werte, nämlich um eine Differenz von zwei Standardabwei-

Tabelle 6.4 Vergleich der wichtigsten Skalen im Fragebogen
von Heinrich P. mit der entsprechenden Fokusgruppe

	Werte von Heinrich P.	Mittelwerte der „mehr religiösen als spirituellen" Fokusgruppe in Deutschland	
		M	SD
Persönlichkeit (NEO-FFI)			
Neurotizismus	13	29,4	8,1
Extraversion	34	28,1	6,0
Offenheit für Erfahrung	42	31,4	5,5
Verträglichkeit	35	34,6	5,0
Gewissenhaftigkeit	40	32,0	6,1
Mystizismus (M-Scale)			
introvertierter Mystizismus	15	38,1	10,9
extrovertierter Mystizismus	30	24,0	8,0
Interpretation	32	44,1	9,6
Psychologisches Wohlbefinden			
Autonomie	34	24,6	3,7
Alltagsbewältigung	33	25,1	4,5
Persönlichkeitsentwicklung	32	29,0	3,2
Beziehungen zu anderen	33	27,4	4,4
Lebensziele	27	27,4	3,7
Selbstakzeptanz	35	26,0	4,3
Generativität (Loyola Generativity Scale)	57	56,1	7,6
Attitudes toward God	49	81,2	16,1
Religiöse Schemata (RSS)			
truth of texts and teachings	5	16,6	4,5
fairness, tolerance and rational choice	25	22,6	2,0
xenosophia/inter-religious dialog	17	16,8	4,2

Anmerkung Alle Mittelwerte sind Ergebnis von Kovarianzanalysen mit den Variablen für Land und Fokusgruppe als Prädiktoren, während Geschlecht, Alter, kulturelles Kapital und Pro-Kopf-Einkommen kontrolliert wurden.

chungen niedrigere, in *Neurotizismus* aufweist, sehr hohe (zwei Standardabweichungen Unterschied) für *Offenheit für Erfahrung*, vergleichsweise hohe, mit dem Unterschied einer Standardabweichung, für *Extraversion* und *Gewissenhaftigkeit,* durchschnittliche für *Verträglichkeit.*

Auch auf fast allen Skalen von Ryffs Instrument zur Erfassung von psychologischem Wohlbefinden liegen seine Werte über dem Durchschnitt der Fokusgruppe, für *Lebensziele* nahe beim Durchschnitt. Das entspricht dem Profil eines Menschen, der mit sich, seinen Mitmenschen und seinen Lebensaufgaben gut zurecht kommt und Neuem mit Interesse entgegen sieht.

Auch seine Werte für *Generativität*, die Skala, die misst, inwiefern die Sorge für die nächste Generation ein Anliegen ist, liegen nah beim Durchschnitt der Fokusgruppe.

Wenn wir die Skalen betrachten, die sich auf Religion und deren Erleben beziehen, finden wir Abweichungen vom Durchschnitt der Fokusgruppe bei den Subskalen der Mystizismus-Skala: Heinrich P.s Werte für *introvertierten Mystizismus* liegen mehr als zwei Standardabweichungen unter, seine Werte für *Interpretation*, womit religiöses Verständnis angesprochen ist, immer noch mehr als eine Standardabweichung unter dem Durchschnitt der Fokusgruppe, hingegen liegt sein Wert für *extrovertierten Mystizismus* etwas über eine halbe Standardabweichung darüber.

Bei der *Attitudes toward God Scale* liegen seine Werte wieder weit unter dem Durchschnittswert der Fokusgruppe, ebenso bei *truth of texts and teachings*, die ein an Traditionen gebundenes, potentiell fundamentalismus-nahes religiöses Schema erfasst, während *xenosophia/religious dialog* beim Gruppendurchschnitt liegt und *fairness, tolerance and rational choice* eine Standardabweichung darüber.

Daraus ergibt sich das Profil eines Menschen, der, im Vergleich zu anderen, die sich als „mehr religiös" bezeichnet haben, Religion eher rational gegenüber steht, für den ein persönlicher Gott keine Bedeutung hat, der hingegen Erfahrungen des nach außen gerichteten Einsseins mit einem größeren Ganzen kennt. Erfahrungen eines positiv erlebten Gewahrseins von etwas Heiligem im Sinne einer religiösen Tradition scheinen nicht zu seiner Art, religiös zu sein zu gehören.

Semantik: Was Heinrich unter „Spiritualität" versteht[50]

Als Definition von „Spiritualität" gibt Heinrich in den freien Eintragungen an:

Eine Seele, die unabhängig vom materiellen Sein existiert.

„Religion" definiert er als

Die Fähigkeit des Menschen, seinem Leben einen Sinn zu geben.

Des Weiteren beschreibt er seinen Glauben als „ religiösen Atheismus ".

Heinrichs Glaubensentwicklung im Faith-Development-Interview

Heinrichs religiöse Entwicklung im FDI wurde als überwiegend synthetisch-konventionell (Stufen nach Fowler) bzw. mutuell (Stile nach Streib) bewertet, mit einem Spektrum, das von mythisch-wörtlich bis verbindend reicht.

Eher basale (instrumentell-reziproke) Stufen- bzw. Stilezuweisungen treten bei den Aspekten auf, die mit Beziehungen zusammenhängen: *Perspektivenübernahme* und *Grenzen des sozialen Bewusstseins*. Im Bereich der Moral wird allein der (implizite) mutuelle Stil verortet, während bei *Verortung von Autorität*, *Formen des Weltzusammenhangs* und *Entwicklungsstadien der Symbolfunktion* auch höhere Stufen bzw. Stile zugewiesen wurden.

Daraus ergibt sich der Eindruck, dass Heinrich, dessen Bindungsstil als sicher eingeschätzt wurde, reflektierte Betrachtungen anstellt, dies aber nicht in allen angesprochenen Bereichen tut. Vielmehr scheint er sich, wenn es um Beziehungen, Gestaltung des Miteinanders, wenn es um Fragen der Moral geht, auf Gegenseitigkeit und Konvention zu verlassen, während er bei der *Verortung von Autorität* und *Entwicklungsstadien der Symbolfunktion* auch einen individuierend-systemischen Stil bzw. einen individuierend-reflektierenden Glauben zeigt. Wenn es um Formen des Weltzusammenhanges geht, zeigt er einen verbindenden Glauben bzw. dialogischen religiösen Stil. Dies könnte das Profil eines Menschen sein, der in seinen Beziehungen auf basale Weise sicher ist, der gleichzeitig unterschiedliche Deutungen menschlichen Seins rational beurteilt, der, während er die grundsätzliche Unsicherheit menschlichen Seins einräumt, auf Empathie setzt und sich in größeren Zusammenhängen aufgehoben weiß.

---

50 Die semantischen Differenziale hat Heinrich nicht bearbeitet.

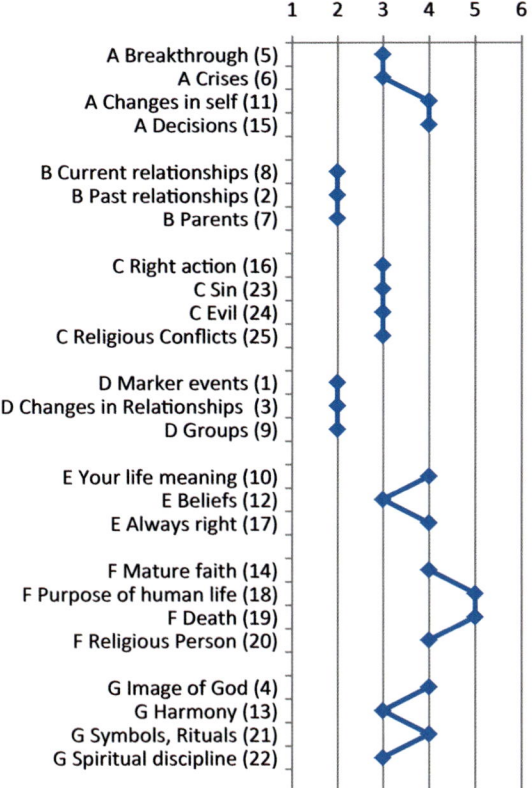

| | 1 | 2 | 3 | 4 | 5 | 6 |

A Breakthrough (5)
A Crises (6)
A Changes in self (11)
A Decisions (15)

B Current relationships (8)
B Past relationships (2)
B Parents (7)

C Right action (16)
C Sin (23)
C Evil (24)
C Religious Conflicts (25)

D Marker events (1)
D Changes in Relationships (3)
D Groups (9)

E Your life meaning (10)
E Beliefs (12)
E Always right (17)

F Mature faith (14)
F Purpose of human life (18)
F Death (19)
F Religious Person (20)

G Image of God (4)
G Harmony (13)
G Symbols, Rituals (21)
G Spiritual discipline (22)

Abb. 6.3 Heinrichs Werte zu den einzelnen Fragen
im Faith-Development-Interview

Narrativer Verlauf

Im Interviewabschnitt „Lebensrückblick" verortet Heinrich P. seine Kindheit zeitlich „bis Kriegsende", betont wiederholt „ich bin also ein Kriegskind" und stellt seinen Lebensbeginn in den Zusammenhang von Bedrohung und Entbehrungen. Diese historisch-gesellschaftliche Verortung mag erklären, weshalb Heinrich bei der Auswahl bedeutsamer Lebensereignisse „Erschütterndes" als Kriterium heranzieht. Der Charakterisierung der gesellschaftlich-sozialen Umwelt durch den Krieg stellt er eine „ganz harmonisch normal" verlaufene Kindheit im Bereich der Familie gegenüber. Zwar beschreibt er eine immer wieder auch feindliche Umwelt, schildert jedoch, wie er von Schäden verschont bleibt oder Rettung erfährt, was einem Erzählverlauf der Wendung zum Guten, Rettenden, entspricht, der von McAdams und seiner Arbeitsgruppe als „redemption" bezeichnet wird (McAdams/Reynolds/Lewis/Patton/Bowman: 2001).

Ein Beispiel dafür ist das Narrativ „Rettung vor drohendem Schicksalsschlag", in der eine bedrohliche Krankheit durch den Einsatz eines neuen Medikamentes besiegt wird. In der Erzählung verdichtet er das Geschehen zeitlich, so dass die Verfügung über das neue Medikament und das Kriegsende zusammenfallen, was die Wendung zum Guten unterstreicht.

Heinrich ist die Familie wichtig, er bezeichnet sich als „Familienmensch". Eine Kirchengemeinde erwähnt er nicht, er hat jedoch kontinuierlich einer Gemeinschaft angehört, die für ihn Bedeutung hatte: Seit seine Eltern das für ihn entdeckten, war er als Jugendlicher und später als Betreuer in einer Organisation engagiert, die Jugendlichen Reisen und Zeltlager ermöglichte. In verschiedenen Funktionen war er dort bis zum Ruhestand tätig und konnte seine Naturverbundenheit teilen und weiter geben.

Tabelle 6.5 Heinrichs Narrativ: Rettung vor drohendem Schicksalsschlag

Titel	Rettung vor drohendem Schicksalsschlag
Orientierung	Ich bin mal erkrankt, sehr schlimm, an, da hat man erst gemeint, also das war gleich nach dem Krieg, gleich nach dem Kriegsende 1946 bin ich ins Krankenhaus gekommen
Komplikation	und das war eine Hüftgelenkentzündung, die man beinahe hätte operieren müssen, dann wäre mein Bein kürzer geworden.
Evaluation/ Lösungsversuch	Aber da kam gerade das Penicillin auf aus Schweden und das hat mich gerettet. Ich war der erste Patient in dem Krankenhaus, wo das ausprobiert wurde.
Coda	Das war eigentlich ein wichtiger Schicksalsschlag, hätte er werden können, wenn nicht der Krieg zu Ende gewesen wäre.

Seine Religion beschreibt Heinrich als von Anfang an auf die Natur bezogen:

Also wie sie ja schon gemerkt haben, habe ich keinen Glauben in dem Sinne von irgendeiner der bekannten Religionen. Also so einen Fremdglauben so, den man irgendwie erlernt und der in den Büchern steht, sondern es ist diese Vorstellung von der Natur, wenn man das, ich weiß nicht, ob man das Glauben nennen kann, weiß ich nicht. Aber die Selbstorganisation der Natur, das ist sozusagen meine Vorstellung von der Natur und vom Leben. Ja. Also nicht etwas, was man von außen irgendwie erlernen muss oder was irgendwo in Büchern steht. So wie ich es ganz am Anfang von meiner Mutter kennengelernt habe die Natur zu beobachten, zu vergleichen und zu respektieren, aufpassen, dass man sie nicht kaputt macht, so bin ich ja schon in den ersten Lebensjahren aufgewachsen und so ist es bis heute völlig unverändert geblieben. Völlig unverändert, muss ich wirklich sagen. Ja, ich glaube, das ist so eindeutig beschrieben, ne?

Die beschriebene Haltung gegenüber der Natur ist durch Achtsamkeit gekennzeichnet, auch durch das Bestreben, Schaden und Verletzung zu vermeiden, vergleichbar der von Graham, Haidt & Nosek (2009) beschriebenen harm/care-Orientierung. Religion aus Büchern und „Fremdglauben" sind aus seiner Sicht etwas anderes als sein Hineinwachsen in das Sein in der Natur, das er eingebettet in die Bindung an seine Mutter und erfahrungsbasiert erlebte.

Also in Bezug auf Gott sind wir ja, so ein Gottesbild habe ich ja nie kennengelernt, sondern das, was meine Mutter von Anfang an gemacht hat, diese starke Verbindung zur Natur, die hat sich durch mein ganzes Leben gezogen bis heute. Also wenn man mich so fragen würde, was ist denn dein Gottesbild, dann würde ich sagen, das ist die Natur. So bin ich groß geworden vom ersten Tag und so ist es auch bis heute geblieben.

Heinrich betont in seinem Interview immer wieder die religiöse Sozialisation durch die Mutter, die ihm seit früher Kindheit eine pantheistische, grüne Religiosität vermittelt habe. Dabei fällt die Betonung der unbedingt positiven Bindung zur Mutter auf. Aus dieser positiven Bindung können wir die Kontinuität seiner Religiosität, wie er sie versteht, erklären. Die Selbstidentifikation als religiös ist als starke Verbindung zur Natur konstruiert.

Was „Spiritualität" in Heinrichs Leben bedeutet

Im FDI erläutert Heinrich, nachdem die Begriffe „religiös" und „gläubig" genannt wurden:

Schwer, weil die Begriffe so schwer zu definieren sind. Also religiös, ich habe Ihnen ja mein Naturbild geschildert, ob Sie das als Religion bezeichnen, würde ich sagen, hängt davon ab, ob Sie unter Religion eine Buchreligion verstehen oder eine Beziehung zum Kosmos. Zweites habe ich ganz stark. Erstes kenne ich gar nicht. Das war die Sache mit der Religion und dann glauben, damit kann ich eigentlich am wenigstens anfangen, mit dem Wort glauben, weil, was heißt schon glauben. Wie gesagt, ich glaube nicht, dass es eine richtige Entscheidung gibt, die für alle richtig oder gut ist oder so, ja, also mit dem Wort Glauben kann ich eigentlich nichts anfangen. Glauben heißt nicht wissen, sagen manche Leute.

Heinrich stellt sein eigenes, in der Natur verankertes Verständnis von Religion vor, die durch eine Beziehung zum Kosmos beschrieben ist, und ohne Tradition, heilige Schrift oder Gott auskommt. Auch mit dem Begriff „spirituell" kann er sich nicht identifizieren:

Also ich muss auch noch mal dazu sagen, das Wort spirituell kann ich auch nicht so richtig unterbringen von der Definition her. Da geht man ja auch davon aus, dass es irgendetwas gibt, was nicht mit Materie zu bezeichnen ist und da muss ich sagen, das kann sein. Aber das ist etwas, was ich nicht fassen kann. Es ist also ein Begriff für mich, der nicht fassbar oder nicht definierbar ist und Selbstbeschreibung, Selbstbeschreibung, tja, ich komme immer auf dasselbe zurück, es ist das Zugehörigkeitsgefühl zur Natur. Ich bin ein Teil der Natur.

Etwas, das nichts mit Materie zu tun hat, kann er kaum mit seiner naturverbundenen, in diesem Sinne materialistischen, Religion in Verbindung bringen. Später, gegen Ende des Interviews, erwähnt er weitere Facetten von „Spiritualität", die er wahrnimmt, wenngleich er sich nicht damit identifiziert:

Spiritualität, das kommt für mich so mehr aus dem Osten so ein bisschen, ja, so Meditation und Buddha und alles so was. Aber ich merkte, dass dieser Begriff auch unter meinen Freunden immer häufiger benutzt wird und auch neuerdings sogar von Kirchenleuten.

Buchreligionen, religiöse Traditionen mit heiligen Schriften, entsprechen nicht dem, was er lebt. Vielmehr habe er eine Beziehung zum Kosmos. Mit dem Wort „spirituell" kann er sich eher nicht identifizieren, er versteht sich als Teil der (materiellen) Natur. Das bedeutet auch, dass er sich sein Leben nach dem Tod nach seinen Worten so vorstellt wie sein Leben vor der Geburt. Es gibt für ihn, anders als für Ursula, somit keine Glaubensinhalte, die wissenschaftlich schwer zu erklären wären. Im Zentrum steht die Liebe zum Leben, zur Natur. Das habe er von seiner Mutter übernommen und sein Leben lang behalten.

Also das ist der eine Teil, wenn ich mich selbst beschreiben sollte. Dieses Teil der Natur und insofern ist es für mich auch nicht fremd zu sagen, ich gehe in diese Natur wieder zurück, wenn die Person dann zu Ende ist und das zweite ist aber eben sehr stark die Familie und vielleicht kann man auch ein paar gute Freunde dazuzählen, ja, diese menschliche Gemeinschaft, dass einer dem anderen hilft, wenn er in Not ist, das ist für mich etwas grundsätzlich Wichtiges. Ist bei mir sehr stark auf die Familie fixiert, aber durchaus natürlich auch wenn es einem Freund mal schlecht geht, dann kann man das als erweiterte Familie… Das ist der zweite große Aspekt. Menschen müssen sich untereinander helfen. Also, die Natur hilft nämlich nicht. Wenn der Blitz kommt, das interessiert den Blitz nicht, ob ich da stehe gerade und umkomme. Also da muss sich, der Mensch muss sich schon helfen und sie müssen sich untereinander helfen. Also diese Mitmenschlichkeit. Ich finde es gibt ein tolles Wort, es heißt Empathie. Das ist ganz wichtig für mich. Das ist sozusagen der zweite Teil zu diesem Naturbild, es ist die Empathie unter Menschen. Das habe ich sehr früh von Mutter, das sagte ich am Anfang, sehr früh schon gelernt.

Heinrichs Religion ist auf das Diesseits bezogen, er versteht sich als Teil der Natur und führt aus, dass zum Überleben in der Natur die Empathie zwischen Menschen wichtig ist. Von Ritualen und anderen Praktiken, die sich an höhere Mächte richten, distanziert er sich:

…um es mal ein bisschen platt auszudrücken, ich kann durch Gebete keine Naturgesetze verändern.

Er sieht sich damit als Teil eines größeren Ganzen und mit anderen verbunden. Wir können hier auch von horizontaler Transzendenz sprechen (Streib/Hood: 2016b). Eine institutionelle Vermittlung gab es in Form seines Engagements in der Organisation, dem Jugendbund, durch die Eltern angeregt. Dies könnte als Fortsetzung und Erweiterung der familiären Sozialisation gesehen werden, die ihm die Gelegenheit gab, seine Liebe zur Natur zu vertiefen und weiterzugeben. Tradition, Überlieferung und persönlicher Gott spielen für Heinrichs Art, religiös zu sein, keine Rolle.

„Religiöse" Spiritualitäten, horizontal und vertikal transzendent

Für Heinrichs Religiosität ist seine Naturverbundenheit kontinuierlich zentral gewesen, Buchreligionen steht er zeitlebens fern. Wir haben daher von horizontaler Transzendenz gesprochen. Ursula hingegen ist kontinuierlich in eine Glaubensgemeinschaft integriert, die einer der Religionen des Buches angehört. Für sie bedeutet Religion etwas, das in dieser Welt ist, aber auch darüber hinaus und über die Dauer des irdischen Lebens hinaus wirkt. Wichtig ist die Beziehung zu Gott, die Irdisches übersteigt und überdauert. Daher sprechen wir hier von vertikaler Transzendenz. In ihrer Gemeinschaft gehört Ursula zu denen, die dazu ausgebildet wurden, die nachwachsende Generation zu unterrichten. Sie ist in einem System institutioneller Vermittlung tätig (vgl. Streib/Hood: 2016b, 2013). Vielleicht können wir von hier aus die Unterschiede der Werte beider in der Skala zur Erfassung der Generativität verstehen: Ursula versteht sich als Teil einer lebendigen Tradition, die sie weiter gibt, das mag die hohen Werte erklären. Heinrich sieht sich als Teil der Natur, die sich selbst organisiert – seine Werte liegen beim Durchschnitt der Fokusgruppe.

Für Ursula gehört „Spiritualität" zu ihrer Religion, in Heinrichs religiösem Atheismus, der auf seine Bindung zur Natur gründet, ist der Begriff nicht so richtig unterzubringen. Wir sehen hier unterschiedliche Bedeutungen nicht nur für „Spiritualität", sondern auch für „Religion" und unterschiedliche Auffassungen vom Verhältnis der beiden Begriffe. Und wir sehen zwei sehr unterschiedliche Arten, „mehr religiös als spirituell" zu sein.

7. „Spiritualität" und religiöse Suche

Hier geht es um die Spiritualität von Menschen, die sich als „gleichermaßen spirituell und religiös" beschreiben. Sie sind mit einer Tradition verbunden oder mit einer Gemeinschaft oder Institution, deren Rituale für sie Bedeutung haben, und sie berichten über Erfahrungen von Transzendenz, während sie die Vorstellung von einem Gott, der sich wie eine Person direkt in menschliche Angelegenheiten einmischt, zurückweisen. Laura D. und Hans R., die wir in diesem Kapitel beschreiben, nehmen eine mittlere Position in dem Feld ein, das Streib und Hood (2016b) zwischen horizontaler und vertikaler Transzendenz aufspannen.

„Ja, also gläubig nicht richtig, also in dem Sinne, dass ich eben noch nicht meinen idealen Glauben gefunden habe. Ich bin wohl auf der Suche danach." – Laura D.

Laura D. ist zum Zeitpunkt des Interviews 23 Jahre alt und studiert Theologie. Sie beschreibt sich im Fragebogen als „ebenso religiös wie spirituell" und ihre Umgebung im Alter von 12 Jahren als „mehr religiös als spirituell", was eine Wendung zum Spirituellen bedeutet. Als Teenager war sie interessiert an Heavy Metal-Musik und einem eher „pantheistischen" Glauben. Damals erlebte sie ihren ersten Liebeskummer und findet rückblickend, dass Heavy Metal ihr half, ihren Weltschmerz auszudrücken, den sie durch schwarze Kleidung noch unterstrich. Danach entdeckte sie Singkreise, gemeinsames Musizieren und Reisen mit anderen Jugendlichen und erlebte das als Durchbruch und als bereichernd. Zum Zeitpunkt des Interviews macht sie Pläne für ihre Zukunft, für die Zeit nach dem Studium.

Lauras Profil im Fragebogen

Wenn wir Lauras Skalenwerte mit denen der Fokusgruppe der „gleichermaßen religiösen wie spirituellen" Menschen (FG2) in unserer deutschen Teilstichprobe vergleichen, sehen wir: Lauras Wert für *Extraversion* liegt mehr als eine Standardabweichung über dem Gruppenmittelwert. Dies spricht für ein vergleichsweise großes Ausmaß und eine vergleichsweise große Menge an Energie,

Tabelle 7.2 Vergleich von Laura D. mit ihrer Fokusgruppe
auf den wichtigsten Skalen

	Werte für Laura D.	Mittelwerte der „gleichermaßen religiösen und spirituellen" Fokusgruppe in Deutschland	
		M	SD
Persönlichkeit (NEO-FFI)			
Neurotizismus	29	19,3	8,7
Extraversion	38	28,6	6,5
Offenheit für Erfahrung	38	34,4	5,9
Verträglichkeit	45	34,3	6,0
Gewissenhaftigkeit	37	32,3	6,2
Mystizismus-Skala	122	129,3	22,8
introvertierter Mystizismus	43	47,4	10,2
extrovertierter Mystizismus	32	31,5	7,2
Interpretation	47	50,4	7,9
Psychologisches Wohlbefinden			
Autonomie	18	25,7	3,7
Alltagsbewältigung	29	25,1	4,8
Persönlichkeitsentwicklung	30	29,7	3,2
Beziehungen zu anderen	35	27,8	4,2
Lebensziele	29	26,9	4,1
Selbstakzeptanz	28	26,8	4,5
Generativität (Loyola Generativity Scale)	63	58,3	8,4
Attitudes toward God (ATGS)	77	81,5	17,0
Religious Schema Scale			
truth of texts and teachings	14	14,4	4,7
fairness, tolerance and rational choice	24	22,4	2,2
xenosophia/inter-religious dialog	25	19,7	3,9

Anmerkung Alle Mittelwerte sind Ergebnis von Kovarianzanalysen mit den Variablen für Land und Fokusgruppe als Prädiktoren, während Geschlecht, Alter, kulturelles Kapital und Pro-Kopf-Einkommen kontrolliert wurden.

die auf die soziale Welt gerichtet ist (McCrae/Costa: 1987). Ihr Wert für *Verträglichkeit* liegt fast zwei Standardabweichungen über dem Durchschnitt ihrer Fokusgruppe und ihr Wert für *Neurotizismus* liegt über eine Standardabweichung über dem Durchschnitt. *Verträglichkeit* bezieht sich darauf, wie pfleglich jemand mit anderen umgeht und schließt Vertrauen, Aufrichtigkeit, Altruismus, Nachgiebigkeit, Bescheidenheit und Empfindsamkeit ein (Costa/McCrae: 1985). *Neurotizismus* bezieht sich auf seelische Verwundbarkeit. Wir können daraus schließen, dass Laura darauf achtet, anderen aufmerksam, ehrlich und großzügig gegenüber zu treten und dass sie selbst empfindsam auf Stressoren reagiert.

Auf den Skalen für *psychologisches Wohlbefinden* finden wir Lauras Wert für die Subskala *Autonomie* mehr als zwei Standardabweichungen unter dem Durchschnitt. Das lässt vermuten, dass für Laura Erwartungen und Wertungen anderer eine große Rolle spielen (Ryff/Keyes: 1995). Ihr Wert für *Beziehungen zu anderen* liegt zwei Standardabweichungen über dem Durchschnitt. Das spricht dafür, dass sie anderen empathisch begegnet, dass ihr das Wohlergehen anderer wichtig ist.

Was die Subskalen der RSS angeht, so hat Laura auf *Xenosophie* einen um mehr als seine Standardabweichung höheren Wert als der Durchschnitt. Diese Skala korreliert mit dem verbindenden Glauben der Stufe 5 in Fowlers Modell (Streib et al.: 2010). Ihre Werte für *Offenheit für Erfahrung* liegen etwas über dem Gruppendurchschnitt und ihre Werte für *Mystizismus* etwas darunter. Das würde ihr etwas mehr Offenheit für Erfahrungen im Vergleich zum Gruppendurchschnitt zuschreiben, und gleichzeitig etwas weniger mystische Erfahrungen. Relativ zum Gesamtsample finden wir sie in der Karte, die zwischen diesen Messungen aufgespannt ist (s. Abbildung 5.6), im oberen rechten Quadranten, was bedeutet, dass sie im Vergleich zur Gesamtstichprobe sowohl in *Offenheit* als auch in *Mystizismus* Werte über dem Durchschnitt hat.

Semantik: Was Laura unter Spiritualität versteht

In den freien Eintragungen definiert Laura Spiritualität

Spiritualität ist für mich die Ausrichtung bzw. Orientierung an Idealen oder Weltbildern, denen Nicht-Materiale Prinzipien zugrunde liegen. Spiritualität meint die Suche nach Sinnzusammenhängen, die jenseits des empirisch Erklärbaren liegen.

Ihre Definition für Religion lautet:

Religion ist die durch Rituale geprägte Ausdrucksform des persönlichen Glaubens an eine göttliche Instanz bzw. genau definierte höhere Macht. Die Kriterien dieses Glaubens sind durch die jeweilige Religionsgemeinschaft meist vorgegeben.

In Lauras Definition von „Spiritualität" geht es um das Aufspüren von Wissen und Erfahrungen jenseits des unmittelbar empirisch Fassbaren. „Religion" hat mit Gemeinschaft, mit Tradition, mit Ritual als Medium des Ausdrucks persönlichen Glaubens zu tun. „Spiritualität" könnte auf die Suche nach Transzendentem, Religion auf tradierte Vorstellungen und Methoden verweisen.

Wenn wir das semantische Differenzial nach Osgood betrachten, sehen wir, dass „Religion" im positiven und im negativen Bereich die ganze Bandbreite der möglichen Einstufungen beansprucht: Religion ist „stumpf" und „alt", sowie (nicht ganz so extrem) „grob", „hart" und „streng", andererseits „sauber", „mächtig" und „stark". „Spiritualität", die nur im positiven Bereich die extremen Werte erreicht, ist „hübsch", „fein", „hell" und „jung", aber auch „wenig" und „stumpf". An einigen Stellen treffen sich die Bewertungen beider Begriffe, etwa bei „groß" und „lang" und „voll" auf der positiven und bei „langsam" auf der negativen Seite. Wenn wir die Faktoren nach Osgood heranziehen, sieht „Spiritualität" hinsichtlich „Evaluation" (erste sechs Adjektivpaare) besser aus als „Religion", hinsichtlich „Potenz" (nächsten sechs Adjektivpaare) sieht

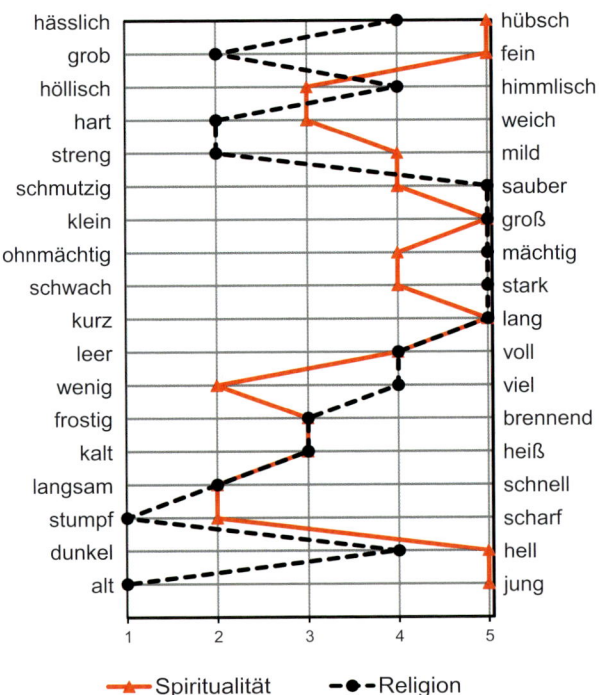

Abb. 7.1 Lauras Werte auf dem Semantischen Differenzial nach Osgood

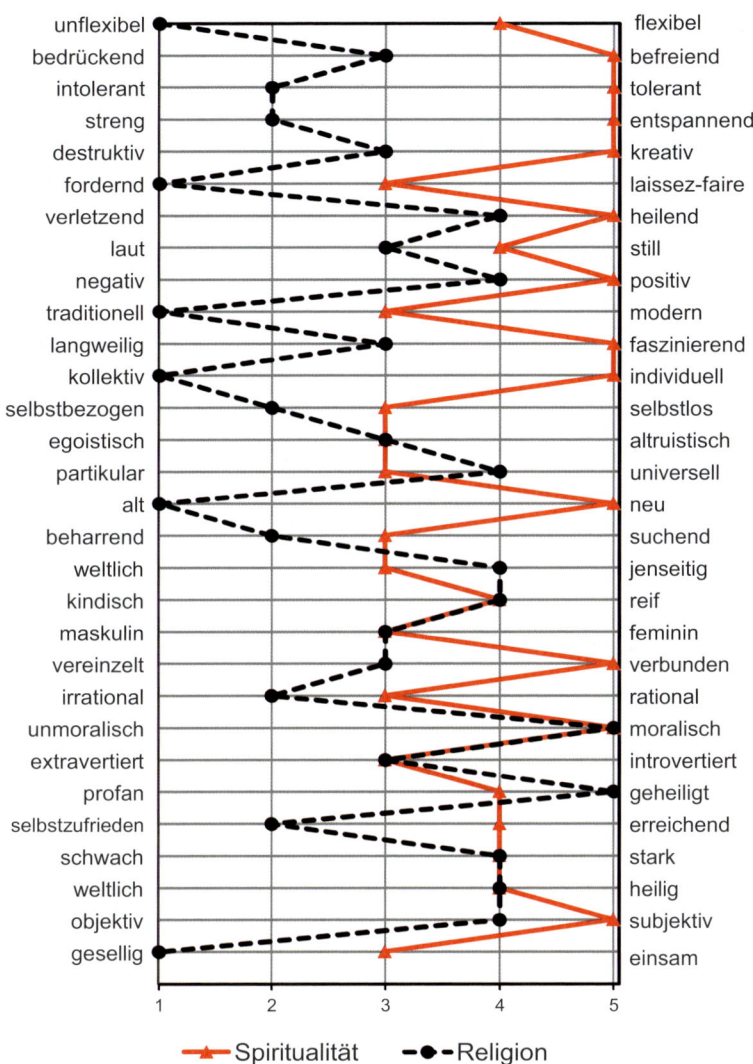

Abb. 7.2 Lauras Werte auf dem kontextuellen semantischen Differenzial

„Religion" besser aus und hinsichtlich „Aktivität"(letzte sechs Adjektivpaare) wiederum „Spiritualität".

Im kontextuellen Differenzial (siehe Abbildung 7.2) profiliert Laura „Religion" als „unflexibel", „fordernd", „traditionell", „kollektiv", „alt", „gesellig". „Spiritualität" assoziiert sie im Vergleich dazu mit „befreiend", „tolerant", „entspannend", „kreativ", „heilend", „positiv", „faszinierend", „individuell", „neu",

„verbunden" und „subjektiv". Bewertungen für „Spiritualität" liegen zwischen neutral und sehr positiv, während bei „Religion" der negative Bereich ganz ausgeschöpft wird, es jedoch keine positiven Extremwerte gibt. „Spiritualität" wird freundlicher bewertet.

Lauras Glaubensentwicklung im Faith-Development-Interview

Lauras Interview zeigt einen überwiegend synthetisch-konventionellen Glaubensstil (Fowler: 1981; Fowler et al.: 2004). An einigen Stellen sehen wir Einstufungen als individuierend-reflektierend. Das könnte auf einen Übergang von Stufe 3 nach Stufe 4 verweisen. Stufe 4-Bewertungen finden sich in den Aspekten *Kognitive Kompetenzen* und *Verortung von Autorität*. Die nach Fowlers Modell niedrigsten Einstufungen, mythisch-wörtlicher Glauben, erhielten ihre Antworten auf die Fragen nach vergangenen Beziehungen beim Aspekt *Perspektivenübernahme* und nach wichtigen Ereignissen beim Aspekt *Grenzen des sozialen Bewusstseins*.

Zusammenfassend können wir sagen, dass Laura neue Gedanken und Vorstellungen prüft vor dem Hintergrund dessen, was sie bislang gelernt hat. Sie beurteilt Autoritäten und Normen und prüft, ob diese mit ihrer sich entwickelnden Weltsicht übereinstimmen.

Weisheit und Bindung

Wie andernorts dargelegt, gewinnt die Auswertung von FDIs durch die Hinzuziehung neuer Konzepte (Keller/Streib: 2013). Im Interview mit Laura ist ihr Bindungsstil als überwiegend sicher eingestuft worden. Hinsichtlich der Kriterien für Weisheit zeigte sie Verständnis für den Kontext lebenslanger Entwicklung und für Werte-Relativismus nach den Kriterien des Berliner Paradigmas (Staudinger/Smith/Baltes: 1994). Dies mag uns helfen, Lauras „spirituelle" Biographie als eine zu verstehen, die für Kinder sensibler Bezugspersonen beschrieben wurde (Granqvist: 2010) oder für Kinder, deren Äußerungen von ihren Eltern adäquat gespiegelt wurden (Rizzuto: 1979; Fonagy/Target: 2007). Während es wahrscheinlich ist, dass diese elterliche Glaubensvorstellungen übernehmen, wagen sie im Schutz ihrer sicheren Bindung eigene Explorationen. Laura findet die Rituale der Religion ihrer Herkunftsfamilie immer noch bedeutsam, während sie einige der dahinter liegenden Vorstellungen kritisch befragt.

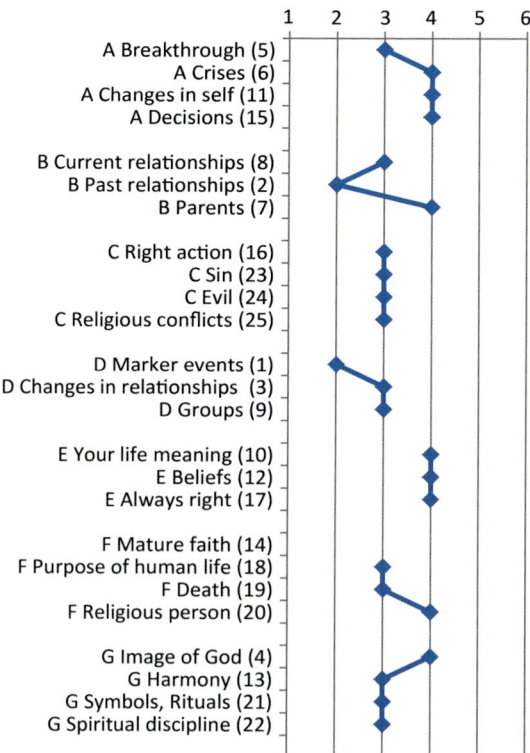

Abb. 7.3 Lauras Werte zu den einzelnen Fragen
im Faith-Development-Interview

Narrativer Verlauf

Laura erklärt, dass sie die Kapitel ihres Lebens einteilen kann:

Natürlich entlang meiner bisherigen Ausbildungslaufbahn vor allen Dingen. Ja, erst halt Schule, Grundschule, Gymnasium und dann ein wichtiger Einschnitt, das Abitur, und dann eben meine Studienzeit ist eigentlich der zweite große Abschnitt nach der Schulzeit und der Kindheit und diese Studienzeit lässt sich eigentlich auch wieder in verschiedenen Abschnitte einteilen, nämlich Studium in [Stadt A]., dann Studium in [Stadt B]. Ja und da bin ich momentan.

Ihr ist bewusst, dass sie ein gebräuchliches kulturelles Muster verwendet, wenn sie ihren Lebenslauf nach Abschnitten ihrer Ausbildung gliedert (Bluck/Habermas: 2000). Vielleicht geht sie davon aus, dass das erwartet wird („natürlich") und kommt im Interview dieser wahrgenommenen Aufgabe nach.

Von besonderem Interesse sind auch hier die Segmente mit einer narrativen Struktur nach Labov und Waletzky (1967).

Tabelle 7.2 Lauras Narrativ „Gott, Glauben und Verantwortung"

Titel	Gott, Glauben und Verantwortung
Zusammenfassung	Ich glaube nicht, dass es jetzt irgendwie einen konkreten personell gedachten Gott gibt, der seine Hand über uns hält und der irgendwie quasi eingreift.
Orientierung	Also was mich da irgendwie am meisten schockiert hat, ich habe, also grad auch zu Abizeiten bin ich mal mit einer Freundin mitgegangen, die in einer Freikirche ist und die war auch in einer freikirchlichen Jugendgruppe und ich habe mir das mal angeguckt und bin ja dann auch eigentlich sehr aufgeschlossen gegenüber solchen Sachen.
Komplikation	Und dann war diese Jugendgruppe und jeder erzählte dann von seiner Woche, im Kreis sozusagen, in dieser freikirchlichen Jugendgruppe und dann sagte einer dann, als er dran war, ja ich bin gerade zum zweiten Mal durch meine Führerscheinprüfung gefallen, aber das ist ok, Gott wollte das so.
Evaluation/ Lösungsversuch	Und da habe ich, also das ist genau das Gegenteil von dem, was ich denke. Da habe ich echt, das fand ich schon, ja erschreckend.
Lösung	Also einerseits ist natürlich auch gut, wenn man sich da so reinfallen lassen kann in den Gedanken, dass Gott das dann so wollte. Aber das ist überhaupt nicht das, was ich denke. Also ich denke schon, man hat in erster Linie eine Eigenverantwortung und Gott ist nicht, ich denke mir Gott nicht so, dass er eingreift und das ist immer noch so.
Coda	Ja, ich bin jetzt nicht konkret verzweifelt auf der Suche nach meinem Glauben. Ich hoffe halt, dass ich ihn irgendwann finden werde. Aber ich denke auch wirklich, seinen Glauben zu finden ist ein langer Prozess und das kann man nicht von jetzt auf gleich und irgendwann finde ich ihn vielleicht dann auch, ja.

Laura macht deutlich, dass sie nicht an einen Gott glaubt, der wie eine Person handelt und direkt in menschliche Belange eingreift. Die Begegnung mit einer anderen Sichtweise in einer Jugendgruppe evangelikaler Prägung ist eine Herausforderung, die Komplikation in diesem Narrativ. Laura räumt in der Lösung ein, dass es erleichternd sein könnte, Fehlschläge auf Gottes höheren Plan zurückzuführen. Sie sieht jedoch Menschen als mit freiem Willen ausgestattet und konsequenterweise verantwortlich für ihre Handlungen. An Vorbestimmung glaubt sie nicht, auch nicht an einen persönlichen Gott, der alles vorher bestimmt. Sie weiß, was Gott für sie nicht ist und hofft, ihren Glauben „irgendwann" zu finden. Das zeigt eine offene Haltung, vielleicht könnten wir sie eine Suchende nennen.

Wichtig für Laura sind ihre Familie und andere Menschen, die sie erwähnt, beispielsweise ein Lehrer, der voraussah, dass sie sich der Theologie zuwenden würde. Als Beispiel für Veränderungen in Beziehungen diskutiert sie, wie sie es erlebte, als ihre Mutter nach dem Tod einer nahen Verwandten mit ihrem Verlust kämpfte, wie sie begann, die Mutter als Menschen mit eigenen Bedürfnissen und Gefühlslagen wahrzunehmen.

Über Werte und Verpflichtungen sagt Laura:

Ja, es gibt da einen ganz weltlichen Glauben daran, dass jeder Mensch in dieser Gesellschaft irgendwie eine Funktion zu erfüllen hat und die auch erfüllen kann.

Sie fühlt sich verpflichtet, zum Wohl der Gesellschaft beizutragen und dabei ihren Idealen möglichst nah zu kommen. Falsch ist ihrer Ansicht nach, was andere verletzen könnte. Als Beispiel nennt sie Umweltverschmutzung aus Profitgier. Dies entspricht der Orientierung an Verletzung/Fürsorge (harm-care), die Graham, Haidt und Nosek (2009) beschrieben haben.

Ihre Identifikation mit angebotenen Selbstbezeichnungen betreffend erklärt Laura:

Ja also gläubig bin ich nicht richtig, also in dem Sinne, dass ich eben noch nicht meinen idealen Glauben gefunden habe. Ich bin wohl auf der Suche danach, aber wenn ich dann quasi diesen Glauben gefunden habe, dann würde ich es wahrscheinlich gläubig nennen und andere würden mich nicht gläubig nennen. Also weil mein Glauben ja sehr sehr kritisch ist und sich nicht einfach auf irgendeinen Gott bezieht, der dann da ist für mich sozusagen, das ja nicht. Also ich glaube tatsächlich, ich bin irgendwo in der Mitte zwischen diesen drei Begriffen. Also, ich habe zu viel Bodenhaftung um spirituell zu sein. Also, ich kann mich jetzt auch nicht so fallen lassen und spirituelle Gedanken und so. Das kann ich irgendwie nicht. Ich kann auch nicht gut, ich müsste es mal probieren, beim Meditieren oder so, das kann ich nicht so gut. Ja, ich übe nicht genug sozusagen irgendwie Glaubenspraktiken aus um religiös zu sein und ich habe auch noch nicht genug die Überzeugung, ich hätte jetzt einen Glauben gefunden um gläubig zu sein. Also es ist irgendwie ein bisschen von allen drei Aspekten.

Sie zieht es vor, sich als „suchend" zu bezeichnen und erklärt:

Also Religiosität hat für mich halt immer sehr viel mit Ausübung von Glauben zu tun, deswegen hängen gläubig und religiös für mich halt sehr stark zusammen und Religiosität drückt sich darin aus, dass man quasi bestimmte Rituale vollzieht, die einen bestimmten Glauben innerhalb einer bestimmten Form vorschreibt, z. B. das simpelste wäre beten oder in die Kirche gehen.

Das führt sie später im Interview aus:

Religiosität ist halt auch dann das Handeln sozusagen. Aber auch das Handeln nach bestimmten Maßgaben, die der Glaube oder das, woran man glaubt, dann vorschreibt. Ja und Glauben habe ich ja im Prinzip auch schon erklärt, was das für mich

bedeutet, auch viel mit Hinterfragen und auch mit Verantwortungsbewusstsein gegenüber dem, woran man glaubt sozusagen und spirituell sein, ja das hat für mich
viel zu tun mit meiner Beziehung zur Umwelt und zur Natur und zum Kosmos und
damit, dass man da bestimmte Grenzen versucht aufzulösen.

Laura berichtet, dass sie an Singkreisen teilnimmt, seit sie diese als Jugendliche
entdeckte. Gemeinsames Musizieren, gemeinsame Reisen bedeuten ihr viel. Sie
vergleicht, was sie erlebt, wenn sie mit anderen in einer Kirche singt, mit einer
spirituellen Erfahrung:

Ja, das ist ja das Singen. Ich finde religiöse Rituale sehr wichtig, auch wenn ich jetzt ja
nicht unbedingt so diesen kirchlichen Glauben übernommen habe, aber ich finde so
ein Ritual der Taufe sehr wichtig z. B. und auch möchte ich gerne kirchlich heiraten
später mal und ich finde es einfach tatsächlich wichtig, dann wenn halt bestimmte
Gläubige irgendwie zusammenkommen und dann zusammen ihren Glauben einfach auch feiern und ausüben und da habe ich schon ein Faible für, das stimmt, das
tatsächlich.

Lauras Sicht auf den Tod und was danach kommt ist interessant, da sie mit mehreren mehr oder weniger tröstlichen Perspektiven zu ringen scheint:

Das Naheliegendste ist für mich immer, das Licht geht aus. Also, man ist dann irgendwie, aber ich weiß gar nicht, es ist dann alles dunkel und man nimmt nichts
mehr wahr und dann, also im schlimmsten Fall war es das wirklich oder man geht
dann irgendwo drin auf und ja, man kann es jetzt natürlich Seele nennen, aber ir-
gendwas von einem, irgendeine Essenz von einem bleibt irgendwie da oder so. Also
so stelle ich mir das schon irgendwie vor und geht halt wieder zurück. Also dann bin
ich wieder bei diesem, ich weiß nicht, ob das zu diesem pantheistischen Weltbild gehört, aber dass man dann wieder zurück in die Erde geht und in die Natur geht und
dann irgendwie als solches Teil davon bleibt und man geht irgendwie ein stückweit
wieder in den Zustand, in dem man war, bevor man geboren wurde. Das ist immer
so meine Vorstellung. Dass das Leben so eine kurze Phase ist, wo man einfach Sachen wahrnehmen darf und sich bewegen darf und handeln darf und dann geht man
wieder in diesen Ausgangszustand zurück hinterher.

Was „Spiritualität" in Lauras Leben bedeutet

Laura D.s Erzählung ist ein Entwicklungsroman, mit ersten intimen Beziehungen, und, die Glaubensentwicklung betreffend, traditionellen christlichen
Vorstellungen als Ausgangspunkt. Zusammenfassend können wir sagen, dass
Lauras Geschichte die einer jungen Erwachsenen ist, die auf der Suche nach
dem ist, was ihrem Leben Sinn gibt. Was sie in ihrer Familie an religiöser Sozialisation erfahren hat, setzt sie nun ins Verhältnis zu dem, was sie bei anderen findet. Ihre Sensibilität gegenüber anderen und ihre Teilnahme an ihren
Singkreisen zeigen, wie wichtig ihr Beziehungen sind. Laura lehnt einfache Ant-

worten ab und kämpft mit Vorstellungen eines allmächtigen Gottes, der wie eine Person in menschliche Angelegenheiten eingreift. Sie beschreibt sich lieber als „suchend" und nicht als „religiös", „spirituell" oder „gläubig" und räumt ein, dass sie sich mit Aspekten von allen drei Bezeichnungen identifizieren kann – ihrer Auffassung davon entsprechend. Sie scheint Religion als Suche zu leben, entsprechend der Beschreibung von „Religion as Quest" (Batson/Schoenrade: 1991).

„Ich bin hingegangen um den Glauben zu verbreiten, aber ich habe da den Glauben gefunden" – Hans R.

Hans R. ist zum Zeitpunkt des Interviews 70 Jahre alt. Er kommt aus einer „mehr religiösen als sprituellen" Umgebung und beschreibt sich im Fragebogen als „gleichermaßen religiös und spirituell". Sein Leben ist durch seinen Glauben und insbesondere seine Erfahrungen mit Marianischer Spiritualität und Ignatianischen Exerzitien bestimmt. Interessant ist, dass er sich gleichzeitig als nicht-theistisch beschreibt. Er ist Priester und Missionar gewesen.

Hans' Profil im Fragebogen

Als „gleichermaßen religiöser und spiritueller Nicht-Theist" gehört Hans zu keiner der sechs Fokusgruppen. Wenn wir ihn mit den „gleichermaßen religiös und spirituell" Identifizierten aus Fokusgruppe 2 (FG 2) vergleichen (siehe Tabelle 7.3), finden wir, dass er auf den meisten Skalen Werte aufweist, die unter dem Durchschnitt dieser Gruppe liegen. Auffällig ist zum Beispiel, dass seine Werte fast zwei Standardabweichungen unter dem Durchschnitt des Gruppenmittelwertes für Generativität liegen. Diese Skala beansprucht zu erfassen, wie sehr einem daran liegt, Wissen und Werte weiterzureichen an die nächste Generation, etwas von bleibendem Wert zu schaffen, ein Erbe zu hinterlassen, das in Erinnerung bleiben wird (McAdams/de St. Aubin: 1992). Als McAdams und de St. Aubin (1992) diese Skala validierten, fanden sie, dass selbst erlebte Vaterschaft einen Unterschied macht und zur Vorhersage von Generativität beiträgt. Hans ist nicht biologischer Vater gewesen. Jedoch könnte der vergleichsweise niedrige Wert auch dadurch erklärt werden, dass er als Priester „Generativität" anders, nämlich weniger auf sich selbst bezogen verstehen möchte. Verglichen mit Fokusgruppe 2 hat er durchschnittliche oder etwas höhere Werte in *Neurotizismus*, *Verträglichkeit* und *Gewissenhaftigkeit* als Persönlichkeitseigenschaften, und in *Lebensziele* aus den Ryff-Skalen sowie in *truth of texts and teachings* von den religiösen Schemata.

Tabelle 7.3 Vergleich von Hans R. mit der Fokusgruppe der „gleichermaßen religiösen wie spirituellen" ProbandInnen auf den wichtigsten Skalen

	Werte für Hans R.	Mittelwerte der „gleichermaßen religiösen und spirituellen" Fokusgruppe in Deutschland	
		M	SD
Persönlichkeit (NEO-FFI)			
Neurotizismus	25	19,3	8,7
Extraversion	24	28,6	6,5
Offenheit für Erfahrung	32	34,4	5,9
Verträglichkeit	36	34,3	6,0
Gewissenhaftigkeit	35	32,3	6,2
Mystizismus-Skala			
introvertierter Mystizismus	36	47,4	10,2
extrovertierter Mystizismus	22	31,5	7,2
Interpretation	43	50,4	7,9
Psychologisches Wohlbefinden			
Autonomie	22	25,7	3,7
Alltagsbewältigung	24	25,1	4,8
Persönlichkeitsentwicklung	27	29,7	3,2
Positive Beziehungen zu anderen	26	27,8	4,2
Lebensziele	27	26,9	4,1
Selbstakzeptanz	25	26,8	4,5
Generativität (Loyola Generativity Scale)	44	58,3	8,4
Attitudes toward God (ATGS)	76	81,5	17,0
Religious Schema Scale			
truth of texts and teachings	19	14,4	4,7
fairness, tolerance and rational choice	20	22,4	2,2
xenosophia/inter-religious dialog	17	19,7	3,9

Anmerkung Alle Mittelwerte sind Ergebnis von Kovarianzanalysen mit den Variablen für Land und Fokusgruppe als Prädiktoren, während Geschlecht, Alter, kulturelles Kapital und Pro-Kopf-Einkommen kontrolliert wurden.

Das zeigt ihn als einen empfindsamen gläubigen Menschen, der in seinem Glauben ruht. Sein niedriger Wert in *fairness, tolerance and rational choice (ftr)* aus den religiösen Schemata legt nah, dass für ihn als katholischer Priester und Missionar die Anerkennung unterschiedlichster Glaubensweisen als gleichwertig kein zentrales Schema ist.

Würden wir „nicht-theistisch" als bestimmendes Merkmal auffassen, könnten wir seine Werte mit denen der „mehr spirituellen Nicht-Theisten" bzw. Fokusgruppe 4 (s. Tabelle A1.4 im Anhang) vergleichen. Dann würden wir sehen: Er hat höhere Werte in *Gewissenhaftigkeit* (NEO-FFI) als der durchschnittliche deutsche „mehr spirituelle Nicht-Theist" (FG4) in unserer Stichprobe, tendenziell auch höhere Werte in *Verträglichkeit* (NEO-FFI). Seine Werte auf der Mystizismus-Skala entsprechen eher denen der mehr spirituellen Atheisten. Von diesen unterscheidet er sich hinsichtlich der *Attitudes toward God* (ATGS), während seine Werte, verglichen mit denen der Fokusgruppe 2, im durchschnittlichen Bereich liegen.

Wenn wir die Subskalen der religiösen Schemata betrachten, sind seine Werte auf *truth of texts and teachings* erheblich höher als der Durchschnittswert der Fokusgruppe 4, während *fairness, tolerance and rational choice* niedriger ist und *xenosophia/inter-religious dialog (xenos)* im Bereich des Durchschnitts liegt. Wenn wir diese Fokusgruppe als Vergleich nehmen, sehen wir das Profil einer erfahrungszentrierten religiösen Spiritualität mit einer Spannung zwischen hoher Bekräftigung des eigenen Glaubens, dem Bemühen, andere Glaubensformen anzuerkennen (Durchschnittswert in *xenos*) und einem Widerstand gegen gleiche Akzeptanz aller Religionen (niedrige Werte in *fairness, tolerance and rational choice (ftr)*.

Hans' religiöse Suche vereint Züge einer erfahrungsorientierten Spiritualität wie bei den „spirituellen Atheisten", und hohe Wertschätzung der eigenen Tradition wie bei den „gleichermaßen Religiösen und Spirituellen" unter den von uns Befragten.

Auf der Karte, die durch *Offenheit für Erfahrung* und *Mystizismus* aufgespannt wird (Kapitel 5, Abbildung 5.6), finden wir Hans im linken unteren Quadranten. Das heißt, dass seine Werte sowohl auf der Mystizismus-Skala als auch auf der Skala für Offenheit für Erfahrung unter dem Durchschnitt liegen.

Semantik: Was Hans unter „Spiritualität" versteht

In den freien Eintragungen definiert Hans „Spiritualität" als

sich selbst finden, einander verstehen, Ruhe und Stille, Gespräch im Innern

und „Religion" als

Beziehung zu einem persönlichen Gott, vor allem Jesus Christus; sein Geist kann mein tägliches Leben beeinflussen, beruhigen und verändern zu meinem persönlichen Gunsten.

Hier beschreibt „Spiritualität" selbstbezogene innere Erfahrung und Beziehungserfahrung, „Religion" hat ebenfalls mit Beziehung zu tun, zu Gott und Jesus Christus. Bei beiden Konzepten geht es auch darum, innere Ruhe zu erlangen.

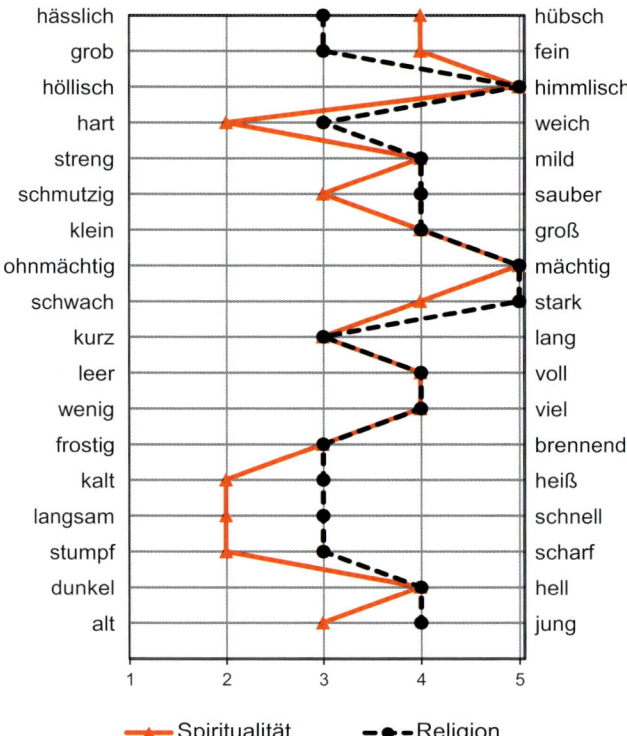

Abb. 7.4 Hans' Werte auf dem semantischem Differenzial nach Osgood

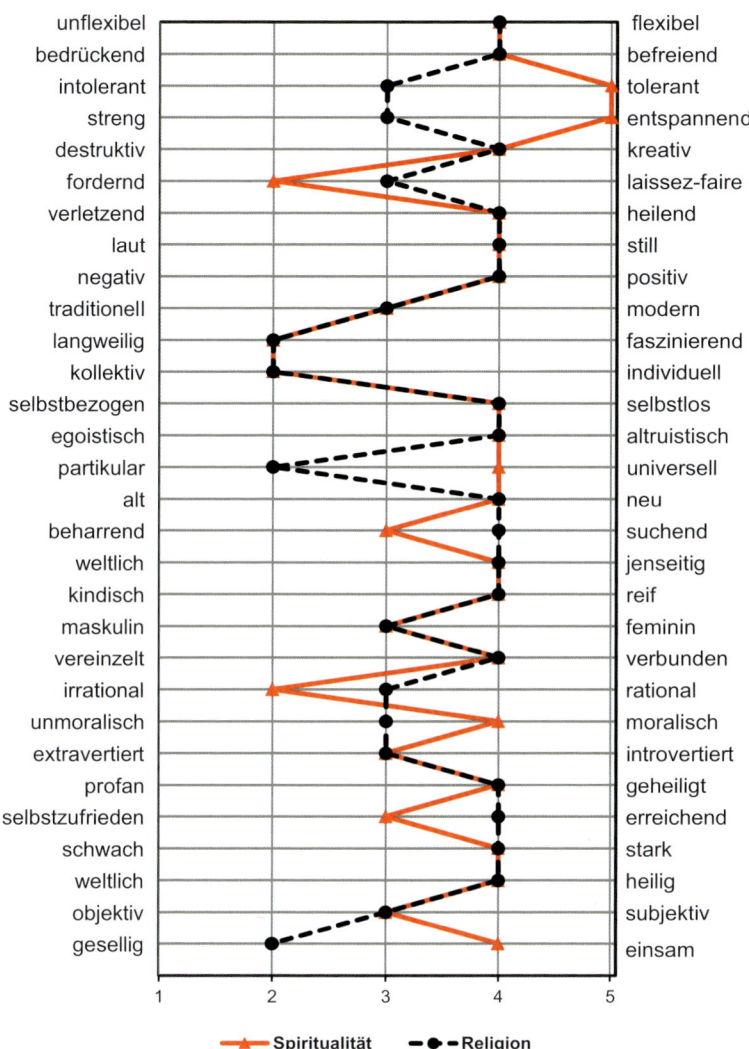

Abb. 7.5 Hans' Werte auf dem kontextuellen semantischen Differenzial

Wenn wir das semantische Differenzial nach Osgood betrachten, sehen wir, dass Religion bei den Gegensatzpaaren, die die Faktoren „Evaluation" (erste 6) „Potenz" (nächste 6) und „Aktivität" (letzte 6) darstellen, etwas stärker positiv ausgeprägt ist. Religion ist mindestens neutral und mehr als „Spiritualität" „sauber" und „jung", während Spiritualität „hart", „kalt", „langsam" und „stumpf" ist.

Eher gemischt ist der Eindruck, den das kontextuelle semantische Differenzial (Abbildung 7.5) vermittelt: Spiritualität ist, im Unterschied zu Religion, eher

„tolerant" und „entspannend", aber auch „fordernd" und „irrational". Religion wiederum ist „langweilig", „partikular", dabei „kollektiv" und „gesellig".

Hans' Glaubensentwicklung im Faith-Development-Interview

Hans' FDI zeigt überwiegend einen verbindenden Glauben (Fowler: 1981; Fowler et al.: 2004). Dies zeigt sein Verständnis der komplexen Prozesse, um die es bei Sinnfindung und Sinngebung geht.

Wenn wir sein Profil genauer betrachten und dabei auf die nach Aspekten geordneten Antworten eingehen, sehen wir Einstufungen auf Stufe 5 bei den Aspekten *Logik, moralisches Urteil, Grenzen des sozialen Bewusstseins* und *Formen des Weltzusammenhangs. Verortung von Autorität* wurde als individuell-reflektierend eingestuft. Weniger entwickelt im Sinne des Fowler-Modells der Glaubensentwicklung sind *Perspektivenübernahme*, ein Aspekt, der gegenwärtige und vergangene Beziehungen umfasst, und *Entwicklungsstadien der Symbolfunktion.*

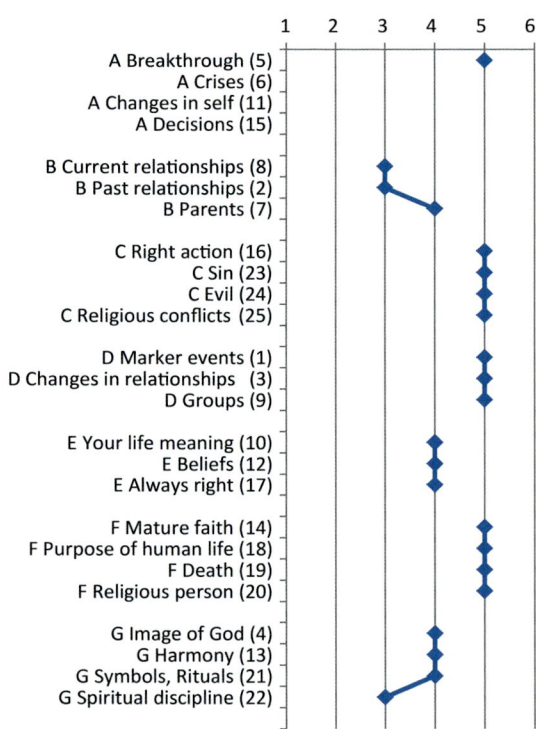

Abb. 7.6 Hans' Werte zu den einzelnen Fragen
im Faith-Development-Interview

Hans' lebenslanger Einsatz für seinen Orden und seine Kirche, seine Arbeit als Missionar dürften seine Glaubensentwicklung geprägt haben. Seine Arbeit als Priester mag seine Beschäftigung mit Fragen moralischer Art, mit sozialen Angelegenheiten und mit einem zusammenhängenden Weltbild mehr beeinflusst haben als die Auseinandersetzung mit den anderen Aspekten. *Verortung von Autorität*, gebunden an seine Verpflichtungen, ist als individuierend-reflektierend eingestuft worden. *Perspektivenübernahme* basiert auf Fragen, die engere persönliche Beziehungen erkunden. Diese sind über weite Strecken seines Lebens der Kirche und dem Orden nachgeordnet gewesen. Hier finden sich Einstufungen auf synthetisch-konventionellem Niveau. Das gilt auch für *Entwicklungsstadien der Symbolfunktion*, ein Aspekt, der das Gottesbild einschließt. Dies entspricht der Konfiguration der Subskalen der RSS (s. oben) und verweist auf eine Spannung zwischen dem Bemühen, sich in der eigenen religiösen Tradition zu Hause zu fühlen und dem Bemühen um das Verständnis fremder Menschen in ihren Kulturen – freilich mit dem missionarischen Ziel ihrer Bekehrung.

Narrativer Verlauf

Hans antwortet ausführlich und elaboriert, als er gebeten wird, sein Leben in einzelne Kapitel zu unterteilen. Als Priester und Missionar wird er damit vertraut sein, zu anderen zu sprechen. Er erzählt von seinem Aufwachsen auf dem Land, von frühen Begegnungen mit Mönchen, deren exotisches Erscheinungsbild ihn beeindruckte, von seinem frühen Interesse an der Mission, das seiner Berufung und seinem späteren Leben als Missionar vorausging.

Freundlich daran erinnert, doch bitte Kapitel zu benennen, schlägt er vor, einzelne Erfahrungen in den Brennpunkt zu rücken, um Wichtiges aus seinem Leben zu illustrieren. Als Überschriften für Kapitel benennt er:
– gesundheitliche Probleme,
– wie erlebe ich mich und meine Spiritualität,
– (eher sehr persönlich: Ruhe und Besinnung nach Jahren der Tätigkeit)
– die Sorge anderer um mich und meine Gesundheit.

Während diese Themen einer chronologischen Reihe folgen, ist die Sorge um die Gesundheit ein wiederkehrendes Thema und hat in Hans' Alter eine besondere Bedeutung.

In Hans' Interview finden wir eine Erzählung, die der von Labov und Waletzky (1967) beschriebenen Struktur folgt. Hans betont die Bedeutung, die Emotionen in der Marianischen Spiritualität haben, zu der er sich als junger Mann intuitiv hingezogen fühlte. Um zu zeigen, wie er dies zu schätzen lernte, als er als Missionar arbeitete, erzählt er diese Geschichte eines Abschieds vor einem Heimaturlaub:

Tabelle 7.3 Hans R.s Narrativ „Emotion und Religiöse Intensivierung"

Titel	Emotion und Religiöse Intensivierung
Orientierung	Und ich erinnere mich noch, ich war auf einer Missionsstation, die hatte etliche Dörfer drum herum, 40, 50, was weiß ich
Komplikation	und bei dem letzten Gottesdienst versammelten sich die Leute und da sagte der Vorsitzende des (unv. Pfarrgemeinderates?) und ein Häuptling, der Pater geht heute, aber mit ihm geht nicht unser Glaube.
Evaluation/ Lösungsversuch	Also Sie merken, dass das für mich noch jetzt emotional ist.
Resolution	Weil, ich habe dann später dann auch reflektiert
Coda	und ich habe mir gesagt, ich bin hingegangen um den Glauben zu verbreiten, aber ich habe da den Glauben gefunden

Hans erzählt davon, dass Glauben etwas ist, das er bekommt, während es seine Funktion ist, es weiterzugeben. Zu den wichtigen Beziehungen, über die er spricht, gehören die zu seiner jüngeren Schwester und zu seiner Mutter. Seine Schwester hat ihn auf verschiedenen Missionsstationen besucht, und er betont, dass sie sich sehr um ihn kümmerte. Er erinnert sich daran, dass seine Mutter eine fromme Frau war, der der Rosenkranz viel bedeutete. Seinen Vater und den Priester, von dem er seine ersten Unterweisungen in Glaubensfragen erhielt, beschreibt er als strenge und autoritäre Männer, die Gehorsam forderten. Es scheint, dass sein Gottesbild zuerst dem einer Autorität entsprach, der er gehorchen sollte. Später, während seiner Arbeit als Missionar und in Jesuitischen Exerzitien wandelte sich dies: Zum Zeitpunkt des Interviews erlebt er Gott als eine Präsenz, als das Gefühl, dass jemand für ihn da ist. Mit einem persönlichen Gott hat das nichts zu tun, vielmehr hat Hans das Empfinden, in guten Händen zu sein, aufgehoben als Teil eines Netzwerkes. Er erklärt:

Ja, ich versuche das in einem Bild vielleicht zu fassen, dass ich in einem Netzwerk nicht gefangen bin, sondern aufgehoben bin. So kann ich Gott nicht als Einzelperson unbedingt bezeichnen, weil, vielleicht mehr als den dreifaltigen Gott, wo auch die Beziehungen äußerst wichtig sind. Ja und deshalb ist die Beziehung zu Gott in dem Sinne wichtig. Es ist nicht ausgesprochen unbedingt, wie sie aussieht oder was er oder sie sagt, sondern es ist das Gefühl und das Empfinden und das Bewusstsein im Kopf vielleicht, aber bei mir mehr im Bauch, dass jemand einfach da ist. Muss nicht irgendwie einen Kommentar abgeben, (Lächeln) das ist nicht wichtig, ist nur, ja ich bin einfach da. Keine Kontrolle, aber wenn du nichts dagegen hast, gehen wir den Weg zusammen.

Hans weist die Vorstellung eines allmächtigen Gottes zurück, der sich in die Angelegenheiten der Menschen direkt einmischt. Vielmehr verändert sich seine

Vorstellung von Gott zu einem vertrauenswürdigen transzendenten Gegenüber, das er nicht in konkretistischen Bildern fassen möchte. Auch die Frage des Geschlechtes spielt keine Rolle, dies lässt er explizit offen. Er sucht eher nach einer Umschreibung, welche die intuitive und rezeptive Qualität seines Glaubens symbolisch fassen könnte. Hans könnte ein Theologe sein, zu dessen Glauben ein Vorbehalt gehört, eine Vorstellung davon, dass „Gott" mehr ist, als menschliches Denken zu fassen vermag, menschliche Vorstellungskraft übersteigt, aber auch, dass „Gott" sich auf noch nicht realisierte Möglichkeiten von Menschlichkeit und Mitmenschlichkeit bezieht. Hier könnte sich auch eine Verwandtschaft zu dem theologisch ausgearbeiteten Vorschlag von „atheistisch an Gott glauben" andeuten.[51]

Hans hat Krisen kennengelernt, seine Gesundheit ist bis hin zur Lebensgefahr bedroht gewesen, er machte tiefgreifende emotionale Erfahrungen während seiner Exerzitien[52]:

Und ja, dreißig Tage Exerzitien ist auch, die schlauchen zwar, weil das waren nicht, weil mal war ein Auf und Ab und manchmal aus Tiefen geht, ne, und weil es auch dann psychisch mich dann sehr getroffen hat.

Auch berichtet er Enttäuschungen durch Menschen, denen er vertraute. Er bemerkt, dass er sich fühlt, als habe er sich immer wieder um seine Aufgabe als Priester bewerben müssen, und dass er emotionale Unterstützung brauchte, wenn er sich erschöpft oder enttäuscht fühlte.

Hans ist innerlich damit beschäftigt, mit seiner Beziehung zu seinem Vater ins Reine zu kommen, den er als einen Mann beschreibt, dem Kontrolle, Disziplin und Gehorsam wichtig waren. Er erinnert sich daran, dass dieser Vater ihn auch beschützen konnte. Während er seinen Vater kritisch sieht, scheint er seine Mutter und seine Großmutter zu idealisieren. Er räumt gleichwohl ein, dass seine Mutter auch streng sein konnte, und überlegt, ob er diese Seiten ausgeblendet hat. Personen außerhalb seiner Familie bleiben anonym („die Dominikanerin"), er betont eher allgemein, dass Beziehungen ihm wichtig seien. Beziehungen geben seinem Leben Bedeutung, sagt er, während er betont, er bemühe sich, andere nicht zu benutzen. Als es um Werte geht, betont er die Bedeutung gegenseitigen Respekts, das entspricht der Kategorie „Fairness/Reziprozität" in der Begrifflichkeit von Graham, Haidt und Nosek (2009). Reifer Glaube ist für ihn eher Prozess als Errungenschaft und kann zu unterschiedlichen Zeiten im Leben unterschiedliche Gestalt annehmen. Hans R. findet den Sinn mensch-

---

51 Möglicherweise bezieht Hans sich hier auf das Werk von Dorothee Sölle, (z. B. Sölle: 1965), welches die theologische Diskussion in seiner Generation beeinflusst hat.
52 Typischerweise 30 Tage Klausur, oft in Einsamkeit und Stille, mit Meditationen zu Themen, die den Teilnehmenden helfen sollen, ihren Glauben, ihre Beziehung zu Gott zu vertiefen (cf. Gumz/Wall/Grossman: 2003).

lichen Lebens in der Gestaltung der gegenseitigen Abhängigkeit. Tod bedeutet
für ihn die Transformation auf eine andere Ebene der Existenz, mit einem unmittelbaren Verständnis jenseits von Worten und dem tiefen Ausdruck des eigenen Wesens.

Was „Spiritualität" für Hans R. bedeutet

Im FDI erklärt Hans:

> „Spirituell" bedeutet für mich, dass ich nicht rein rational zu verstehen versuche,
> wer ich bin, wohin ich gehe, wohin ich gehen möchte und wohin ich vielleicht ein-
> geladen bin.

Hier wird eine vertrauensvolle, offene und rezeptive Haltung deutlich. Zusammenfassend schließen wir, dass Hans das Leben eines Menschen führt, der sich
über viele Jahre mit Sinnfragen auseinandergesetzt hat. Seine Beziehungen zu
anderen scheinen durch seine Berufung definiert und seine Sicht des Göttlichen
scheint beeinflusst von seinen Beziehungen zu seinen Eltern während seines
Aufwachsens (cf. Rizzuto: 1979; Fonagy/Target: 2007), und später durch die Ver-
bindungen mit anderen während seiner missionarischen Tätigkeit. Sein Glaube
wurde durch die, in deren Dienst er sich sah, bereichert. Bemerkenswert ist seine
Feststellung, er habe sich immer wieder als Priester bewerben müssen. Straub
und Arnold (2008, S. 357–358) behaupten in ihrer Interviewstudie:

> Missionaries and their actions cast a shadow that threatens to undermine their own
> ethical and moral claims. They are caught in an irredeemable, structural paradox.

Vielleicht hat Hans mit diesem Paradox gerungen, während er beharrlich blieb
und sich wieder und wieder als Priester bewarb. Der Verlauf, den Hans' FDI
nah legt, ist der einer „spirituellen" Suche innerhalb einer Religion, unterstützt
durch spezifische Praktiken und Lehren, in seinem Fall Marianische Spiritualität und jesuitische Exerzitien.

„Spiritualität", religiöse Suche und Zweifel

Laura und Hans sind mit christlicher Theologie vertraut, sie lehnen ein Bild von
Gott als allmächtigem Weltenlenker ab, während sie um ihren Glauben ringen.
Beide suchen nach Symbolisierungen für etwas, das nicht leicht zu fassen oder
zu beschreiben ist. Laura scheint nach einem Weg von konkretistischer Aktivität zu erfahrungsbasierter Rezeptivität zu suchen, Hans scheint das zu erfahren. Die Suche der Theologiestudentin Laura könnte genauer als ruhige und ge-
lassene Hoffnung beschrieben werden. Hans, der Priester und Missionar spürt

einem transzendenten „Du" nach, das ihn behütet. In diesem Sinne sind beide auf einer Suche, bei der sie innerhalb ihrer religiösen Bindung fragen und zweifeln. Sie bleiben ihren jeweiligen Traditionen verpflichtet, suchen jedoch nach einem Glauben, der sich nicht mit einfachen Antworten auf existenzielle Fragen zufrieden gibt. Was „Spiritualität" ihnen bedeutet, kann vielleicht Ausdruck finden in den Worten von Alfred, Lord Tennyson: „There lives more faith in honest doubt, believe me, than in half the creeds" (1983, p. 343).

8. „Spiritualität" in individuellen Aneignungen und lebenslangen Projekten

In diesem Kapitel beschreiben wir die Sichtweisen von Menschen, die sich im Fragebogen als „mehr spirituell" bezeichneten, den Glauben an einen persönlichen Gott ablehnten, ohne dabei jedoch, etwa, wenn es im FDI um ihr persönliches Leben geht, „Göttliches" oder spirituelle Traditionen strikt zurück zu weisen. Sie sind hinsichtlich vertikaler versus horizontaler Transzendenz zwischen beiden Polen zu verorten. Sie haben sich, aus einem konventionell religiösen oder einem areligiösen Elternhaus kommend und nach einem konventionellen Aufbruch in das Erwachsenenleben, auf einen „spirituellen" Weg begeben. Sie haben Traditionen und Lehren und auch deren institutionelle Vermittlung kennen gelernt. Während sie Traditionen schätzen und an gemeinsamen Ritualen teilnehmen, bestimmt der Verlauf der eigenen Suche den Umgang mit Zugehörigkeiten und Praktiken. Hier stellen wir Marion N. und Andreas D. vor, die sich in der Mitte des Lebens auf die Suche begaben.

„Das sind Geschenke, ob von Gott, von Buddha, aus dem Universum, ist mir völlig egal, ist mir völlig egal" – Marion N.

Marion N. ist zum Zeitpunkt des Interviews 65 Jahre alt. Rückblickend beschreibt sie ihre Umgebung im Alter von 12 Jahren als „mehr religiös als spirituell". Sie hat einen konventionellen protestantischen Glauben verlassen. Marion könnte zu den „Achtundsechzigern" gezählt werden. Nach einer ersten frühen Ehe und während sie für kleine Kinder sorgte, studierte sie in den späten sechziger und frühen siebziger Jahren des vergangenen Jahrhunderts in der Bundesrepublik, die mittlerweile die alte genannt wird. Sie beteiligte sich an Demonstrationen und trug, wie viele Feministinnen in der alten BRD, lila Latzhosen. Später arbeitete sie als Lehrerin. Im Zuge der „Esoterikwelle", reiste sie nach Poona, eine große Stadt in Indien, in der der damals populäre Guru „Bhagwan", später „Osho", ein spirituelles Zentrum leitete (s. Elten: 1979). Nach beruflichen Tätigkeiten als Lehrerin, später in einem Hospiz, arbeitete sie als Clownin in Krankenhäusern mit Kindern und mit von Demenz betroffenen Erwachsenen. Zur Zeit des Interviews befasst sie sich mit Zen-Übungen. Sie hat eine Freundin, mit der sie Projekte erarbeitet, in denen es um die Gestaltung des Alterns geht. Sie betreut ihre hochbetagte Mutter, „emotional, nicht als Pflegerin".

Marions Profil im Fragebogen

Einen zusammenfassenden Vergleich von Marions Antworten mit den Gruppenmittelwerten der Fokusgruppe der „mehr spirituellen als religiösen Atheisten/Non-theisten" in der deutschen Teilstichprobe bietet Tabelle 8.1.

Wenn wir die Fragebogenwerte betrachten, finden wir für Marion vergleichsweise, d. h. relativ zur Fokusgruppe der „mehr spirituellen als religiösen Atheisten" (FG 4), hohe Werte in *Offenheit für Erfahrung* und verhältnismäßig hohe Werte in *Mystizismus* (s. Abbildung 5.6 in Kapitel 5).

Wenn wir die Skalen genauer betrachten, die unterschiedliche Facetten von Religion erfassen, sehen wir bei Marion höhere Werte als beim Durchschnitt ihrer Fokusgruppe für alle drei Subskalen der M-Skala, und zwar beträgt der Unterschied mehr als eine Standardabweichung bei *introvertiertem* und *extrovertiertem Mystizismus*, und eine halbe Standardabweichung bei *Interpretation (von mystischen Erfahrungen)*. Ihr Wert auf der Skala *Attitudes toward God* entspricht dem Gruppendurchschnitt, und auf der RSS zeigt sie das interessante Muster vergleichsweise hoher Werte für *truth of texts and teachings (ttt)*, zusammen mit hohen Werten für *xenosophia and interreligious dialogue (xenos)*, während ihre Werte für *fairness, tolerance and rational choice (ftr)* dem Gruppendurchschnitt entsprechen. Ihre Werte für *ttt* entsprechen eher den Werten, die wir für die Fokusgruppe der „gleichermaßen religiösen und spirituellen Theisten" in Deutschland erwarten würden, die wir in Kapitel 6 beschrieben haben.

Bei den Persönlichkeitsskalen der „Big Five" sehen wir hohe Werte für *Offenheit für Erfahrung*, für *Extraversion* und *Verträglichkeit*, während Marions Werte für *Neurotizismus* und *Gewissenhaftigkeit* eine halbe Standardabweichung unter dem Durchschnitt ihrer Fokusgruppe liegen. *Alltagsbewältigung, Persönlichkeitsentwicklung, Beziehungen zu anderen* sind die Skalen von Ryffs Instrument zur Erfassung psychologischen Wohlbefindens, auf denen sie vergleichsweise hohe Werte hat. Dieses Profil beschreibt eine psychisch stabile Person mit einer offenen und anderen zugewandten Einstellung, die eine erfahrungsbasierte Spiritualität lebt, während sie unterschiedliche Traditionen schätzt und nutzt.

Tabelle 8.1 Marion N. im Vergleich zu ihrer Fokusgruppe
auf den wichtigsten Instrumenten des Fragebogens

	Einzel-werte von Marion N.	Mittelwerte der Fokusgruppe der „mehr spirituellen als religiösen Atheisten/Non-theisten" in Deutschland	
		M	*SD*
Persönlichkeit (NEO-FFI)			
Neurotizismus	23	18,9	8,8
Extraversion	32	26,5	6,2
Offenheit für Erfahrung	46	35,9	5,6
Verträglichkeit	37	31,9	5,2
Gewissenhaftigkeit	25	29,2	6,0
Mystizismus (M-Skala gesamt)	148	112,6	27,1
Introvertierter Mystizismus	60	44,1	10,8
Extrovertierter Mystzismus	38	27,4	7,9
Interpretation	50	41,1	11,7
Psychologisches Wohlbefinden			
Autonomie	26	25,6	3,8
Alltagsbewältigung	31	25,3	5,3
Persönlichkeitsentwicklung	34	29,5	3,1
Beziehungen zu anderen	33	27,0	3,7
Lebensziele	25	24,9	4,1
Selbstakzeptanz	29	26,4	4,3
Generativität (Loyola Generativity Scale)	51	53,4	7,5
Attitudes toward God Scale (ATGS)	49	51,8	8,8
Religious Schema Scale (RSS)			
truth of texts and teachings	14	7,8	3,2
fairness, tolerance and rational choice	23	22,2	2,3
xenosophia/inter-religious dialog	22	17,4	3,2

Anmerkung Alle Mittelwerte sind Ergebnis von Kovarianzanalysen mit den Variablen für Land und Fokusgruppe als Prädiktoren, während Geschlecht, Alter, kulturelles Kapital und Pro-Kopf-Einkommen kontrolliert wurden.

Semantik: Was Marion unter „Spiritualität" versteht

Als freie Eintragung im Fragebogen hat Marion angegeben, was sie unter „Spiritualität" versteht:

Den Alltag aufmerksam u. emphatisch leben, Achtsamkeit in diesem Augenblick, Selbstreflektion, tägliche ZEN-Meditation, für andere Lebewesen da sein (ohne Helfersyndrom), kein Tier töten und essen, den mittleren Weg des Buddha und budd. Psychologie

Religion definiert sie als

Glauben-nicht wissen, Dogma, personifizierter Gott (gibt es m. E. nicht) Kirche-eine Sackgasse, zu wenig persönliche Freiheit, aber neue, offensive Ansätze lohnen eine Auseinandersetzung. Übergreifende Dialoge begrüße ich sehr.

Während sie Dogmen kritisiert, heißt Marion innovative Aktivitäten in den Kirchen und Dialog willkommen. Dies entspricht sowohl ihrer Wertschätzung religiöser Traditionen als auch der Offenheit, die wir in ihren Messwerten finden.

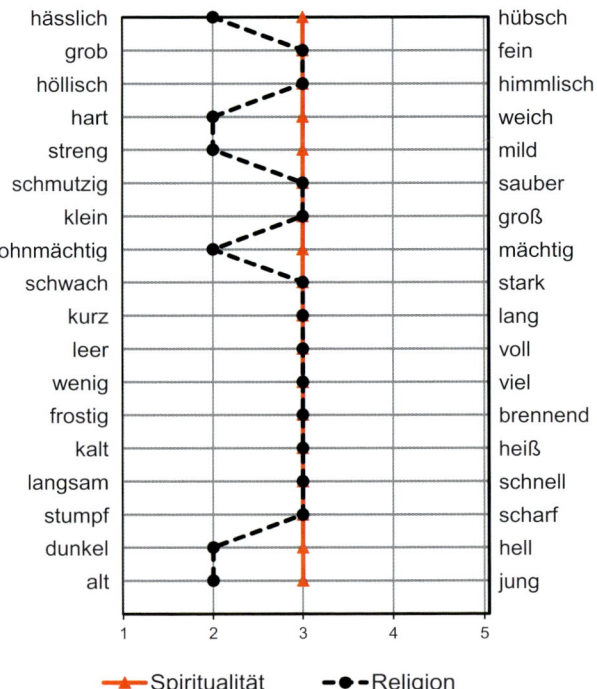

Abb. 8.1 Marions Werte auf dem semantischen Differenzial nach Osgood

Marions Einstufungen im semantischen Differenzial nach Osgood (Abbildung 8.1) zeigen ein Verständnis von „Spiritualität" als neutral, ihre Bewertungen liegen genau zwischen den jeweiligen Gegensatzpaaren. Ihre Einschätzungen von „Religion" überschneiden sich für die meisten Adjektive mit denen von „Spiritualität", mit Ausnahme von „hässlich", „grob", „hart", „ohnmächtig", „dunkel" und „alt", die ihren Angaben zufolge eher „Religion" charakterisieren. Betrachtet sie „Spiritualität" als neutral, während sie „Religion" eher negativ

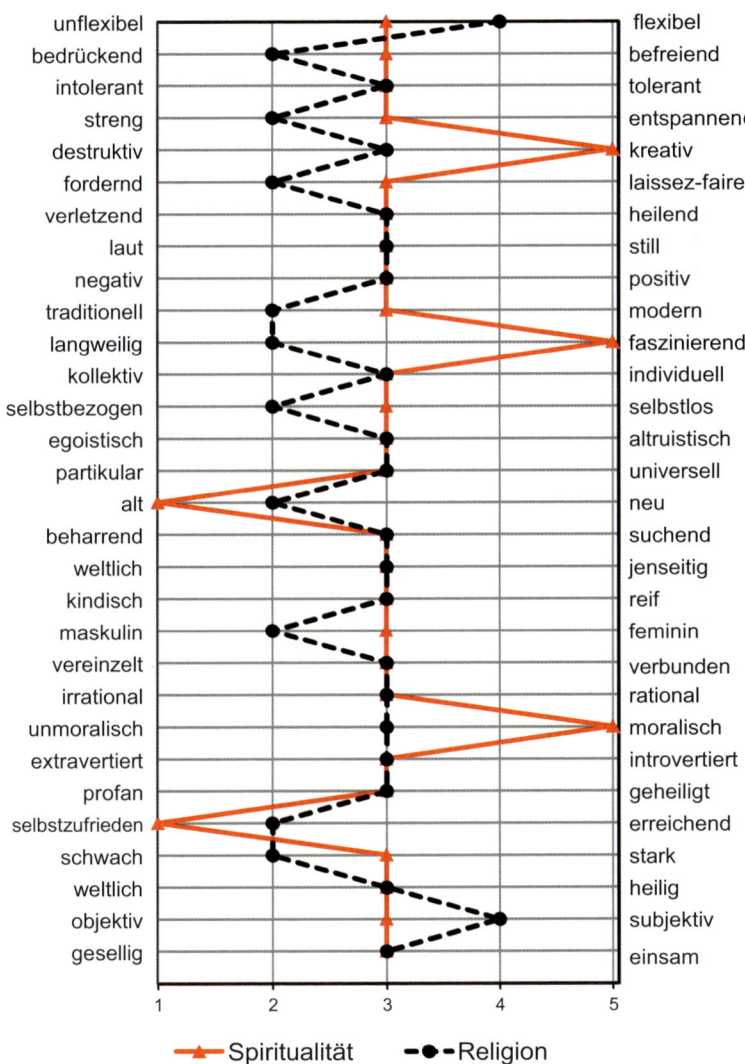

Abb. 8.2 Marions Werte im kontextuellen semantischen Differenzial

bewertet? Und unterscheidet sie sich damit von anderen deutschen „mehr spirituellen als religiösen Atheisten/Non-theisten", die „Spiritualität" im Vergleich
zu „Religion" eher positiv einschätzten? Vielleicht jedoch wollte Marion „Spiritualität" auch gar nicht bewerten?

Marions Einstufungen im kontextorientierten semantischen Differenzial
(Abbildung 8.2) zeigen ebenfalls, im Vergleich zu der Abbildung mit den durchschnittlichen Einstufungen der deutschen Fokusgruppe 4 (s. Anhang A3.9), neben einer Tendenz zur Mitte, eine beachtliche Überschneidung ihrer Einschätzungen von „Spiritualität" und „Religion". „Spiritualität" wird jedoch auch
eingeschätzt als eher „kreativ", „faszinierend", „moralisch" als „Religion" und
sogar entschieden eher „alt", während „Religion" als eher „flexibel", aber auch
eher „bedrückend", „streng", „fordernd", „traditionell", „langweilig", „selbstbezogen", „maskulin" und „schwach" eingestuft erscheint. Hier erscheint „Spiritualität" nicht als neutral bewertet, vielmehr wird die ganze Bandbreite der
Skala genutzt. „Religion" werden mehr negative, jedoch weniger extreme Kon-
notationen zugeschrieben.

Marions Glaubensentwicklung im Faith-Development-Interview

Bei der Auswertung des Interviews mit Marion, orientiert am *Manual for Faith
Development Research*, haben wir festgestellt: Marions Interview zeigt überwiegend einen verbindenden Glauben oder einen dialogischen religiösen Stil. Die
einzelnen Einstufungen reichen von mythisch-wörtlichem Glauben und instru-
mentell-reziprokem Stil (Rollenübernahme/Beziehungen) bis zum verbindenden Glauben oder dialogischen Stil (in den Aspekten *moralisches Urteil, Verortung von Autorität, Formen des Weltzusammenhangs, Entwicklungsstadien der
Symbolfunktion*). Es scheint, als seien persönliche Beziehungen für Marion ein
Bereich, in dem sich frühere und eher basale Haltungen zeigen (Stufe 2, Stufe 3
nach Fowler), während sie in den auf die weitere soziale Welt und auf Glauben und Weltanschauung bezogenen Bereichen ein höheres Reflexionsniveau
(Stufe 4, Stufe 5) aufweist.

Dies entspricht ihren Werten auf den Subskalen der RSS: Sie hat hohe Werte
auf der Subskala *truth of texts and teachings*, die man eher mit Stufe 2 verbindet,
dem mythisch-wörtlichen Glauben oder dem reziproken religiösen Stil. Gleichzeitig hat sie hohe Werte auf *xenos*, der Skala, die Xenosophie erfasst und Stufe 5
oder einen dialogischen religiösen Stil anzeigen soll. Dies mag auf ein anhal-
tendes Verhaftetsein in grundlegenden Bindungs- und Beziehungsformen verweisen, während gleichzeitig weitere und reflektierte Perspektiven verfügbar
sind. Diese Kombination von Bindung an und Wertschätzung von Traditionen
bei gleichzeitiger Dialogbereitschaft könnte auch als Überlagerung von Stilen,
als „Heterodyning" (Streib: 1998) verstanden werden. Vielleicht wäre diese Va-

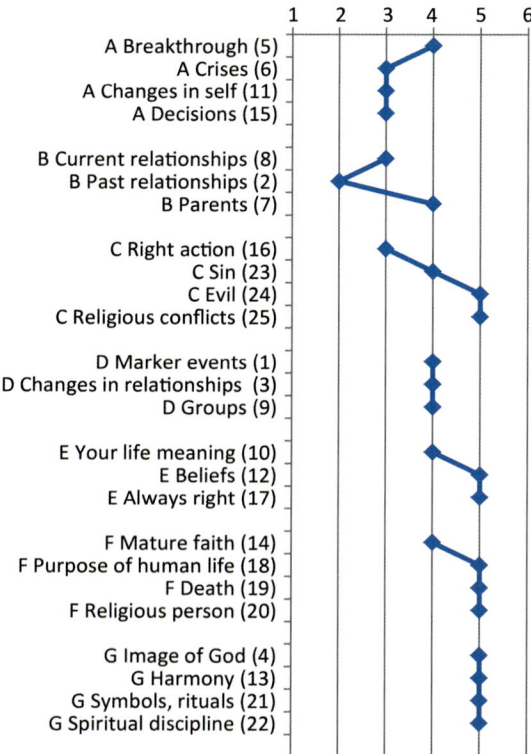

Abb. 8.3 Marions Werte zu den einzelnen Fragen
im Faith-Development-Interview

riante auch als Spielart des dialogischen religiösen Stiles zu diskutieren, die eine auf eigener Bindung und Erfahrung beruhende Wertschätzung für Traditionen einschließt?

Marion macht den Eindruck einer reifen Persönlichkeit, die über eine Entwicklung nachdenkt, die sie wohl als eine spirituelle bezeichnen würde. Dabei würdigt sie Verluste und Krisen ebenso wie Gewinne und Fortschritte.

Weisheit und Mentalisierung in Marions Interview

Die zusätzlich vorgenommenen Bewertungen von „Weisheit" und „Mentalisierung" in Marions Interview erbrachten hohe Werte. Dies entspricht ihrem Bindungstyp, der als sicher eingestuft wurde. Ihre Feststellungen zu den Problemen in ihrer Familie, die sie veranlassten, therapeutische Unterstützung heranzuziehen, sowie ihr Rückblick auf ihre Erfahrungen mit spirituellen Traditionen legen nah, dass sie diese Sicherheit im Lauf ihres Lebens erworben hat.

Narrativer Verlauf

Marion stellt gleich zu Beginn des Interviews klar, wie sie verstanden werden möchte:

Also, was für mich bedeutsam ist, dass ich immer ein kreativer, hochsensibler Mensch war und zu meiner Zeit, als ich Kind war, war das eher störend, also die Menschen oder die Erwachsenen konnten kaum damit umgehen und darum finde ich das wichtig, dass ich mir einen Raum geschaffen habe, also einen sozusagen nicht virtuellen, aber einen eigenen Raum geschaffen habe, in dem ich dann zu Hause war sozusagen. Das finde ich bedeutsam. Äußere Ereignisse, also ich bin aufgewachsen in einem sehr kleinbürgerlichen Haus. Wenn ich das mit wenig Emotionen erzähle, liegt das nicht daran, dass ich da was zurückhalte, also dazu sind Gefühle da, durchaus, aber die sind nicht mehr relevant. Also ich habe die therapeutisch und in meinem Leben verarbeitet, u. a. eben auch spirituell, deswegen kann ich das auch, ich muss das hoch holen, das ist nicht mehr in mir präsent in dem Sinne.

Damit stellt sie ihre spirituelle Entwicklung gleich in den Mittelpunkt. Sie informiert den Interviewer darüber, wie sie sich sieht, und verweist auf ihre psychotherapeutischen und spirituellen Erfahrungen. Diese führt sie in ihrem metakommunikativen Statement an, um ihre Erzählweise zu erklären, von der sie sich vorstellt, dass der Interviewer sie als wenig emotional wahrnehmen könnte. Damit zeigt sie, dass sie mögliche innere Welten und Sichtweisen anderer im Blick hat.

Zu Beginn des Interviewabschnittes „Lebensrückblick" beginnt Marion die erbetene Aufzählung der Titel für Kapitel ihres Lebens zunächst mit der verbreiteten und konventionellen Klassifizierung nach Entwicklungsphasen:

Kindheit, Jugend, dann kommt ein Kapitel mit „meiner Persönlichkeit fremd" sozusagen und dann kommt das Altern „wieder zu mir persönlich zurück". Ja.

Sie benennt Kindheit und Jugend. Darauf folgt ein sehr persönlich überschriebenes Kapitel, in dem sie die Entwicklung ihrer Persönlichkeit, wenngleich zunächst als Mangel und Desiderat, in den Mittelpunkt stellt, das nächste Kapitel konzipiert sie als Kombination des gegenwärtigen Lebensabschnitts des Alters mit einem (Wieder-) Ankommen bei sich und ihrer persönlichen Entwicklung, die auch die Entwicklung ihrer Spiritualität bedeutet. Der konventionelle Beginn führt in die Entfremdung, dann nimmt ihr Lebenslauf eine sehr individuelle Wendung. Sie scheint ihre Entwicklung im späteren Erwachsenenalter als Individuation zu verstehen und wir werden sehen, dass damit eine spirituelle Suche verbunden ist. In einer kleinbürgerlichen Umwelt aufgewachsen, eng verbunden mit ihrer Mutter, hat sie im Alter von 18 Jahren zum ersten Mal geheiratet. Rückblickend stellt sie fest, sie sei in Ehe und Familie „hineingerutscht", und habe erst später herausgefunden, dass andere Aufgaben besser zu ihr passten. Sie hat Krisen erlebt: Für die Verarbeitung der Trennung von ihrem ersten Ehemann nahm sie therapeutische Unterstützung an. Eine weitere schwere Krise war die Erkrankung eines Kindes an einer schweren psychischen Störung. Dies scheint eine existentielle Herausforderung gewesen zu sein.

Marion begann die Situation ihrer Familie kritisch zu betrachten und tiefe Fragen nach Schuld und Sühne zu stellen, und danach, was Mensch-Sein bedeutet. Diese Fragen führten sie in eine spirituelle Suche. Dazu gehört, dass sie eine Weile in einem Ashram in Indien lebte, sowie dass sie später das Unterrichten aufgab und begann, als Clownin in verschiedenen Einrichtungen des Gesundheitswesens zu arbeiten. Eine dritte Krise, einige Jahre vor dem Interviewzeitpunkt, entstand aus der Trennung von einem Enkelkind im Zuge der Trennung der Eltern. Marion berichtet, dass sie sich damals wieder der Kirche zuwandte und wieder zu beten begann. Was sie gerettet habe, sei jedoch ihre Arbeit als Clownin gewesen, sich den Kranken liebevoll zuzuwenden. Sie verbindet diese Arbeit mit der Figur der Närrin, die frei ist, Humor und Nachsicht vermittelt. Ihre Narrative zur religiösen Identität thematisieren ihre Selbstfindung in Indien (Tabelle 8.2) und beschreiben, wie sie ihre Spiritualität als „alte Närrin" lebt (Tabelle 8.3).

Auf die Frage nach Erlebnissen des Durchbruchs antwortet Marion mit einem Narrativ (Labov/Waletzky: 1967, s. Kapitel 6). Das Segment zeigt, wie Marion den Wechsel ihrer Perspektive von der Sorge um ihr Bild in den Augen anderer zu Aufmerksamkeit für ihre eigene Entwicklung thematisiert.

Tabelle 8.2 Marions Narrativ „Hingabe und sich selbst annehmen"

Titel	Hingabe und sich selbst annehmen
Orientierung	Sicher viele kleine, aber es gibt einen ganz besonderen. Als ich da in Poona war, da sah ich, da ging es um diese Hingabe, sage ich mal. Das ist eine riesige Halle, wo 5000 Menschen reinpassen und ich sah Menschen jeglicher Nationen, auch Männer und Frauen, die keinerlei Abhängigkeiten zeigten, die nach dieser Veranstaltung, die dann da stattfand, nach vorne gingen und sich vor diesem, ich sag mal Poster, ich sag das mal absichtlich so platt, so einem Poster von Osho da auf die Erde legten und verneigten und das habe ich mir oft angeguckt...
Komplikation	...und wenn man in dieser Atmosphäre ist, dann hat man schnell das Gefühl, ich muss aufpassen, dass ich hier nicht irgendwie so auf eine Weise hinter einem Guru herflattere und alles aufgebe oder so. Also ich hatte das Gefühl und es hat mich trotzdem fasziniert. Da dachte ich, wenn diese Menschen, die ein Selbstwertgefühl ausstrahlen, dann muss da was anderes passieren sozusagen und ich habe lange gewartet und dann will ich das, also das ist eine schöne Geschichte, aber die will ich jetzt nicht weiter ausführen, sondern eben halt nur so im Kern und irgendwann habe ich es gewagt und das war für mich wie ein Gang nach Canossa, so psychisch gesehen, da vorne ist jetzt die Welt zu Ende und wenn ich das mache und mich dahinlege und mich verneige oder irgend so was dann, dann bin ich für immer und ewig abhängig von keine Ahnung was und ich habe das gemacht und das sind auch sehr persönliche Gefühle, das lassen wir jetzt mal außen vor,..
Evaluation/ Lösungsversuch	Aber als ich aufstand und mich umdrehte, da gab es etwas, was mein Leben von da an geprägt hat und das war, die Welt ging weiter, niemand hatte mich zur Kenntnis genommen, vorher hatte ich so ein Gefühl, alle gucken jetzt, wie die dahingeht, also um mich herum ging alles weiter wie bisher und es war eigentlich für die Menschheit gar nichts passiert.
Resolution	Und ich wusste mit einem Mal, ich war mir selbst begegnet und das ist für mich, wenn wir diesen Begriff schon gebrauchen wollen, auch göttlich.
Coda	Von da an habe ich mich selber gern gehabt.

Auf die Frage nach wichtigen Beziehungen antwortet sie:

Ja also auf jeden Fall meine Mutter. So und dann habe ich mich nicht auf Beziehungen eingelassen. Also außer, also jetzt nicht im spirituellen Sinne. Ich hatte niemals, ich habe niemals jemanden angehimmelt, auf Beziehungen ja, aber nicht im spirituellen Sinne, da war ich immer alleine auf dem Weg.

Später erklärt sie, dass ihre zweite Ehe endete, als ihr Mann ihre spirituellen Interessen nicht teilte und dass ihre spirituelle Reise sie in die enge freundschaftliche Beziehung mit einer anderen Frau führte. Ihrer Ansicht nach haben Situationen einen stärkeren Einfluss auf ihre Entwicklung gehabt als Menschen.

Es ist Marion wichtig, keine Verpflichtungen mehr zu haben, sondern frei entscheiden zu können, wo sie Zeit und Energie investieren möchte. Während sie sich darum bemüht, achtsam zu sein, ist ihr bewusst, dass sie keine Heilige ist und Fehler machen kann. Achtung vor dem Leben und die Menschenrechte sind ihr wichtig. Die zehn Gebote erwähnt sie, wendet jedoch ein, sie könne nicht alle davon annehmen. Alles in allem zeigt sie eine Orientierung, die auf Fürsorge und die Vermeidung von Verletzungen gerichtet ist, eine moralische Haltung, die nach Graham, Haidt und Nosek (2009) mit politisch liberalen Einstellungen einhergeht.

Gefragt, ob sie sich als religiös, spirituell oder gläubig bezeichnen würde oder ob sie eine andere Bezeichnung vorziehen würde, sagt Marion:

Ich bin sehr sicher, dass ab einen gewissen Punkt, das alles gleich ist. Also ich rede nicht von den Institutionen, die sind Menschen-gemacht. Ich rede davon, dass ich glaube, dass wir alle von dem, letztendlich von demselben träumen. Ob das einen Bart hat oder Ying und Yang oder ich weiß nicht. Ich habe so ein Gefühl, dass wir uns an diesem Punkt alle treffen würden.

Sie verwendet die Figur der „Närrin" um das zu erklären:

Ja, ich würde wenn dann alle drei nehmen und z. B. in dieser traditionellen Närrin sind alle drei Elemente drinnen und wenn dann würde ich das darauf reduzieren oder eigentlich ist es für mich eine Erweiterung. Dann darf ich neugierig sein, mir alles gestatten, da steckt alles drinnen und gleichzeitig gehe ich achtungsvoll und liebevoll selbst mit den derben Scherzen um und darum ist für mich dieser Narrenbegriff im spirituellen, religiösen Sinne die Figur, die für mich das alles vereinigt.

Ihre Zen-Meditation beschreibt sie als Meditation, „reduziert auf das Wesentliche" und „so Schnick-Schnack irgendwie nicht". Rituale sind ihr wichtig, und sie beschreibt ihren Umgang damit in einem weiteren Narrativ.

Marion spielt hier mit der Sprache und dem Zusammentreffen der Ansprüche eines „spirituellen" Rituals, das in würdigem lateinischem Vokabular daherkommt, und den körperlichen Bewegungen des Darms, die das Bedürfnis nach einer Toilette begründen. So zeigt sie, dass ihrer Auffassung nach „Spiritualität" sehr irdische Aspekte einschließt.

Tabelle 8.3 Marions Narrativ „Die Feier der alten Närrin"

Titel	Die Feier der alten Närrin
Orientierung	Also Genius Locus, die Initiation einer alten Krähe bzw. einer alten Närrin sagt, wir sind an einen Ort gefahren und haben das Altsein gefeiert, wir beide und das, wo man das dann nicht, eigentlich heißt dieser Begriff ja Genius Loci, also ich will Sie nicht bevormunden, aber in der Dichtkunst ist das der geniale Ort, wo man eben, na ja eben übersetzt ein genialer Ort und (Lachen) wir wollten nun das auch alles ganz schön heilig gestalten, also so einfach schön gestalten so und der Witz ist, in dem Moment grummelte es bei mir im Bauch.
Komplikation	Alles war heilig und ich musste zum Klo (Lachen).
Evaluation/ Lösungsversuch	So, und das ist dann die Närrin, das ist die Närrin, die das so komisch findet, aber auch so freundlich und liebevoll komisch.
Resolution	Also ich käme nie auf die Idee, das ganze Ritual ist im Eimer und so was, sondern ich habe nur gedacht, jawoll das genau gehört dazu.
Coda	Und das ist das, was eben zum ganzen Leben gehört und das finde ich wieder mal befreiend und das werde ich, wenn ich solange lebe, noch mit 90 erzählen.

Marions Sicht auf den Tod und was danach kommt ist bemerkenswert, denn sie ist der Sterblichkeit sehr gewahr. Sie glaubt nicht an ein Leben nach dem Tod, gibt an, sie sei offen für das, was sie vielleicht noch nicht erfassen könne, und habe keine Angst vor dem Tod. Sie hat für einen Platz in einem Friedwald gesorgt und stellt sich vor, dass ihr Körper sich dort in die organischen Prozesse des Lebens hinein auflöst. Gleichwohl bemerkt sie, dass sie jetzt darüber so spreche und nicht genau vorher sagen könne, wie sie sich verhalte, wenn es so weit sei. Ihre Antwort auf die Frage nach Lösungen für religiöse Konflikte ist sehr praktisch: Das müsste „von unten herauf" passieren:

So über Gott und die Welt und das Universum zu reden, auf diese Weise, zwei Stunden einmal im Jahr, dann würden Sie es noch erleben, dass die Welt friedvoll wäre.

Sie konzediert, dass das eine Phantasie ist, aber eine, die sie genieße, und zeigt damit eine gewisse Hoffnung auf Dialog.

Was „Spiritualität" in Marions Leben bedeutet

Alles in allem weist Marions Geschichte charakteristische Merkmale der Generation der „68er" auf: Sie hat ein konventionelles Leben verlassen, um sich auf eine Suche zu begeben, die zunächst politisches Engagement, später innere Entwicklung umfasste, die damals noch nicht „spirituell" genannt wurde. Vielleicht könnte sie als „akkumulative Häretikerin" (Streib: 1998; Streib et al.: 2009) bezeichnet werden. Damit ist gemeint, dass sich jemand in unterschiedlichen Traditionen und Gemeinschaften engagiert, dabei aus jedem Engagement etwas Wertvolles mitnimmt. Marion stellt fest: „Ich bin mit Leib und Seele Sannyasin, nicht abhängig von irgendeinem Guru, aber ich habe mich darüber hinaus entwickelt."

Ihre Suche, ihre spirituelle Entwicklung, strukturieren ihren Ausführungen zufolge ihr Leben und auch ihre Beziehungen. Ihr Rückzug aus Verpflichtungen und ihre Hinwendung zu ihrer sehr persönlichen Auseinandersetzung mit dem Altern entsprechen James Fowlers Vorstellungen von einer Wende nach innen im späteren mittleren Erwachsenenalter (Fowler: 1981, S. 274), und erinnern an C. G. Jungs Auffassung von Individuation (Jung: 1976). Aus der Perspektive der religiösen Stile können wir sehen, wie unterschiedliche Arten, „spirituell" zu sein, die sie zu unterschiedlichen Zeiten und an unterschiedlichen Orten in ihrem Leben erworben hat, Teile eines Musters werden, an dem sie weiterhin arbeitet.

„Ich halte nicht mehr viel so von so Unterscheidungen, spirituell oder religiös oder nicht religiös." – Andreas D.

Andreas beschreibt sich im Fragebogen ebenfalls als „mehr spirituell als religiös". Seine Umgebung im Alter von 12 Jahren hat er als „weder religiös noch spirituell" beschrieben, daraus schließen wir, dass er eine Hinwendung zur Spiritualität erlebt hat. Die ist, ähnlich wie bei Marion, mit einer Abwendung vom bis dahin konventionell verlaufenen Leben verbunden. Er hat lange in einem qualifizierten akademischen Beruf gearbeitet. Nach Auseinandersetzung mit der lange tabuisierten Vergangenheit seiner Eltern in der NS-Zeit und Hinwendung zum Zen-Buddhismus begann er Zen zu unterrichten. Zum Zeitpunkt des Interviews ist er 60 Jahre alt.

Andreas' Profil im Fragebogen

Die Antworten, die Andreas im Fragebogen gegeben hat, sind in Tabelle 8.4 im Vergleich zur Fokusgruppe der „mehr spirituellen als religiösen Atheisten/ Non-theisten" (FG 4), der Andreas zugehört, dargestellt. Wenn wir auf die Skalen zur Erfassung der Persönlichkeit schauen, sehen wir bei Andreas um eine Standardabweichung niedrigere Werte in *Neurotizismus* und um eine Standardabweichung höhere Werte auf den Skalen *Extraversion*, *Verträglichkeit* und *Gewissenhaftigkeit*, auch *Offenheit für Erfahrung* liegt etwas über dem Gruppen-Mittelwert.

Tabelle 8.4 Vergleich von Andreas D. mit seiner Fokusgruppe
auf den wichtigsten Skalen

	Werte für Andreas D.	Mittelwerte für die „mehr spirituellen als religiösen Atheisten/Non-theisten" in Deutschland	
		M	*SD*
Persönlichkeit (NEO-FFI)			
Neurotizismus	9	18,9	8,8
Extraversion	34	26,5	6,2
Offenheit für Erfahrung	38	35,9	5,6
Verträglichkeit	36	31,9	5,2
Gewissenhaftigkeit	38	29,2	6,0
Mystizismus (Gesamtwert der M-Skala)	158	112,6	27,1
introvertierter Mystizismus	60	44,1	10,8
extrovertierter Mystizismus	39	27,4	7,9
Interpretation	59	41,1	11,7
Psychologisches Wohlbefinden			
Autonomie	27	25,6	3,8
Alltagsbewältigung	28	25,3	5,3
Persönlichkeitsentwicklung	34	29,5	3,1
Beziehungen zu anderen	30	27,0	3,7
Lebensziele	27	24,9	4,1
Selbstakzeptanz	31	26,4	4,3
Generativität (Loyola Generativity Scale)	66	53,4	7,5
Attitudes toward God (ATGS)	49	51,8	8,8
Religiöse Schemata (RSS)			
truth of texts and teachings	13	7,8	3,2
fairness, tolerance and rational choice	25	22,2	2,3
xenosophia/inter-religious dialog	22	17,4	3,2

Anmerkung Alle Mittelwerte sind Ergebnis von Kovarianzanalysen mit den Variablen für Land und Fokusgruppe als Prädiktoren, während Geschlecht, Alter, kulturelles Kapital und Pro-Kopf-Einkommen kontrolliert wurden.

Bei den Skalen zur Erfassung psychologischen Wohlbefindens liegen *Persönlichkeitsentwicklung* und *Selbstakzeptanz* über eine Standardabweichung über dem Gruppendurchschnitt, auch die anderen Skalen liegen eine halbe bis fast eine Standardabweichung darüber. Damit sehen wir eine Person, die mit sich und dem Leben gut zurecht kommt und die eigene Entwicklung positiv einschätzt. Seine sehr hohen Werte in *Generativität* könnten wir mit seiner Lehrtätigkeit in Verbindung bringen.

Hinsichtlich Religion sehen wir auf der Mystizismus-Skala für alle drei Subskalen, *introvertierter Mystizismus, extrovertierter Mystizismus* und *Interpretation*, um eine Standardabweichung höhere Werte verglichen mit dem Durchschnitt der „mehr spirituellen" AtheistInnen und Non-Theisten in unserer deutschen Teilstichprobe. Bei „Einstellungen gegenüber Gott" liegen seine Werte nah beim Durchschnitt, bei den Skalen, die religiöse Schemata erfassen, finden wir wieder vergleichsweise hohe Werte sowohl für *truth of texts and teachings* und *xenosophia/inter-religious dialog*, aber auch für *fairness, tolerance and rational choice*.

Das ergibt das Profil eines Menschen, der sich auf Erfahrungen von Eins-Sein jenseits von Raum und Zeit (*introvertierter Mystizismus*), von Verschmelzen mit allem, was ist (*extrovertierter Mystizismus*), einlassen kann und der diese Erfahrungen positiv erlebt und im Rahmen seiner Tradition deutet (*Interpretation* von mystischen Erfahrungen). Zugleich sind ihm interreligiöser Dialog und rationale Auseinandersetzung wichtig.

Semantik: Was Andreas unter „Spiritualität" versteht

Andreas definiert im Fragebogen bei den freien Eintragungen Spiritualität als „Selbsterforschung" und Religion als „glauben an etwas". Als er im Interview gebeten wird, die Begriffe für sich und sein Leben zu betrachten, erläutert er:

Ein Theologiestudent, der mal hier war, der hatte als, die müssen ja immer so ein Praktikum machen, so ein lebenspraktisches Praktikum und der war mit einem Freund mal hier von der Zeitung und der hat gesagt, ich sei der religiöseste Mensch, den er kennengelernt hat, aber ich bin nicht, ich würde nicht sagen, dass ich religiös bin in dem Sinne, weil ich keiner Religion angehöre und spirituell, vor fünf Jahren hätte ich gesagt, ja oder so, spirituell. Ich praktiziere Zen. Solche Begriffe haben immer weniger Bedeutung für mich und es ist ganz ganz hilfreich, wenn man das, so spirituelle Foren, das, wenn das mal liest, und das ist ganz spannend, wie die sich da untereinander beharken und das ist so wie so ein Parteiengezänk. Ich halte nicht mehr viel so von so Unterscheidungen, spirituell oder religiös oder nicht religiös. Man darf nicht vergessen, dass die Religionen über ihre Mitglieder sehr viel Unheil in die Welt gebracht haben und ich weiß nicht, ob Jesus Christ war, da habe ich so meine Zweifel. Buddha war auch kein Buddhist.

Hier problematisiert Andreas die angebotenen Begriffe und deren Verwendung: Er stellt klar, dass er von derlei Kategorisierungsversuchen nicht viel hält, seine Aussage „ich praktiziere Zen" stellt die konkrete Praxis ins Zentrum. Er selbst hält sich nicht für religiös, auch nicht für spirituell, wenngleich er letzteres noch vor einiger Zeit über sich gesagt haben könnte. Dass er „spirituell" für sich zurückweist, mag auf die Abnahme der Bedeutung solcher Begriffe für ihn persönlich zurückzuführen sein, vielleicht deutet sich jedoch auch die Wahrnehmung einer Abnutzung des populären Begriffes als Alternative zu „religiös" oder Distanzierung von „Religion" an?

Spiritualität erscheint in seinen semantischen Differenzialen im Vergleich zu Religion zunächst positiver bewertet („fein", „weich"), dann aber auch „streng", (aus Osgoods Faktor „Evaluation", erste 6 Gegensatzpaare), mächtiger („mächtig", „stark", aus dem Faktor „Potenz", zweite 6 Gegensatzpaare) und dynamischer („schnell", „scharf", Faktor „Aktivität", dritte 6 Gegensatzpaare). Religion ist weniger profiliert mit vielen neutralen und weniger positiven Einstufungen.

Auch im kontextuellen semantischen Differenzial hat „Spiritualität" das deutlicher ausgeprägte Profil: „heilend", „suchend", „reif", „rational", „erreichend"

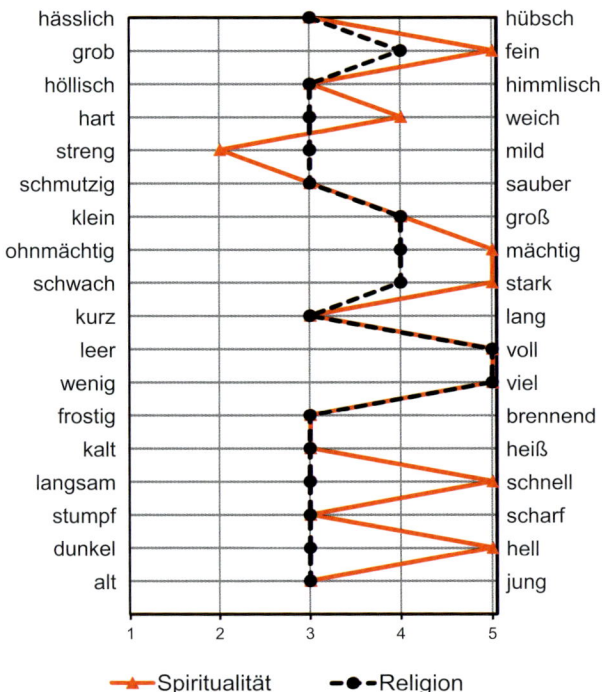

Abb. 8.4 Andreas' Werte im semantischen Differenzial nach Osgood

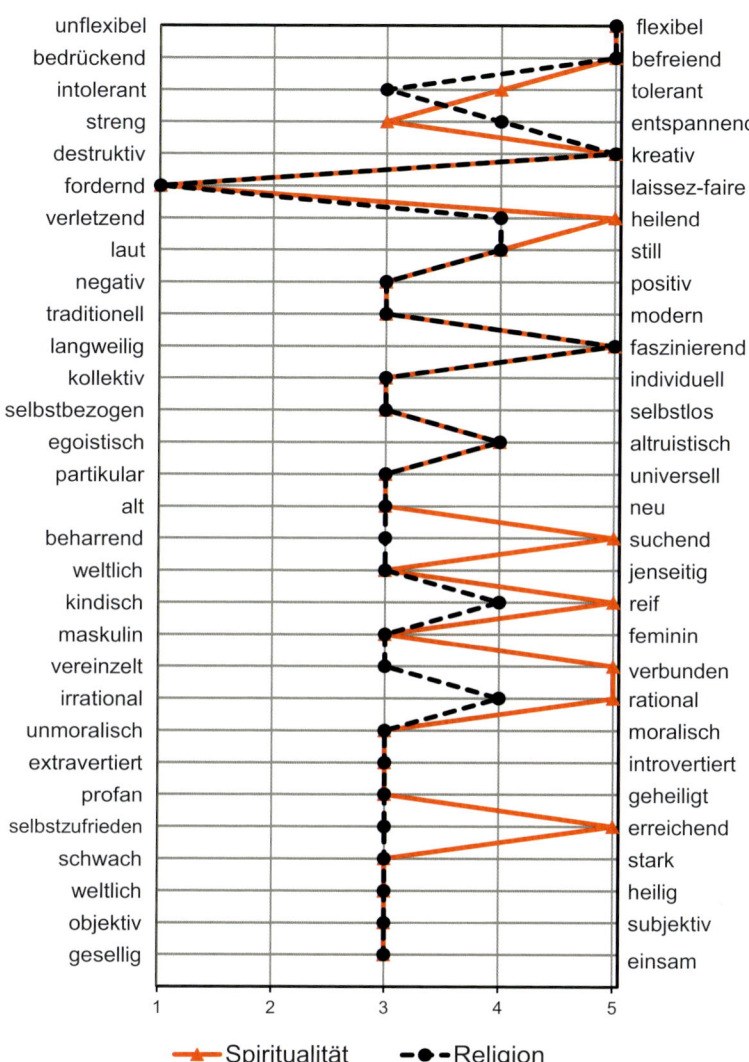

Abb. 8.5 Andreas' Werte auf dem kontextuellen semantischen Differenzial

charakterisieren „Spiritualität" mehr als „Religion", „Religion" wiederum ist eher „entspannend" im Vergleich zu „Spiritualität". Beide sind „flexibel", „befreiend", „kreativ", „fordernd" und „faszinierend."

Andreas' religiöse Entwicklung im Faith-Development-Interview

Überwiegend finden sich Ratings für Stufe 3, konventionellen Glauben, auch zwei Stufe 2-Ratings (*Beziehungen*/Eltern und *Grenzen des sozialen Bewusstseins/ Wichtige Ereignisse*). Einstufungen nach Stufe 4, individuierend-reflektierender Glaube, sehen wir bei den von James Fowler konzipierten Aspekten *Grenzen des sozialen Bewusstseins, Verortung von Autorität, Formen des Weltzusammenhangs, Entwicklungsstadien der Symbolfunktion*, allerdings nicht durchgehend. Ein höheres Entwicklungsniveau wird auch hier bei den eher glaubens- und weltanschauungsbezogenen Fragen sichtbar. Möglicherweise geht es hier um ein Zwischenstadium oder einen Übergang vom eher impliziten mutuellen religiösen Stil und der Orientierung an Konventionen der Stufe 3 zum individuierend-

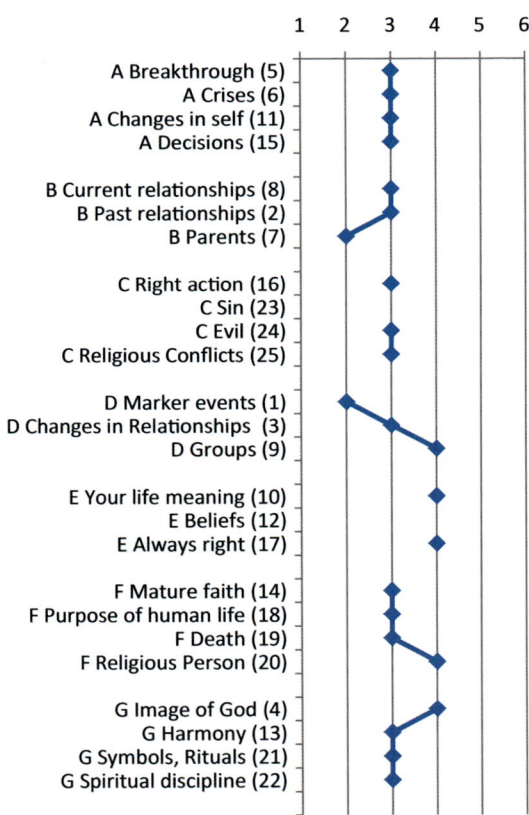

Abb. 8.6 Andreas' Werte zu den einzelnen Fragen
im Faith-Development-Interview

systemischen Stil bzw. der kritisch-reflektierten und an der eigenen Sicht interessierten Stufe 4? Das könnte eine Erzählung von Aufbruch aus Konventionen und hin zu einem eigenen Weg erwarten lassen.

Mentalisierung und Bindung in Andreas' Interview

Andreas zeigt sich im Interview interessiert an der Art und Weise, wie menschliches Innenleben, wie Denkprozesse verlaufen und was sie beeinflusst. Er versucht auch herauszufinden, wie die Interviewerin über verschiedene Themen denkt, zeigt also Verständnis für innere Vorgänge anderer, für Mentalisierung. Bei der Einschätzung seines Bindungsstiles wurden auch unsicher-vermeidende Züge vermerkt, zurückzuführen auf die kritisch-distanzierte Beschreibung seiner Eltern. Daneben zeigen sich Hinweise auf innere Arbeitsmodelle sicherer Bindung, die er vermutlich später im Leben entwickeln konnte, möglicherweise im Zuge seiner „spirituellen" Konversion.

Narrativer Verlauf

Im Verlauf des Interviews mit Andreas gibt es viele Sprecherwechsel, Bewertungen der Fragen, sowie Fragen an die Interviewerin. Andreas zeigt sich zugewandt und kritisch engagiert. Zu Beginn nach den Kapiteln seines Lebens gefragt, gibt er diesen Überblick:

Frühe Kindheit, Schule 1 und Schule 2, Studium, Familie, Familie vielleicht, Familie/Konformität, Ausstieg/Einstieg.

Damit gliedert er sein Leben zunächst auf konventionelle Weise nach Schule, Ausbildung, Familie und Beruf. Die Überschriften seiner Lebenskapitel zeigen dann einen Bruch in der Normalbiografie in der zweiten Lebenshälfte. Den erläutert er im Zusammenhang mit anderen Befreiungserlebnissen:

Ja, Befreiungserlebnisse hat es schon gegeben, ja. Das war einmal von zu Hause wegzukommen auf das Internat. Das war eine ziemliche Befreiung. Meine, die Beziehung zu meiner zweiten Frau, wobei das nicht unbedingt mit ihr zu tun hat, das ist einfach die Zeit gewesen. Das ist so der Ausstieg aus den gesellschaftlichen Gegebenheiten, das macht man so und ja, das sind immer wieder so Erfahrungen, die man macht und Einsichten.

In diesem Zusammenhang erzählt Andreas von einer Erfahrung, die man mystisch nennen könnte:

Tabelle 8.5 Andreas' Narrativ „Einsichten sammeln"

Titel	Einsichten sammeln
Orientierung	In Urlaub gefahren und da war so ein regnerischer Tag
Komplikation	mit sehr schnell wechselnden Wolken und mal sehr wolkig und dann wieder blauer Himmel und das war einfach gigantisch schön, ne
Evaluation/ Lösungsversuch	und da ist mir so klar geworden, dass dieses Schönsein, das nicht die Wolken, das bin ich.
Resolution	Das ist so dieses Niedrige, das Schöne. Die Wolken sind einfach nur Wolken, also und das sind so Einsichten und das ist wie Perlen auf einer Schnur.
Coda	Es gibt mal größere, aber das ist immer, wenn einem so ein Licht aufgeht.

Gefragt nach dem Einfluss solcher Erlebnisse auf den Sinn seines Lebens erklärt er, dass es eigentlich um die Frage nach dem gegangen sei, was ihn ausmache, und darum, diese Frage nach dem Eigenen wieder zu finden, die eigene Suche wieder aufzunehmen:

Ja sicher. Das ist eigentlich so die Frage, die, also was mich ausmacht, schon immer, meine, Zeit meines Lebens war das so dieses Wissen wollen, was mich ausmacht. Das ist halt eigentlich immer wieder tiefer bohren und das so mit Kindern und Berufen (unv.) tritt das irgendwann in den Hintergrund. Das ist so eine richtige Auszeit von mir selber gewesen ja, also im negativen Sinne eine Auszeit. So Familie, Beruf, das ist Kategorie funktionieren. Deswegen auch vorhin ne, die Überschrift Familie/Konformität.

Er beschreibt die erste Zeit seines Erwachsenenlebens als eine Zeit, in der er sich von sich selbst entfernt hatte, in der er in Familie und Beruf funktionierte. Mit der Beendigung dieser Entfremdung von sich selbst entsteht wieder Raum für seine Fragen. Andreas charakterisiert sich hier als Suchender. Ein Gottesbild hat er nicht, schon die Frage danach hält er für wenig sinnvoll:

Was bedeutet das heute für mich? Das bedeutet heute für mich, keine metaphysischen Fragen mehr zu stellen, weil es darauf keine Antworten gibt und es gibt, wir Menschen können bis zu einem bestimmten Raum, bis zu einer bestimmten Grenze denken und darüber hinaus können wir nicht denken, deswegen sollten wir es auch lassen.

Seine Spiritualität, die ohne derlei auskommt, ist im Zen angesiedelt und Andreas absolvierte auch Ausbildungen in diesem Bereich. Im Deutungsmuster eines wahrhaftigen Selbst, das es zu leben gilt, findet Andreas eine Antwort auf die Frage, was ihn denn wirklich ausmacht. Zugleich findet er eine Befreiung von einem belastenden biographischen Thema, nämlich der tabuisierten Vergangenheit der Eltern während des Nationalsozialismus. Er beschreibt seine Eltern aus einer kritisch-distanzierten Perspektive, in der sich spiegelt, was er auch benennt: dass es ein offenes vertrauensvolles Verhältnis nicht gab. Was hinter den Eltern lag, die das nach dem Krieg diskreditierte Regime mitgetragen hatten, blieb tabuisiert:

Das, als ob die so 1951 angefangen (hätten), so um den Dreh, zu existieren.

Die Tradition des Zen wird zur Ressource bei der Bewältigung der biographischen Belastungen, die Orientierung an Praxis und Suche nach Wahrhaftigkeit ermöglicht es ihm, sich von seiner Herkunftsfamilie und deren unwahrhaftigem Umgang mit der eigenen Geschichte zu distanzieren. Anders als die Eltern will er sich nicht in die falsche Richtung fragwürdiger Ideen und Ideologien begeben.

Also das, was mir wichtig ist, das ist Zen zu praktizieren, weil es mir hilft, diesen Weg des wesentlich und wahrhaftig umzugehen und davor kommt Selbsterkenntnis, also sich selbst zu erkennen, sich selbst und alles, was ich so in meinem Leben gemacht habe, war eigentlich immer auf dieses dahin ausgerichtet ne, wer bin ich eigentlich.

Die Geschichte der Eltern, von der Andreas annimmt, dass sie nicht nur sein Leben, sondern auch das seiner Geschwister und der nachfolgenden Generation überschattet, wurde verborgen gehalten, Fragen nach Mitwisser- und Mittäterschaft unterlagen einem Tabu. Vor diesem Hintergrund gewinnt es eine besondere Bedeutung, wesentlich und wahrhaftig zu sein, zu wissen wer man eigentlich ist, und verantworten zu können, was man tut.

Der Wahrheit und Wahrhaftigkeit verpflichtet kann Andreas sich am ehesten mit der Mystik einverstanden erklären:

Glauben heiß nicht Wissen und der Mystiker weiß, der glaubt nicht mehr und das ist so wie Meister Eckart, der gesagt hat, um Gott zu erfahren, muss man Gottes Kind werden. Das heißt, jegliche Vorstellung aufgeben, das heißt, jeglichen Glauben aufgeben, weil jedes Bild, das ich mir vom Kosmos mache, ist falsch, kann ich nicht, geht nicht, weil dann müsste ich außerhalb (unv.) stehen und das ist genau unser Problem, dass wir drinnen sind uns aber in der Vorstellung, ob man das jetzt Glaube nennt oder Weltbild oder wie auch immer ist wursch, da katapultiere ich mich nach draußen und schaue dann von draußen auf diese Welt drauf und das kann nicht funktionieren, weil ich bin da drinnen, geht nicht und das ist die Distanzierung zu einem sich selbst betrachten, das nicht funktionieren kann, weil wir können uns und die Welt nicht betrachten, geht nicht. Das kann nur etwas, das außerhalb des gesamten Kosmos existieren müsste. Das könnte die Antwort drauf geben. Deswegen keine metaphysischen Fragen, das ist sinnlos.

Was „Spiritualität" in Andreas' Leben bedeutet

Den Ausdruck „spirituell" möchte Andreas nicht mehr für sich verwenden, er scheint sich eher mit Mystik zu identifizieren. Dabei verlässt er sich auf die übungs- und erfahrungsbasierte Lehre des Zen, die er auch weiter gibt. Seine Wendung dahin hat ihm geholfen, sein Verhältnis zu seinen verstorbenen Eltern zu klären und seine Position zur Familiengeschichte zu finden. Seine Auseinandersetzung mit der lange verschwiegenen Geschichte der Eltern, die eine als grausam und menschenverachtend entlarvte Ideologie unterstützt haben, mag erklären, dass ihm an Wahrheit und Wahrhaftigkeit gelegen ist, während er allem kritisch gegenüber steht, was mit Ansprüchen höheren Wissens verbunden ist. Das entspricht dem individuierend-systemischen religiösen Stil, den er insbesondere in den glaubens- und weltanschauungsbezogenen Aspekten zeigt. In Fowlers Entwicklungsmodell ließe sich das als Schritt zum individuierend-reflektierenden Glauben verstehen.

„Spiritualität" als individuelle Suche und lebenslanges Projekt

Marion und Andreas haben, nach einem konventionellen Beginn und schon in der Lebensmitte angelangt, festgestellt, dass sie sich von sich selbst entfremdet haben, und sich auf die Suche begeben. Dabei haben sie unterschiedliche Wege eingeschlagen:

Für Marion haben wir andernorts den Ausdruck „Quilt"-Spiritualität vorgeschlagen (Keller/Wollert: 2016). Damit wollen wir die ernsthafte individuelle Aneignung von unterschiedlichen Traditionen für die Gestaltung der eigenen „Spiritualität" in den Vordergrund stellen. Ein Quilt kann sowohl ästhetisches Objekt als auch wärmende Decke sein, und es ist eine Kunst, einen Quilt aus vorhandenen Stoffen zu erstellen.

Bei Andreas könnten wir von einer Konversion, einer Wende, sprechen, aber wohin? Zur „Spiritualität"? Das würde er selbst vermutlich nicht so bezeichnen. Zur Mystik? Damit fände er sich vielleicht besser beschrieben.

Wie Marion (s. o.) hat Andreas hohe Werte sowohl in *Mystizismus* als auch in *Offenheit für Erfahrung* (s. Abbildung 5.6 in Kapitel 5). Ähnlich wie bei Marion wird, bei der Auswertung gemäß dem Manual, ein höheres Entwicklungsniveau bei den eher glaubens- und weltanschauungsbezogenen Fragen sichtbar. Es könnte sein, dass in diesen Bereichen das Reflexionsniveau höher liegt, da es hier um Anliegen geht, mit denen die Befragten sich oft und tief auseinander setzen, die intensiv bearbeitet werden, was, etwa im Sinne bereichsspezifischen

Mentalisierens, zu höheren Kompetenzen führt, während in anderen Bereichen basalere Strategien verwendet werden (Ensink/Berthelot/Bernazzani/Normandin/Fonagy: 2015).

Beide geben weiter, was sie gelernt haben, nehmen für sich dabei in Anspruch, sich weiterhin von ihrer Suche leiten zu lassen. „Spiritualität" als individuelle Suche und lebenslanges Projekt ist hier exemplifiziert an zwei unserer Interviewees, die sich als „mehr spirituell als religiös" sehen.

9. Atheistische „Spiritualität" als „intellektuelle Redlichkeit"

In diesem Kapitel geht es um die „Spiritualität" von Menschen, die sich als „mehr spirituell als religiös" bezeichnen und gleichzeitig als atheistisch oder non-theistisch. Das mag zunächst kontraintuitiv klingen. Wie passen „spirituell" und „atheistisch" zusammen? Um darüber Aufschluss zu erhalten, betrachten wir, was Petra S. und Philipp R. in ihren Interviews erzählten. Philipp blickt zurück auf eine religiöse Sozialisation, die sich überwiegend in Deutschland, dem Migrationsland seines Vaters abspielte, Petra ist in einer religiösen Enklave in der ehemaligen DDR, einem Staat mit areligiöser Ideologie, aufgewachsen.

> „Ich glaube, das ist so das Spirituelle, irgendwie
> zu versuchen zur Wahrheit oder zur Erkenntnis zu kommen
> ohne sich in die Tasche dabei zu lügen" – Petra S.

Petra S. ist zum Interviewzeitpunkt 41 Jahre alt, sie arbeitet im Gesundheitswesen. In ihrem Interview erfahren wir wenig über ihr gegenwärtiges persönliches Leben. Auch über ihre Lebensgeschichte äußert sie sich knapp. Mehr Raum erhalten ihre Erfahrungen und Überlegungen zu religiösen Fragen. Im Fragebogen hat sie sich als „mehr spirituell als religiös" und „non-theistisch" beschrieben, und ihre Umgebung im Alter von 12 Jahren als „mehr religiös". Das legt eine Wendung weg von der Religion nah, vielleicht eine Dekonversion. Petras religiöse Umgebung lag in der damaligen DDR, das bedeutet, dass sie zu einer religiösen Minderheit in einem areligiösen Staat gehörte.

Petras Profil im Fragebogen

Petras Werte für *Extraversion* liegen fast eine Standardabweichung unter, ihre Werte für *Offenheit für Erfahrung* fast eine Standardabweichung über dem Durchschnitt der Fokusgruppe der mehr spirituellen als religiösen Atheisten oder Non-Theisten (FG 4). Wir könnten annehmen, dass sie ihre Erkundungen als ihre Angelegenheit betrachtet und Gemeinschaftserlebnisse oder Erfahrungsaustausch ihr weniger wichtig sind. Auf der Mystizismus-Skala liegt ihr Gesamtwert mehr als eine Standardabweichung unter dem Gruppenmittel.

Tabelle 9.1 Vergleich von Petra S. mit ihrer Fokusgruppe
auf den wichtigsten Skalen

	Werte für Petra S.	Mittelwerte für die „mehr spirituellen als religiösen Atheisten/ Non-theisten" in Deutschland	
		M	*SD*
Persönlichkeit (NEO-FFI)			
Neurotizismus	24	18,9	8,8
Extraversion	21	26,5	6,2
Offenheit für Erfahrung	41	35,9	5,6
Verträglichkeit	31	31,9	5,2
Gewissenhaftigkeit	26	29,2	6,0
Mystizismus (Gesamtwert M-Skala)	82	112,6	27,1
introvertierter Mystizismus	33	44,1	10,8
extrovertierter Mystizismus	20	27,4	7,9
Interpretation	29	41,1	11,7
Psychologisches Wohlbefinden			
Autonomie	22	25,6	3,8
Alltagsbewältigung	20	25,3	5,3
Persönlichkeitsentwicklung	26	29,5	3,1
Beziehungen zu anderen	24	27,0	3,7
Lebensziele	20	24,9	4,1
Selbstakzeptanz	23	26,4	4,3
Generativität (Loyola Generativity Scale)	50	53,4	7,5
Attitudes toward God	49	51,8	8,8
Religious Schema Scale			
truth of texts and teachings	5	7,8	3,2
fairness, tolerance and rational choice	23	22,2	2,3
xenosophia/inter-religious dialog	16	17,4	3,2

Anmerkung. Alle Mittelwerte sind Ergebnis von Kovarianzanalysen mit den Variablen für Land und Fokusgruppe als Prädiktoren, während Geschlecht, Alter, kulturelles Kapital und Pro-Kopf-Einkommen kontrolliert wurden.

Dabei weicht vor allem ihr Wert in *Interpretation* deutlich ab. Erfahrungen, die man als mystisch bezeichnen könnte, noch mehr deren religiöse Interpretation, scheinen ihr vergleichsweise fern zu liegen. In allen Skalen zum psychologischen Wohlbefinden liegen ihre Werte unter dem Gruppendurchschnitt, dabei bleibt der Unterschied bei *Persönlichkeitsentwicklung, Selbstakzeptanz* und *Lebensziele* unter einer Standardabweichung, darüber liegen die Unterschiede bei *Autonomie, Alltagsbewältigung* und *Beziehungen zu anderen*.

Ist Petra, die Bewertung ihrer Entwicklung betreffend, sehr selbstkritisch oder skeptisch? Hinsichtlich Einstellungen gegenüber Gott (*Attitudes toward God*) liegen ihre Werte beim Gruppenmittel, das gilt auch für *fairness, tolerance and rational choice* und *xenosophia/inter-religious dialog* der Religious Schema Scale, während *truth of texts and teachings* tendenziell niedrig liegt. Petra scheint eine eher skeptische Person zu sein, die allem Religiösen eher fern steht.

Semantik: Was Petra unter „Spiritualität" versteht

In unserem Fragebogen hat Petra zu „Spiritualität" aufgeführt:

Sich existenziellen Fragen stellen, Versenkung, Gefühlen nachspüren, Begriffe wie ‚Unendlichkeit', Transzendenz erfahren wollen, über das Alltägliche hinausgehen wollen ‚richtiges', ‚gutes' Leben lernen, moralische Probleme lösen

Zu „Religion" nennt sie:

Aberglaube, Geschichtenerzähler, Welterklärungsmodelle, menschengemacht, moralischer Wegweiser ohne Legitimation, Widersprüche

Bei „Spiritualität" benennt Petra Umgang mit existenziellen Fragen, innere Erfahrung, die Alltägliches überschreitet, sowie Bemühen um gelungene Lebensgestaltung einschließlich Moral. „Religion" hingegen haftet in ihrem Verständnis etwas Unseriöses an. Da geht es um ungerechtfertigte Ansprüche auf Welterklärung und moralische Weisung, um erfundene Geschichten, um Glauben ohne Fundierung und ohne Konsistenz.

In ihrem semantischen Differenzial nach Osgood (Abbildung 9.1) (Osgood 1962; Osgood/Luria/Jeans/Smith: 1976; Snider/Osgood: 1969) sieht Petra „Spiritualität" stets zwischen den Gegensatzpaaren. „Religion" hingegen weist ein Profil auf, das auf Osgoods Faktor „Evaluation" (erste 6 Gegensatzpaare) eher negativ ausfällt, auf dem Faktor „Potenz" (zweite 6 Gegensatzpaare) eher positiv. Der dritte Faktor nach Osgood, „Aktivität", enthält sowohl Positives („brennend", „scharf") als auch Negatives („langsam", „alt"). Allerdings könnte „alt" auch als Beschreibung von Religion gelesen worden sein, denn „Spiritualität" ist

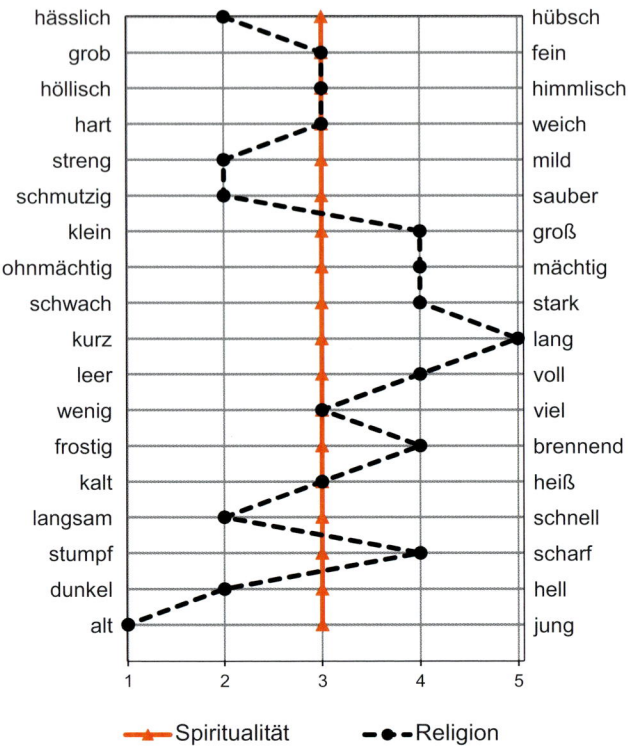

Abb. 9.1 Petras Werte im semantischen Differenzial nach Osgood

in den vergangenen Jahren als Begriff populär geworden. Petra könnte mit der durchgehenden Beschreibung von „Spiritualität" in der Mitte zwischen den Gegensätzen auch eine Bewertung abgelehnt haben.

Im kontextuellen semantischen Differenzial (Abbildung 9.2) sehen wir ein ähnliches Bild: „Spiritualität" ist stets zwischen den Gegensätzen verortet. „Religion" hingegen hat Wertungen erhalten, fünf eher positiven stehen 22 eher negative gegenüber, darunter „destruktiv", „irrational" und „unmoralisch". Nur bei „traditionell-modern", „extravertiert-introvertiert" und „weltlich-heilig" ist „Religion" neutral zwischen den Gegensätzen angesiedelt, hier überlappend mit „Spiritualität".

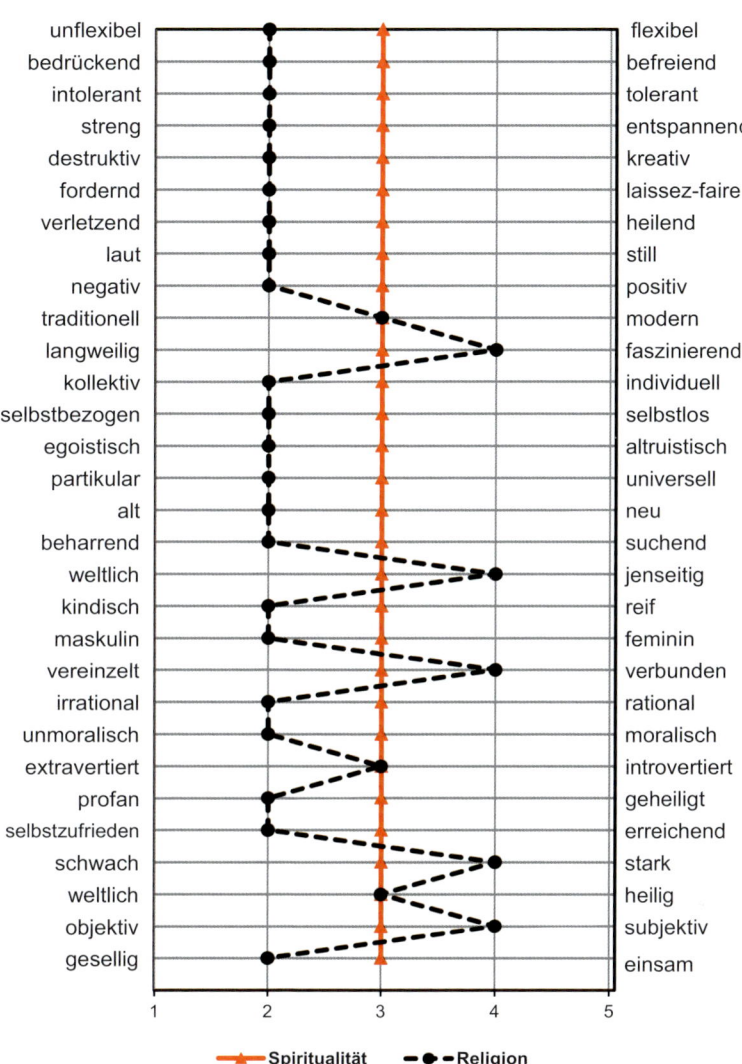

Abb. 9.2 Petras Werte im kontextuellen semantischen Differenzial

Petras Glaubensentwicklung im Faith-Development-Interview

Petras Profil der sieben Aspekte von Glauben (*Kognitive Kompetenzen, Rollen-übernahme, Moralisches Urteil, Grenzen des sozialen Bewusstseins, Verortung von Autorität, Formen des Weltzusammenhangs* und *Entwicklungsstadien der Symbolfunktion*) umfasst die Stufen 2 bis 4. Ihr religiöser Stil könnte beschrieben werden als überwiegend mutuell (Stufe/Stil 3), mit einer Tendenz zum indivi-duierend-reflektierenden Stil und einigen instrumentell-reziproken Einspreng-seln, insbesondere wenn es um Glauben geht (Abbildung 9.3).

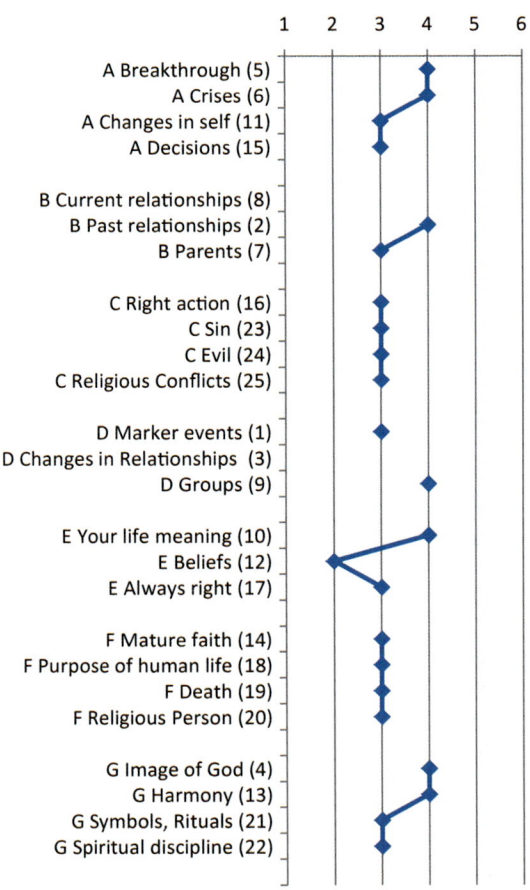

Abb. 9.3 Petras Werte zu den einzelnen Fragen
im Faith-Development-Interview

Bindung und Mentalisierung

Wenn wir die Interview-Antworten zum Thema „Beziehungen" betrachten, können wir die zusätzlichen Konstrukte „Mentalisierung" und „Bindung" heranziehen (vgl. Keller/Streib: 2013). Petra zeigt, dass sie sich innerer Vorgänge während des Interviews bzw. in der Beziehung zum Interviewer bewusst ist. Für Hypothesen zu ihren inneren Arbeitsmodellen hinsichtlich Bindung können wir ihre Ausführungen zu ihren Eltern betrachten. Hier finden wir wenig Hinweise auf sichere Bindung. Abwertende Bemerkungen über andere, aber auch über sich selbst legen Modelle unsicher-distanzierter, vielleicht sogar desorganisierter Bindung nah (Bartholomew/Horowitz: 1991).

Was die im Faith-Development-Interview-Abschnitt „Werte und Verpflichtungen" angesprochene Moral angeht, so ist Petra darauf bedacht, Verletzungen anderer zu vermeiden. Das berührt die Dimension harm/care im Modell der moralischen Intuitionen nach Haight und Graham (2007). In ihrer Antwort auf die Frage nach Möglichkeiten religiöse Konflikte zu lösen zeigt sie ein Bewusstsein für Kontextbedingungen der Lebensspanne, Werterelativismus bei Anerkennung übergeordneter Prinzipien und für die grundsätzliche Unsicherheit menschlichen Lebens gemäß den Meta-Kriterien des Modells weisheitsbezogenen Verhaltens nach Staudinger, Smith und Baltes (1994).

Narrativer Verlauf

Aufgefordert, ihr Leben in Abschnitte einzuteilen, zieht Petra zunächst Lebensphasen heran bzw. diese begrenzende Markierungen wie das 18. Lebensjahr, das das Ende der Kindheit bedeutet:

Da wäre zum einen die bis zum 18. Lebensjahr, die Zeit bis zum 18. Lebensjahr, dann würde ich sagen bis zur Mitte der 30er, also mit dem 30. Lebensjahr, 35/37 und die Zeit jetzt. So würde ich es einteilen ja, ganz grob, also ohne näher drüber nachzudenken.

Das Kapitel „bis 18" umfasst alle Phasen der Kindheit und des Jugendalters, dann kommt mit 18–35 oder 37 das junge Erwachsenenalter, anschließend, als „die Zeit Jetzt", der Übergang in das mittlere Lebensalter. Auffällig ist, dass die Zeit des Aufwachsens keine weiteren Unterteilungen enthält. Gebeten, ihr Leben wie ein Buch zu betrachten und es in Kapitel einzuteilen, verwendet sie ebenfalls große Abschnitte:

Eine, also das erste wäre vielleicht eine eher anstrengende Kindheit, dann so eine Art Aufbruch und das Dritte wäre vielleicht so eine, noch mal so eine Orientierungsphase jetzt im Jetzt, im Hier und Jetzt, so eine gewisse Orientierungsphase, eine neue, so vielleicht.

Petra unterteilt ihr Leben in Kapitel, die aufeinander folgen, aber diese sind sehr knapp beschrieben. Die drei Kapitel „anstrengende Kindheit", „Aufbruch" und „Orientierung", in welche sie ihr Leben aufteilt, lassen eine schwierige Kindheit vermuten und daran anschließende Bemühungen, diese zu bewältigen. Sie beschreibt ihre Kindheit im Weiteren als bedeutsam, da sie da ambivalente Erfahrungen gemacht hätte, ohne jedoch auf diese einzugehen. Sie gibt wenig Informationen über ihr persönliches Leben.

Im Abschnitt „Beziehungen" verwendet sie für sich das Etikett „Scheidungskind" und verweist damit erneut auf Schwierigkeiten. Die werden auch angedeutet, als sie über ihre Beziehung zu ihrer Mutter spricht:

Aber trotzdem ist ein gutes Verhältnis, möchte ich sagen, ne. Das habe ich am Anfang, also das war eine Zeitlang nicht sehr gut und auch zwischendurch mal nicht, aber im Moment, also schon seit einigen Zeiten, hat sich das stabilisiert, muss ich sagen, ja.

Sie unterstützt humanistische Anliegen und kirchenkritische Gruppen. Es ist ihr wichtig, möglichst so zu handeln, dass sie niemandem schadet. Damit ist die harm-care-Dimension moralischer Grundlagen nach Haidt und Graham (2007) angesprochen. Vorstellungen von Reinheit, die Haidt und Graham ebenfalls in ihrem Katalog moralischer Grundlagen verzeichnet haben, diskutiert sie als potentiell konfliktträchtig, als sie über Möglichkeiten zur Beilegung religiöser Konflikte nachdenkt:

Wenn ich davon überzeugt bin, dass der andere ein Sünder ist, kann ich den, kann ich ja nicht tolerieren, der kann doch neben mir nicht sündigen, wenn er ein Homosexueller z. B. ist.

Sie distanziert sich von derlei Ansichten und geht davon aus, dass Religion eine private Angelegenheit sein sollte. Für den mit den damaligen Gegebenheiten nicht vertrauten Interviewer erläutert sie den Kontext ihrer religiösen Entwicklung in der damaligen DDR:

Ich hatte, ich habe in der Schule, also ich bin in der DDR groß geworden und dort war ja Religion nicht so weit verbreitet, dennoch war ich in einem religiösen Umfeld, zumindest institutionell, das heißt, ich war im Kindergarten, der religiös war, das war recht selten, ich glaube 2 % gab es, und ich bin auch, durch die Arbeitsstelle meiner Mutter bin ich auch in religiösen Kreisen, das war im Krankenhaus, ist man natürlich auch dann in religiösen Kreisen zu Veranstaltungen gewesen. Das hatte alles schon so eine religiöse Konstellation, das alles und in der Schule wiederum, ich habe aber nie darüber nachgedacht, absolut nicht.

Was es bedeutet hat, in einer religiösen Minderheit aufzuwachsen, illustriert sie in einer kleinen Erzählung, die die von Labov & Waletzky (1967) beschriebene Struktur aufweist. Andernorts haben wir solche Erzählungen als „religious identity narrative" benannt (Keller/Coleman/Silver: 2016, S. 335), ausgehend von einem hinreichend breiten Begriff von Religion.

In der Orientierung, die die Geschichte einleitet und das Setting erläutert, gibt sie einen Überblick über die Situation in den Schulen, in denen atheistische LehrerInnen die Kinder mit Kausalitäten, mit wissenschaftlichem Denken vertraut machen sollen. Eine Komplikation ergibt sich daraus, dass Petra nach dem Ursprung der Welt fragt und einen Schöpfergott postuliert, worauf ihr entgegen gehalten wird, dass dann aber dessen Ursprung erklärungsbedürftig bleibe. Ihr Vorschlag wird zurück gewiesen. Wie geht sie damit um? Die Evaluation besteht in der Darlegung, dass solche Diskussionen erlaubt waren, Petra ihre Meinung frei äußern durfte. Wörter wie „mitgemacht" und „Kontrastellung" verleihen der Szene etwas Sportlich-spielerisches, das sie noch damit unterstreicht, sie sei davon, also von der von ihr damals verteidigten Schöpfungsgeschichte, nicht wirklich überzeugt gewesen. Damit stellt Petra in der Rekonstruktion eine Kontinuität zu ihrem derzeitigen Atheismus her, die sie allerdings selbst mit einem Fragezeichen versieht, denn Erinnerungen können trügen. Die Lösung besteht in der Feststellung, sie sei nicht unterdrückt worden, die Coda, der Ausklang, unterstreicht diese mit der Information über ihre weitere Entwicklung, die Gebet und Konfirmation einschließt. Möglicherweise unterstellt Petra dem Interviewer Annahmen über Unterdrückung oder Einschränkung, wenn sie in einem Narrativ darlegt, dass sie in der Schule, ohne Scheu und ohne Sanktionen zu fürchten, Gott und Religion verteidigen konnte. Vielleicht ist es ihr auch wichtig, ihre atheistische Haltung als Ergebnis ihrer eigenen Entwicklung zu zeichnen und nicht als Übernahme geltender Normen (Tabelle 9.2).

Tabelle 9.2 Petras Narrativ „Verteidigung Gottes in Staatsbürgerkunde"

Titel	Verteidigung Gottes in Staatsbürgerkunde
Orientierung	Also für mich, das einzige Mal, dass ich Gott verteidigt habe oder überhaupt die Religion, war gegenüber meinem Lehrer. Das war der Staatsbürgerkundelehrer und der war Atheist, waren die meisten Lehrer eigentlich und da ging es um Kausalitäten usw.
Komplikation	und da habe ich gesagt, ja und wir haben dann darüber geredet, ob man nicht zum Schluss, wer hat was erschaffen, auf Gott kommt? Und er sagte dann, ja und wer hat Gott erschaffen und, oder Adam oder Eva, also all das, was gelehrt wird in den verschiedenen, da gibt es im evangelischem und katholisch vielleicht noch mal einen Unterschied,

Titel	Verteidigung Gottes in Staatsbürgerkunde
Evaluation/ Lösungsversuche	aber das habe ich da versucht zu verteidigen und er wiederum hat aber, hat das mitgemacht und hat, also ich habe im Prinzip nur eine Kontrastellung eingenommen. Ich war davon nicht überzeugt, also das würde ich nicht behaupten im Nachhinein, wobei die Erinnerung auch falsch sein kann, logisch, ich habe das aber gemacht um einfach zu diskutieren und er hat mir das auch nicht übel genommen und somit bin ich eigentlich nicht negativ dann damit, habe mich dann sozusagen, ohne Rüffel konnte ich weiter darüber nachdenken.
Lösung Coda	Also ich bin da nicht gedrückt worden dann in irgendeiner Weise und dann hat das für mich eigentlich keine Rolle mehr gespielt, das habe ich alles mitgemacht, Konfirmation und gebetet habe ich auch immer.

In dieser Geschichte legt Petra dar, dass es Raum für Diskussion gab, den sie nutzte, mehr um zu diskutieren, wirklich überzeugt sei sie nicht gewesen. Wenn sie einräumt, dass die Erinnerung nicht verlässlich sein könnte, scheint sie damit anzudeuten, dass sie diese Distanz zum Glauben vielleicht damals noch nicht hatte. Die andere Geschichte, die sie erzählt, vermittelt denn auch ein etwas anderes Bild. Hier zeigt sich Petra als eine, die zunächst unhinterfragt die religiöse Lehre ihrer Umgebung übernommen hat und erst an der Schwelle zum Erwachsenenalter oder später eigene kritische Perspektiven entwickelt (Tabelle 9.3).

Tabelle 9.3 Petras Narrativ „Weg zum Atheismus"

Titel	Weg zum Atheismus
Orientierung	Also, das wurde mir als Kind so gesagt und ich habe das tatsächlich auch ernst genommen und habe immer für gute Sachen usw. gebetet, aber richtig so eine Auseinandersetzung damit habe ich nicht gehabt,
Komplikation	bis ich so in den, als ich dann mit 18, ne, mit, mit vielleicht Anfang 30 habe ich mich dann damit beschäftigt und zwar, weil ein Freund von mir plötzlich in die Theologie geht, wollte Theologie studieren und dann habe ich mich damit beschäftigt und
Evaluation/ Lösungsversuche	so im Nachhinein denke ich, habe ich das gemacht, weil ich, weil derjenige mir sehr viel wert war und ich nicht verstehen konnte damals, wie er das machen konnte, weil ich hatte diese Einstellung, also diese institutionelle Religion, er wollte ja die katholische Theologie, also das konnte ich nicht fassen, dass er das macht und da ging es noch gar nicht um Gott und dann fing ich aber an darüber, darin zu recherchieren und mich damit

Titel	Weg zum Atheismus
	auseinanderzusetzen, so gut ich das konnte und da fing natürlich dann so mein Erwachen an sozusagen, so würde ich das, das ich tatsächlich damit also rational mir überlegt habe und auch in mich hineingehorcht habe und das versucht habe, versucht habe das, dieses, dieses Wort ‚Gott' oder usw. für mich erst mal zu definieren, was ist das überhaupt, was versteht man darunter und was verstehen andere darunter usw. und da habe ich mich wirklich sehr massiv damit beschäftigt
Lösung	und das führte dann letztlich auch zum Bruch mit demjenigen und der ist heute natürlich kein Theologe geworden und (Lachen) also dann und dann habe ich eben letztlich meine Einstellung entwickelt, die sich immer irgendwie auch ein bisschen verfeinert und verändert so im Laufe der Jahre, weil ich immer wieder neue Sachen lese und höre
Coda	und an sich habe ich eine gewisse, also ich bin, ich würde mich schon als Atheist bezeichnen.

Wieder gibt Petra, wie Labov und Waletzky (1967; Labov: 2013) beschrieben haben, zu Beginn eine Orientierung: In ihrer Kindheit erlebte sie Religiosität und christlichen Glauben als etwas, das in ihrer näheren Umgebung selbstverständlich war, keiner Begründung bedurfte, keine Auseinandersetzung herausforderte. Die Komplikation ergibt sich daraus, dass ein wichtiger Freund ein Studium der katholischen Theologie aufnimmt. Petra, zunächst fassungslos, möchte verstehen, worum es dabei geht. Sie beginnt selbst zu forschen, beschreibt dabei äußere („recherchieren") und innere („in mich hineingehorcht") Suchbewegungen. Der Konflikt mit dem Freund lässt sich nicht beheben, eine Lösung zeichnet sich ab als individueller Klärungsprozess, der, wie Petra beschreibt, andauert und dazu führte, dass sie sich inzwischen als Atheistin bezeichnet. Zu dem andauernden Prozess erfahren wir:

Allerdings merke ich, wenn ich ehrlich bin und in mich reinhöre, dass ich so gewisse Ängste verspüre, weil ich denke, dass ich, wenn ich mir diese Einstellung, damit vielleicht doch der liebe Gott bestraft, was natürlich auf der anderen Seite, natürlich zeigt das, dass ich eigentlich immer an ihn glauben würde, aber ich denke, aber das bedeutet aber für mich nicht, dass er da ist, sondern das bedeutet einfach, dass es eine emotionale Bindung ist von der Kindheit, die man eben nicht so einfach überwindet. Das ist für mich die Erklärung und deswegen hadere ich da gelegentlich noch mit mir, aber je länger ich jetzt darüber nachdenke, je, die verblasst immer weiter….

Es scheint, als ob Petra mit religiösen Fragen ringt und dies als Schwierigkeit, sich von ihrem Kinderglauben zu lösen, versteht. Sie scheint einen Gott zu fürchten, an den sie nicht mehr glauben möchte. Petra scheint sich jedoch nicht nur von einem strengen Gott schwer lossagen zu können. Sie scheint andererseits auch noch eine Sehnsucht nach dem guten Gott und der guten Gemeinschaft zu haben, an die sie nicht mehr glauben kann. Das wird deutlich, wenn sie ihre Zweifel und die Nachteile des Atheismus diskutiert:

Dann, also alles ist so schön klar und so eine Kirche widerspiegelt eigentlich so das Leben im Grunde, so schön angeordnet, alles wunderbar und das bietet eben so ein schönes Weltbild. Da kann man sich, da kann man sich wohl fühlen. Dann weiß man, wo es lang geht, primär die katholische Kirche. Die evangelische ist ja eher so ein bisschen wandelhaft und das bietet vor allem die katholische Kirche und das ist von Vorteil und da kann man sich natürlich drin wohlfühlen und wenn man Fragen hat und irgendwie usw., dann werden die dort beantwortet. Da gibt es ja für alles und da gibt es keine Zweifel ja, es gibt keine Zweifel und das finde ich, finde ich sehr schön, also als Funktion. Ich selber, für mich ginge das irgendwie nicht und ich habe immer überlegt, ob ich das könnte, ich denke immer, ach das wäre so schön einfach, es ist doch schön eigentlich.

Petra schwankt damit zwischen zwei der von Rizzuto (1979) beschriebenen Positionierungen gegenüber Vorstellungen von Gott: Einerseits möchte sie dem strengen und strafenden Gott entkommen, andererseits würde sie gerne an einen guten Gott glauben können. Die Lösung, die sie für sich gefunden hat, besteht im Abschied von dem, was sie „Kinderglauben" nennt. Zu ihrer Auffassung eines reifen Glaubens oder eines reifen Umgangs mit existentiellen Fragen gehört:

dass man immer offen ist, immer offen für neue, für neue Sachen, die auf einen einströmen, in welcher Ebene auch immer, auch Wissen, aber auch, dass man nicht dogmatisch wird. … Aber das ist, reifen ja, dass man Gott gar nicht mehr braucht letztlich. Also das würde ich sagen.

Sie spricht von ihrer weiter fortschreitenden Dekonversion, die in einen *privatizing exit* (Streib/Hood/Keller/Silver/Csöff: 2009) zu münden scheint, wobei sie mitunter einerseits Angst, andererseits Bedauern oder eine Art Heimweh verspürt. Auch kommen ihre Erfahrungen noch einmal zur Sprache, die sie selbst nicht mystisch nennt, die aber dieses Etikett verdienen:

Dann habe ich schon gelegentlich das Gefühl, dass ich so entgrenze ein bisschen und ich habe das auch manchmal, wenn ich wunderschöne Musik höre. Also dann habe ich das auch, dass ich dann verschmelze mit, das sind dann aber meistens, also das ist ein ganz bestimmtes Stück, z. B. bei Bach finde ich das, also da habe ich häufiger mal das Gefühl.

Was „Spiritualität" in Petras Leben bedeutet

Petra definiert „Spiritualität" im Interview:

Also in sich selber, in sich selber, in sich selber hereinzuhören, denn das ist ja eigentlich das, was die Religion eigentlich glaube ich so verortet hat, dass man in sich hineinhört um plötzlich zu hören, Wahrheiten, … aber dazu muss ich radikal ehrlich zu mir sein und das ist eben auch nicht schön. … Spiritualität muss nicht Wellness sein, … und das bedeutet ja nicht, wenn ich der Religion sozusagen entsage, dass es mir dann besonders gut geht oder die Welt in Ordnung ist. Aber ich bin eigentlich froh, dass ich den lieben Gott also mit einem Abstand sehen kann … Es geht immer weiter, immer weiter weg und das ist ohne Bedeutung fast.

Ihre „Glaubensbiographie" reicht vom Aufwachsen als „Scheidungskind" in einer christlich-religiösen Umgebung, einer Minderheit in der damaligen überwiegend atheistischen DDR, zum Leben als Atheistin in der gegenwärtigen Bundesrepublik, in welcher der größere Teil der Bevölkerung zu einer der beiden großen und staatsnah organisierten Kirchen gehört. Sich als spirituelle Atheistin zu bezeichnen verleiht ihrer Biographie Kohärenz und gibt sogar Raum für die Ambivalenz, die sie gegenüber einem Gott verspürt, zu dem sie, alter, kindlicher, Gewohnheit folgend, noch Spuren von Bindung fühlt, an den sie aber nicht mehr glauben möchte: Sie kann die innere Erfahrung haben, aber einen persönlichen Gott braucht sie dazu nicht. Nicht nur atheistisch, sondern zugleich „spirituell" zu sein, hilft ihr, ihre Erfahrungen zu einer Geschichte zu gestalten, die kompatibel ist mit anderen „spirituellen" Diskursen in der Gesellschaft, in der sie jetzt lebt.

„Was für mich als Idee zentral ist, ist, wenn man es so sagen kann, dass allgemein wir in der Welt ein neues Denken brauchen." – Philipp R.

Philipp R., zum Zeitpunkt des Interviews 24 Jahre alt und Student, beschreibt sich in unserem Fragebogen als „mehr spirituell" und als atheistisch. Auch seine Umgebung im Alter von 12 Jahren stuft er als „mehr spirituell" ein, was Kontinuität nah legt. Philipps Vater ist aus einem osteuropäischen Land nach Deutschland migriert, dessen Familie beschreibt er als streng katholisch. Nach einer Schulzeit, die er als schwierig beschreibt, hat er ein Studium aufgenommen, das er auch zu Ende bringen möchte.

Philipps Profil im Fragebogen

Wie Tabelle 9.4 zeigt, liegen auf den Persönlichkeitsskalen Philipps Werte für *Neurotizismus* erheblich über, die für *Gewissenhaftigkeit* erheblich unter dem Mittelwert der Fokusgruppe. Das lässt auf höhere Vulnerabilität und Schwankungen in der Selbststeuerung schließen, eine Annahme, die gestützt wird durch die vergleichsweise niedrigen Werte in *Alltagsbewältigung* und *Selbstakzeptanz* aus den Wohlbefindensskalen.

Vergleichsweise hohe Werte finden wir bei *Attitudes toward God* und der RSS-Subskala *truth of text and teachings*. Philipp könnte jemand sein, der sich mit einer gewissen Skepsis selbst beobachtet und Religion Wertschätzung entgegenbringt, während er gleichzeitig ebenso auf Fairness und Dialog bedacht ist, wie die anderen „eher spirituellen" Atheisten und Non-Theisten (FG 4) der deutschen Teilstichprobe.

Tabelle 9.4 Vergleich von Philipp R. mit seiner Fokusgruppe
auf den wichtigsten Skalen

	Werte für Philipp R.	Mittelwerte für die „mehr spirituellen als religiösen Atheisten/ Non-theisten" in Deutschland	
		M	*SD*
Persönlichkeit (NEO-FFI)			
Neurotizismus	30	18,9	8,8
Extraversion	28	26,5	6,2
Offenheit für Erfahrung	36	35,9	5,6
Verträglichkeit	28	31,9	5,2
Gewissenhaftigkeit	9	29,2	6,0
Mystizismus (Gesamtwert der M-Skala)	121	112,6	27,1
introvertierter Mystizismus	51	44,1	10,8
extrovertierter Mystizismus	31	27,4	7,9
Interpretation	39	41,1	11,7
Psychologisches Wohlbefinden			
Autonomie	24	25,6	3,8
Alltagsbewältigung	14	25,3	5,3

	Werte für Philipp R.	Mittelwerte für die „mehr spirituellen als religiösen Atheisten/ Non-theisten" in Deutschland	
		M	*SD*
Persönlichkeitsentwicklung	28	29,5	3,1
Beziehungen zu anderen	24	27,0	3,7
Lebensziele	23	24,9	4,1
Selbstakzeptanz	19	26,4	4,3
Generativität (Loyola Generativity Scale)	54	53,4	7,5
Attitudes toward God (ATGS)	64	51,8	8,8
Religious Schema Scale			
truth of texts and teachings	11	7,8	3,2
fairness, tolerance and rational choice	20	22,2	2,3
xenosophia/inter-religious dialog	17	17,4	3,2

Anmerkung Alle Mittelwerte sind Ergebnis von Kovarianzanalysen mit den Variablen für Land und Fokusgruppe als Prädiktoren, während Geschlecht, Alter, kulturelles Kapital und Pro-Kopf-Einkommen kontrolliert wurden.

Semantik: Was „Spiritualität" für Philipp bedeutet

In den freien Einträgen im Fragebogen hat Philipp „Spiritualität" definiert:

Spiritualität ist für mich das Auslegen und Interpretieren sowie der Umgang mit der eigenen Innenwelt (geistig) und der Außenwelt (materiell).

Zu „Religion" hat er geschrieben:

Eine Religion ist für mich eine Wertvorstellung.

Er unterscheidet zwischen „Spiritualität" als individuelle Aneignung innerer Vorgänge und „Religion" als gebunden an Werte, an Normatives.

Auch bei Philipp liegt „Spiritualität" meist, d. h. bis auf zwei davon abweichende Einstufungen („fein", „himmlisch"), genau zwischen den Gegensatzpaaren des semantischen Differenzials nach Osgood, ähnlich wie weiter oben bei Petra. Hier jedoch gilt das noch stärker für „Religion", für die es lediglich bei „streng" eine Abweichung von dieser Bewertung gibt.

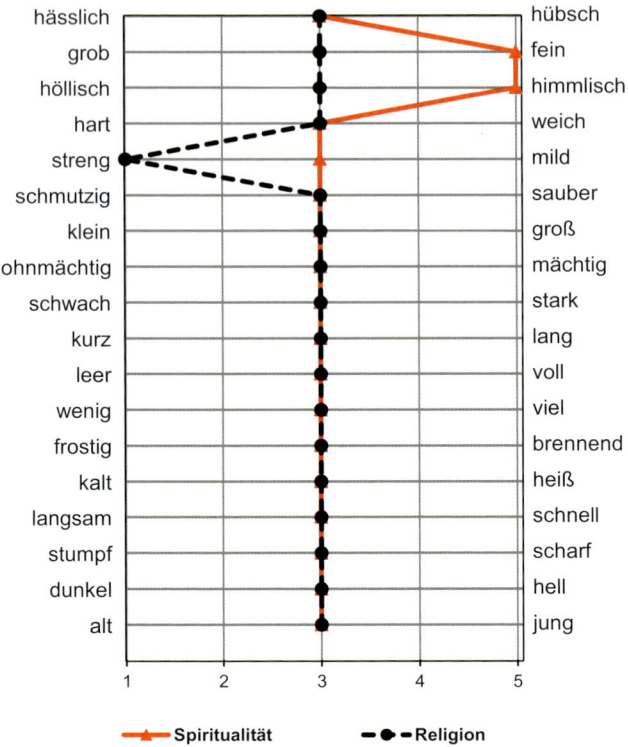

Abb. 9.4 Philipps Werte im semantischen Differenzial nach Osgood

Im kontextuellen semantischen Differenzial (Abbildung 9.5) landen die meisten Einstufungen für „Spiritualität" wieder genau zwischen den Gegensatzpaaren, hinzu kommen einige entschieden positive Einstufungen. Danach ist „Spiritualität" auch „flexibel", „befreiend", „kreativ", „heilend", „faszinierend". „Religion" wird kritischer eingestuft, z. B. als entschieden „unflexibel", „destruktiv", „verletzend", „selbstbezogen", „egoistisch" und irrational".

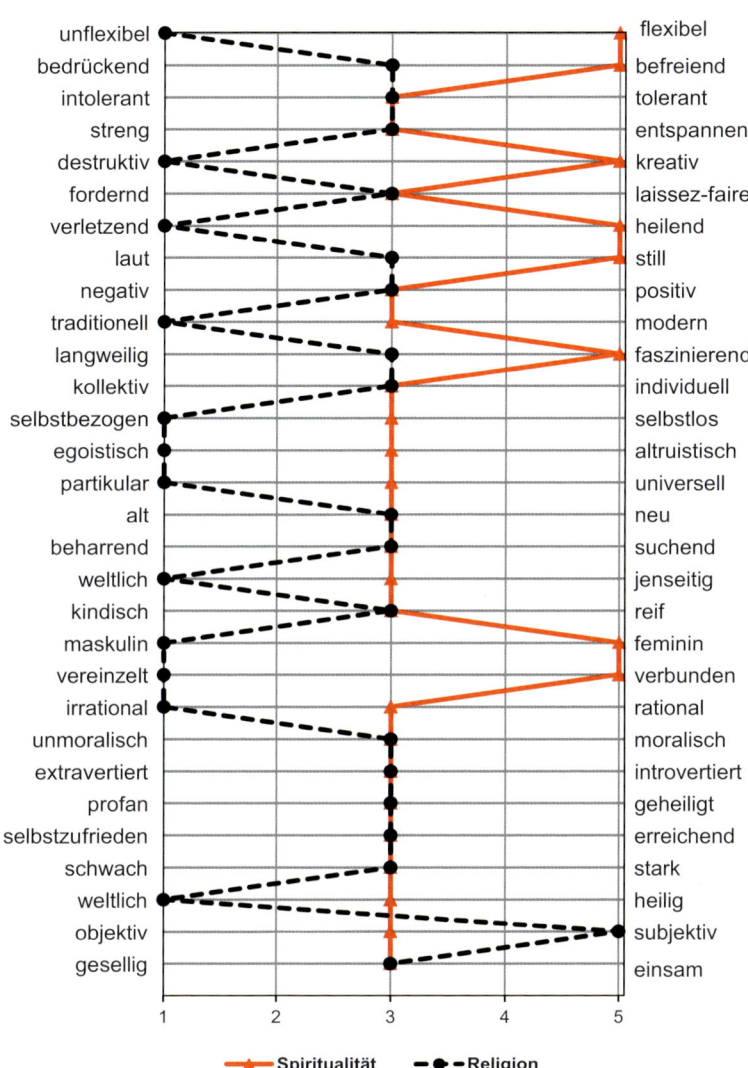

Abb. 9.5 Philipps Werte im kontextuellen semantischen Differenzial

Philipps Glaubensentwicklung im Faith-Development-Interview

Philipp scheint sich, Glaubensentwicklung betreffend, zwischen dem mutuellen und dem individuierend-systemischen Stil zu befinden. Dabei liegen die Einstufungen für Stufe drei eher auf den Aspekten, die mit persönlichen Beziehungen, Moral und persönlichem Erleben von im weitesten Sinne Religiösem zu tun haben, während *Formen des Weltzusammenhangs* und *Verortung von Autorität* als individuierend-reflektierend eingestuft wurden.

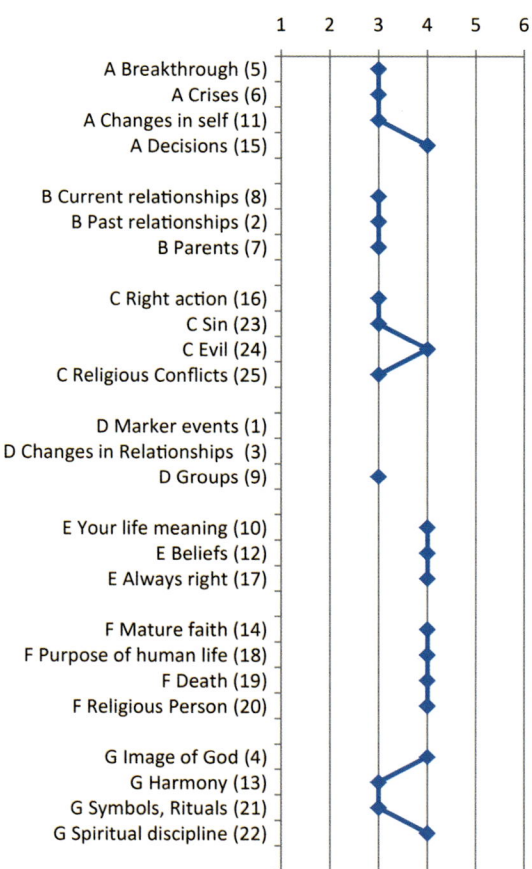

Abb. 9.6 Philipps Werte zu den einzelnen Fragen
im Faith-Development-Interview

Narrativer Verlauf

Im Interview gliedert Philipp sein Leben chronologisch und nach Lebensphasen, dabei unterteilt er im Vergleich zu Petra (s. o.) in kürzere Abschnitte:

Ja, ich würde sagen, so wie das menschliche Leben allgemein kategorisiert ist, also
diese Babyphase, Kindheitsphase, Jugendphase und Pubertät. Dann Heranwachsen
und hin so, bis zum jetzigen Punkt so, erwachsen werden, so würde ich das einteilen.

Vielleicht spielt auch eine Rolle, dass ihm mit 24 Jahren unterschiedliche Phasen bis zum Erwachsenwerden noch näher liegen. Gefragt nach besonderen Ereignissen weist er auf Schwellensituationen hin:

Also, allgemein dieses zur Schule zu gehen und dann nicht mehr zur Schule zu
gehen, dass man dann gearbeitet hat, Umzug, von den Eltern raus. Das sind so, ja
Sachen, die ich dazuzählen würde.

Gefragt nach dem Einfluss von Beziehungen schildert er sein Verhältnis zu
seinem Vater, dessen Migrationshintergrund, sowie im weiteren Verlauf des
Interviews, wie sich sein Blick auf seine Eltern geändert hat, als er begann, sie
auch als Menschen mit verschiedenen Rollen im Leben und mit eigenen Anliegen zu sehen. Um die Entwicklung seines Weltbildes zu veranschaulichen, wählt
er ein Bild:

Wenn der Tisch, dieser Tisch jetzt hier, irgendwie – innerhalb dieses Tisches, auf
dieser Fläche ist alles Wissen, was man sammeln kann und diese, diese Untertasse
hier ist mein eigenes Wissen, und früher war es halt eine kleinere Tasse und dementsprechend war diese Grenze zu diesem, was ich nicht weiß, viel viel kleiner, und es ist
größer geworden und dementsprechend wird die Grenze zu dem, was ich noch nicht
weiß, größer. Das heißt, mir wird bewusst, dass ich immer mehr, dass ich eigentlich weniger weiß, obwohl ich immer mehr Wissen sammle. So über die Welt an sich
und – das bildet so gewisse, man bleibt, man wird offener so, das meine ich damit.

Mit diesem Vergleich räumt er ein, dass ihm mit dem Zuwachs an Wissen auch
deutlicher wird, was er alles nicht weiß. Sein heutiges Weltbild, erklärt er, basiere
mehr auf Erfahrung und Wissen, weniger auf Glauben. Er sieht die Welt durch
zahlreiche Krisen bedroht und setzt auf Bildung und Aufklärung, um mit den
Herausforderungen, die sich in Bereichen wie Umwelt, Wirtschaft, Politik stellen, umzugehen.

Was „Spiritualität" in Philipps Leben bedeutet

Im Interview diskutiert Philipp die angebotenen Bezeichnungen „religiös", „spirituell" und „gläubig" und überlegt, inwiefern sie auf ihn zutreffen:

Also ich würde, wenn ich, ich würde sagen: Ja, ich bin religiös, weil ich halt religiöse Einflüsse, religiösen Einfluss habe. Gerade meine Familie vaterseits ist streng katholisch und, also ich bin kein Katholik, aber ich bin halt, habe halt diesen Einfluss. So Religion hat halt auch, obwohl ich nicht der Kirche angehöre oder so, hat einen gewissen Wert für mich persönlich. Spirituell ja, spirituell, weil ich, ich denke, jeder Mensch ist spirituell, weil es halt einfach nur eine Frage ist, wie die Innenwelt, also wie man selber zu der Außenwelt steht, und das ist für mich schon eine Art von Spiritualität, und das hat jeder. Glauben, ich versuche mir das ein bisschen abzugewöhnen, zu glauben, aber darauf kann ich nicht verzichten.

Er gibt „Religion" einen Platz in seiner Entwicklungsgeschichte, auch wenn er sich nicht der katholischen Konfession der Familie väterlicherseits angeschlossen hat. „Spiritualität" scheint er als menschliche Eigenschaft oder Fähigkeit zu sehen, über die er verfügt, wie alle Menschen. Bemerkenswert ist, dass sich im Umgang mit „Glauben", den er sich abgewöhnen möchte, ein Konflikt andeutet, der jedoch anscheinend nicht als belastend erlebt wird. Im Weiteren führt er aus, dass Religion für ihn mit Tradition und Familie zu tun hat, während „Spiritualität" sich auf innere Erfahrung bezieht.

Dieses Religiöse ist halt etwas, was sich, ich sage mal so, was mir zugekommen ist, dadurch, durch meine Familie vor allem, und dieses Spirituelle, das sind, ist etwas, das ich mir selber gebe. Und dadurch, dass ich mich mit meiner Spiritualität beschäftige, ist es halt einfach nicht etwas, was von außen gegeben wird, irgendwelche Geschichten, sondern dieses Spirituelle ist etwas, das von innen herauskommt, wenn ich mich mit mir selber beschäftige, mit der Welt, dass ich, ich sage mal, gewisse Einsichten habe, gewisse Erkenntnisse und die kommen von mir selber heraus.

Seine Vorschläge zum Umgang mit weltanschaulichen oder religiösen Differenzen setzen auf offenen Dialog, der den offenen und reflektierten Umgang mit eigenen Erfahrungen einschließt:

Also ich persönlich muss sagen, dass ich, gerade wenn jemand eine andere Weltanschauung vertritt halt, dass mich das persönlich sehr bereichert hat. Wichtig ist, dass man halt, anstatt diese Weltanschauung, dass es halt Gegenspieler sind, dass man erkennt, dass meine persönliche Weltanschauung und die des Mannes gegenüber halt noch nicht abgeschlossen sind. So, und wenn ich mich jetzt zusammensetze und über Gott und die Welt rede, dann kann man sich halt gegenseitig ergänzen, und das geht halt nur, wenn man halt sich in einen Dialog begibt und nicht in eine Diskussion oder in ein Streitgespräch, sondern in einen Dialog, in dem man erklärt, warum man diese Dinge so sieht, was das auch mit einem persönlich zu tun hat, weil keine Einsicht ist von persönlichen Gefühlen, von subjektiv Erleben, unbelastet. Das heißt, es spielt immer eine Rolle, was ich erlebt habe, wie ich die Welt sehe und wenn man sich zusammensetzt und in Dialog begibt und das zusammen erörtert, denke ich, dass es dann kein Konflikt ist, sondern etwas, was, weil beide Seiten davon profitieren können.

Hier entwickelt Philipp eine Vision davon, wie das jeweils Fremde, das Andere, als Bereicherung geschätzt und genutzt werden könnte. Dabei vertritt er eine sowohl dialogische als auch auf das Individuelle, das Subjektive bezogene Methode: Er fordert die dialogische Reflexion der eigenen und der fremden inneren Vorgänge und Entwicklungsprozesse. Außerdem geht er davon aus, dass die zur Diskussion stehenden Weltanschauungen offen für Revisionen sind.

   Die spirituelle Praxis, die er verwendet, ist Meditation. Diese helfe ihm wahrzunehmen, was er wirklich wolle und sich nicht von „Gedankengeplapper" ablenken zu lassen.

Atheistische Spiritualitäten: Ehrlichkeit und Wahrheit

Die „Spiritualitäten" der spirituellen AtheistInnen in diesem Kapitel sehen unterschiedlich aus: In den semantischen Differenzialen erhält „Spiritualität" bei Philipp eher positive, bei Petra neutrale Einstufungen. „Religion" wird bei Philipp eher kritisch gesehen, während sie bei Petra auch positive Bewertungen erhält. Vielleicht spiegelt sich darin eine größere biographische Nähe – Petra ist in einer religiösen Umgebung aufgewachsen, hat sich mit ihrer Minderheitenposition auseinander gesetzt und ist aktuell noch mit ambivalenten Gefühlen und nicht ganz gelösten religiösen Bindungen beschäftigt. Philip R. ist ein „mehr spiritueller Atheist", der sich weniger als viele andere, die wir interviewt haben, gegen Religion abgrenzt, sondern Religion als Teil seiner Sozialisation akzeptiert. Er berichtet, dass er bei Besuchen bei der Familie des Vaters dort religiöse Rituale mitmacht, weil das die Verwandten erfreut. Er selbst scheint jedoch keinerlei Druck verspürt zu haben, sich zum katholischen Glauben zu bekennen und erwähnt keinerlei religiöse Bindung.

   Für Petra und für Philipp scheint „Spiritualität" ein semantisches Angebot zu sein, zur Sprache zu bringen, was sie bewegt und was sie erleben, was sie jedoch nicht als Religiosität bezeichnen wollen. Damit eröffnet „Spiritualität" einen „Weg aus einer a-religiösen oder religionskritischen Sprachlosigkeit" (Streib: 2015, S. 37). „Spiritualität" bietet somit Raum für Kommunikation über individualisierte, erfahrungsorientierte „gelebte Religion".

   Während beide eine säkulare Spiritualität vertreten, stehen dahinter biographisch verankerte unterschiedliche Umgangsweisen mit Religion und Religiosität, die auch beeinflussen, welche Art von „Spiritualität" sie sich zuschreiben.

Philipp finden wir in der Abbildung 5.6 in Kapitel 5 im rechten oberen Quadranten, da er relativ zur Teilstichprobe der deutschen Befragten hohe Werte in *Mystizismus* und in *Offenheit für Erfahrung* hat. Petra hingegen finden wir, mit vergleichsweise hohen Werten in *Offenheit für Erfahrung*, aber eher niedrigen Werten in *Mystizismus*, im rechten unteren Quadranten. Petra ist eine Spiritualität wichtig, bei der man sich nicht „in die Tasche lügt". Philipp ist bestrebt, eigene wie fremde Auffassungen und Erfahrungen zu durchdringen und zu verstehen. Hier könnte – wenngleich aus unterschiedlichen Perspektiven – das Thema der „intellektuellen Redlichkeit" angesprochen sein, das Metzinger (2013) diskutiert hat um Optionen für eine säkularisierte Spiritualität auszuloten.

10. Ohne „Spiritualität": Verantwortung über das eigene Leben hinaus, im Hier und Jetzt

An unserer Forschung haben auch Menschen teilgenommen, die sich selbst als weder religiös noch spirituell bezeichnet haben. Für manche von ihnen geht das mit erklärtem Atheismus einher. Katja E. hat sich in unserem Fragebogen so verortet, Jörg, auch weder religiös noch spirituell, hat das nicht getan. Auch wenn beide sich nicht selbst mit „Spiritualität" identifizieren, haben sie dazu eine Haltung. In diesem Kapitel beschreiben wir, was sie unter „Spiritualität" verstehen und wie sie ihre eigene Sichtweise verstehen.

„…also so mein Lebensziel wäre, einen friedlichen und gesunden Planeten für meine Kinder und Kindeskinder zu hinterlassen" – Katja E.

Katja E., zum Zeitpunkt des Interviews 35 Jahre alt, beschreibt sich im Fragebogen als „weder religiös noch spirituell" und atheistisch. Ihre Umgebung im Alter von 12 Jahren ordnet sie als „mehr spirituell als religiös" ein. Wir könnten daraus schließen, dass sie eine der wenigen aus der deutschen Teilstichprobe ist, die eine Wendung von „Spiritualität" zu Atheismus genommen hat. Sie arbeitet nach ihrem Studium im medizinischen Bereich, ist verheiratet und hat Kinder.

Katjas Profil im Fragebogen

Katjas Persönlichkeitsprofil ist charakterisiert durch im Vergleich zur Fokusgruppe der weder spirituellen noch religiösen und non- oder atheistischen Deutschen (FG 6) (s. Tabelle 10.1) tendenziell eher niedrigen (fast eine Standardabweichung) *Neurotizismus* und eher hohe (mehr als eine halbe Standardabweichung) *Gewissenhaftigkeit*. *Extraversion*, *Offenheit* und *Verträglichkeit* liegen mindestens eine Standardabweichung höher als der Gruppendurchschnitt und zeigen eine vergleichsweise stabile Persönlichkeit, die auf die Welt und andere zugeht, dabei achtsam vorgeht. Bei der Mystizismus-Skala fällt der hohe

Tabelle 10.1 Vergleich von Katja E. mit ihrer Fokusgruppe
auf den wichtigsten Skalen

	Werte für Katja E.	Mittelwerte für die „weder religiösen noch spirituellen Atheisten/ Non-theisten" in Deutschland	
		M	*SD*
Persönlichkeit (NEO-FFI)			
Neurotizismus	11	16,7	7,2
Extraversion	33	26,2	6,8
Offenheit für Erfahrung	46	36,5	4,7
Verträglichkeit	37	30,6	5,4
Gewissenhaftigkeit	35	30,7	7,5
Mystizismus (Gesamtwert der M-Skala)	74	69,7	21,2
introvertierter Mystizismus	25	25,8	10,4
extrovertierter Mystizismus	22	15,0	6,2
Interpretation	27	28,9	7,5
Psychologisches Wohlbefinden			
Autonomie	27	26,5	3,3
Alltagsbewältigung	31	25,5	4,4
Persönlichkeitsentwicklung	27	29,3	2,6
Beziehungen zu anderen	34	26,0	4,3
Lebensziele	27	25,5	3,9
Selbstakzeptanz	30	26,2	4,1
Generativität (Loyola Generativity Scale)	64	54,8	7,6
Attitudes toward God (ATGS)	49	47,2	6,8
Religious Schema Scale			
truth of texts and teachings	5	5,9	2,0
fairness, tolerance and rational choice	24	22,0	2,0
xenosophia/inter-religious dialog	14	13,4	4,3

Anmerkung Alle Mittelwerte sind Ergebnis von Kovarianzanalysen mit den Variablen für Land und Fokusgruppe als Prädiktoren, während Geschlecht, Alter, kulturelles Kapital und Pro-Kopf-Einkommen kontrolliert wurden.

Wert für *extrovertierten Mystizismus* auf. Diese Skala erfasst Erfahrungen des Einsseins mit allem, was ist. Bei den Skalen für psychologisches Wohlbefinden liegen *Alltagsbewältigung* und *Beziehungen zu anderen* über dem Durchschnitt, auch *Selbstakzeptanz* liegt tendenziell darüber. Ebenfalls über dem Durchschnitt liegen ihre Werte für *Generativität*.

Dies unterstreicht den Eindruck, dass Katja mit sich zufrieden ist, sich mit anderen gut in Verbindung setzen kann, dass sie sich in ihre Umgebung einbringt, was Erfahrungen einschließt, die man als „mystisch" bezeichnen kann. Bei ihrem Profil der Subskalen der RSS fällt der hohe Wert für *fairness, tolerance and rational choice* auf, der unterstreicht, dass Katja sich mit ihrer Umwelt, mit „Anderen" auseinander setzt und dabei ein gutes Verhältnis anstrebt.

Semantik: Was Katja unter „Spiritualität" versteht

Katja hat im Fragebogen Spiritualität definiert. Das ist für sie:

Der Glaube an wissenschaftlich nicht belegbare Dinge, darunter auch Vorahnungen oder Traumdeutung. Alles Esoterische.

„Religion" beschreibt sie als:

Mythologie. Der Versuch, Dinge zu erklären, die (noch) nicht wissenschaftlich erklärbar sind. Gruppenbildung mit Ausgrenzung Andersgesinnter. Macht und Kontrolle durch Angst/Ehrfurcht vor einer Übermacht.

„Spiritualität" und „Religion" haben hier gemeinsam, dass sie sich auf „Dinge" beziehen, für die es keine wissenschaftliche Erklärung gibt. „Esoterik" steht für „Spiritualität". „Mythologie" und „Gruppenbildung" beschreiben „Religion", als deren Funktionen soziale Ausgrenzung und Kontrolle benannt werden. Außerdem geht es bei Religion um Macht, die durch Angst aufrechterhalten wird.

In Katjas semantischen Differenzial nach Osgood (1962; Osgood/Luria/Jeans/Smith: 1976; Snider/Osgood: 1969; s. Abbildung 10.1) erhält „Religion" die Wertung „mächtig", die dem Faktor „Potenz" (mittlere 6 Gegensatzpaare) zugeordnet ist. Bei „Evaluation" (erste 6 Gegensatzpaare) und „Aktivität" (letzte 6 Gegensatzpaare) gibt es positive Bewertungen nur für „Spiritualität". Beide Begriffe werden jedoch eher negativ bewertet, „Religion" eher hinsichtlich „Evaluation", „Spiritualität" eher hinsichtlich „Potenz".

Eher negativ fallen auch die Bewertungen für beide Begriffe auf dem kontextuellen semantischen Differenzial aus (s. Abbildung 10.2).

Während „Spiritualität" als „still", „individuell", „suchend", „jenseitig" eingestuft wurde, sowie als „streng", „langweilig" und „schwach", ist „Religion" u. a. charakterisiert als „unflexibel", „negativ" und „destruktiv". Bei „Religion"

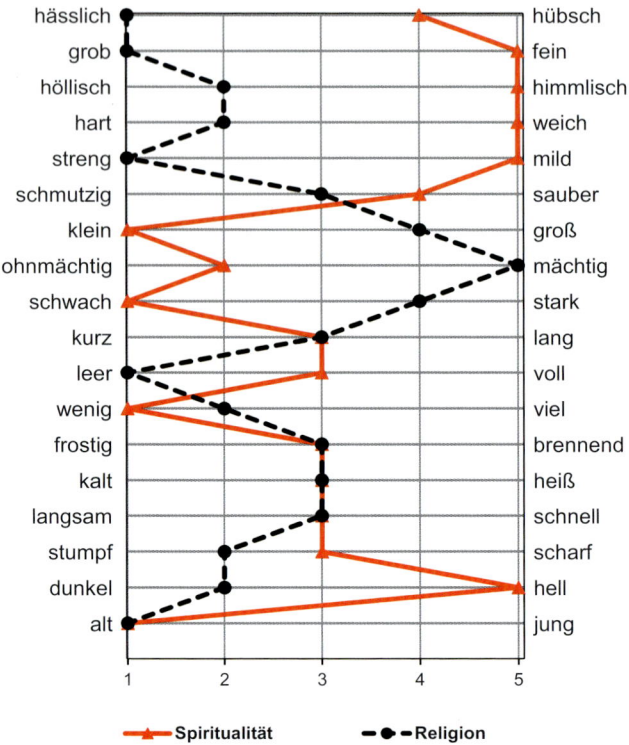

Abb. 10.1 Katjas Werte im semantischen Differenzial nach Osgood

scheint es, wie schon die Definition und die Einstufungen auf dem Osgood-Differenzial („Potenz") nah legen, eher um Macht zu gehen, was Katja als ein spezifisches Gefahrenpotential zu sehen scheint. „Spiritualität" scheint dem gegenüber harmlos, aber auch wirkungslos.

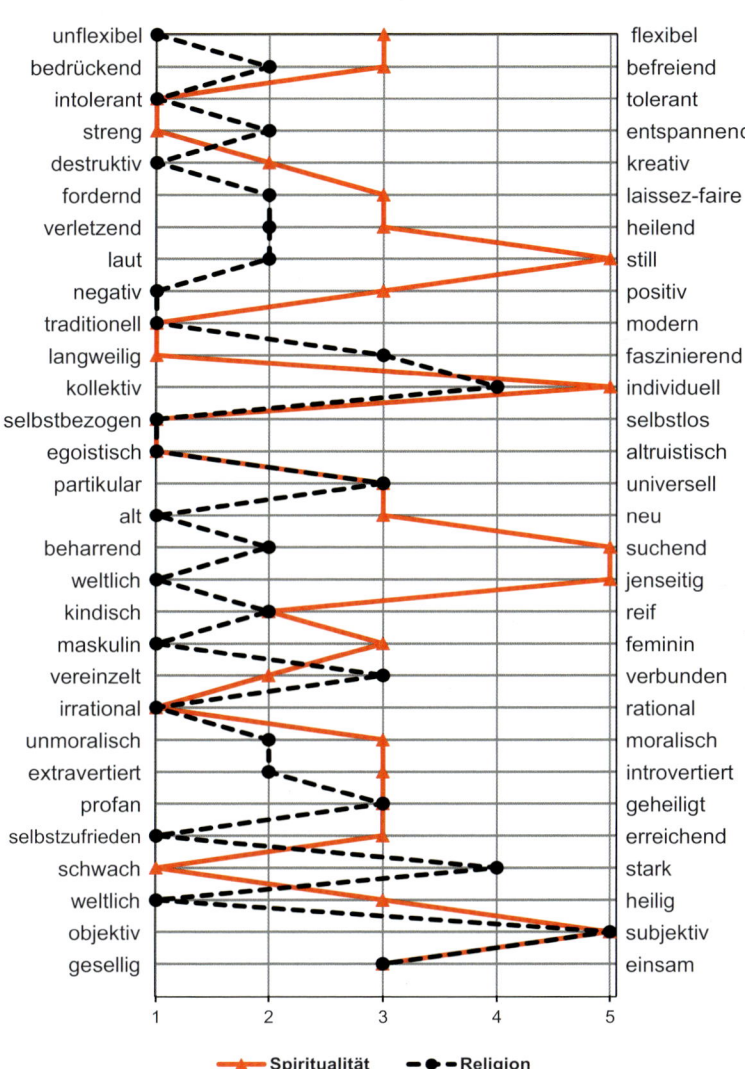

Abb. 10.2 Katjas kontextuelles semantisches Differenzial

Katjas Glaubensentwicklung im Faith-Development-Interview

Die meisten Bewertungen in Katjas FDI sprechen für einen individuierend-systemischen Glauben (s. Abbildung 10.3). Entsprechende Bewertungen erhielten insbesondere ihre Antworten der Fragen, die den Aspekten *Verortung von Autorität, Formen des Weltzusammenhangs* und *Entwicklungsstadien der Symbolfunktion* zugeordnet wurden. In den Aspekten *Kognitive Kompetenzen, Rollenübernahme* und *Moralisches Urteil* und *Grenzen des Sozialen Bewusstseins,* wurde auch mythisch-wörtlicher sowie synthetisch-konventioneller Glaube attestiert. Vielleicht kommen im Bereich der nahen persönlichen Beziehungen eher basale Glaubensformen im Sinne des Fowler'schen Modells zum Ausdruck (vgl. „Marion" in Kap. 7)?

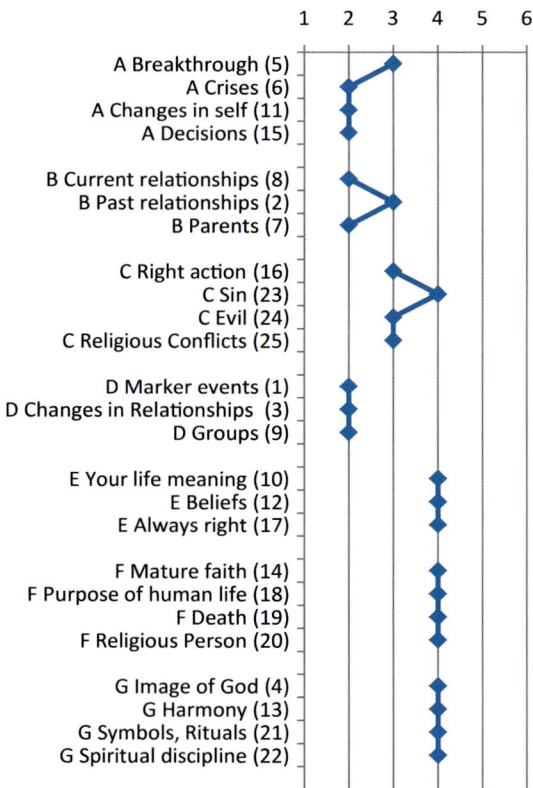

Abb. 10.3 Katjas Werte zu den einzelnen Fragen
im Faith-Development-Interview

Narrativer Verlauf

Katja greift bei der Ordnung ihrer Biographie zunächst auf konventionelle Kriterien wie Entwicklungsphasen zurück, um dann andere Kriterien wie Partnerschaften, Ausbildung, Ortswechsel und Übergang zur Elternschaft einzubeziehen:

Schwer zu sagen. Ja im Grunde schon, also Kindheit natürlich, dann, also, wenn man von Anfang an geht. Dann ein bisschen Schulzeit, Studienzeit. Das waren natürlich alles so ein bisschen Reifungsgänge. Dann ja, beziehungstechnisch natürlich verschiedene Etappen, ist auch klar, hat man so durchlebt und dann natürlich, gut der Aspekt, dann Mann kennengelernt und dann waren wir auch eine Zeitlang in den USA. Das ist natürlich auch wieder ein völlig separater, ja ein eigener Abschnitt im Leben sozusagen, auch ein Reifungsprozess und dann der Umzug nach hier. Im Grunde die Kinder natürlich, ist auch klar. Also so verschiedene Abschnitte gibt es schon, Facetten.

Katja denkt hier laut über ihr Leben und nach und darüber, wie sie seinen Verlauf strukturieren könnte. Sie reflektiert dann die unterschiedlichen Möglichkeiten, die Kapitel ihrer Lebensgeschichte nicht nur chronologisch zu reihen, sondern auch inhaltlich zu benennen:

Ja das ist natürlich schwierig mit der Chronologie, weil die überschnitten sich natürlich auch die Kapitel, dass man evtl. ja noch ein bisschen zurück wieder geht, aber es sind schon Kapitel. Ja, würde ich sagen Kindheit, Jugend, Studium, Freunde auch, dann Familie natürlich, die Kinder und die verschiedenen, ja, Arbeitsbereiche auch und Lebensbereiche. Also es würde schon nicht linear verlaufen. Es müssten schon immer mal wieder so ein paar Rücksprünge oder Überlappungen einfach geben. Also ein Buch ist dann schon schwierig, vielleicht eher ein Gemälde oder so was.

Dabei problematisiert sie die Möglichkeiten, unterschiedliche Bereiche unterzubringen und schlägt schließlich ein anderes Bild vor: Lieber wäre ihr ein Gemälde, das sie in unterschiedliche Richtungen ausmalen könnte. Etwas später überlegt sie, ob ein sich verzweigender Baum ein angemessenes Bild bieten könnte[53]. Dazu, wie ihre atheistische Position sich entwickelt hat, erzählt sie eine kleine Geschichte, die ein Narrativ gemäß der von Labov und Waletzky (1967;

---

53 Hier formuliert Katja einen Vorschlag, der an feministisch-theologische Einwände gegen linear aufsteigend organisierte Entwicklungserzählungen erinnert, denen eine Vernachlässigung weiblicher Lebensgestaltung attestiert wurde (vgl. Ray/McFadden: 2001).

Labov: 2013, s. auch Kapitel 6) beschriebenen Struktur bildet. Auch wenn es hier um kritische Abgrenzung von Religion geht, ist die Bezeichnung „religious identity narrative" angemessen, denn „Religion" ist Bezugspunkt und wir setzen einen weit gefassten Religionsbegriff voraus (vgl. Keller/Coleman/Silver: 2016):

Tabelle 10. 2 Katjas Narrativ „Atheistische Identität"

Titel	Atheistische Identität
Orientierung	Ich hatte dann so eine idealistische Phase in der Schule, auch mit Umwelt-AG, Umweltschutz, Tierschutz, Menschenschutz und alles.
Komplikation	…und da habe ich mir wirklich ganz krass so als Teenager auch gedacht, also entweder wenn Gott wirklich allmächtig ist, dann ist es eigentlich ein Arschloch, klingt jetzt blöd, aber dann würde ich den nicht anbeten, … sondern dann glaube ich halt eher, dass es keinen gibt, weil dann muss ich auch nicht wirklich dem jetzt in dem Sinne Vorwürfe machen, sondern die Wahrscheinlichkeit in meinem Kopf wurde halt immer geringer, dass es da was gibt
Evaluation/ Lösungsversuche	und das hat mir persönlich auch irgendwie, ja das Leben in dem Sinne schöner gemacht, weil, ja, das wurde einfach wertvoller. Also wenn man davon ausgeht, dass danach ja nichts mehr ist, dann ist es wirklich von jedem einzelnen also Mensch, Tier, was auch immer, das ist das Einzige, was man hat.
Lösung	…deshalb muss das wirklich geschützt werden, man muss das auch positiv, also wirklich gelebt werden und natürlich auch andere Leben auch respektieren und ihr Leben lassen und eben diese eigene Verantwortung, … dass man wirklich selbst Verantwortung übernimmt und nicht jetzt das irgendeiner höheren Macht überlässt,
Coda	sondern sagt, ich tu was, ich kann jetzt hier um die Welt zu verbessern.

Katja vertritt eine utilitaristische und pragmatische Lebensphilosophie. Sie plädiert dafür, sozial verträglich miteinander umzugehen und Verletzungen zu vermeiden, womit die harm-care-Dimension moralischer Grundlagen nach Haidt und Graham (2007) angesprochen ist. Damit meint sie auch einen pfleglichen Umgang mit der natürlichen Umwelt, mit dem Planeten und setzt sich ein für biologischen Anbau und artgerechte Tierhaltung. Über Reinheit als Merkmal von Moral, welches im Katalog von Haidt und Graham ebenfalls aufgeführt ist, äußert sie sich hingegen kritisch, als sie darauf hinweist, dass sie in einem Land gelebt hat, in dem im Fernsehen Gewalt nicht zensiert worden sei, wohl aber nackte Körper. Sie stellt Menschenschutz, Tierschutz und Umweltschutz

ausdrücklich über Religion. Dabei ist ihr wichtig, diesen Anliegen auch in ihrem Leben und dem ihrer Familie gerecht zu werden, z. B. verantwortlich mit
Ernährung und Konsum umzugehen, etwa biologisch erzeugte Lebensmittel
zu verwenden. Das bezeichnet sie als „persönliche Philosophie" und „Glauben,
eigentlich". Sie hofft, dass die Menschheit Gruppendenken und ausgrenzende
Religiosität überwinden kann und setzt auf Wissenschaft und Vernunft, auf Bildung als Weg zu besseren Lebensbedingungen.

Was „Spiritualität" in Katjas Leben bedeutet

Als Katja im Interview über ihre eigene Positionierung als religiös, spirituell,
gläubig oder anderes nachdenkt, distanziert sie sich von „religiös" und enthüllt,
dass „Spiritualität" durchaus Anziehung für sie hatte. Sie distanziert sich jedoch
auch davon, durchaus mit Verständnis für Sehnsüchte nach Teilhabe an „Macht
oder Energie", weil sie sich nicht auf Illusionen („Träumerei") verlassen möchte:

Ja, man war natürlich, ja, religiös war ich eigentlich nie, nicht wirklich, also außer
was man halt, wo man nicht drüber nachgedacht hat. Aber spirituell hatte ich halt
mal, ja das ist, das habe ich aber dann auch irgendwie realisiert, dass das so ein bisschen Träumerei ist und ja, man hätte halt gerne so ein bisschen Macht oder Energie
oder sonst was oder Einfluss auf andere, aber im Grunde ist das nur in dem Sinne
Träumerei, also das ist, meiner Meinung nach ist das nicht Wirklichkeit. Es ist
schön, so sich das vorzustellen, aber es existiert in dem Sinne nicht.

Religion sieht sie sehr kritisch und führt einiges auf, was sie für schädlich hält,
z. B. unwissenschaftlichen, die Evolutionstheorie ignorierenden Unterricht für
Schulkinder, Verschleierung von Frauen, Probleme, die sich für religiöse Menschen aus der Theodizee ergeben. Sie hält Religion für ein Hindernis offenen
und freien Denkens und für eine Methode, Menschen zu beherrschen, während sie Spiritualität als individuelle Angelegenheit und eher harmlos, allerdings auch wirkungslos, betrachtet. Ein bisschen Bedauern über die Entzauberung lässt diese Standortbestimmung erkennen:

Ja, also im Moment kann man schon sagen Atheist eigentlich. Also so einer hat das
mal ganz nett, ein Engländer, er ist ein (unv.), weil er eigentlich denkt, das wäre
ja schön, wenn es da was gäbe, aber er ist halt überzeugt, dass es nichts gibt, also
ein (unv. Lachen) und in dem Sinne, ja, war ich eine Zeitlang auch, dass man da
sagt, eigentlich unfreiwillig, eigentlich ist es schade. Aber ich bin mittlerweile
wirklich völlig überzeugt, dass da, also je mehr man das auch von der freien Perspektive betrachtet, also wirklich von der losgelösten, ohne diesen Druck dahinter, nicht nachdenken zu dürfen usw., was ja schon, obwohl jetzt evangelisch und
ziemlich frei erzogen, aber das war doch immer so dieses Gefühl, man wird beobachtet. …also da ist mir schon ziemlich klar geworden, dass da eigentlich nichts

sein kann, weil es auch nichts sein muss, dass man auch ohne den Druck eigentlich gut leben kann.

Nach Ritualen gefragt, denkt sie an die Gutenachtgeschichten, die sie ihren Kindern vorliest, und daran, dass sie gerne malt, um sich zu entspannen und Zugang zu ihrem Innenleben zu finden. Das könne man als eine Art Meditation ansehen, aber es habe keinen geistlichen Hintergrund. Ein Begriff wie „Sünde" gehört für sie zu der mit unserer Geschichte verbundenen christlichen Mythologie, sie würde lieber von Bosheit und Kriminalität sprechen, schlägt damit eine Übersetzung in gegenwärtiges und weltliches Vokabular vor.

Bei der Frage nach Möglichkeiten der Beilegung religiöser Konflikte diskutiert sie, dass es darauf ankomme, dass jeweils andere in der Lage seien, „eine andere Sichtweise zu sehen". Fundamentalismus liegt ihres Erachtens dann vor, wenn jemand nicht mehr offen ist für eine von der eigenen abweichende Sichtweise – und das kann ihrer Erfahrung nach auch in Auseinandersetzungen in persönlichen Beziehungen vorkommen. Mit ihrem Statement, dass eine Diskussion, um interessant zu sein, unterschiedliche Positionen brauche, vertritt sie eine xenosophische, eine dem Fremden, Anderen zugewandte Haltung. Diese könnten wir auch als eine reflektierte und wissenschaftlich informierte horizontale Transzendenz bezeichnen (Streib/Hood: 2011; 2013).

„Ich denke, dass das Leben ein ständiger Wandel ist und je mehr man dran ist an diesem Wandel, der ohnehin stattfindet, umso besser" – Jörg M.

Jörg M. ist zum Zeitpunkt des Interviews 50 Jahre alt. Er bezeichnet sich als „weder religiös noch spirituell" und ebenso schätzt er seine Umgebung im Alter von 12 Jahren ein. Das würde uns schließen lassen, dass er kontinuierlich weder spirituell noch religiös gewesen ist. Dazu steht im Widerspruch, dass er im Interview über ein evangelisches Elternhaus berichtet. Möglicherweise hat Jörg die Frage nicht auf seine engere persönliche, sondern auf seine weitere kulturelle Umgebung bezogen? Wie Petra, über die wir in Kapitel 9 berichtet haben, ist er in der ehemaligen DDR aufgewachsen. Er hat studiert, arbeitet in einem technischen Beruf, ist verheiratet und hat Kinder, auch aus früheren Partnerschaften.

Jörgs Profil im Fragebogen

Tabelle 10.4 zeigt Jörgs Werte im Vergleich zu denen der Fokusgruppe 5 der „weder Religiösen noch Spirituellen" (FG 5), aber nicht als „atheistisch" oder „nontheistisch" identifizierten Menschen aus der deutschen Teilstichprobe.

Tabelle 10.3 Vergleich von Jörg M. mit seiner Fokusgruppe
auf den wichtigsten Skalen

	Werte für Jörg M.	Mittelwerte für die „weder Religiösen noch Spirituellen (ohne Atheisten und Nicht-Theisten)" in Deutschland	
		M	*SD*
Persönlichkeit (NEO-FFI)			
Neurotizismus	22	18,6	8,0
Extraversion	21	27,1	6,6
Offenheit für Erfahrung	32	35,6	5,2
Verträglichkeit	32	31,7	5,3
Gewissenhaftigkeit	29	30,8	6,2
Mystizismus (Gesamtwert der M-Skala)	132	88,7	28,3
introvertierter Mystizismus	54	33,5	13,5
extrovertierter Mystizismus	30	19,8	8,2
Interpretation	48	35,3	10,7
Psychologisches Wohlbefinden			
Autonomie	22	25,6	3,9
Alltagsbewältigung	25	24,9	4,6
Persönlichkeitsentwicklung	28	29,5	3,3
Beziehung zu anderen	28	26,2	3,8
Lebensziele	28	25,8	4,1
Selbstakzeptanz	27	25,6	4,9
Generativität (Loyola Generativity Scale)	53	55,3	8,4
Attitudes toward God (ATGS)	49	50,9	14,1
Religious Schema Scale			
truth of texts and teachings	11	7,0	4,0
fairness, tolerance and rational choice	24	22,3	2,0
xenosophia/inter-religious dialog	17	15,1	3,6

Anmerkung Alle Mittelwerte sind Ergebnis von Kovarianzanalysen mit den Variablen für Land und Fokusgruppe als Prädiktoren, während Geschlecht, Alter, kulturelles Kapital und Pro-Kopf-Einkommen kontrolliert wurden.

Bei den Persönlichkeitsskalen liegen Jörgs Werte für *Extraversion* fast eine Standardabweichung unter dem Durchschnitt der Fokusgruppe, er scheint also vergleichsweise weniger nach außen gerichtet. Auf allen drei Skalen der Mystizismus-Skala hat er vergleichsweise hohe Werte. Tendenziell etwas niedriger als das Mittel der Fokusgruppe, um fast eine Standardabweichung, liegt sein Wert in *Autonomie* von den Wohlbefindensskalen. *Lebensziele* liegt tendenziell höher als der Durchschnitt der Fokusgruppe.

Jörg scheint einerseits eher weniger nach außen orientiert, andererseits aber auch nicht besonders unabhängig, auch wenn er, wie die tendenziell höheren Werte auf der entsprechenden Skala nahelegen, eigene Ziele im Leben verfolgt. Die vergleichsweise hohen Werte auf allen Subskalen der Mystizismus-Skala zeigen ihn sehr empfänglich für „mystische" Erfahrungen – zumindest für einen „weder religiösen noch spirituellen" Probanden. Seine Werte für *truth of texts and teachings* liegen ebenfalls über dem Durchschnitt der Fokusgruppe, während *fairness, tolerance and rational choice* lediglich der Tendenz nach höher liegt und *xenosophia/inter-religious dialog* auch in höherer Richtung, aber eher leicht, vom Durchschnitt abweicht. Dieses Profil auf der Religious Schema Scale lässt vermuten, dass Jörg Wahrheiten religiöser Lehren mit Wertschätzung gegenüber tritt, während er gleichzeitig faire Diskussion und die Anerkennung auch fremder religiöser Wahrheiten einfordert.

Semantik: Was Jörg unter „Spiritualität" versteht

Über „Spiritualität" schreibt Jörg im Fragebogen:

Mit dem Begriff Spiritualität selbst kann ich wenig anfangen. Aus Gesprächen und Literatur weiß ich, dass er auf ganz unterschiedliche Weise verstanden wird. Man muß begrifflich genauer werden, um zu klären, worum es genau geht.

Religion definiert er so:

Religion verstehe ich als Glaube – an einen Gott, an etwas Übergeordnetes, die alles beherrschende Instanz. Jeder ist frei, seiner Religion nachzugehen und sie zu vertreten.

Jörg lehnt es ab, eine kurze und allgemeine Definition von „Spiritualität" zu geben und begründet dies mit der Vielfalt der gegenwärtig gebräuchlichen Bedeutungen. „Religion" verbindet er mit einer Gottheit oder mit etwas Höherem, gleichzeitig betont er individuelle Religionsfreiheit. Das bedeutet, dass für ihn ein Glaube an „Höheres" jedem zusteht, dass jedoch auch jeder den Glauben anderer tolerieren muss. Damit plädiert er für einen subjektiven Zugang zu „Religion", für ein individuelles Verständnis von Religiosität, und gleichzeitig für ein allgemeines Recht auf Religionsausübung.

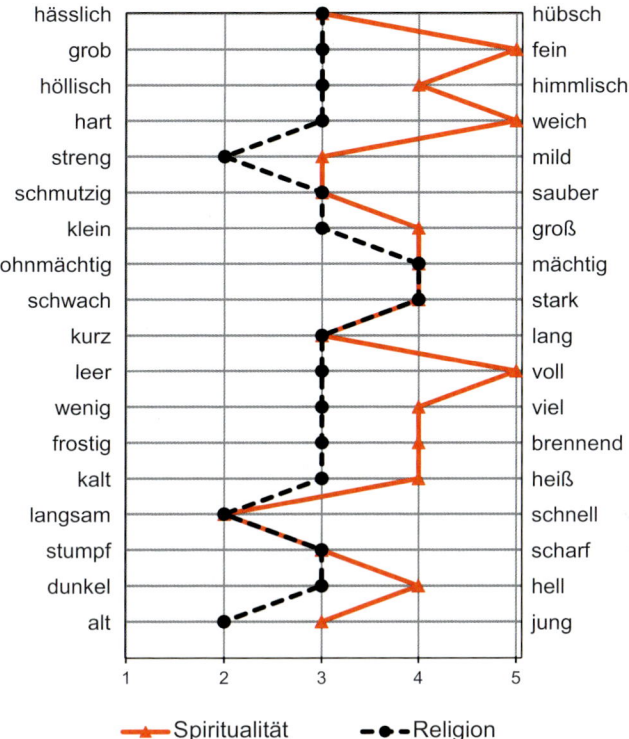

Abb. 10.4 Jörgs Werte auf dem semantischen Differenzial nach Osgood

In seinem semantischen Differenzial nach Osgood (Abbildung 10.4) ist „Spiritualität" auf dem Faktor „Evaluation" (erste 6 Gegensatzpaare) eher positiv, nämlich „fein", „himmlisch", „weich", während „Religion" neutral bis negativ („streng") eingestuft wurde. Auf dem Faktor „Potenz" ist „Spiritualität" ebenfalls positiver bewertet („groß", „voll", „viel").

Auch in seinem kontextuellen semantischen Differenzial (Abbildung 10.5) erhält „Spiritualität" eine günstigere Bewertung. Sie ist „befreiend", „entspannend", „kreativ", „heilend", „positiv", „faszinierend", „universell" und „verbunden". Eindeutig negative Bewertungen finden sich nicht, allenfalls liegt „Spiritualität" zwischen den Gegensatzpaaren. „Religion" hingegen wird eher kritisch gesehen, insbesondere als „irrational", aber auch als eher „intolerant", „streng", „destruktiv", „fordernd", „traditionell" und „langweilig" eingeschätzt. „Spiritualität" wird in beiden Differenzialen eher positiv, „Religion" eher neutral bis negativ eingestuft.

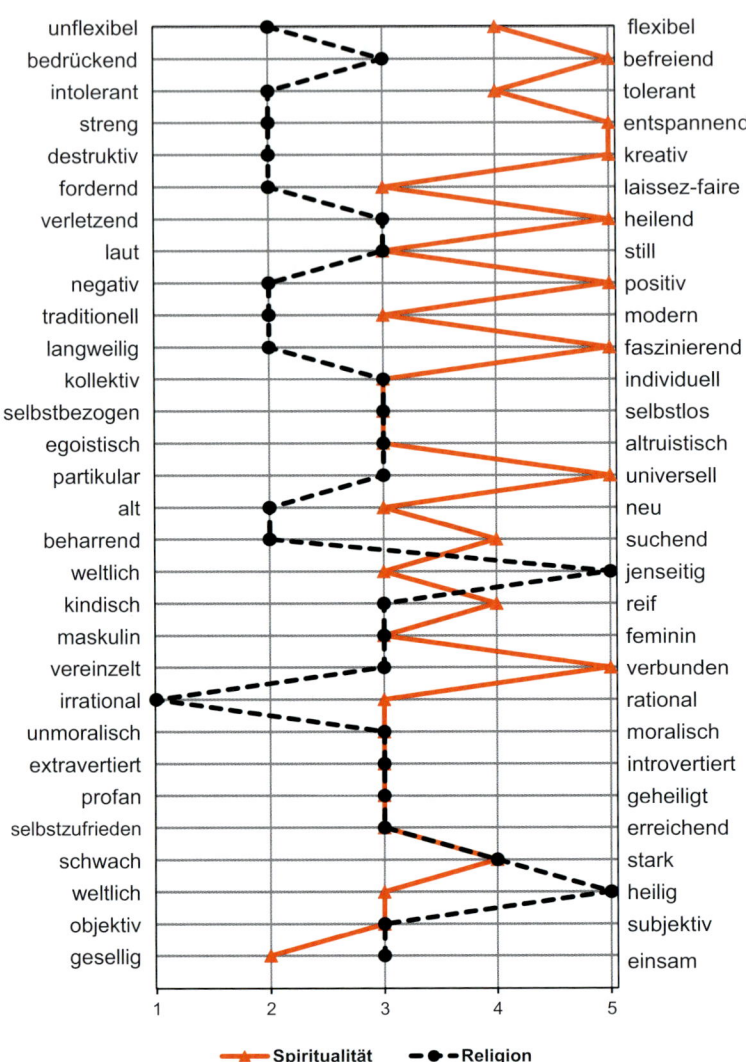

Abb. 10.5 Jörgs Werte auf dem kontextuellen semantischen Differenzial

Jörgs Glaubensentwicklung im Faith-Development-Interview

Jörgs Glaubensentwicklung wurde überwiegend als mutuell bzw. konventionell eingestuft, mit wenigen Abweichungen in Richtung reziprok bzw. mythisch-wörtlich und individuierend-reflektierend (Abbildung 10.6). Das heißt, dass er sich eher implizit äußert, wenn er über seine Entwicklung spricht, am Erleben und an seinen gegenwärtigen sozialen Beziehungen orientiert und weniger ausgerichtet an einer expliziten Systematik. Wenn er darüber spricht, wie er Entscheidungen trifft, oder wie er den Sinn menschlichen Lebens versteht, geht er individuierend-reflektierend vor. Wenn er über gegenwärtige Beziehungen spricht oder über sein Verständnis von Sünde, dann scheint er auf basale Kriterien wie Reziprozität zurück zu greifen, während er im größeren Teil des Interviews implizit Perspektiven anderer berücksichtigt

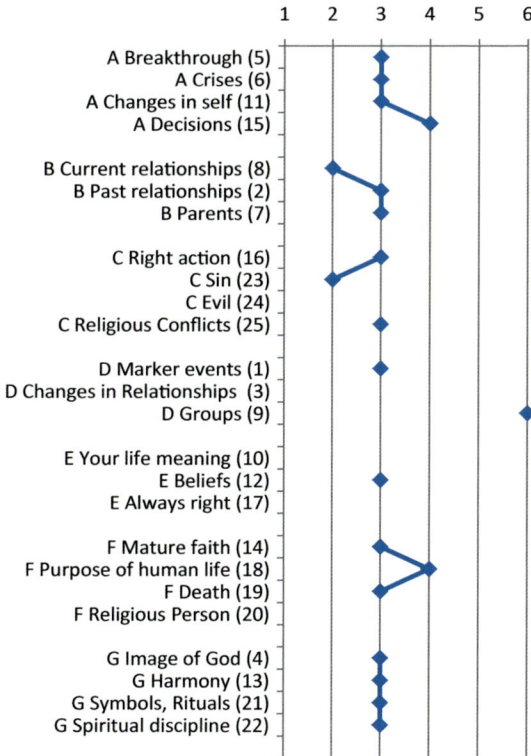

Abb. 10.6 Jörgs Werte zu den einzelnen Fragen
im Faith-Development-Interview

Narrativer Verlauf

Zu Beginn gebeten, sein Leben in Abschnitte einzuteilen und die Kapitel seines Lebens zu benennen, gibt Jörg einen Überblick:

Also ja, grobe Abschnitte lassen sich oder kristallisieren sich raus, welche Buchkapitel. Kindheit bis zur Pubertät. Dann eine sehr klar sich abzeichnende Pubertätszeit, die dann mit der Schulzeit endete. Dann habe ich, genau, das wäre die Phase Zwei, die kann man jetzt nehmen. Buchkapitel, das ist interessant. Gut, den ersten Teil Kindheit würde ich einfach mit „behütetem Märchenwald" bezeichnen. Den zweiten Teil, also die Pubertät, das war eine sehr heftige Zeit für mich, da kam ich wie aus dem Märchenwald raus auf eine Lichtung mit sehr viel Desorientiertheit für mich persönlich, auf der ich mich erst mal nicht zurecht fand so. Dann gibt es eine Extrazeit, die war wieder heftig, anderthalb Jahre, unmittelbar nach der Schule dann, die würde ich aber der Zeit noch mit dazurechnen.

Ermutigt durch eine kurze Rückfrage fährt er fort:

Ja, ja, ja. Also ich bin gleich mit 18 da und ich war ein Spätentwickler, also ein richtiger Spätentwickler. Ja, dann kam das Studium. Das war eine Zeit der Neuorientierung, so eine Suchperiode, so „neue Pflöcke einschlagen", so irgendwie „Gebiete abstecken" oder so was. Dann Ende der Studienzeit, Anfang Berufsleben, das waren die letzten DDR-Jahre, drei Jahre und ich wurde auch Vater, eine sehr intensive Zeit für sich. Vater von meinen eigenen ersten Projekten, die ich auch umgesetzt habe.

Jörg verwendet zunächst die zeitliche Abfolge von Entwicklungsphasen („Kindheit", „Pubertät") als Ordnungsgesichtspunkte. Dann sucht er nach institutionellen Übergängen („Schulzeit" bzw. deren Ende). Darüber hinaus findet er persönlich gehaltene Überschriften für das, was seine Entwicklung charakterisierte („Märchenwald"), um dann auch zeitgeschichtliche Veränderungen einzubeziehen, die sein Leben prägten („die letzten DDR-Jahre"). Damit ist auch eine Zeit des persönlichen Umbruchs gemeint, in der er sich beruflich und privat neu orientierte, auch gesundheitliche Herausforderungen waren zu bewältigen. Er resümiert:

Ja und diese Zeit, also wenn ich das so im Rückblick sehe, hat diese Zeit dieser immer sich wiederholenden Unfälle mal aufgehört und dann begann eine andere Zeit. Weiß ich jetzt nicht, ob man das als eine neue Periode betrachten kann oder so, bin ich jetzt nicht sicher. Das wären so die Überschriften.

Jörg erinnert sich an den Vater seiner Kindheit als streng, als „Ordnungsapostel und Sauberkeitsapostel", an die Mutter als kluge, aber machtlose Vermittlerin bei Konflikten. Aktuell hat er ein freundlich-distanziertes Verhältnis zu den alten Eltern. Er spricht mit Zuneigung über seine Mutter. Was er als Begrenztheit wahrnimmt, führt er auf die Bedingungen ihrer eigenen Entwicklung zurück. In seinem Leben ist Familie ist wichtig, auch Erfahrungsaustauch mit anderen, gemeinsames Erleben, z.B. in einer Yoga-Gruppe. Im Bereich von Moral findet er Respekt vor anderen wichtig:

Also Respekt wäre so ein Grundsatz oder Achtung vor dem, was ein anderer Mensch mit einbringt. Also diese Art ja.

Den Begriff „Sünde" verbindet er mit seiner rückblickend als einengend betrachteten evangelisch-religiösen Erziehung und lehnt ihn ab:

Also ich finde es wichtig, dass man im Laufe des Lebens Werte für sich findet, aber der Begriff Sünde, was ist Sünde und was ist besonders schlecht und was ist besonders gut, das scheint mir nicht besonders hilfreich.

Für die Lösung religiöser Konflikte setzt er auf Miteinander sprechen und gemeinsame Erfahrung bzw. auf das Schaffen von Räumen, die dies ermöglichen.

Seine Entwicklung im religiösen bzw. weltanschaulichen Bereich beginnt mit der Erinnerung an das Abendgebet, das die Mutter mit ihm sprach, als er acht Jahre alt war. Zu der „Christenlehre", die er in den Jahren danach erhielt, konnte er sich nicht in Verbindung setzen, insbesondere was er über den Teufel erfuhr, blieb ihm fremd. Dies führte zunächst zu einer Distanzierung von der als streng und wenig verständlich wahrgenommenen evangelischen Religiosität des Elternhauses. „Glaube und Spirituelles" war dann lange keine Thema für ihn, erst später im Erwachsenenalter wandte er sich existenziellen Fragen zu und begann, neue Möglichkeiten einer Selbsterfahrung u.a. durch Yoga zu erkunden:

Und viel später, eigentlich erst vor einigen Jahren, fand dann so eine Öffnung statt, so eine ganz allmähliche Öffnung, die mir das Thema wieder weich gemacht hat, also wo ich gemerkt habe, das hat schon seine Bewandtnis. Es hat seine Geschichte, seinen Sinn und kann auch seinen Sinn für mich haben, an etwas zu glauben oder Dinge anzunehmen, die jetzt nicht rein rational fassbar sind. Aber das ist dann nicht dorthin gemündet, wo ich das einer ganz bestimmten Richtung zuordnen kann, sondern einfach mehr Offenheit. … Also etwa Yoga, aber jetzt nicht als festes Ritual oder so was oder Guru-Yoga oder so was, sondern, ja, was eigentlich, also wir bewegen uns, wir singen. Wir machen Übungen und nehmen diese Kultur auf mit ihrem Umfeld, soweit sie jeweils sich für mich selbst gut anfühlt.

Er scheint daran interessiert zu sein anzunehmen, was ihn in seiner Wahrnehmung nach innen und außen, im Kontakt zu sich selbst und zu anderen unterstützt und ihm hilft, sich wohl zu fühlen. Dabei sucht er die Gemeinschaft mit anderen, mit denen er Erfahrungen teilen kann. Hierzu erzählt er eine kleine Geschichte, die in Tabelle 10.4, den Merkmalen von Labov und Waletzky (1967) entsprechend dargestellt ist.

Zur Orientierung erfahren wir, dass Jörg zu einer Yoga-Gruppe gehört, die sich zu frühen Zeiten trifft. Die Komplikation ergibt sich daraus, dass Jörg abends zuvor feierte. Die Lösung stellt sich wie von selbst ein, denn dennoch erwacht er früh und kann den frühen Morgen und das gemeinsame Erleben mit den anderen genießen. Die – implizite – Botschaft ist, dass es etwas gibt, worauf er sich verlassen kann, auch wenn Bedingungen problematisch aussehen.

Tabelle 10.4 Jörgs Narrativ „Vertrauen auf Yoga und Gruppenerfahrung"

Titel	Vertrauen auf Yoga und Gruppenerfahrung
Orientierung	Also ich bin einer Yoga-Gruppe, die jetzt am Sonntag auch z. B. 6 Uhr früh Yoga angeboten hat.
Komplikation	Wir haben am Abend vorher gefeiert und ich wusste nicht, was das wird,
Evaluation/ Lösungsversuche	aber das ging gut. Ich war um 5 wach und ich wusste, gut, das machst du jetzt.
Lösung	Es war ein ganz schöner Morgen, also sonniger Morgen und es ist erst mal der Weg bis dahin an der frischen Luft und dann Menschen zu erleben, die um die Zeit schon freiwillig da sind und dann diese meditative Stimmung, es wurde was gelesen und gesungen und bestimmte (unv. zu leise) hat man dann ausgeführt.
Coda	Das war gut, ja das hat Spaß gemacht.

Solches Vertrauen ist für ihn nicht mit höheren Mächten verbunden, aber mit Prozessen, die er mit Staunen, wenn nicht Ehrfurcht betrachtet, auch wenn er über die Entwicklung des Lebens in einem kosmischen Rahmen nachdenkt:

Und wenn ich mir jetzt vorstelle, wie viele Entwicklungen bis dahin geschehen mussten, also wie viele Milliarden Jahre vergangen sind, bis das Universum, also das Spiel von Zufall und Ineinandergreifen zu Zufällen und von Bildungen, bis es dahin kam, also so was komplexes wie dieses Hubble-Teleskop zu, herauszubilden, was wiederum Bilder, also dass sich das Universum sich selbst sehen konnte sozusagen, also dann, ja dann, das finde ich spannend, solche Zusammenhänge.

Glauben an höhere Mächte weist er zurück, wenn er fordert, reifer Glaube müsse „alltagstauglich" sein. Es kommt ihm auf die spürbare Präsenz an, für die er Übersinnliches nicht braucht. Das strukturiert seine Vorstellungen von Sinn im Leben:

Also, das habe ich mit diesem, also in allerjüngster Zeit erst erfahren, dass es eigentlich nur darauf ankommt, sich wirklich präsent und sinnlich zu fühlen und das andere sich daraus ergibt.

Auch seine Vorstellungen zu Tod und Sterben bleiben diesseitig und materialistisch:

Ich denke, wir gehen ein in eine Veränderung, die wir eigentlich überall sehen können, wenn Bäume wachsen, Bäume sterben, warum nicht auch der Mensch. Ja, also,
ich glaube, das ist so eine sehr menschliche Angelegenheit, sich mehr Geltung oder
mehr Dauer verschaffen zu wollen, als-, also so eine Sehnsucht auch, als es andere
Lebewesen haben. Aber ich glaube nicht wirklich, dass es darauf ankommt, so diese
unendliche Dauer und dieses unendliche Sein. Also als Sehnsucht ja, da erkenne ich
das an. Aber dass es wirklich wesentlich ist, wie lange etwas Dauer hat. Glaube ich
nicht.

Ein Weiterleben nach dem Tod hält er nicht für möglich im Sinne einer Fortsetzung individueller Existenz. Jedoch glaubt er an das Weiterleben menschlicher
Schöpfungen in Wissenschaft und Kunst, die dann zur weiteren Entwicklung
beitragen.

Was „Spiritualität" in Jörgs Leben bedeutet

Jörg möchte sich im FDI weder als „religiös" noch als „spirituell" oder „gläubig"
bezeichnen, denn keiner der Begriffe trifft sein Gefühl:

Ich glaube, das lässt sich nicht in einen Satz oder einen Begriff bringen. Da wäre auch
nicht viel gesagt glaube ich ist so mein Gefühl.

Eine eigene Beschreibung gibt er nicht. Wichtiger als Begriffe, Lehren oder spezifische Rituale sind aus seiner Sicht die persönlichen Erfahrungen, zu denen
sie Zugang ermöglichen können. Während Jörg sich keiner Tradition verpflichtet fühlt, fühlt er sich frei, für sich zu erkunden, was für ihn hilfreich sein kann.
Dabei schätzt er, was Traditionen bieten:

Es hat die Bedeutung, mich als ganzer Mensch zu fühlen. Also die Ahnung, dass es
nicht nur um Sachdinge geht im Leben. Ja über das Leben zu reflektieren, Gleich-
nisse zu finden. Zu verstehen, wie zu anderen Zeiten anderen Orten mit ähnlichen
Fragen umgegangen wurde.

Indem er „Religiöses" kulturhistorisch versteht, macht er es für seine atheistische Auffassung anschlussfähig. Die „Spiritualität", die er so nicht nennt,
könnte als erfahrungsbasierte horizontale Transzendenz beschrieben werden
(vgl. Streib/Hood 2011; 2013).

Abgrenzungen von „Spiritualität"

Katja und Jörg sehen „Spiritualität" positiver als „Religion", wenngleich sie
selbst sich mit keinem der Begriffe beschreiben. Beide haben eine materialis-
tische Sicht und glauben z. B. nicht an ein Weiterleben nach dem Tod. Beiden

können wir horizontale Transzendenz zuschreiben. Das bedeutet jedoch unterschiedliches:

Jörgs Werte in *Mystizismus* liegen über dem Mittel des deutschen Samples, die für *Offenheit für Erfahrung* darunter, daher ist er in der Abbildung 5.6 in Kapitel 5 im linken oberen Quadranten zu finden. Umgekehrt ist es bei Katja, bei eher hohen Werten in *Offenheit für Erfahrung* und eher niedrigen in *Mystizismus* finden wir sie im rechten unteren Quadranten. Dazu passt, dass Katja eher auf wissenschaftliche Befunde und Argumente, Jörg eher auf persönliche Erfahrung setzt, was sich auch in den jeweiligen FDI-Auswertungen von individuierend-reflektierend und mutuell bzw. konventionell spiegelt. Während horizontale Transzendenz in Katjas Fall vor allem wissenschaftlich untermauert und explizit begründet erscheint, während ihre Bemühungen auf Veränderungen der Welt gerichtet sind, geht es bei Jörg um etwas, was mehr mit persönlicher Erfahrung und Präsenz zu tun hat. Er kann fast so etwas wie Ehrfurcht empfinden, wenn er über die Entwicklung des Universums nachdenkt. Katja überschreitet den Rahmen ihrer persönlichen Existenz, wenn sie es als eine Verpflichtung erlebt, den Nachkommen eine Welt zu hinterlassen, in der sie gut leben können. Mit „Spiritualität" wollen weder Katja noch Jörg sich identifizieren. Katja, die sich auch als Atheistin bezeichnet, lehnt die Illusionen ab, die aus ihrer Sicht mit „Spiritualität" und Esoterik verbunden sind. Jörg findet den Begriff nicht hinreichend definiert.

III.
Zusammenfassung
und Schlussfolgerungen

11. Macht „Spiritualität" einen Unterschied? – Zusammenfassung und Ausblick

In den vorhergehenden Kapiteln dieses Buchs sind wir anhand von Analysen der quantitativen und qualitativen Daten unserer Untersuchung der Frage nachgegangen, was den Deutschen „Spiritualität" bedeutet. Dabei standen basale und ins Detail gehende Fragen im Vordergrund, die in der bisherigen Forschung kaum reflektiert wurden, wie z.B. die Frage nach der Semantik von „Spiritualität", die Frage der nächstliegenden psychologischen Korrelate für selbstattribuierte „Spiritualität" sowie die Frage nach der biographischen Verortung und Kontextualisierung von „Spiritualität". Datengrundlage waren 773 Fragebogenantworten und 48 Faith-Development-Interviews, von denen zehn als Fallstudien aufgearbeitet und präsentiert wurden.

Dieses abschließende Kapitel greift Ergebnisse aus den vorhergehenden Kapiteln auf, möchte aber mehr bieten als deren schlichte Zusammenfassung. Vielmehr soll eine Einschätzung versucht werden, welchen Beitrag die – besonders für die deutsche religiöse Landschaft relativ neue – Option für „Spiritualität" leistet. Auch ist hier der Ort für die Frage, ob sich Konturen für ein mehr oder weniger kohärentes Profil von „Spiritualität" der selbsterklärt „Spirituellen" in unserer Stichprobe zeigen. Denn davon hängt auch die weitere Frage ab, die dieses Schlusskapitel leitet: Macht „Spiritualität" einen Unterschied? Kann man am Ende von einem semantischen „Mehrwert" von „Spiritualität" sprechen?

Zunächst nähern wir uns der Frage nach dem kohärenten Profil von „Spiritualität", indem wir die Frage nach Gemeinsamkeiten und Unterschieden mit Blick auf die regionale Verortung zu beantworten versuchen. Fragen des Unterschieds zwischen Deutschland-Ost und Deutschland-West sind gelegentlich angeschnitten worden; hier sollen die Ergebnisse dazu zusammengefasst und erweitert werden. Auch der Vergleich mit den USA gehört hierher, zumal in einer Studie, die Deutschland und die USA im Vergleich untersucht hat.

Regionale Kontextualisierung von „Spiritualität"

„Spiritualität" in Deutschland Ost und West

Gibt es für „Spiritualität" bemerkenswerte Unterschiede zwischen den neuen und den alten Bundesländern? Eine erste Antwort kann sich auf die Bevölkerungsumfragen stützen: Die Unterscheide zwischen den alten und den neuen

Bundesländern sind immer noch erheblich, was die Häufigkeiten von selbsterklärter „Religiosität" und „Spiritualität" angeht. Während unsere Daten
hierzu keine auf die Gesamtbevölkerung übertragbare Quantifizierung liefern
können, ermöglichen die Daten von aktuellen Umfragen wie die des Religionsmonitor 2012 (Religionsmonitor: 2013; siehe auch Kapitel 1 in diesem Buch) oder
des ALLBUS von 2012 (ALLBUS: 2013) eine Einschätzung (vgl. Streib/Klein/
Hood: 2016b). Im Vergleich mit den alten Bundesländern bezeichnen sich in den
neuen Bundesländern mehr als doppelt so viele Menschen als „nicht religiös".
Deutschland-Ost ist nach allem, was wir wissen, immer noch die am wenigsten
religiöse Region der Welt (vgl. Schmidt/Wohlrab-Sahr: 2003). Und die Zahl der
Nichtspirituellen liegt jeweils noch etwas höher als die Zahl der Nichtreligiö-
sen. Und dennoch liegt die Anzahl derjenigen, die auf der Skala für ihre eigene
„Spiritualität" einen höheren Wert eingetragen haben als auf der Skala für ihre
„Religiosität", die also als „mehr spirituell als religiös" gelten können, in den alten und neuen Bundesländern auf etwa demselben Niveau um die 14 % bzw. zwischen 17 % und 18 %, wie Tabelle 11.1 zeigt.

Tabelle 11.1 „Mehr religiös" vs. „mehr spirituell"
in den alten und neuen Bundesländern 2012

	ALLBUS 2012		Religionsmonitor 2012	
	D-West	D-Ost	D-West	D-Ost
„mehr religiös als spirituell"	50,6 %	25,2 %	42,1 %	35,5 %
„mehr spirituell als religiös"	14,6 %	13,6 %	17,1 %	18,1 %

Anmerkung Berechnungen aus der Kreuztabellierung der Selbst-Ratings als „religiös"
und „spirituell" in den Daten des Religionsmonitor (n_{West} = 1.645; n_{Ost} = 273) und des
ALLBUS (n_{West} = 2.122; n_{Ost} = 1.048). Die 10-Punkte-Skala des ALLBUS wurde dabei auf
eine 5-Punkte-Skala umgerechnet, um den Vergleich zu erleichtern.

Dies kann als ein Anzeichen interpretiert werden für eine im Vergleich zu „Religion" deutlich geringere Zurückhaltung gegenüber „Spiritualität" als Selbstattribution in den neuen Bundesländern, aufgrund derer man spekulieren kann,
ob sich 25 Jahre nach dem Fall der Mauer die religiösen Suchprozesse offener gestalten und dabei auch „Spiritualität" bereitwilliger in Erwägung gezogen wird.
Freilich: Eine Schwalbe macht noch keinen Sommer und es wäre auch weit über-
zogen, mit Blick auf Deutschland Ost oder West von einer spirituellen Revolution (wie z. B. Heelas et al.: 2005 im Blick auf eine Kleinstadt in England) zu
sprechen. Vielmehr wird es künftigen Studien zu überlassen sein, in Deutschland-Ost größere quantitative Klarheit in die Verhältnisse von „Spiritualität"
und „Religion" zu bringen. Zumindest dies kann man jedoch erkennen: dass

sich die Gewichte *zwischen* „Religiosität" und „Spiritualität" in Deutschland Ost und West nicht besonders gravierend unterscheiden.

Entsprechendes haben wir bereits in Kapitel 1 (vgl. Abbildung 1.2) anhand der „mehr spirituellen als religiösen Atheisten" auf der Datengrundlage des Religionsmonitor 2012 gezeigt: In den neuen Bundesländern machen die „mehr Spirituellen als Religiösen" ein Viertel der selbsterklärten Atheisten aus, in den alten Bundesländern ein Drittel.

Hier können nun die Daten aus unserer Studie einen Beitrag leisten, denn diese bieten vor allem zwei Vorteile: Sie enthalten erstens reichhaltige Informationen über die Semantik, über die Psychologie und auch über die Sozialisation von „Spiritualität". Und zweitens ermöglicht die Überrepräsentanz der „mehr Spirituellen" – die Hälfte unserer Befragten sowohl in den alten als auch in den neuen Bundesländern stuft sich als „mehr spirituell als religiös" ein – in einer Art Lupeneffekt genauere Einblicke in die Gruppe der „mehr Spirituellen".

Wenn man die Hinweise aus unseren Daten auf die religiöse Sozialisation betrachtet, ergibt sich daraus eine weitere Antwort auf die Frage nach Ost-West-Unterschieden: Die biographischen Auskünfte der Befragten über den sozialisatorischen Hintergrund, auf dem sich ihre Präferenz für „Spiritualität" entwickelt hat, zeigen klare Unterschiede zwischen den alten und neuen Bundesländern: Von den Befragten, die in den alten Bundesländern geboren sind und die sich heute als „mehr spirituell als religiös" einstufen, charakterisieren 49,1 % ihre Umgebung im Alter von 12 Jahren als „mehr religiös als spirituell"; diese Fälle haben also eine Wandlung von „mehr religiös" zu „mehr spirituell" vollzogen. Von den in der ehemaligen DDR Geborenen hingegen charakterisieren 78,2 % ihre Umgebung im Alter von 12 Jahren als „weder religiös noch spirituell" und nur 18,2 % als „mehr religiös als spirituell". Die überwiegende Mehrheit der in der ehemaligen DDR geborenen „mehr Spirituellen als Religiösen" in unserem Sample hat also eine Entwicklung von einer als säkular wahrgenommenen Umgebung im Alter von 12 Jahren hin zu einer Präferenz für „Spiritualität" vollzogen. Dieses Ergebnis ist nicht besonders sensationell, wenn man die säkularen Verhältnisse der DDR in Rechnung stellt; aber es weist mit Nachdruck darauf hin, dass die religiösen – oder präziser: die „spirituellen" – Sozialisationsverläufe auch noch im Jahr 2012 gravierende Unterschiede aufweisen, je nachdem, wo unsere Befragten geboren und aufgewachsen sind.

Eine dritte Antwort zu den Ost-West-Unterschieden hinsichtlich der „Spiritualität" lautet: Nein, es gibt keine signifikanten Unterschiede bezüglich der Semantik von „Spiritualität" und der für „Spiritualität" wichtigsten psychologischen Korrelate. So sind die Unterschiede zwischen den Befragten in den alten und in den neuen Bundesländern für alle zehn in Kapitel 2 präsentierten semantischen Dimensionen gering und/oder insignifikant. Man kann also von einer so gut wie identischen Semantik von „Spiritualität" in Ost- und West-Deutschland sprechen. Auch für die beiden Skalen des Koordinatensystems, in dem die

Fokusgruppen, die Religiöse-Schema-Gruppen und die Semantik der „Spiritualität" differenziert werden konnten, nämlich *Mystizismus* und *Offenheit für Erfahrung*, sind die Ost-West-Unterschiede insignifikant.

Zusammenfassend kann also festgehalten werden: Trotz der gravierenden quantitativen Unterschiede zwischen Ost- und Westdeutschland bezüglich der Verbreitung selbstattribuierter „Religiosität" und „Spiritualität" und trotz deutlicher Ost-West-Unterschiede in der „spirituellen" Sozialisation unterscheiden sich die Prozentanteile der „mehr Spirituellen als Religiösen", auch und gerade unter den Atheisten, in Ost- und Westdeutschland nicht gravierend. Aufgrund unserer Daten lassen sich für die Semantik und Psychologie von „Spiritualität" kaum Unterschiede zwischen Menschen in den alten und neuen Bundesländern zeigen. Im Gegenteil: Die Vermutung liegt nahe, dass auch in den eher säkularen neuen Bundesländern „Spiritualität" eine mit Westdeutschland eher vergleichbare Attraktivität gewonnen hat.

„Spiritualität" in den USA und Deutschland im Vergleich

Wie in der Projektskizze (siehe Anhang 1) beschrieben, wurde die Untersuchung, aus der hier die Ergebnisse für Deutschland berichtet werden, simultan von zwei Forschungsteams in den USA und in Deutschland durchgeführt. An anderer Stelle (Streib/Hood: 2016a) berichten wir die Ergebnisse quasi in ständigem Vergleich zwischen USA und Deutschland. In diesem Abschnitt sollen die wichtigsten Gemeinsamkeiten und Unterschiede kurz berichtet werden, soweit sie für das Verständnis von „Spiritualität" in Deutschland erhellend sind.

Zu einer auf die Gesamtbevölkerung in den USA und Deutschland übertragbaren Einschätzung der Unterschiede sind wir auch hier auf Ergebnisse von internationalen Bevölkerungsumfragen angewiesen.

Tabelle 11.2 „Mehr religiös" vs. „mehr spirituell"
in den USA und Deutschland 2012

	GSS 2012	ALLBUS 2012	Religionsmonitor 2012	
	USA	Deutschland	USA	Deutschland
„mehr religiös als spirituell"	11,8 %	46,0 %	16,7 %	40,9 %
„mehr spirituell als religiös"	30,4 %	14,4 %	31,7 %	17,3 %

Anmerkung Berechnungen aus der Kreuztabellierung der Selbst-Ratings als „religiös" und „spirituell" in den Daten des Religionsmonitor ($N_{USA} = 983$; $N_{BRD} = 1.922$), der GSS (2013) ($N = 2.122$) und des ALLBUS ($N = 1.048$). Die 10-Punkte-Skala des ALLBUS wurde dabei auf eine 5-Punkte-Skala umgerechnet, um den Vergleich zu erleichtern.

Aus Tabelle 11.2 geht klar und ohne größere Differenzen zwischen den Umfragen hervor, dass den um die 15 % „mehr Spirituellen als Religiösen" in Deutschland ein doppelt so hoher Anteil von über 30 % „mehr Spirituellen als Religiösen" in den USA gegenüberstehen. Dementsprechend ist in den USA der Prozentanteil der „mehr Religiösen als Spirituellen" auf weit unter 20 % gesunken, während die Gruppe der „mehr Religiösen als Spirituellen" in Deutschland über 40 % liegt. Dies belegt die starke Verbreitung von „Spiritualität" als Selbstattribution in den USA. Wenn man die Gruppe derjenigen, die sich als „gleichermaßen religiös und spirituell" einstufen (nicht in Tabelle 11.2 präsentiert), hinzurechnet, bezeichnen sich in den USA vier von fünf Befragten als „spirituell". In den USA scheint „spirituell" als Selbstbezeichnung die Rolle eingenommen zu haben, die vormals die Selbstbezeichnung „religiös" innehatte. Dies kann man für Deutschland absolut nicht behaupten. Hier besteht also ein deutlicher Unterschied zwischen Deutschland und den USA.

Trotz dieses sehr deutlichen Niveau-Unterschieds in der Popularität von „Spiritualität" als Selbstattribution deuten sämtliche semantische Analysen auf starke Ähnlichkeiten und große Gemeinsamkeiten. Das was „Spiritualität" den US-Amerikanern bedeutet, kann von dem kaum unterschieden werden, was wir in unseren Daten für die deutschen Befragten gefunden haben. In den semantischen Differenzialen etwa sind die Differenzen zwischen den sechs Fokusgruppen gravierend[54], die Unterschiede zwischen den USA und Deutschland eher marginal. Dies gilt für das Osgood'sche semantische Differenzial, besonders den Faktor Evaluation, aber auch für Potenz und Aktivität, es gilt auch für die stärker inhalts- und konstruktbezogenen Polaritäten unseres kontextuellen semantischen Differenzials.

Entsprechendes ist von den Korpusanalysen der freien Eintragungen zu „Spiritualität" zu berichten (vgl. Altmeyer et al.: 2015; 2016), sowie aus der inhalts- und faktorenanalytischen Auswertung der freien Eintragungen zu „Spiritualität", die in Kapitel 2 vorgestellt wurde und die zu den wichtigsten Ergebnissen unserer Studie zählt. Wenn man die aus dieser Analyse erhobenen zehn semantischen Dimensionen im Vergleich Deutschland-USA darstellt (siehe Abbildung 11.1), kann man zwar Unterschiede erkennen, aber diese liegen auf einem ziemlich niedrigen Niveau.[55] Außer der Dimension „Glaube an höhere Mächte", die für die US-Befragten negativ und für die deutschen Befragten positiv ist und eine Differenz von mittlerer Effektstärke (Cohen's $d = .59$) aufweist, haben die Differenzen in sämtlichen anderen semantischen Faktoren nur kleine Effektstärke oder sind insignifikant. Die in diesem Buch in Kapitel 2 (siehe Abbildung 2.2) berichteten Differenzen zwischen den Fokusgruppen sind wesentlich größer.

---

54 Dies ist in Anhang 3 schön zu sehen, wo die fokusgruppenspezifischen semantischen Differenziale, jedenfalls für die deutschen Befragten, vollständig zusammengestellt sind.
55 Siehe dazu die Analyse von Eisenmann/Klein/et al. (2016).

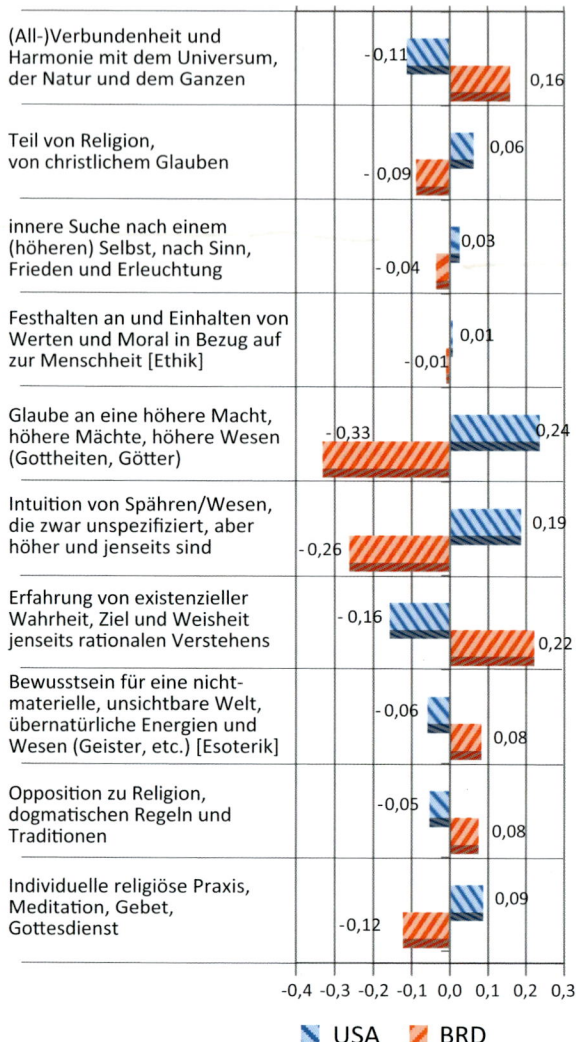

Abb. 11.1 Unterschiede zwischen den USA und Deutschland in den zehn semantischen Dimensionen

Es ist also durchaus gerechtfertigt, von einem sehr ähnlichen, wenn auch nicht gänzlich identischen semantischen Profil von „Spiritualität" in den USA und Deutschland zu sprechen.

Auch für die Korrelate von „Spiritualität" auf den psychologischen Skalen kann berichtet werden, dass transatlantische Unterschiede generell weniger ins Gewicht fallen als Unterschiede zwischen den Fokusgruppen. So kann für

Hoods (1975) Mystizismus-Skala resümiert werden (Klein/Silver et al.: 2016), dass die Skala sich bestens eignet, um in *beiden* Ländern, USA und Deutschland, die „Spiritualität" der „mehr Spirituellen als Religiösen" darzustellen. Aus den Persönlichkeitsfaktoren (NEO-FFI), bei denen sich *Offenheit für Erfahrung* im Blick auf „Spiritualität" als besonders effektiv herausgestellt hat, liegen in *beiden* Ländern bei „mehr Spirituellen" nicht allein die Mittelwerte für *Offenheit für Erfahrung* beachtlich über den Normwerten für die USA und Deutschland, auch der besondere Effekt dieser Subskala als Indikator für „Spiritualität" und ihre Varianten gilt für beide Länder (Streib/Klein/Hood: 2016a).

Darum spielen im weiteren Verlauf dieses Schlusskapitels die Unterschiede zwischen USA und Deutschland, sowie die Unterschiede zwischen Deutschland Ost und West keine entscheidende Rolle. Vielmehr sind die eingangs gestellten Fragen nach dem kohärenten Profil von „Spiritualität" für die „Spirituellen" im Lande, sowie die Frage nach dem Mehrwert von „Spiritualität" nun weiter zu vertiefen. Wir beginnen mit der Semantik.

Semantik von „Spiritualität" für die „mehr Spirituellen"

Was bedeutet den Deutschen „Spiritualität"? Die Antwort auf diese Frage kann nach den semantischen Analysen, die in Kapitel 2 vorgestellt wurden, nur im Plural beantwortet werden. Aus den semantischen Analysen entsteht ein facettenreiches Bild (siehe Abbildung 2.1): Die Verteilung der zehn semantischen Dimensionen im dreidimensionalen Raum mit drei Achsen gehört zu den herausragenden Ergebnissen unserer Studie im Blick auf die Semantik von „Spiritualität".

Diese Ergebnisse für die Semantik von „Spiritualität" wurden dann durch die Frage „wer spricht?" näher spezifiziert. Eine Darstellung der Präferenzen in der Semantik von „Spiritualität" für die semantischen Profile der Fokusgruppen, wie Abbildung 2.2 dies präsentiert, ermöglicht die besondere Betrachtung des semantischen Profils für die „mehr Spirituellen als Religiösen". Wie in Kapitel 2 ausgeführt, ragen für diese Gruppe die beiden semantischen Varianten „Spiritualität als Erfahrung von existenzieller Wahrheit, Ziel und Weisheit jenseits rationalen Verstehens" und „Spiritualität als (All-) Verbundenheit und Harmonie mit dem Universum, der Natur und dem Ganzen" heraus, gefolgt von „Spiritualität als innere Suche nach einem (höheren) Selbst, nach Sinn, Frieden und Erleuchtung". Dies sind semantische Dimensionen von „Spiritualität", die durch horizontale Transzendenz charakterisiert sind, jedenfalls spielen in diesen vorherrschenden Dimensionen Vorstellungen vertikaler Transzendenz keine Rolle. Wenn sich für die „mehr spirituellen als religiösen Atheisten" zudem quasi als Alleinstellungmerkmal die Dimension von „Spiritualität als Festhalten an und Einhalten von Werten und Moral in Bezug zur Menschheit [Ethik]" in den Vordergrund schiebt, wird dieser Trend bekräftigt, der wie folgt auf den Punkt gebracht werden kann.

Wenn man auf die Menschen in unserer Studie fokussiert, die sich selbst als „mehr spirituell als religiös" bezeichnen, tritt ein Bedeutungsprofil von „Spiritualität" in den Vordergrund, in dem die Symbolisierung von Transzendenzerfahrungen mehr mit den – horizontalen – Symbolen des „(höheren) Selbst", der „Menschheit" und dem „Universum" verbunden sind, als mit den – eher vertikalen – Jenseitsvorstellungen der religiösen Traditionen. Damit, so könnte man schlussfolgern, offeriert die Semantik von „Spiritualität" eine neue Option, Erfahrungen der Transzendierung des Alltags – und diese sind, wenn man von einem weiten Religionsbegriff ausgeht, mit *religiösen* Erfahrungen verbunden – zu verstehen, zu verbalisieren und zu kommunizieren. Und in diesem Sinn kann man aufgrund unserer Analysen zur Semantik durchaus von einem „Mehrwert" sprechen, den die „Spiritualität" zu bieten hat.

Indikatoren für „Spiritualität"

Mystizismus als Indikator für „Spiritualität"

Auf eine einfache Formel gebracht, hat sich in unserer Studie gezeigt, dass diejenigen, die sich selbst als „mehr spirituell" sehen, höhere Werte auf der Mystizismus-Skala haben. Es ist freilich auch zu notieren, dass weder *introvertierter* noch *extrovertierter Mystizismus* für sich alleine diese Korrespondenz zur selbsterklärten „Spiritualität" zeigt, sondern jeweils nur in Verbindung mit der *Interpretation* von Mystizismus (dem dritten Faktor der Mystizismus-Skala). Gerade in diesem Verbund mit dem dritten Faktor *Interpretation* werden mystische Erfahrungen in einer Weise gefasst, wie sie mit der semantischen Dimension der „(All-) Verbundenheit" beschrieben sind. Wir finden also ein klares Entsprechungsverhältnis zwischen der Semantik von „Spiritualität" der „mehr Spirituellen" und Erfahrungen, die in der Beantwortung der Mystizismus-Skala berichtet werden.

Für künftige Religionsforschung, die auch „Spiritualität" beachten möchte, wäre der daraus folgende Vorschlag, mit der Mystizismus-Skala zu arbeiten. Denn diese hat größere Inhaltsvalidität als andere derzeit für die Erfassung von „Spiritualität" eingesetzte Skalen, auch und gerade weil die Mystizismus-Skala nicht als „Spiritualitäts"-Skala entworfen wurde, sondern eben um Mystizismus zu erfassen, wie er konzeptionell in Übereinstimmung mit Stace (1960) zu verstehen ist.

Für ein Verständnis von „Spiritualität" jedoch weist die hervorstechende Rolle der Mystizismus-Skala auf einen Zusammenhang, der nun in dieser abschließenden Betrachtung expliziert werden kann: auf den Zusammenhang zwischen *Mystizismus*, dem Persönlichkeitsmerkmal *Offenheit für Erfahrung* und dem xenosophischen, dialogbereiten religiösen Stil.

„Spiritualität", Mystizismus und die religiösen Stile und Schemata

Mit zwei Namen in unserem Forschungsteam, R. Hood und H. Streib, sind zwei theoretische Orientierungen verbunden, die sich im Design und in der Auswertung der Studie als fruchtbar erwiesen und eben auch ihre Überschneidungen gezeigt haben. R. Hood steht für eine Forschungstradition in Mystizismus und für die vermutlich meistbenutzte Skala (Hood: 1975) zur Erhebung von mystischen Erfahrungen, die wir bekanntlich in unseren Fragebogen eingebaut haben. H. Streib steht für die Modifizierung der Faith-Development-Theorie Fowlers (1981) in ein Modell religiöser Stile und religiöser Schemata (Streib: 1997; 2001; 2005b; 2013), die auch zu Entwicklung einer Skala geführt hat (Streib/Hood/Klein: 2010), welche ebenfalls in den Fragebogen aufgenommen wurde. Auf der konzeptionellen Ebene und auch in den Analysen der empirischen Daten zeigen sich Parallelen zwischen beiden Forschungslinien, die hier zum ersten Mal in einer Studie zusammengeführt wurden.

Jede dieser beiden Forschungslinien enthält Annahmen über universale Muster von Erfahrungen bzw. Schemata, die sich viele Menschen in einer Entwicklung aneignen. Die Perspektive der religiösen Stile entwirft eine Entwicklung von einem exklusivistischen Habitus, der die Texte und Lehren der eigenen Tradition absolut setzt, hin zu einer offenen und universalistischen Sicht auf das Andere und Fremde. Entsprechend enthält die Mystizismus-Skala Erfahrungen des Einsseins aller Dinge und der Offenbarung einer neuen Sicht auf die Realität. Angesichts dieser Entsprechungen ist es nicht verwunderlich, dass auch empirisch der Nachweis einer Beziehung zwischen beiden erbracht werden kann, z. B. dass die Gruppe der „Xenosophischen" höhere Werte auf der Mystizismus-Skala haben als die anderen Gruppen (siehe Abbildung 5.3). Verstehen lässt sich dies durchaus: Es ist plausibel, dass ein Aufgehen des Einzelnen in einem größeren Ganzen mit der Minderung der Neigung für Absolutismen und exklusive Abgrenzungen sowie der Zunahme von xenosophischer Offenheit einhergeht.

Offenheit für Erfahrung als Indikator für „Spiritualität"

Wenn wir einen weiteren Aspekt hinzunehmen und *Offenheit für Erfahrung* ins Spiel bringen, dann sind die drei wichtigsten Indikatoren für Spiritualität genannt, die sich in unserer Studie gezeigt haben.

Von den fünf Faktoren, die die im NEO-Fünf-Faktoren-Inventar erhoben werden, hat sich allein die Subskala *Offenheit für Erfahrung* als effektiver Prädiktor für „Spiritualität" erwiesen. Um genau zu sein: Hohe Werte auf *Offenheit für Erfahrung* zeigen insbesondere die „mehr Spirituellen als Religiösen", aber auch die „weder Religiösen noch Spirituellen"; dies weist darauf hin, dass beide Versionen der Ablehnung von Absolutismus bzw. Exklusivismus mit hoher Effektstärke durch Offenheit für Erfahrung indiziert werden.

Dieses Merkmal der Subskala *Offenheit für Erfahrung* haben wir (siehe Kapitel 5) genutzt, um aus zwei Indikatoren für „Spiritualität" ein Feld mit zwei Koordinaten zu bilden, die vom Konstrukt her weder als Messinstrumente für Religion, noch für Spiritualität entworfen wurden. In diesem Koordinatensystem konnten dann, wie in Kapitel 5 weiter demonstriert, weitere Charakteristika von „Spiritualität" wie die semantischen Dimensionen oder die fallbezogene „Spiritualität" dargestellt werden. Diesen Vorschlag, „Spiritualität" im zwei-dimensionalen Raum mit den Koordinaten *Mystizismus* und *Offenheit für Erfahrung* darzustellen, empfehlen wir durchaus zur Berücksichtigung in künftiger Forschung.

Hier ist jedoch auch dies als Schlussfolgerung zu notieren: Offenheit für Erfahrung hat vom Konstrukt her durchaus große Nähe zum Schema der Xenosophie und der Bereitschaft für inter-religiösen Dialog. Offenheit für Erfahrung kommt jedoch auch ins Spiel, wenn Menschen bereit sind, mystische Erfahrungen zu machen. Und alle drei haben in unseren Analysen starke Affinität mit selbstattribuierter „Spiritualität" gezeigt. Dies alles könnte zur Erweiterung der Definition von „Spiritualität" als privatisierte erfahrungsbezogene Religion (s. Kapitel 1) führen: Für das „spirituelle" Segment des religiösen Felds der Gegenwart ist es legitim, spezifischer von *mystischem* Erfahrungsbezug zu sprechen; und zumindest in der Dynamik der Hinwendung zu einer „spirituellen" Identität gehört dazu auch die Offenheit für neue Erfahrungen und die xenosophische Offenheit für das Andere und Fremde. Und in dieser Hinsicht kann man durchaus davon sprechen, dass „Spiritualität" einen Unterschied macht.

Zur Entwicklung „spiritueller" Selbstattribution

Gibt es Anzeichen in unseren Daten für eine Entwicklung von „Spiritualität" als Selbstattribution? Einerseits ja: Die Fragebogendaten ermöglichen, wie oben gezeigt, Sozialisationsverläufe nachzuzeichnen, die zu einer „mehr spirituellen" Selbsteinschätzung in der Gegenwart geführt haben. So wichtig und interessant diese Auskünfte sind, sie ermöglichen jedoch nur eine grobe retrospektive Selbsteinschätzung der Befragten. Alle weitergehenden Versuche, eine Entwicklung hin zur „Spiritualität" abzubilden und nachzuzeichnen – was auch und gerade mithilfe der Ergebnisse der Religious Schema Scale und der Faith-Development-Interview-Ratings naheliegen würde – bleiben spekulativ, solange unsere Daten keinen Längsschnitt erlauben, das heißt, dass dieselben Personen zu zwei Zeitpunkten befragt werden müssten. Diese Längsschnitt-Studie ist als Folge- und Anschlussprojekt für die in diesem Buch vorgestellte Untersuchung derzeit in Arbeit. Solange diese Ergebnisse nicht vorliegen, sind wir mit Entwicklungsaussagen eher zurückhaltend. Mit einer Ausnahme: dem Zugang über die narrativ-retrospektive Evaluation der Faith-Development-Interviews, die im Rahmen der „Spiritualitäts"-Studie geführt und ausgewertet wurden.

„Spiritualität" in der Lebensgeschichte: Von der Vielfalt spiritueller Erfahrungen

Wir haben mit Menschen gesprochen, die bereit waren, die Entwicklung ihrer Glaubensvorstellungen im Verlauf ihres Lebens mit uns zu teilen. Als Strukturierung unserer Untersuchungen haben wir die Fokusgruppen gebildet, die sich in den berichteten Analysen bewährt haben. Auch bei der Auswahl der Einzelfälle in den Kapiteln 6–10 haben wir uns neben den oben beschriebenen Koordinaten Mystizismus und Offenheit auch an den Selbstidentifikationen als „spirituell" versus „religiös" und „atheistisch" bzw. „non-theistisch" orientiert. Hier stellen wir basierend auf den Interviewanalysen eine Zusammenschau der unterschiedlichen Spiritualitäten in ihren unterschiedlichen autobiographischen Zusammenhängen vor. Dieser Perspektivenwechsel, die Konzentration auf einzelne Verläufe, läßt Differenzierungen innerhalb von Fokusgruppen sichtbar werden, die wir zunächst hinsichtlich ihrer zentralen Tendenzen betrachtet haben. Darüber hinaus zeigen sich unerwartete Kombinationen von Merkmalen individueller „Spiritualitäten".

Unterschiedliche „Spiritualitäten" und Glaubensbiographien

Die Menschen aus der Fokusgruppe der „mehr Religiösen als Spirituellen", deren Faith-Development-Interviews wir, in Zusammenschau mit anderen Daten, interpretiert haben, haben gemeinsam, dass sie ihr Leben lang religiös gewesen sind. Darunter verstehen sie jedoch Unterschiedliches: Einen vielleicht eher ungewöhnlichen Begriff von „Religion" vertritt Heinrich, der einer Buchreligion zeitlebens fern stand. Er versteht seine Religiosität als Naturverbundenheit, eine Beziehung zum Kosmos. Wir haben daher von horizontaler Transzendenz gesprochen. In dem von ihm gelebten religiösen Atheismus, den er aus der von seiner Mutter vermittelten Liebe zur Natur entwickelt hat, spielt „Spiritualität" keine Rolle. Einen anderen, hier vielleicht eher erwartbaren Religionsbegriff hat Ursula, die auf Gott, Glauben und Gemeinde vertraut und als Christin einer Buchreligion angehört. Für sie ist „Spiritualität" der Religion untergeordnet und bezieht sich auf das persönliche Erleben von Religion. Religion ist für sie etwas, das in dieser Welt ist, und darüber hinaus und über die Dauer des irdischen Lebens hinaus wirkt. Die Beziehung zu Gott übersteigt und überdauert das Leben auf der Erde. Daher sprechen wir hier von vertikaler Transzendenz. Wir finden Heinrich und Ursula in Abbildung 5.6 auch weit auseinander und in unterschiedlichen Quadranten: Ursula rechts oben, mit hohen Werten in *Mystizismus* und relativ hohen Werten in *Offenheit für Erfahrung*, und Heinrich rechts unten, mit hohen Werten in *Offenheit für Erfahrung*, aber niedrigen Mystizismus-Werten. Wir sehen hier unterschiedliche Auffassungen zu „Spiritualität", die mit unterschiedlichen Begriffen von „Religion" einhergehen, und zwei sehr unterschiedliche Arten, „mehr religiös als spirituell" zu sein (s. auch Kapitel 6).

In Kapitel 7 haben wir „ebenso religiös wie spirituelle" InterviewpartnerInnen vorgestellt. Diese unterscheiden sich von den „mehr Religiösen als Spirituellen" aus Kapitel 6 insofern, als sie sich als Suchende verstehen. Laura, die Theologie studiert, und Hans, der Priester gewesen ist, stehen, wie Ursula, in der Tradition christlicher Religiosität. Sie beziehen sich auch auf Gott, suchen dabei aber nach Symbolisierungen für etwas, das nicht leicht zu fassen oder zu beschreiben ist. Ihren jeweiligen Traditionen verpflichtet, suchen sie nach einem Glauben, der sich nicht mit einfachen Antworten auf existenzielle Fragen zufrieden gibt. Laura hatte „Spiritualität" in Verbindung gebracht mit „Aufspüren von Wissen und Erfahrungen jenseits des unmittelbar empirisch Fassbaren" und bezeichnet sich selbst im Interview lieber als „suchend". Für Hans geht es bei „Spiritualität" um eigene innere Erfahrung, bei „Religion" um Beziehung zu Gott, die er im Interview als eine Präsenz beschreibt, die er fühlen kann, als Bezogen-Sein auf ein transzendentes Gegenüber, um das er sich immer wieder bemüht hat. Laura und Hans sind in Abbildung 5.6 in unterschiedlichen Quadranten zu finden, dabei liegen ihre Werte in *Mystizismus* gar nicht so weit auseinander; jedoch in *Offenheit für Erfahrung* unterscheiden sie sich stärker.

Auf der Suche zu sein charakterisiert auch die „Spiritualität" der „mehr spirituellen als religiösen und non-theistischen" InterviewpartnerInnen aus Kapitel 8. Hier geht es um eine Suche, die in der Mitte des Lebens und nach einem eher konventionell begonnenen Lebenslauf beginnt, motiviert von dem Wunsch, das dem eigenen Wesen nicht entsprechende entfremdete Leben hinter sich zu lassen und dem Eigenen nachzuspüren. Marion hat verschiedene Gruppen und Traditionen kennengelernt, Andreas nutzt eine Tradition für seine innere Suche. Daher haben wir für Marion, die nach einer konventionell religiösen Sozialisation aufbrach, den Ausdruck „Quilt-Spiritualität" vorgeschlagen. Bei Andreas, der areligiös aufwuchs, könnten wir von einer Wendung, einer Konversion hin zu „Spiritualität" sprechen, oder zu einer mystischen Religiosität, einen weiten

Begriff voraussetzend. Die persönliche Erfahrung, die auch bei der „Spiritualität" der „mehr Religiösen als Spirituellen" und der „ebenso Religiösen wie Spirituellen" eine Rolle spielte, ist für die „mehr Spirituellen als Religiösen", die wir
beschrieben haben, zentral. In Abbildung 5.6 finden wir Marion und Andreas
im rechten oberen Quadranten, mit hohen Werten in *Offenheit für Erfahrung*
und in *Mystizismus*, wobei Marion (mit Katja, s. u.) in *Offenheit für Erfahrung*,
Andreas in *Mystizismus* die höchste Ausprägung in diesem Sample aufweist.

Anders verliefen die berichteten Entwicklungen der „mehr spirituellen AtheistInnen und NontheistInnen", die wir in Kapitel 9 beschrieben haben. Dazu gehört Petra, die im Kontext einer religiösen Minderheit aufgewachsen ist und die
noch immer mit nicht ganz gelösten religiösen Bindungen beschäftigt scheint.
Für sie ist „Spiritualität" verbunden mit der Suche nach Wahrheit, auch über
sich selbst. Für Philipp geht es bei „Spiritualität" um innere Erfahrung, um Erkenntnisse, die von innen kommen. Religion akzeptiert er als Teil seines kul-
turellen Hintergrundes. Philipp finden wir in Abbildung 5.6 im rechten oberen
Quadranten, mit hohen Werten in *Mystizismus* und in *Offenheit für Erfahrung*.
Petra hingegen finden wir im rechten unteren Quadranten, mit hohen Werten
in *Offenheit für Erfahrung*, aber eher niedrigen Werten in *Mystizismus*. Petra ist
eine „Spiritualität" wichtig, bei der man sich nicht „in die Tasche lügt". Philipp
ist bestrebt, eigene wie fremde Auffassungen und Erfahrungen zu durchdringen
und zu verstehen. Petra und Philipp können mit „Spiritualität" dem Ausdruck
verleihen, was sie bewegt und was sie erleben, was sie jedoch nicht als Religiosität bezeichnen wollen.

Schließlich haben wir auch über Menschen berichtet, die sich als „weder religiös noch spirituell" bezeichnen (Kapitel 10). Sie positionieren sich der „Spiritualität" gegenüber kritisch – was übrigens auch der „mehr spirituelle" Andreas
und der „ebenso religiöse wie spirituelle" Heinrich im Interview tun – wenngleich aus unterschiedlichen Gründen: Katja, Atheistin, lehnt „Spiritualität" als
etwas Illusionäres ab, für Jörg, der sich nicht so deutlich positioniert, ist der Begriff zu unklar. Katja und Jörg finden wir in diagonal entgegengesetzten Quadranten im Abbildung 5.6: Katja mit hohen Werten in *Offenheit für Erfahrung*
und niedrigen Werten in *Mystizismus* rechts unten, und Jörg links oben, mit
hohen Werten in *Mystizismus* und niedrigen in *Offenheit für Erfahrung*. Darin
mag sich spiegeln, dass Katja sich nach anfänglicher Affinität von „Spiritualität"
distanziert, während Jörg zwar den Begriff als unbestimmt ablehnt, jedoch Traditionen (Yoga) und Erfahrungen beschreibt, die andere als mystisch oder gar
spirituell bezeichnen könnten.

„Mehr spirituelle" Atheisten und andere kontraintuitive Funde

Mehr spirituelle Atheisten

Bereits in Kapitel 1 haben wir anhand von Berechnungen aus dem Religionsmonitor gezeigt, dass „Spiritualität" eine attraktive Selbstbezeichnung sowohl
für Menschen innerhalb als auch außerhalb der Grenzen der Kirchen und Religionsgemeinschaften ist, ja, dass bei einem Viertel (Ost) bzw. einem Drittel
(West) der selbsterklärten Atheisten in Deutschland „Spiritualität" – zumindest
in der Selbstbezeichnung „mehr spirituell als religiös" – präferiert wird. Damit
zeigt sich ein robuster, wenngleich zunächst vielleicht kontraintuitiver Befund.

Nun haben wir in diesem Buch detaillierte Fallgeschichten von „mehr spirituellen als religiösen AtheistInnen/Non-TheistInnen" vorgetragen. Hier wird
anschaulich, dass „Spiritualität" als ein semantisches Angebot zur Bestimmung
der eigenen religiösen Identität genutzt und zur Beschreibung eigener religiöser oder vielleicht besser mystischer Erfahrungen ausgebaut wird. „Spiritualität" ermöglicht es den Interviewten zur Sprache zu bringen, was sie bewegt und
was sie erleben, ohne dass sie dies als Religion bezeichnen oder sich als religiös
verstanden wissen wollen. Damit eröffnet „Spiritualität" einen Weg aus einer a-
religiösen oder religionskritischen Sprachlosigkeit und bietet Raum für Kommunikation über etwas, das sich, einen breiten Religionsbegriff vorausgesetzt,
als individualistische, erfahrungsorientierte „gelebte Religion" einordnen lässt
(vgl. Streib: 2013), die gleichzeitig beanspruchen darf, intellektuellen und wissenschaftlich fundierten Kriterien zu genügen (vgl. Metzinger: 2013).

Kritik am Begriff „Spiritualität"

Während „Spiritualität" von „spirituellen" AtheistInnen bis hin zu „mehr Religiösen" als semantisches Angebot genutzt wird, haben wir auch kritische Be-
zugnahmen aus unterschiedlichen Perspektiven gefunden: Bei Menschen, die
sich mit „Spiritualität" schon im Fragebogen eher wenig oder gar nicht identifizierten, mag man das vielleicht am ehesten erwarten: Heinrich („mehr religiös
als spirituell") beansprucht einen sehr individuell bestimmten Religionsbegriff
für sich und braucht „Spiritualität" nicht. Jörg („weder religiös noch spirituell")
findet den Begriff zu unbestimmt. In Heinrichs materialistisch ausgerichteter
„Naturreligion" ist kein Platz für Mystisches, wir finden bei ihm entsprechend
niedrige Werte in *Mystizismus*. Anders sieht es bei Jörg aus, der Traditionen
(Yoga) und Erfahrungen schildert, die durchaus als „mystisch" oder „spirituell"
bezeichnet werden könnten.

Bei denen, die sich im Frageboden als „ebenso spirituell wie religiös" oder als „mehr spirituell als religiös" bezeichnet haben, kann eine andere Verortung im Faith-Development-Interview eher überraschen: Laura („ebenso religiös wie spirituell") bezeichnet sich lieber als „suchend", Andreas („mehr spirituell als religiös") gibt zu verstehen, dass er sich jetzt nicht mehr so bezeichnen würde.

Jörg, Andreas und Laura finden wir in Abbildung 5.6 im oberen Bereich vom *Mystizismus*. Jörg ist „Spiritualität" semantisch zu wenig bestimmt und da er sich darin nicht wieder findet, zieht er es vor, seine Erfahrung zu beschreiben. Ähnlich scheint Andreas vorzugehen, der den Wert derartiger Begriffe in Frage stellt und sich in seinem Interview auf Mystik und Mystiker beruft. Laura wählt mit „suchend" eine Bezeichnung, die sie enger auf ihre eigene gegenwärtige Haltung beziehen kann.

Kritisiert wird hier die Unbestimmtheit. Tatsächlich könnte „Spiritualität" ein Beispiel dafür sein, was Koschorke einen „Gemeinplatz" im nicht-pejorativen Sinne nennt, der, ähnlich wie dort beschrieben, „die Verhandelbarkeit von Positionen sichert, ohne einen allgemeingültigen Konsens zu etablieren" (Koschorke: 2012, S. 173). Vielleicht wird „Spiritualität" sogar nicht nur von „Menschen auf der Straße", sondern auch in einschlägigen Forschungsbereichen, als „leerer Signifikant" genutzt, als Begriff, der das „Versprechen von Fülle" transportiert, und der durchaus mit einigem Pathos versehen verwendet wird? Wir haben in Kapitel 1 good-guy/bad-guy-Polarisierungen benannt, bei denen eine weiterhin eher unscharf definierte „Spiritualität" einer sehr kritisch porträtierten „Religion" gegenüber gestellt wird. Einigermaßen enthusiastisch klingt auch die Rede von einer „spirituellen Revolution" (z. B. Heelas/ Woodhead et al.: 2005).

Der Mehrwert von „Spiritualität": Der „Gemeinplatz" als Spielraum individueller Möglichkeiten

Wir haben diskutiert, dass „Spiritualität" als wissenschaftlicher Begriff begrenzt brauchbar ist, jedoch, als Alltagsbegriff und einen breiten Religionsbegriff voraussetzend, in das religiöse Feld gehört. Auf Weber und Troeltsch und aktuelle Operationalisierungen von Mystizismus bezug nehmend, haben wir „Spiritualität" beschrieben als gerne gerade auch für Selbstbeschreibungen verwendete Bezeichnung für individuell erfahrungsbezogene Religiosität. Was macht nun die Attraktivität gerade der Vokabel „Spiritualität" im alltäglichen Sprachgebrauch aus? Wir fassen zusammen: Für die Religiösen, die von ihrer ganz eigenen Erfahrung sprechen möchten, für diejenigen, die sich nicht allein bis zu denjenigen, die sich keinesfalls mit „Religion" identifizieren, aber „besondere" Erfahrungen zur Sprache bringen möchten, liegt der „Mehrwert" von „Spiritualität" darin, dass damit ein Spielraum für Artikulationen und Erkundungen persönlich erfahrener Transzendenzen eröffnet wird. Dass dieser Spielraum frei bleibt von Festlegungen und Vereinnahmungen, verleiht ihm eine Unbestimmtheit, die einem wissenschaftlichen Begriff schlecht ansteht, die jedoch im alltäglichen Gebrauch gerade die Vielfalt einlädt, die sich, wie wir gezeigt haben, systematisch untersuchen und dokumentieren läßt.

Anhang

Anhang A1.
Kurzbeschreibung der Bielefelder kulturübergreifenden Studie zur Semantik und Psychologie von „Spiritualität"[56]

Die von der Deutschen Forschungsgemeinschaft geförderte, an der Universität Bielefeld organisatorisch und finanziell durchgeführte und von Heinz Streib geleitete Studie wurde arbeitsteilig und kooperativ in zwei Forschungsteams bearbeitet, einem Team an der University of Tennessee at Chattanooga (USA) unter der Leitung von Ralph Hood und einem Team an der Universität Bielefeld unter der Leitung von Barbara Keller.

Entsprechend dem Mixed-Method-Design der Untersuchung wurden in verschiedenen Feldphasen zwischen 2010 und 2012 die Daten erhoben: Am Anfang stand eine Fragebogen-Erhebung mit einem online-Fragebogen in deutscher und englischer Sprache (die Messinstrumente sind unten in Tabelle A.1 zusammenfassend aufgelistet); nach ersten Datenanalysen und der Bildung von Fokusgruppen wurden aus der großen Zahl von TeilnehmerInnen an der Fragebogenuntersuchung, die ihre E-Mail-Adresse oder Telefonnummer hinterlassen hatten, eine Anzahl von Probanden ausgewählt, die kontaktiert und zu einem persönlichen Interview (Faith-Development-Interview, FDI) und zur Teilnahme an einem semantischen Reaktionszeit-Experiment (IAT) eingeladen wurden.[57]

Die FDIs wurden nach dem *Manual for Faith Development Research* (Fowler/ Streib/Keller: 2004) geführt und ausgewertet (vgl. Streib/Wollert/Keller: 2016a) – wobei zu notieren ist, dass für die Auswertung die Perspektiven von Streib (2005b) aufgenommen und methodisch umgesetzt worden sind. Dies gilt besonders für die spezielle Beachtung und Würdigung der Narrativität (vgl. Keller/ Coleman/Silver: 2016), aber auch für inhaltsbezogene und emotionale Aspekte; so wurden systematisch alle FDIs einer explorativen Auswertung zur narrativen Kohärenz, zu Attachment/Bindung, zu Mentalisierung und zu weisheitsbezoge-

---

56 Für detaillierte Angaben sei auf Streib/Hood (2016a), besonders auf das Kapitel 4 (Keller/Streib/Silver et al.: 2016) verwiesen. Auch die Website des Projekts bietet detaillierte Informationen, z. B. auch über die beteiligten ForscherInnen (www.uni-bielefeld.de/ spirituality-research).

57 Das IAT-Experiment ist ausführlich beschrieben in Klein/Hood/Silver et al. (2016).

nem Wissen unterzogen. Eine Auswahl der ausgewerteten FDIs wurde zu Fallstudien ausgearbeitet, wie sie in auch in diesem Buch zu finden sind.

Ergebnisse der FDI-Auswertung sowie des IAT-Experiments wurden in die
Datenbank eingefügt. Dies ermöglichte, mit SPSS und AMOS vielfältige Analysen nicht allein der Fragebogen-Daten durchzuführen, sondern auch eine Tri-
angulation von quantitativen, qualitativen und experimentellen Daten ins Spiel
zu bringen.

Design, Forschungsziele und Hypothesen dieser Studie sind in Abbildung
A1.1 zusammengefasst. Dabei steht das primäre Forschungsziel im Mittelpunkt: Die Studie hat das generelle Ziel, die Selbstbezeichnung als „spirituell" im Kontext verwandter Selbstbezeichnungen zu erhellen. Naheliegend ist
darum zunächst die semantische Analyse (Kasten links) mit einer maxima-
len methodischen Vielfalt von Instrumenten; dazu gehören semantische Differenziale im Fragebogen, freie Eintragungen der subjektiven Definitionen von
„Spiritualität" (ebenfalls im Fragebogen), Antworten aus den FDIs und schließlich Ergebnisse aus dem Reaktionszeit-Experiment (IAT) zur Semantik von
„Spiritualität".

In der Mitte rechts sind die Skalen aufgeführt, von denen wir uns hohe Korrelation und Prädiktion für „Spiritualität"/„Religion" erwartet haben. Die Kästen in
der oberen Hälfte führen die Skalen bzw. Merkmale auf, die als Dispositionen
auf die Präferenz für „Spiritualität" untersucht werden sollten; in den beiden
Kästen in der unteren Hälfte schließlich sind die Outcomes oder Konsequenzen aufgeführt, die sich aus „spiritueller" Selbstbezeichnung ergeben könnten.

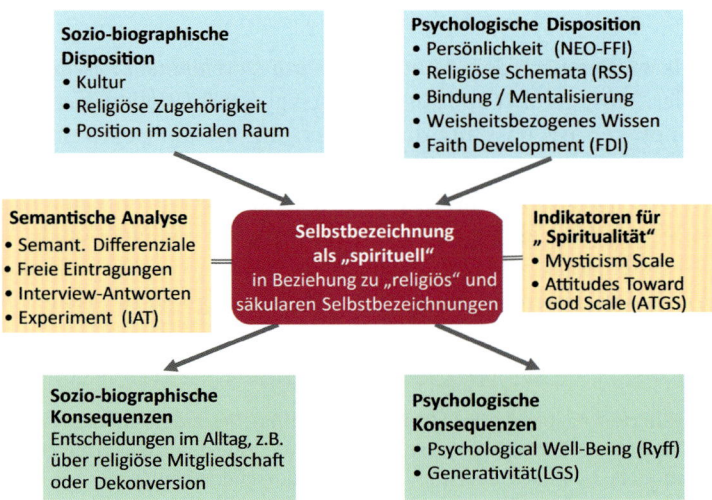

Abb. A1.1 Design, Ziele und Hypothesen der Studie

Die im Fragebogen der Studie verwendeten Instrumente sind in Tabelle A.1 aufgelistet und mit Hinweisen auf die Autorenschaft versehen.[58] Zum leichteren Vergleich sind die Fragen und Skalen weitgehend nach Abbildung A.1 gegliedert.

Tabelle A1.1 Items und Skalen im Fragebogen der Studie

Fragebogen-Item	Autor(en)	Anzahl
Demographie (wie z. B. Alter, Geschlecht, Bildung, Einkommen)	Team	22
Spezielle Fragen zur eigenen „Spiritualität"/ „Religiosität"		
Forced-choice-Frage zu vier Optionen: mehr religiös als spirituell; gleichermaßen religiös und spirituell, mehr spirituell als religiös, weder religiös noch spirituell	Streib/Hood/Keller et al. (2009)	1
dieselbe Forced-choice-Frage für das Alter von 12 Jahren	Team	1
„Wie würden Sie sich selbst beschreiben?" a. „nicht religiös – religiös"; b. „nicht spirituell – spirituell" (5er-Skalen)		2
Instrumente zur Semantik von „Spiritualität" und „Religion"		
„Was heißt „Spiritualität" für Sie?" (Feld für freie Eintragung)	Team	1
„Was heißt „Religion" für Sie?" (Feld für freie Eintragung)	Team	1
Osgood'sches semantisches Differenzial zu „Spiritualität"	Osgood (1962)	18
Osgood'sches semantisches Differenzial zu „Religion"	Osgood (1962)	18
Kontextuelles semantisches Differenzial zu „Spiritualität"	Team	30
Kontextuelles semantisches Differenzial zu „Religion"	Team	30

---

58 Für eine detailliertere Beschreibung der Instrumente verweisen wir auf Keller/Streib/ Silver et al. (2016).

Fragebogen-Item	Autor(en)	Anzahl
Instrumente für „Spiritualität" und Positionierung zu „Religion"		
Mystizismus-Skala (M-Scale)	Hood (1975)	32
Attitudes toward God Scale (ATGS)	Wood/Worthington/Exline et al. (2010)	9
Instrumente zur psychologischen Disposition		
NEO-Fünf-Faktoren-Inventar (NEO-FFI)	Costa/McCrae (1985); Borkenau/Ostendorf (1993)	60
Religious Schema Scale (RSS)	Streib/Hood/Klein (2010)	15
Fragen zur Bindung/Attachment	Granqvist (2002)	8
Instrumente zu den psychologischen Folgen		
Psychological Well-being and Growth Scale (Ryff-Scale)	Ryff (1989; Ryff/Singer: 1998)	42
Loyola Generativity Scale (LGS)	McAdams/de St Aubin (1992)	20

Die wichtigsten Charakteristika (Mittelwerte, Standardabweichungen und Reliabilitäten) der in der Studie verwendeten Skalen für das deutsche Sample sind in Tabelle A1.2 zusammengestellt.

Tabelle A1.2 Mittelwerte (*M*), Standardabweichungen (*SD*)
und Reliabilitäten (Cronbach's Alpha) aller in der Studie verwendeten
Skalen für das deutsche Sample (*N* = 773)

	M	SD	α
Neurotizismus (NEO-FFI)	18,8	8,3	0,88
Extraversion (NEO-FFI)	27,6	6,5	0,80
Offenheit für Erfahrung (NEO-FFI)	35,2	5,5	0,70
Verträglichkeit (NEO-FFI)	33,3	5,6	0,76
Gewissenhaftigkeit (NEO-FFI)	31,0	6,4	0,81
introvertierter Mystizismus (M-Scale)	42,5	13,4	0,92
extrovertierter Mystizismus (M-Scale)	27,3	9,6	0,92
Interpretation von mystischen Erfahrungen (M-Scale)	44,4	11,5	0,90
Mystizismus (M-Scale Gesamtscore)	114,2	31,8	0,96
Autonomie (Ryff Scale)	25,7	3,9	0,68
Alltagsbewältigung (Ryff Scale)	25,0	4,7	0,81
Persönlichkeitsentwicklung (Ryff Scale)	29,9	3,2	0,65
Beziehungen zu anderen (Ryff Scale)	27,2	4,2	0,76
Lebensziele (Ryff Scale)	26,0	4,1	0,67
Selbstakzeptanz (Ryff Scale)	26,5	4,6	0,85
Generativität (Loyola Generativity Scale)	56,4	8,2	0,83
Attitudes toward God (ATGS)	69,2	20,9	0,85
Truth of texts & teachings (RSS)	10,8	5,3	0,87
Fairness, tolerance and rational choice (RSS)	22,0	2,5	0,57
Xenosophia/inter-religious dialog (RSS)	18,1	4,2	0,71

Es folgt in Tabelle A1.3 eine Zusammenstellung einiger grundlegender Angaben zum Sample und den nach zentralen Eigenschaften gebildeten Untersuchungsgruppen, den Fokusgruppen. Wir schließen diese Kurzvorstellung der Studie mit der Zusammenstellung der Mittelwerte der Skalen für die sechs Fokusgruppen; damit werden die Unterschiede zwischen den Fokusgruppen nachvollziehbar, was nicht zuletzt für die in den Fallstudien präsentierten Tabellen aufschlussreich ist, und weiterführende Perspektiven eröffnen kann.

Tabelle A1.3 Kerndaten des Samples der Studie

	BRD	USA	gesamt
Fälle in der Datenbank insgesamt (nach Datenbereinigung)	773	1.113	1.886
davon weiblich	56,8 %	63,1 %	60,5 %
Alter (Mittelwert)	43,2	34,4	38,0
Fälle mit ausgewertetem Faith-Development-Interview	48	54	102
Fälle mit IAT-Experiment	37	67	104
Aufteilung des Gesamtsamples nach Religionszugehörigkeit			
Protestantische Kirchen	25,4 %	47,4 %	38,3 %
Katholische Kirchen	10,7 %	10,7 %	10,7 %
Judentum	0,3 %	0,9 %	0,6 %
Islam	1,2 %	0,5 %	0,8 %
Hinduismus	0,5 %	0,5 %	0,5 %
Buddhismus oder andere östliche Tradition	4,9 %	2,6 %	3,6 %
Andere spirituelle Gruppen, Neuheidentum, etc.	8,8 %	8,3 %	8,5 %
Ohne Religionszugehörigkeit	48,2 %	29,1 %	37,0 %
Aufteilung des Gesamtsamples nach Fokusgruppen			
mehr religiös als spirituell	9,8 %	6,3 %	7,7 %
gleichermaßen religiös und spirituell	18,3 %	27,2 %	23,6 %
mehr spirituell als religiös, nicht atheistisch/non-theistisch	44,2 %	48,6 %	46,8 %
mehr spirituell als religiöse Atheisten/non-Theisten	5,2 %	2,3 %	3,5 %
weder religiös noch spirituell, nicht atheistisch/non-theistisch	12,3 %	9,6 %	10,7 %
weder religiös noch spirituelle Atheisten/non-Theisten	10,1 %	5,9 %	7,6 %

Tabelle A1.4 Mittelwerte und Standardabweichungen aller
in der Studie verwendeten Skalen und deren Unterschiede zwischen
den sechs Fokusgruppen im deutschen Sample ($N = 763$)

	FG1	FG2	FG3	FG4	FG5	FG6		
N	75	140	337	40	94	77	F	part, η^2
Neurotizismus (NEO-FFI)	19,4 (8,1)	19,3 (8,7)	19,1 (8,4)	18,9 (8,8)	18,6 (8,0)	16,7 (7,2)	1,373	0,009
Extraversion (NEO-FFI)	28,1 (6,0)	28,6 (6,5)	27,6 (6,4)	26,5 (6,2)	27,1 (6,6)	26,2 (6,8)	1,556	0,010
Offenheit für Erfahrung (NEO-FFI)	31,4 (5,5)	34,4 (5,9)	35,9 (5,1)	35,9 (5,6)	35,6 (5,2)	36,5 (4,7)	10,198**	0,063
Verträglichkeit (NEO-FFI)	34,6 (5,0)	34,3 (5,9)	33,8 (5,6)	31,9 (5,2)	31,7 (5,3)	30,6 (5,4)	4,849**	0,031
Gewissen-haftigkeit (NEO-FFI)	32,0 (6,1)	32,3 (6,2)	30,5 (6,3)	29,2 (6,0)	30,8 (6,2)	30,7 (7,5)	2,127*	0,014
introvertierter Mystizismus (M-Scale)	38,1 (10,9)	47,4 (10,2)	47,7 (10,9)	44,1 (10,8)	33,5 (13,5)	25,8 (10,4)	61,395**	0,289
extrovertierter Mystizismus (M-Scale)	24,0 (8,0)	31,5 (7,2)	31,3 (7,9)	27,4 (7,9)	19,8 (8,2)	15,0 (6,2)	71,929**	0,323
Interpretation (M-Scale)	44,1 (9,6)	50,4 (7,9)	48,7 (9,0)	41,1 (11,7)	35,3 (10,7)	28,9 (7,5)	77,319**	0,339
Mystizismus-Skala (Gesamtwert)	106,3 (24,6)	129,3 (22,8)	127,8 (24,9)	112,6 (27,1)	88,7 (28,3)	69,7 (21,2)	88,789**	0,366
Autonomie (Ryff Scale)	24,6 (3,9)	25,7 (3,7)	25,7 (4,0)	25,6 (3,8)	25,6 (3,9)	26,5 (3,3)	2,533*	0,017
Alltags-bewältigung (Ryff Scale)	25,1 (4,5)	25,1 (4,8)	24,8 (4,6)	25,3 (5,3)	24,9 (4,6)	25,5 (4,4)	0,866	0,006
Persönlichkeits-entwicklung (Ryff Scale)	28,9 (3,2)	29,7 (3,2)	30,4 (3,4)	29,5 (3,1)	29,5 (3,3)	29,3 (2,6)	3,962*	0,026
Beziehungen zu anderen (Ryff Scale)	27,4 (4,4)	27,8 (4,2)	27,5 (4,3)	27,0 (3,7)	26,2 (3,8)	26,0 (4,3)	1,842	0,012

	FG1	FG2	FG3	FG4	FG5	FG6	F	part, η^2
N	75	140	337	40	94	77		
Lebensziele	27,4	26,9	25,8	24,9	25,8	25,5	3,369*	0,022
(Ryff Scale)	(3,7)	(4,1)	(4,2)	(4,1)	(4,1)	(3,9)		
Selbstakzeptanz	26,0	26,8	26,9	26,4	25,6	26,2	1,329	0,009
(Ryff Scale)	(4,3)	(4,5)	(4,6)	(4,3)	(4,9)	(4,1)		
Generativität	56,1	58,3	56,8	53,4	55,3	54,8	3,656*	0,024
(LGS)	(7,6)	(8,4)	(8,4)	(7,5)	(8,4)	(7,6)		
Attitudes toward God (ATGS)	81,2 (16,0)	81,5 (17,0)	74,3 (19,1)	51,8 (8,8)	50,9 (14,1)	47,2 (6,8)	72,950**	0,326
truth of texts & teachings (RSS)	16,6 (4,5)	14,4 (4,7)	10,4 (4,4)	7,8 (3,2)	7,0 (4,0)	5,9 (2,0)	77,810**	0,341
fairness, tolerance ... (RSS)	22,5 (2,0)	22,4 (2,2)	21,5 (2,7)	22,2 (2,3)	22,3 (2,0)	22,0 (2,0)	3,721**	0,024
xenosophia/ inter-relig. dialog (RSS)	16,8 (4,2)	19,7 (3,9)	19,7 (3,6)	17,4 (3,2)	15,1 (3,6)	13,4 (4,3)	53,282**	0,261

Anmerkung Standardabweichungen in Klammern; * = signifikant auf dem $p < 0,05$-Niveau; ** = signifikant auf dem $p < 0,001$-Niveau; Variablen für Geschlecht, Alter, kulturelles Kapital und Pro-Kopf-Einkommen wurden kontrolliert; FG1 = Fokusgruppe der „mehr Religiösen als Spirituellen"; FG2 = Fokusgruppe der „gleichermaßen Religiösen und Spirituellen"; FG3 = Fokusgruppe der „mehr Spirituellen als Religiösen, ohne Atheisten und Non-Theisten"; FG4 = Fokusgruppe der „mehr spirituellen als religiösen Atheisten/Non-Theisten"; FG5 = Fokusgruppe der „weder Religiösen noch Spirituellen, ohne Atheisten und Non-Theisten"; FG6 = Fokusgruppe der „weder religiösen noch spirituellen Atheisten/Non-Theisten".

Anhang A2.
Die Mystizismus-Skala (Hood: 1975) und
ihre Drei-Faktor-Struktur

1. Ich habe eine Erfahrung gehabt, bei der es weder Raum noch Zeit gab.
2. Ich habe nie eine Erfahrung gehabt, die man nicht mit Worten ausdrücken kann.
3. Ich habe eine Erfahrung gehabt, als ob etwas Größeres als ich selbst mich aufnehme.
4. Ich habe eine Erfahrung gemacht, als ob alles aus meinen Gedanken verschwinde, bis ich mir nur noch einer Leere bewusst war.
5. Ich habe ganz tiefe Freude erfahren.
6. Ich habe nie eine Erfahrung gehabt, bei der ich spürte, dass ich in allem aufgehe.
7. Ich habe nie vollkommenen inneren Frieden erlebt.
8. Ich habe nie eine Erfahrung gehabt, bei der ich spürte, dass alles lebt.
9. Ich habe nie die Erfahrung von etwas Heiligem gehabt.
10. Ich habe nie eine Erfahrung gehabt, bei der alle Dinge über ein Gewahrsein verfügten.
11. Ich habe eine Erfahrung gehabt, in der mir weder Zeit noch Raum bewusst waren.
12. Ich habe eine Erfahrung gehabt, bei der ich erkannte, dass ich eins mit allem bin.
13. Ich habe eine Erfahrung gehabt, bei der mir eine neue Sicht der Wirklichkeit enthüllt wurde.
14. Ich habe nie erlebt, dass irgendetwas göttlich ist.
15. Ich habe nie eine Erfahrung gehabt, bei der es Raum und Zeit nicht gab.
16. Ich habe nie irgendetwas erlebt, das ich als letztgültige Wirklichkeit bezeichnen würde.
17. Ich habe eine Erfahrung gehabt, bei der mir die letztgültige Wirklichkeit offenbart wurde.
18. Ich habe eine Erfahrung gehabt, bei der ich die Vollkommenheit von allem spürte.
19. Ich habe eine Erfahrung gehabt, bei der ich spürte, dass alles, was es auf der Welt gibt, zu einem großen Ganzen gehört.
20. Ich eine Erfahrung gemacht, die ich als geheiligt erkannte.
21. Ich habe nie eine Erfahrung gehabt, für deren Ausdruck mir die Sprache gefehlt hätte.

22. Ich habe eine Erfahrung gehabt, die mir ein Gefühl der Ehrfurcht hinter-
    ließ.

23. Ich habe eine Erfahrung gehabt, die man nicht mitteilen kann.

24. Ich habe nie eine Erfahrung gehabt, bei der mein Selbst mit etwas Größerem
    zu verschmelzen schien.

25. Ich habe nie eine Erfahrung gehabt, die bei mir das Gefühl des Wunder-
    baren hinterließ.

26. Ich habe nie eine Erfahrung gemacht, die mir einen tieferen Einblick in die
    Wirklichkeit erlaubt hätte.

27. Ich habe nie eine Erfahrung gehabt, bei der Zeit, Raum und Entfernung
    ohne Bedeutung waren.

28. Ich habe nie eine Erfahrung gehabt, bei der ich eines Einsseins aller Dinge
    gewahr wurde.

29. Ich habe eine Erfahrung gehabt, bei der alle Dinge über Bewusstheit zu ver-
    fügen schienen.

30. Ich habe nie eine Erfahrung gehabt, bei der alle Dinge in einem großen Gan-
    zen vereint schienen.

31. Ich habe eine Erfahrung gehabt, bei der ich spürte, dass nichts wirklich ir-
    gendwann tot ist.

32. Ich habe eine Erfahrung gehabt, die man nicht mit Worten ausdrücken
    kann.

Skalenzuordnung

(Hood/Ghorbani/Watson/Ghramaleki/Bing/Davison/Morris/Williamson: 2001)

Introvertierter Mystizismus (12 items; 6 invertiert):
1, 2R, 3, 4, 6R, 11, 15R, 21R, 23, 24R, 27R, 32

Extrovertierter Mystizismus (8 items; 4 invertiert):
8R, 10R, 12, 19, 28R, 29, 30R, 31

Interpretation (12 items; 6 invertiert):
5, 7R, 9R, 13, 14R, 16R, 17, 18, 20, 22, 25R, 26R

Anhang A3.
Die Ratings in den semantischen Differenzialen
in den sechs Fokusgruppen

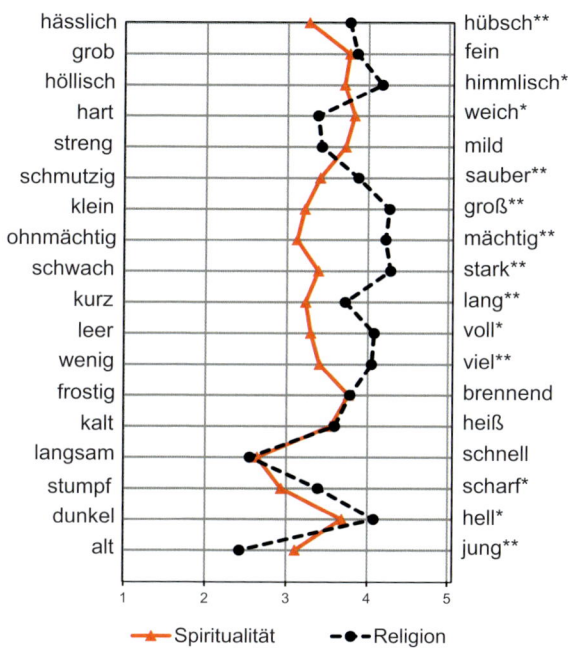

Abb. A3.1 Werte der „mehr Religiösen als Spirituellen" (FG1)
auf Osgoods Semantischem Differenzial (*n* = 64)

Anmerkung * = Der Mittelwertunterschied zwischen „Religion" und „Spiritualität" ist signifikant auf dem p < 0,05-Niveau; ** = signifikant auf dem p < 0,001-Niveau.

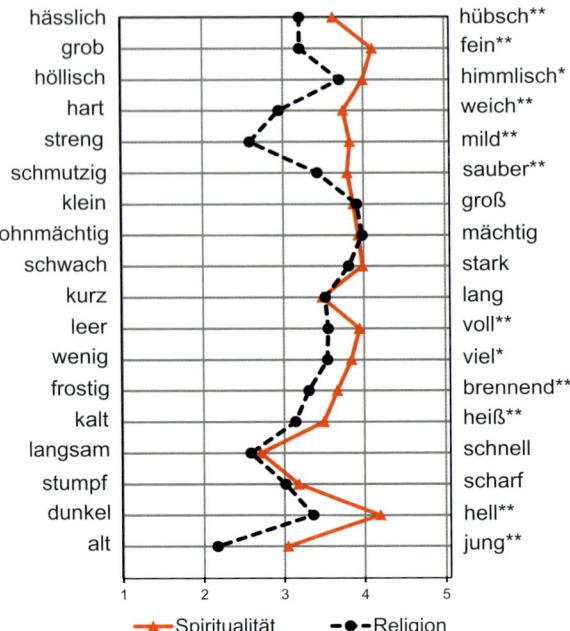

Abb. A3.2 Werte der „gleichermaßen Religiösen und Spirituellen" (FG2) auf Osgoods Semantischem Differenzial (*n* = 119)

Anmerkung * = Der Mittelwertunterschied zwischen „Religion" und „Spiritualität" ist signifikant auf dem *p* < 0,05-Niveau; ** = signifikant auf dem *p* < 0,001-Niveau.

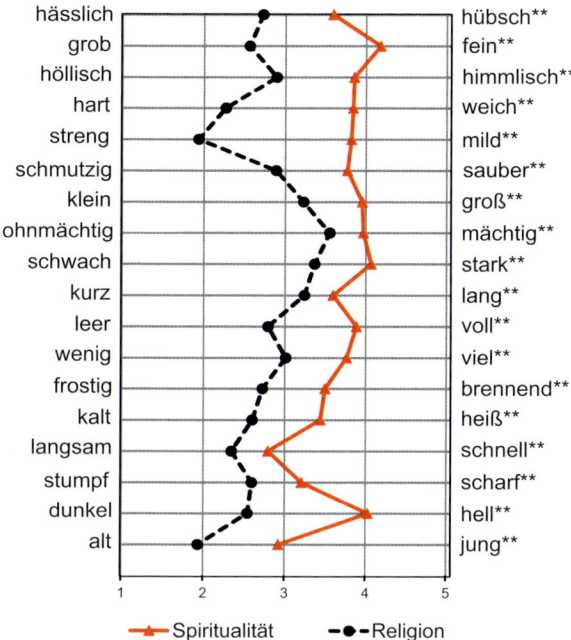

Abb. A3.3 Werte der „mehr Spirituellen als Religiösen,
ohne Atheisten und Non-Theisten" (FG3) auf Osgoods
Semantischem Differenzial (*n* = 308)

Anmerkung * = Der Mittelwertunterschied zwischen „Religion" und „Spiritualität" ist signifikant auf dem p < 0,05-Niveau; ** = signifikant auf dem p < 0,001-Niveau.

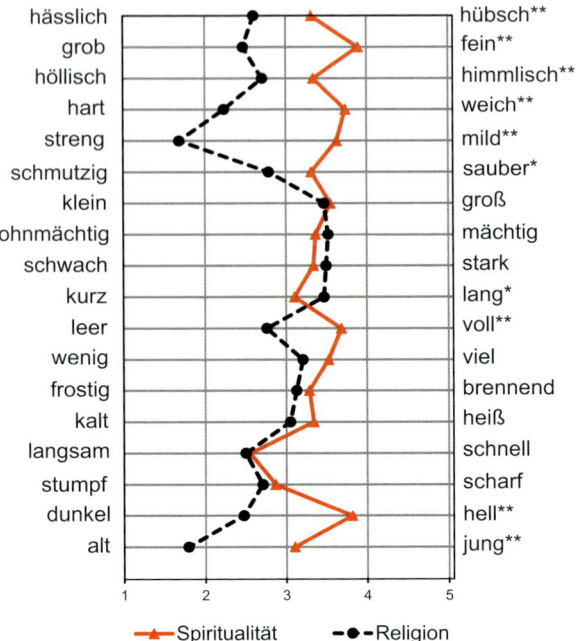

Abb. A3.4 Werte der „mehr spirituellen als religiösen Atheisten und Non-Theisten" (FG4) auf Osgoods Semantischem Differenzial (*n* = 38)

Anmerkung * = Der Mittelwertunterschied zwischen „Religion" und „Spiritualität" ist signifikant auf dem *p* < 0,05-Niveau; ** = signifikant auf dem *p* < 0,001-Niveau.

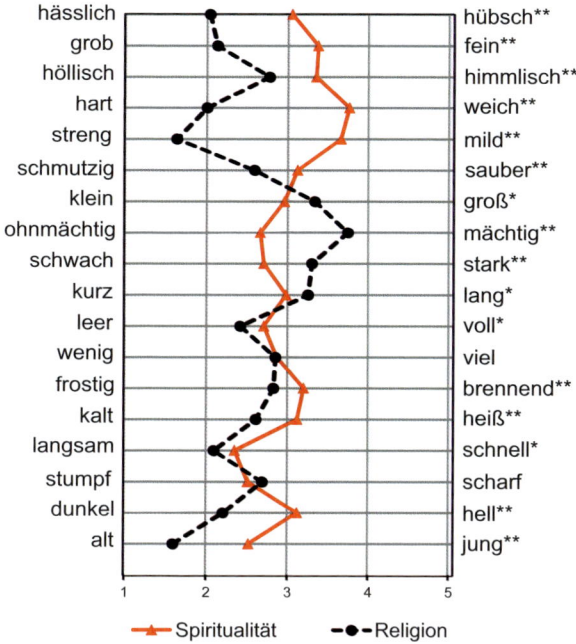

Abb. A3.5 Werte der „weder Religiösen noch Spirituellen,
ohne Atheisten und Non-Theisten" (FG5) auf Osgoods
Semantischem Differenzial (*n* = 87)

Anmerkung * = Der Mittelwertunterschied zwischen „Religion" und „Spiritualität" ist signifikant auf dem p < 0,05-Niveau; ** = signifikant auf dem p < 0,001-Niveau.

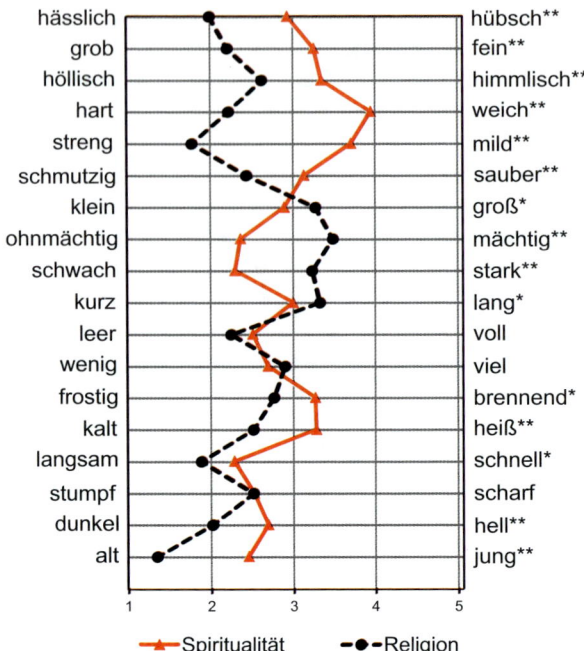

Abb. A3.6 Werte der „weder religiösen noch spirituellen Atheisten und Non-Theisten" (FG6) auf Osgoods Semantischem Differenzial ($n = 75$)

Anmerkung * = Der Mittelwertunterschied zwischen „Religion" und „Spiritualität" ist signifikant auf dem $p < 0,05$-Niveau; ** = signifikant auf dem $p < 0,001$-Niveau.

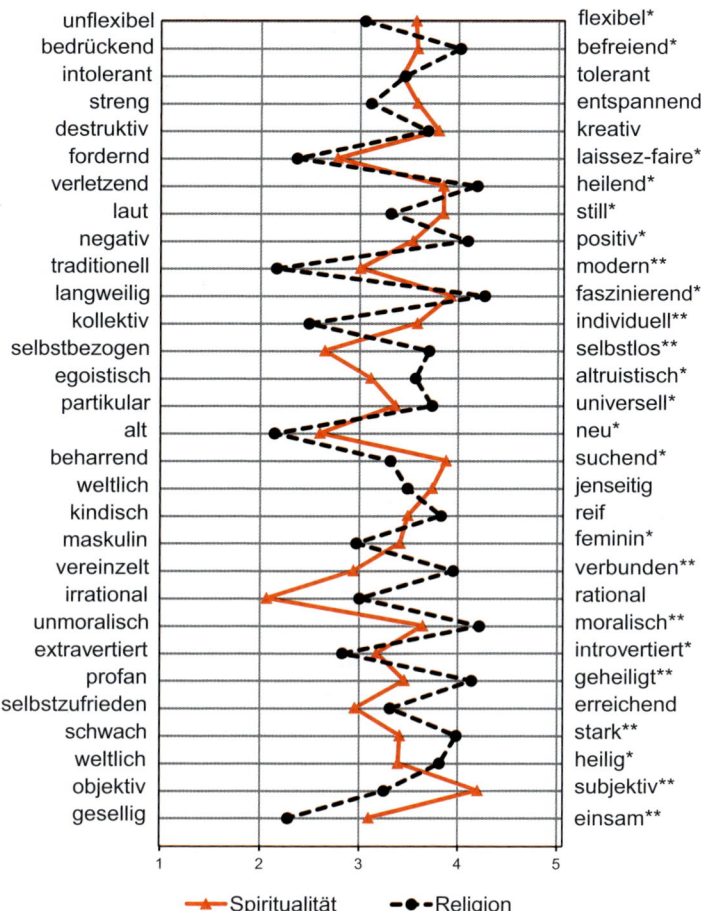

Abb. A3.7 Werte der „mehr Religiösen als Spirituellen" (FG1)
im kontextuellen semantischen Differenzial (*n* = 64)

Anmerkung * = Der Mittelwertunterschied zwischen „Religion" und „Spiritualität" ist signifikant auf dem *p* < 0,05-Niveau; ** = signifikant auf dem *p* < 0,001-Niveau.

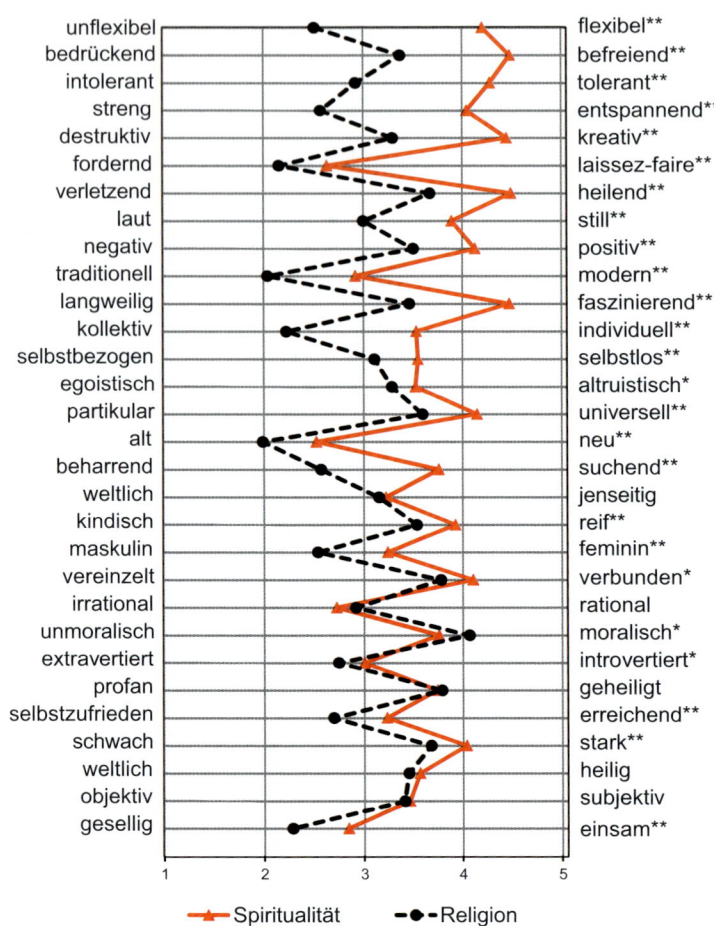

Abb. A3.8 Werte der „gleichermaßen Religiösen und Spirituellen" (FG2)
im kontextuellen semantischen Differenzial (*n* = 119)

Anmerkung * = Der Mittelwertunterschied zwischen „Religion" und „Spiritualität" ist
signifikant auf dem *p* < 0,05-Niveau; ** = signifikant auf dem *p* < 0,001-Niveau.

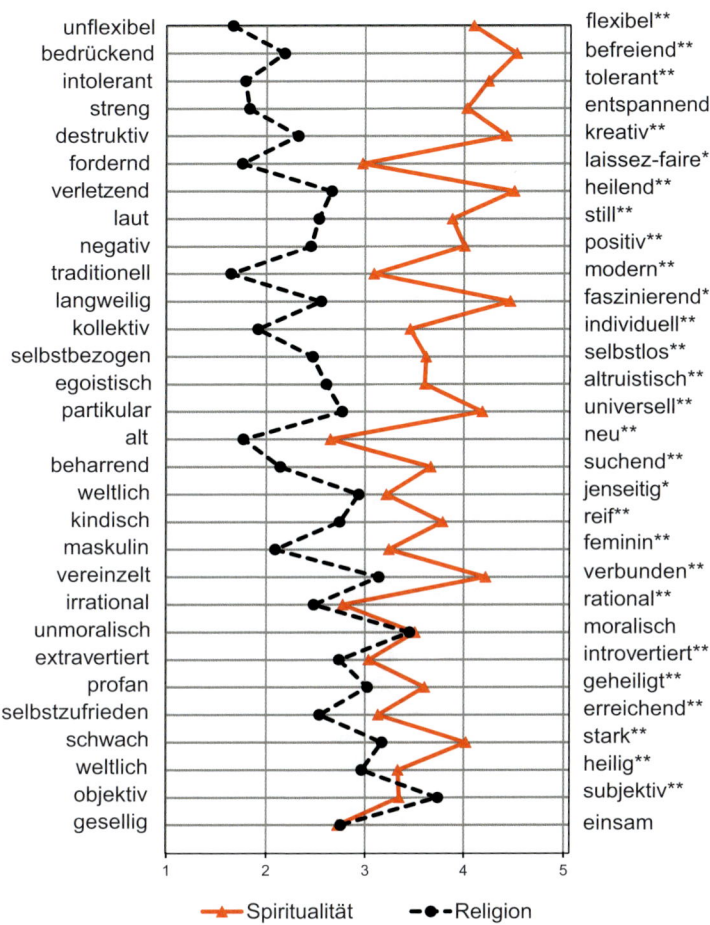

Abb. A3.9 Werte der „mehr Spirituellen als Religiösen,
ohne Atheisten und Non-Theisten" (FG3) im kontextuellen
semantischen Differenzial (*n* = 308)

Anmerkung * = Der Mittelwertunterschied zwischen „Religion" und „Spiritualität" ist signifikant auf dem *p* < 0,05-Niveau; ** = signifikant auf dem *p* < 0,001-Niveau.

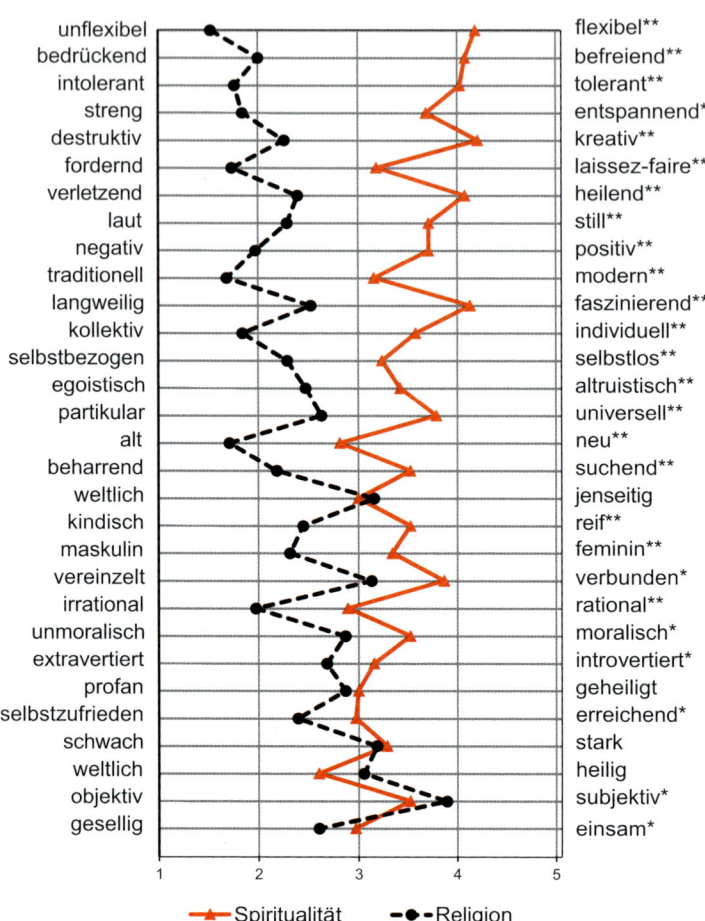

Abb. A3.10 Werte der „mehr spirituellen als religiösen Atheisten und
Non-Theisten" (FG4) im kontextuellen semantischen Differenzial (*n* = 38)

Anmerkung * = Der Mittelwertunterschied zwischen „Religion" und „Spiritualität" ist signifikant auf dem *p* < 0,05-Niveau; ** = signifikant auf dem *p* < 0,001-Niveau.

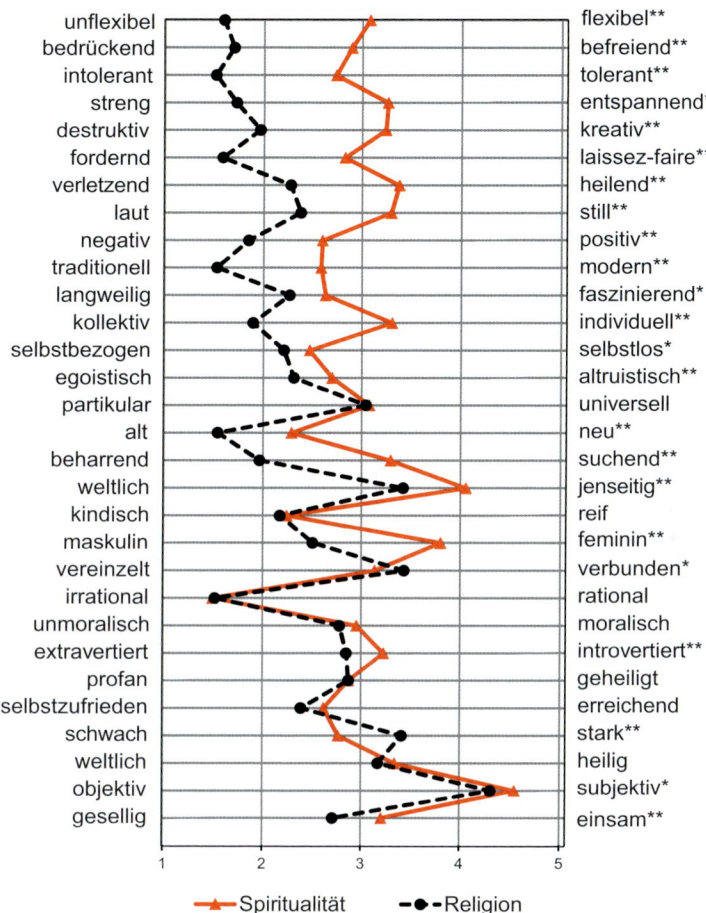

Abb. A3.11 Werte der „weder Religiösen noch Spirituellen, ohne Atheisten und Non-Theisten" (FG5) im kontextuellen semantischen Differenzial ($n = 87$)

Anmerkung * = Der Mittelwertunterschied zwischen „Religion" und „Spiritualität" ist signifikant auf dem $p < 0,05$-Niveau; ** = signifikant auf dem $p < 0,001$-Niveau.

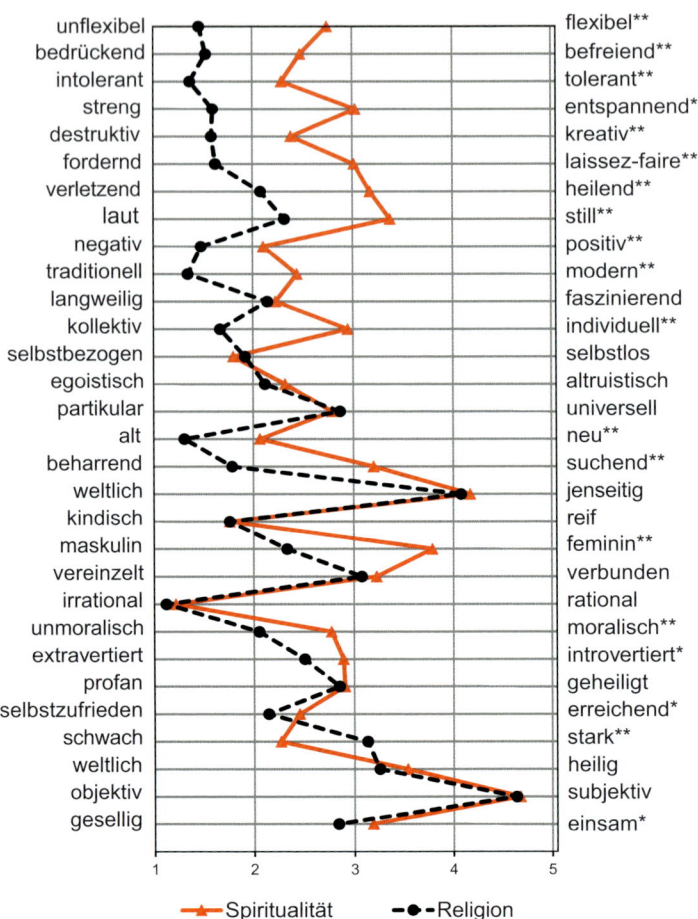

Abb. A3.12 Werte der „weder religiösen noch spirituellen Atheisten und Non-Theisten" (FG6) im kontextuellen semantischen Differenzial (*n* = 76)

Anmerkung * = Der Mittelwertunterschied zwischen „Religion" und „Spiritualität" ist signifikant auf dem *p* < 0,05-Niveau; ** = signifikant auf dem *p* < 0,001-Niveau.

Literaturverzeichnis

ALLBUS (2013), Allgemeine Bevölkerungsumfrage der Sozialwissenschaften ALL-BUS 2012 [machine-readable data file]. Köln.

Altmeyer, S./Klein, C. (2016), „Spirituality" and „Religion" – Corpus Analysis of Subjective Definition in the Questionnaire, in: H. *Streib*/R.W. *Hood* (Eds.), Semantics and Psychology of „Spirituality". A Cross-cultural Analysis, Cham.

Altmeyer, S./Klein, C./Keller, B./Silver, C. F./Hood, R. W./Streib, H. (2015), Subjective Definitions of Spirituality and Religion. An Explorative Study in Germany and the USA, International Journal of Corpus Linguistics (accepted for publication).

Ammerman, N. T. (2013), Spiritual But Not Religious? Beyond Binary Choices in the Study of Religion, Journal for the Scientific Study of Religion 52, 258–278.

Ashton, M. C./Lee, K. (2014), Personality and Religiousness, in: V. *Saroglou* (Ed.), Religion, Personality, and Social Behavior, London, 31–45.

Bartholomew, K./Horowitz, L. M. (1991), Attachment Styles among Young Adults: A Test of a Four-category Model, Journal of Personality and Social Psychology 61, 226–244.

Bassett, R. L./Thrower, J./Barclay, J./Powers, C./Smith, A./Tindall, M. et al. (2005), One Effort to Measure Implicit Attitudes Toward Spirituality and Religion, Journal of Psychology and Christianity 24, 210–218.

Batson, C. D./Schoenrade, P. A. (1991), Measuring Religion as a Quest: 2.) Reliability Concerns, Journal of the Scientific Study of Religion 30, 430–447.

Beit-Hallahmi, B. (2014), Resisting the Match between Religion and „Spirituality", Religion, Brain & Behavior (Book Symposium: Handbook of the Psychology of Religion and Spirituality, 2nd edition, ed. by Ray Paloutzian and Crystal Park), New York, 2–6.

Bentler, P. M. (1990), Comparative Fit Indexes in Structural Models, Psychological Bulletin 107, 238–246.

Berger, P. A./Hock, K./Klie, T. (Eds.) (2013), Religionshybride. Religion in posttraditionalen Kontexten, Wiesbaden.

Berger, P. L. (1979), The Heretical Imperative. Contemporary Possibilities of Religious Affirmation, New York.

Berghuijs, J./Pieper, J./Bakker, C. (2013), Conceptions of Spirituality among the Dutch Population, Archive for the Psychology of Religion/Archiv für Religionspsychologie 35, 369–397.

Bluck, S./Habermas, T. (2000), The Life Story Schema, Motivation and Emotion 24(2), 121–147.

Borkenau, P./Ostendorf, F. (1993), *Neo-Fünf-Faktoren-Inventar (NEO-FFI)* nach Costa und McCrae: Handanweisung, Göttingen.

Borkenau, P./Ostendorf, F. (2008), *Neo-Fünf-Faktoren-Inventar (NEO-FFI)* nach Costa und McCrae: Manual (2. neu normierte und vollständig überarbeitete Auflage, Göttingen.

Bourdieu, P. (1971), Une interprétation de la théorie de la religion selon Max Weber, Archives européennes de sociologie 12, 3–21.

Browne, M. W./*Cudeck,* R. (1992), Alternative Ways of Assessing Model Fit, Sociological Methods & Research 21, 230–258.

Burris, C. T. (1999), The Mysticism Scale: Research Form D (M Scale) (Hood 1975), in: P. C. *Hill*/R. W. *Hood* (Eds.), Measures of Religiosity, Birmingham, Alabama, 363–367.

Choi-Kain, L. W./*Gunderson,* J. G. (2008), Mentalization: Ontogeny, Assessment, and Application in the Treatment of Borderline Personality Disorder, American Journal of Psychiatry 165(9), 1127–1135.

Cohen, J. (1988), Statistical Power Analysis for the Behavioral Sciences (2nd ed.), Hillsdale.

Costa, P. T./*McCrae,* R. R. (1985), Revised *Neo* Personality Inventory *(Neo Pi-R)* and *Neo* Five-Factor-Inventory *(NEO-FFI)*. Professional Manual, Odessa.

Costa, P. T./*McCrae,* R. R. (1992), Revised *Neo* Personality Inventory (*Neo Pi-R*) and *Neo* Five-Factor-Inventory (*NEO-FFI*). Professional Manual, Odessa.

Daiber, K.-F. (2002), Mysticism: Troeltsch's Third Type of Religious Collectivities, Social Compass 49, 329–341.

Eisenmann, C./*Klein,* C./*Swhajor-Biesemann,* A./*Drexelius,* U./*Streib,* H./*Keller,* B. (2016), Dimensions of „Spirituality": The Semantics of Subjective Definitions, in: H. *Streib*/R. W. *Hood* (Eds.), Semantics and Psychology of „Spirituality". A Cross-cultural Analysis, Cham.

Elten, J. A. (1979), Ganz entspannt im Hier und Jetzt! Tagebuch über mein Leben mit Bhagwan in Poona, Reinbek.

Ensink, K./*Berthelot,* N./*Bernazzani,* O./*Normandin,* L./*Fonagy,* P. (2014), Another Step Closer to Measuring the Ghosts in the Nursery: Preliminary Validation of the Trauma Reflective Functioning Scale, Frontiers in Psychology, doi: 10.3389/fpsyg.2014.01471

Faivre, A. (2001), Esoterik im Überblick. Geheime Geschichte des abendländischen Denkens, Freiburg.

Feige, A. (1998), Soziale Topographie von ‚Religion': Ein empirischer Zugang zu ihrer religionssoziologisch-theoretischen Definitionsproblematik, International Journal for Practical Theology 2, 52–64.

Feige, A. (2010), Jugend und Religion, in: H.-H. *Krüger*/C. *Grunert* (Eds.), Handbuch der Kindheits- und Jugendforschung (2., aktualisierte und erweiterte ed.), Wiesbaden, 917–931.

Fonagy, P./*Target,* M./*Steele,* H./*Steele,* M. (1998), Reflective Functioning Manual Version 5. For Application to Adult Attachment Interviews. Unpublished Manual.

Fonagy, P./*Target,* M. (2001), Mit der Realität spielen. Zur Doppelgesichtigkeit psychischer Realität von Borderline-Patienten, Die Psyche 55 (9–10), 961–995.

Fonagy, P./*Target,* M. (2007), Playing with Reality IV. A Theory of External Reality Rooted in Intersubjectivity, International Journal of Psychoanalysis 88, 917–937.

Fowler, J. W. (1981), Stages of Faith. The Psychology of Human Development and the Quest for Meaning, San Francisco.

Fowler, J. W./*Streib,* H./*Keller,* B. (2004), Manual for Faith Development Research, (3rd ed.) Bielefeld; Atlanta.

Gebhardt, W. (2013), Die Selbstermächtigung des religiösen Subjekts und die Ent-konturierung der religiösen Landschaft, in: P. A. *Berger*/K. *Hock*/T. *Klie* (Eds.), Religionshybride. Religion in posttraditionalen Kontexten, Wiesbaden, 89–105.

Gebhardt, W./*Engelbrecht,* M./*Bochinger,* C. (2005), Die Selbstermächtigung des re-ligiösen Subjekts. Der ‚spirituelle Wanderer‘ als Idealtypus spätmoderner Reli-giosität, Zeitschrift für Religionswissenschaft 13, 133–151.

Gorsuch, R. L./*Miller,* W. R. (1999), Assessing Spirituality, in: W. R. *Miller* (Ed.), In-tegrating Spirituality Into Treatment: Resources for Practitioners, Washington, 47–64.

Graham, J./*Haidt,* J./*Nosek,* B. A. (2009), Liberals and Conservatives Rely on Diffe-rent Sets of Moral Foundations, Journal of Personality and Social Psychology 96 (5), 1029–1046.

Granqvist, P. (2002), Attachment and Religion: An Integrative Developmental Fra-mework, Ph.D. Diss., Avhandlingar från Uppsala universitet.

Granqvist, P. (2010), Religion as Attachment: The Godin Award Lecture, Archive for the Psychology of Religion 32, 5–24.

Greenwald, D. F./*Harder,* D. W. (2003), The Dimensions of Spirituality, Psychologi-cal Reports 92, 975–980.

GSS 1972–2012 (2013), General Social Surveys, 1972–2012 [machine-readable data file]. Chicago.

Gumz, E. J./*Wall,* J. C./*Grossman,* S. F. (2003), Ignatian Spirituality: The Spiritual Exercises and Social Work, Social Thought 22(1), 143–158.

Haidt, J./*Graham,* J. (2007), When Morality Opposes Justice: Conservatives Have Moral Intuitions that Liberals may not Recognize, Social Justice Research 20 (1), 98–116.

Hall, T. W./*Edwards,* K. J. (1996), The Initial Development and Factor Analysis of the Spiritual Assessment Inventory, Journal of Psychology and Theology 24, 233–246.

Hall, T. W./*Edwards,* K. J. (2002), The Spiritual Assessment Inventory: A Theistic Model and Measure for Assessing Spiritual Development, Journal for the Scien-tific Study of Religion 41, 341–357.

Heelas, P./*Woodhead,* L./*Seel,* B./*Szerszynski,* B./*Tusting,* K. (2005), The Spiritual Revolution: Why Religion is Giving Way to Spirituality, Oxford.

Heimbrock, H.-G./*Streib,* H. (Eds.) (1994), Magie – Katastrophenreligion und Kritik des Glaubens. Eine theologische und religionstheoretische Kontroverse um die Kraft des Wortes, Kampen.

Hood, R. W. (1975), The Construction and Preliminary Validation of a Measure of Re-ported Mystical Experience, Journal for the Scientific Study of Religion 14, 29–41.

Hood, R. W. (2003), The Relationship between Spirituality and Religion, in: A. L. *Greil*/D. G. *Bromley* (Eds.), Defining Religion: Investigating the Boundaries between the Sacred and the Secular, Amsterdam, 241–265.

Hood, R. W. (2006), The Common Core Thesis in the Study of Mysticism, in: P. *McNamara* (Ed.), Where God and Science Meet: How Brain and Evolutionary Studies Alter our Understanding of Religion, Vol 3, Westport, Conn, 119–138.

Hood, R. W./*Chen,* Z. (2013), Mystical, Spiritual, and Religious Experiences, in: R. F. *Paloutzian*/C. L. *Park* (Eds.), Handbook of the Psychology of Religion and Spirituality, 2nd ed., New York, 422–440.

Hood, R. W./Ghorbani, N./Watson, P. J./Ghramaleki, A. F./Bing, M. N./Davison, H. K. et al. (2001), Dimensions of the Mysticism Scale: Confirming the Three-Factor-Structure in the United States and Iran, Journal for the Scientific Study of Religion 40, 691–705.

Hood, R. W./Hill, P. C./Spilka, B. (2009), The Psychology of Religion: An Empirical Approach, (4th ed.) New York.

Hood, R. W./Morris, R. J./Watson, P. S. (1993), Further Factor-Analysis of Hood's Mysticism Scale, Psychological Reports 73, 1176–1178.

Hu, L./Bentler, P. M. (1999), Cutoff Criteria for Fit Indices in Covariance Structure Analysis: Conventional Criteria versus New Alternatives, Structural Equation Modeling 6, 1–55.

James, W. (1902), The Varieties of Religious Experience. A Study in Human Nature, New York.

Jung, C. G. (1976), Die Lebenswende, in: Gesammelte Werke (8), Olten, 427–442.

Kalton, M. C. (2000), Green Spirituality: Horizontal Transcendence, in: P. Young-Eisendrath/M. E. Miller (Eds.), The Psychology of Mature Spirituality: Integrity, Wisdom, Transcendence, London, 187–200.

Keller, B./Coleman, T. J./Silver, C. F. (2016), Narrative Reconstruction and Content Analysis in the Interpretation of „Spiritual" Biographical Trajectories for Case Studies, in: H. Streib/R. W. Hood (Eds.), Semantics and Psychology of „Spirituality". A Cross-cultural Analysis, Cham.

Keller, B./Hood, R. W./Streib, H. (2016), Mapping the Varieties of „Spiritual" Biographies, in: H. Streib/R. W. Hood (Eds.), Semantics and Psychology of „Spirituality". A Cross-cultural Analysis, Cham.

Keller, B./Klein, C./Streib, H. (2013), Das Interview zur Glaubensentwicklung: Zur Exploration von Spiritualität im psychotherapeutischen Setting, Spiritual Care 2, 35–43.

Keller, B./Klein, C./Swhajor-Biesemann, A./Silver, C. F./Hood, R. W./Streib, H. (2013), The Semantics of „Spirituality" and Related Self-identifications: A Comparative Study in Germany and the USA, Archive for the Psychology of Religion/Archiv für Religionspsychologie 35, 71–100.

Keller, B./Streib, H. (2013), Faith Development, Religious Styles and Biographical Narratives: Methodological Perspectives, Journal of Empirical Theology 26, 1–21.

Keller, B./Streib, H./Silver, C. F./Klein, C./Hood, R. W. (2016), Design, Methods, and Sample Characteristics of the Bielefeld-based Cross-cultural Study of „Spirituality", in: H. Streib/R. W. Hood (Eds.), Semantics and Psychology of „Spirituality". A Cross-cultural Analysis, Cham.

Keller, B./Wollert, M. (2016), „…whether these gifts are from God, from Buddha, from the universe, I do not care, I do not care at all…"– Quilt Spiritualities, in: H. Streib/R. W. Hood (Eds). Semantics and Psychology of „Spirituality". A Cross-Cultural Analysis. Cham, 421–446.

Klein, C./Hood, R. W./Silver, C. F./Keller, B./Streib, H. (2016), Is „Spirituality" nothing but „Religion"? An Indirect Measurement Approach, in: H. Streib/R. W. Hood (Eds.), Semantics and Psychology of „Spirituality". A Cross-cultural Analysis, Cham.

Klein, C./Keller, B./Silver, C. F./Hood, R. W./Streib, H. (2016), Positive Adult Development and „Spirituality": Psychological Well-Being, Generativity, and Emotional Stability, in: H. *Streib*/R. W. *Hood* (Eds.), Semantics and Psychology of „Spirituality". A Cross-cultural Analysis, Cham.

Klein, C./Silver, C. F./Coleman, T. J./Streib, H./Hood, R. W. (2016), „Spirituality" and Mysticism, in: H. *Streib*/R. W. *Hood* (Eds.), Semantics and Psychology of „Spirituality". A Cross-cultural Analysis, Cham.

Knoblauch, H. (1991), Die Verflüchtigung der Religion ins Religiöse, in: T. *Luckmann* (Ed.), Die unsichtbare Religion, Frankfurt/M., 7–41.

Knoblauch, H. (1999), Berichte aus dem Jenseits. Mythos und Realität der Nahtod-Erfahrung, Freiburg.

Knoblauch, H. (2009), Populäre Religion: Auf dem Weg in eine spirituelle Gesellschaft, Frankfurt/M.

Knoblauch, H. (2014), The Communicative Construction of Transcendence: A New Approach to Popular Religion, in: J. *Schlehe*/E. *Sankühler* (Eds.), Religion, Tradition and the Popular, Transcultural Views from Asia and Europe, Bielefeld, 29–50.

Koenig, H. G. (2008), Concerns about Measuring „Spirituality" in Research, Journal of Nervous and Mental Disease 196, 349–355.

Koenig, H. G. (2011), Spirituality and Health Research: Methods, Measurements, Statistics, and Resources, Philadelphia.

Koschorke, A. (2012). Wahrheit und Erfindung. Grundzüge einer allgemeinen Erzähltheorie. Frankfurt.

Labov, W. (2013), The Language of Life and Death. The Transfomation of Experience in Oral Narrative, Cambridge.

Labov, W./Waletzky, J. (1967), Narrative Analysis: Oral Versions of Personal Experience, in: I. *Helm* (Ed.), Essays on the Verbal and Visual Arts. Proceedings of the 1966 Annual Spring Meeting of the American Ethnological Society. Seattle, 12–44.

La Cour, P./Ausker, N. H./Hvidt, N. C. (2012), Six Understandings of the Word Spirituality in a Secular Country, Archive for the Psychology of Religion/Archiv für Religionspsychologie 34, 63–81.

Luckmann, T. (1967), The Invisible Religion. The Problem of Religion in Modern Society, New York.

Luckmann, T. (1991), Die unsichtbare Religion, Frankfurt/M.

Matthes, J. (1992), Auf der Suche nach dem ‚Religiösen'. Reflexionen zu Theorie und Empirie religionssoziologischer Forschung, Sociologia Internationalis 2, 129–142.

McAdams, D. P./De St Aubin, E. D. (1992), A Theory of Generativity and Its Assessment Through Self-Report, Behavioral Acts, and Narrative Themes in Autobiography, Journal of Adult Development 62, 1003–1015.

McAdams, D./Reynolds, J./Lewis, M./Patton, A. H./Bowman, P. J. (2001), When Bad Things Turn Good and Good Things Turn Bad: Sequences of Redemption and Contamination in Life Narrative and their Relation to Psychosocial Adaptation in Midlife Adults and in Students, Personality and Social Psychology Bulletin 27, 474–485.

McCrae, R. R./Costa, P. T. (1987), Validation of the Five-factor Model of Personality across Instruments and Observers, Journal of Personality and Social Psychology 52(1), 81–90.

Metzinger, T. (2013), Spiritualität und intellektuelle Redlichkeit. Ein Versuch, Mainz.

Oman, D. (2013), Defining Religion and Spirituality, in: R. F. *Paloutzian/C. L. Park* (Eds.), Handbook of the Psychology of Religion and Spirituality, 2nd ed., New York, 23–47.

Osgood, C. E. (1962), Studies on the Generality of Affective Meaning Systems, American Anthropologist 17, 10–28.

Osgood, C. E./*Luria,* Z./*Jeans,* R. F./*Smith,* S. W. (1976), The Three Faces of Evelyn: A Case Report, Journal of Abnormal Psychology 85(3), 247–248.

Paloutzian, R. F./*Ellison,* C. W. (1982), Loneliness, Spiritual Well-Beings and Quality of Life, in: L. A. *Peplau/D. Perlman* (Eds.), Loneliness: A Sourcebook of Current Theory, Research and Therapy, New York, 224–237.

Paloutzian, R. F./*Park,* C. L. (Eds.) (2013), Handbook of the Psychology of Religion and Spirituality, 2nd ed., New York.

Pargament, K. I. (1992), Of Means and Ends: Religion and the Search for Significance, The International Journal for the Psychology of Religion 2, 201–229.

Pargament, K. I. (1997), The Psychology of Religion and Coping: Theory, Research, Practice, New York.

Pargament, K. I. (1999a), The Psychology of Religion *and* Spirituality? Yes and No, The International Journal for the Psychology of Religion 9, 3–16.

Pargament, K. I. (1999b), The Psychology of Religion *and* Spirituality? Response to Stifoss-Hanssen, Emmons, and Crumpler, The International Journal for the Psychology of Religion 9, 35–43.

Pargament, K. I. (Ed.) (2013), APA Handbooks in Psychology: APA Handbook of Psychology, Religion and Spirituality: Vol 1 and 2, Washington.

Piedmont, R. L./*Wilkins,* T. A. (2013a), Spirituality, Religiousness, and Personality: Theoretical Foundations and Empirical Applications, in: K. I. *Pargament/J. J. Exline/*J. W. *Jones* (Eds.), APA Handbooks in Psychology: *APA* Handbook of Psychology, Religion and Spirituality: Vol 1, Washington, 173–186.

Piedmont, R. L./*Wilkins,* T. A. (2013b), The Role of Personality in Understanding Religious and Spiritual Constructs, in: R. F. *Paloutzian/C. L. Park* (Eds.), Handbook of the Psychology of Religion and Spirituality, 2nd ed., New York, 292–311.

Ray, R. E./*Mcfadden,* S. H. (2001), The Web and the Quilt: Alternatives to the Heroic Journey toward Spiritual Development, Journal of Adult Development 8, 201–211.

Religionsmonitor (2013), Religionsmonitor 2012 [machine-readable data file], Gütersloh.

Rizzuto, A. M. (1979), The Birth of the Living God. A Psychoanalytic Study. Chicago, London.

Ryff, C. D. (1989), Happiness is Everything, or Is It? Explorations on the Meaning of Psychological Well-Being, Journal of Personality and Social Psychology 57, 1069–1081.

Ryff, C./*Keyes,* C. (1995), The Structure of Psychological Well-being Revisited, Journal of Personality and Social Psychology 69, 719–727.

Ryff, C. D./*Singer,* B. H. (1998), The Contours of Positive Human Health, Psychological Inquiry 9, 1–28.

Saroglou, V. (2002), Religion and the Five Factors of Personality: A Meta-Analytic Review, Personality and Individual Differences 32, 15–25.

Saroglou, V. (2010), Religiousness as a Cultural Adaptation of Basic Traits: A Five-Factor Model Perspective, Personality and Social Psychology Review 14, 108–125.

Saucier, G./*Skrzypinska,* K. (2006), Spiritual but not Religious? Evidence for Two Independent Dispositions, Journal of Personality 74, 1257–1292.

Schlehofer, M.M./*Omoto,* A.M./*Adelman,* J.R. (2008), How Do „Religion" and „Spirituality" Differ? Lay Definitions Among Older Adults, Journal for the Scientific Study of Religion 47, 411–425.

Schleiermacher, F. (1799), Über die Religion. Reden an die Gebildeten unter ihren Verächtern, Hamburg.

Schmidt, T./*Wohlrab-Sahr,* M. (2003), Still the Most Areligious Part of the World: Developments in the Religious Field in Eastern Germany since 1990, International Journal for Practical Theology 7, 86–100.

Schnell, T. (2004), Implizite Religiosität – Zur Psychologie des Lebenssinns, Lengerich.

Schnell, T. (2012), Spirituality with and without Religion. Differential Relationships with Personality, Archive for the Psychology of Religion/Archiv für Religionspsychologie 34, 33–61.

Schnell, T./*Keenan,* W.J.F. (2011), Meaning-Making in an Atheist World, Archive for the Psychology of Religion/Archiv für Religionspsychologie 33, 55–78.

Schnell, T./*Keenan,* W.J.F. (2013), The Construction of Atheist Spirituality: A Survey-Based Study, in: H. *Westerink* (Ed.), Constructs of Meaning and Religious Transformation. Current Issues in the Psychology of Religion, Göttingen, 101–118.

Schütz, A./*Luckmann,* T. (1989), The Structures of the Life-World, Vol.2, Evanston.

Schwartz, S.H. (1992), Universals in the Content and Structure of Values: Theoretical Advances and Empirical Tests in 20 Countries, in: M.P. *Zanna* (Ed.), Advances in Experimental Social Psychology, Orlando, 1–65.

Schwartz, S.H. (2003), A Proposal for Measuring Value Orientations across Nations, in: Questionnaire Development Report of the European Social Survey, 259–319.

Schwartz, S.H./*Melech,* G./*Lehmann,* A./*Burgess,* S./*Harris,* M./*Owens,* V. (1987), Extending the Cross-Cultural Validity of the Theory of Basic Human Values with a Different Method of Measurement, Journal of Cross-Cultural Psychology 32, 519–542.

Simmel, G. (Ed.) (1911), Verhandlungen des Ersten Deutschen Soziologentages vom 19–22. Oktober 1910 in Frankfurt a.M., Tübingen.

Snider, J.G./*Osgood,* C.E. (1969), Semantic Differential Technique: A Sourcebook, Chicago.

Soeffner, H.-G. (2013), Religion und Kultur des Individuums. Zwölf Thesen, in: P.A. *Berger*/K. *Hock*/T. *Klie* (Eds.), Religionshybride. Religion in posttraditionalen Kontexten, Wiesbaden, 285–304.

Sölle, D. (1965), Stellvertretung. Ein Kapitel Theologie nach dem Tode Gottes, Stuttgart.

Sørensen, J. (2007), A Cognitive Theory of Magic, Lanham.

Sørensen, J. (2013), Magic Reconsidered: Towards a Scientifically Valid Concept of Magic, in: B.-C. *Otto*/M. *Stausberg* (Eds.), Defining Magic: A Reader, Sheffield.

Spilka, B. (1993), Spirituality: Problems and Directions in Operationalizing a Fuzzy Concept, Paper for the Annual Meeting of the American Psychological Association, Toronto, *1993-Viii*

Stace, W. T. (1960), Mysticism and Philosophy, New York.

Staudinger, U. M./*Smith,* J./*Baltes,* P. B. (1994), Manual for the Assessment of Wisdom-related Knowledge, Materialien aus der Bildungsforschung 46, Berlin.

Staudinger, U. M./*Lopez,* D./*Baltes,* P. B. (1997), The Psychometric Location of Wisdom-related Performance: Intelligence, Personality, and more? Personality and Social Psychology Bulletin 23, 1200–1214.

Stausberg, M. (2014), The Psychology of Religion/Spirituality and the Study of Religion, Religion, Brain & Behavior (Book Symposium: Handbook of the Psychology of Religion and Spirituality, 2nd edition, ed. by Ray Paloutzian and Crystal Park), 30–40.

Straub, J./*Arnold,* M. (2008), Acting as Missionaries, in: J. A. *Belzen*/A. *Geels* (Eds.), Autobiography and the Psychological Study of Religious Lives. Amsterdam/New York.

Streib, H. (1996), Entzauberung der Okkultfaszination. Magisches Denken und Handeln in der Adoleszenz als Herausforderung an die Praktische Theologie, Kampen.

Streib, H. (1997), Religion als Stilfrage. Zur Revision struktureller Differenzierung von Religion im Blick auf die Analyse der pluralistisch-religiösen Lage der Gegenwart, Archive for the Psychology of Religion/Archiv für Religionspsychologie 22, 48–69.

Streib, H. (1998a), Teilprojekt ‚Biographieverläufe in christlich-fundamentalistischen Milieus und Gruppen‘, in: *Deutscher Bundestag, Enquete-Kommission „Sogenannte Sekten Und Psychogruppen"* (Ed.), Endbericht der Enquête-Kommission ‚Sogenannte Sekten und Psychogruppen‘. Neue religiöse und ideologische Gemeinschaften und Psychogruppen in der Bundesrepublik Deutschland, Bonn, 416–430.

Streib, H. (1998b), Alltagsreligion oder: Wie religiös ist der Alltag. Zur lebensweltlichen Verortung von Religion in praktisch-theologischem Interesse, International Journal for Practical Theology 2, 23–51.

Streib, H. (2001), Faith Development Theory Revisited: The Religious Styles Perspective, The International Journal for the Psychology of Religion 11, 143–158.

Streib, H. (2002), Art. ‚Magie: V. Praktisch-theologisch‘, in: RGG⁴, Tübingen, 674–675.

Streib, H. (2005a), Research on Life Style, Spirituality and Religious Orientation of Adolescents in Germany, in: L. J. *Francis*/M. *Robbins*/J. *Astley* (Eds.), Religion, Education and Adolescence: International and Empirical Perspectives, Cardiff, 131–163.

Streib, H. (2005b), Faith Development Research Revisited: Accounting for Diversity in Structure, Content, and Narrativity of Faith, The International Journal for the Psychology of Religion 15, 99–121.

Streib, H. (2010), Conceptualizing and Measuring Religious Development in Terms of Religious Styles and Schemata; New Considerations, Paper for the Psychologie du développement religieux: questions classiques et perspectives contemporairnes, Lausanne.

Streib, H. (2013), Conceptualisation et mesure du devéloppement religieux en termes de schémas et de styles religieux – Résultats et nouvelles considérations, in: P.-Y. *Brandt*/J. M. *Day* (Eds.), Psychologie du développement religieux: questions classiques et perspectives contemporaines, Geneva, 39–76.

Streib, H. (2015), Zur Differenz zwischen Religion und Religiosität bei jungen Menschen. Ein Problemaufriss, in: U. *Meier*/K. *König*/U. *Kropac* (Eds.), Zwischen Religion und Religiosität. Herausforderungen für Religionsunterricht und kirchliche Jugendarbeit durch ungebundene Religionskulturen, Würzburg, 27–40.

Streib, H./*Gennerich*, C. (2011), Jugend und Religion. Bestandsaufnahmen, Analysen und Fallstudien zur Religiosität Jugendlicher, Jugendforschung, Weinheim; München.

Streib, H./*Hood*, R. W. (2011), „Spirituality" as Privatized Experience-Oriented Religion: Empirical and Conceptual Perspectives, Implicit Religion 14, 433–453.

Streib, H./*Hood*, R. W. (2013), Modeling the Religious Field: Religion, Spirituality, Mysticism and Related World Views, Implicit Religion 16, 137–155.

Streib, H./*Hood*, R. W. (Eds.) (2016a), Semantics and Psychology of „Spirituality". A Cross-cultural Analysis, Cham.

Streib, H./*Hood*, R. W. (2016b), Understanding „Spirituality" – Conceptual Considerations, in: H. *Streib*/R. W. *Hood* (Eds.), Semantics and Psychology of „Spirituality". A Cross-cultural Analysis, Cham.

Streib, H./*Hood*, R. W. (2016c), Coordinates for Mapping „Spirituality", in: H. *Streib*/R. W. *Hood* (Eds.), Semantics and Psychology of „Spirituality". A Cross-cultural Analysis, Cham.

Streib, H./*Hood*, R. W./*Keller*, B./*Csöff*, R.-M./*Silver*, C. (2009), Deconversion. Qualitative and Quantitative Results from Cross-Cultural Research in Germany and the United States of America, Research in Contemporary Religion; 5, Göttingen.

Streib, H./*Hood*, R. W./*Klein*, C. (2010), The Religious Schema Scale: Construction and Initial Validation of a Quantitative Measure for Religious Styles, The International Journal for the Psychology of Religion 20, 151–172.

Streib, H./*Keller*, B./*Klein*, C./*Hood*, R. W. (2016), Semantic Differentials Open New Perspectives on the Semantic Field of „Spirituality" and „Religion", in: H. *Streib*/R. W. *Hood* (Eds.), Semantics and Psychology of „Spirituality". A Cross-cultural Analysis, Cham.

Streib, H./*Klein*, C./*Hood*, R. W. (2016a), Investigating „Spirituality": Between Survey Data and the Study of Biographies, in: H. *Streib*/R. W. *Hood* (Eds.), Semantics and Psychology of „Spirituality". A Cross-cultural Analysis, Cham.

Streib, H./*Klein*, C./*Hood*, R. W. (2016b), Personality Dimensions and Versions of „Spirituality", in: H. *Streib*/R. W. *Hood* (Eds.), Semantics and Psychology of „Spirituality". A Cross-cultural Analysis, Cham.

Streib, H./*Wollert*, M. H./*Keller*, B. (2016a), The Faith-Development-Interview: Methodological Considerations, in: H. *Streib*/R. W. *Hood* (Eds.), Semantics and Psychology of „Spirituality". A Cross-cultural Analysis, Cham.

Streib, H./*Wollert*, M. H./*Keller*, B. (2016b), Faith Development, Religious Styles, and „Spirituality", in: H. *Streib*/R. W. *Hood* (Eds.), Semantics and Psychology of „Spirituality". A Cross-cultural Analysis, Cham.

Taylor, C. (2007), A Secular Age, Cambridge.

Tennyson, A. (1983), In Memoriam A. H. H., in: The Oxford Minidictionary of Quotations, Oxford.

Tillich, P. (1925), Religionsphilosophie, in: Main Works/Hauptwerke, Bd.4, Berlin; New York, 117–170.

Tillich, P. (1926a), Das Dämonische. Ein Beitrag zur Sinndeutung der Geschichte, in: Main Works/Hauptwerke Bd. 5, Berlin/New York, 99–123.

Tillich, P. (1926b), Der Begriff des Dämonischen und seine Bedeutung für die Systematische Theologie, in: Gesammelte Werke, Bd. VIII, Stuttgart, 285–291.

Tillich, P. (1951), Systematic Theology, Vol. 1, Chicago.

Tillich, P. (1957), Dynamics of Faith, New York.

Troeltsch, E. (1911), Das stoisch-christliche Naturrecht und das moderne profane Naturrecht, in: Verhandlungen des Ersten Deutschen Soziologentages vom 19–22. Oktober 1910 in Frankfurt a. M., Tübingen, 166–214.

Troeltsch, E. (1912), Die Soziallehren der christlichen Kirchen und Gruppen, Tübingen.

Weber, M. (1921), Religiöse Gemeinschaften (Wirtschaft und Gesellschaft, Teil II, Kap. V, Religionssoziologie), in: H. G. *Kippenberg* (Ed.), Max Weber Gesamtausgabe, Abt I, Nachlaß, Teilband 2, Tübingen, 245–381.

Wood, B. T./Worthington, E. L./Exline, J. J./Yali, A. M./Aten, J. D./McMinn, M. R. (2010), Development, Refinement, and Psychometric Properties of the Attitudes toward God Scale *(Atgs-9)*, Psychology of Religion and Spirituality 2, 148–167.

Zinnbauer, B. J./Pargament, K. I. (2005), Religiousness and Spirituality, in: R. F. *Paloutzian*/C. L. *Park* (Eds.), Handbook of the Psychology of Religion and Spirituality, New York; London, 21–42.

Zinnbauer, B. J./Pargament, K. I./Cole, B./Rye, M. S./Butter, E. M./Belavich, T. G. et al. (1997), Religion and Spirituality: Unfuzzying the Fuzzy, Journal for the Scientific Study of Religion 36, 549–564.

Zinnbauer, B. J./Pargament, K. I./Scott, A. B. (1999), The Emerging Meanings of Religiousness and Spirituality: Problems and Prospects, Journal of Personality 67, 889–919.

Register

Research in Contemporary Religion (RCR)

Herausgegeben von Daria Pezzoli-Olgiati, Hans-Günter Heimbrock,
Heinz Streib, Trygve Wyller, Stefanie Knauss

Volume 18: Stine Holte
Meaning and Melancholy in the Thought of Emmanuel Levinas

2015. 192 pp, hardcover
ISBN 978-3-525-60452-6
eBook ISBN 978-3-647-60452-7

In this study, Stine Holte seeks to develop the problem of ethical meaning in Emmanuel Levinas' thinking, aiming to show how the articulation of the ethical implies notions like trauma, melancholy, and shame.

Volume 17: Jan Peter Grevel
Mit Gott im Grünen

Eine Praktische Theologie
der Naturerfahrung

2015. 357 Seiten, mit 5 Abb., gebunden
ISBN 978-3-525-60451-9
eBook ISBN 978-3-647-60451-0

Das spannungsreiche Verhältnis von Natur und Religion spiegelt sich in vielfältigen Erfahrungswelten der Gegenwart.

Volume 16: Stefanie Knauss
More than a Provocation

Sexuality, Media and Theology

2014. 230 pp, hardcover
ISBN 978-3-525-60450-2
eBook ISBN 978-3-647-60450-3

Sex, media and theology – a provocative mix! Reactions can vary from rejection to openness and curiosity.

Volume 15: Trygve Wyller / Rosemarie
van den Breemer/ Jose Casanova (eds.)
Secular and Sacred?

The Scandinavian Case of Religion in Human Rights, Law and Public Space

2014. 328 pp with 7 fig., hardcover
ISBN 978-3-525-60449-6
eBook ISBN 978-3-647-60449-7

Band 14: Monika Glavac / Anna-Katharina
Höpflinger/ Daria Pezzoli-Olgiati (Hg.)
Second Skin

Körper, Kleidung, Religion

2013. 303 Seiten mit 82 Abb., gebunden
ISBN 978-3-525-60448-9
eBook ISBN 978-3-647-60448-0

Volume 13: Mike Gray
Transfiguring Transcendence in Harry Potter, His Dark Materials and Left Behind

Fantasy Rhetorics and Contemporary Visions of Religious Identity

2013. 308 pp, hardcover
ISBN 978-3-525-60447-2
eBook ISBN 978-3-647-60447-3

Volume 12: Kirk VanGilder
Making Sadza With Deaf Zimbabwean Women

A Missiological Reorientation of Practical Theological Method

2012. 148 pp, hardcover
ISBN 978-3-525-60446-5
eBook ISBN 978-3-647-60446-6

V&R Academic

Verlagsgruppe Vandenhoeck & Ruprecht | V&R unipress

www.v-r.de

Research in Contemporary Religion (RCR)

Herausgegeben von Daria Pezzoli-Olgiati, Hans-Günter Heimbrock,
Heinz Streib, Trygve Wyller, Stefanie Knauss

Band 11: Monika Glavac
**Der »Fremde« in der
europäischen Karikatur**
Eine religionswissenschaftliche Studie
über das Spannungsfeld zwischen
Belustigung, Beleidigung und Kritik
2013. 208 Seiten, mit 55 Abb., gebunden
ISBN 978-3-525-60445-8

Volume 10: Daria Pezzoli-Olgiati /
Christopher Rowland (Hg.)
**Approaches to the Visual
in Religion**
2011. 268 pp with 81 ill, hardcover
ISBN 978-3-525-60442-7

Volume 9: Werner Ustorf /
Roland Löffler (eds.)
Robinson Crusoe tries again
Missiology and European Constructions
of "Self" and "Other" in a Global World
1789–2010
2010. 271 pp, hardcover
ISBN 978-3-525-60444-1
eBook ISBN 978-3-647-60444-2

Band 8: Ingolf U. Dalferth /
Heiko Schulz (Hg.)
Religion und Konflikt
Grundlagen und Fallanalysen
2011. 294 Seiten mit 2 Tabellen, gebunden
ISBN 978-3-525-60440-3
eBook ISBN 978-3-647-60440-4

Band 7: Sigurd Bergmann
Raum und Geist
Zur Erdung und Beheimatung der Religion –
eine theologische Ästh/Ethik des Raumes
Mit einem Geleitwort von Günter Altner
2010. 248 Seiten mit 70 s/w und 10 farb. Abb.,
gebunden
ISBN 978-3-525-60443-4

Volume 6: Espen Dahl
In Between
The Holy Beyond Modern Dichotomies
Translated by Brian McNeil
2011. 163 pp, hardcover
ISBN 978-3-525-60441-0
eBook ISBN 978-3-647-60441-1

Volume 5: Henz Streib / Ralph W.
Hood / Barbara Keller / Rosina-Martha
Csöff / Christopher F. Silver
Deconversion
Qualitative and Quantitative Results from
Cross-Cultural Research in Germany and
the United States of America
Mit einem Vorwort von James T. Richardson
2009. 262 pp with numerous tables and graphics,
hardcover
ISBN 978-3-525-60439-7
eBook ISBN 978-3-647-60439-8

Volume 4: Trygve Wyller (ed.)
Heterotopic Citizen
New Research on Religious Work
for the Disadvantaged
2009. 235 pp with 3 ill, hardcover
ISBN 978-3-525-60438-0

V&R Academic
Verlagsgruppe Vandenhoeck & Ruprecht | V&R unipress

www.v-r.de